輿をかつぐ人びと

駕輿丁・力者・輿舁の社会史

西山　剛

思文閣出版

もくじ◉輿をかつぐ人びと——駕輿丁・力者・輿舁の社会史——

Ⅱ　力者と輿舁——御輿・棺・神輿を舁く人びと——

輿をかつぐ人びと

――駕輿丁・力者・輿舁の社会史――

序章　研究課題の設定

はじめに

本研究の目的は、前近代社会における職能集団の存在形態を、中近世を通じた長期的なスパンで考察しその実態を明らかにすることにある。とくに天皇や将軍、公家や武家、有力な寺院や神社など、各権門の有力者の移動に際して輿を舁《か》き、その移動を直接的に担った人々（駕輿丁《かよちょう》・力者《りきしゃ》・輿舁《こしかき》、以下本章では便宜的にこれらの総称として「輿舁」を用いる）を対象とし、実態的な諸側面に光をあてながら具体的にその姿を捉えてみたい。

前近代社会における輿は、特権的な乗り物であり、乗り主に対する様々な社会的規定が存在し、それに呼応するように物質としての輿や、それに従事する「輿舁」が多種多様に存在した。前近代社会における移動行為は、その主体の権威が高ければ高いほど行列儀礼としての側面が強化される。輿や「輿舁」は乗り主の権威を可視化させ効果的に表現する重要な機能を有していたのだ。つまり輿や「輿舁」に着目しそのあり方を追究することは、乗り主がいかなる社会的存在なのかを捉える上で有効な方法論の一つであるといえる。

しかしながら、後述するように、これまでの研究では、為政者や有力者の行列儀礼自体に対しては分析を加えるものの、その中核的な輿を担い、移動させる主体である「輿舁」に関してはあまりに無頓着であったといえる。前近代社会において、「輿舁」はいかなる身分であり、社会の全体構成のうち、いかなる位相に定置されるのであろうか。また、その職能にはどのような実態、いかなる社会的な機能が備わるのであろうか。本研究で取り組みたいのは、まさしくこういった諸課題である。本論に入る前にこれまでの研究史を省みて、論点を整理しておきたい。

第一節　身分制論・職能論の現状と課題

(一)　中世身分制研究の捉え方

先述した通り本書では、「輿舁」が日本社会の中でどのような位相にあり、どのような存在形態を成すのかを考察する。この問いに関する研究視角や分析方法を学ぼうとするとき、参考になるのは身分制史に関する先行研究の数々である。ここで主要研究に限定し、その内容を振り返りたい。

日本史研究における身分論の重要な研究としてまず着目しなければならないのは、黒田俊雄「中世の身分制と卑賤観念」である[1]。

黒田は、身分の区別が発生する領域を四つにわけ、それぞれ①村落〈村落生活〉、②荘園・公領〈荘園・公領の支配〉、③権門〈公家・武家・大寺社〉の家産支配体制、④国家体制〈権門体制、国家秩序〉と規定した。これら①〜④の系列の中に、相似的な階層構造が見られるとし、その各階層を、(A)貴種身分、(B)司・侍、(C)百姓、(D)下人、(E)非人と把握した。そして、これら各階層への参入を決定付ける主要な要因を出自に求め、「種」すなわち出生の別による「人間の品」(種姓)こそ、諸身分の編成原理であると提示した。

当該研究は、中世被差別民を初めて歴史学的分析の俎上に載せた点で重要な意味をもったものであり、その功績はあまりに大きい。とくに(E)を「身分外の身分」と捉えたことは、それまでともすれば理念的な側面を有していた部落史研究に大きな転換を求めたものであり、本質的な意味での中世身分制研究の嚆矢となったものといえよう。複数の本所・被官関係が錯綜する複雑極まりない中世の身分構成の全体像を大摑みに把握したことも、その後のこの分野の研究に対し、多大なインパクトを与えたといえる。

黒田のこのような中世身分制の理解に対し、これを批判的に継承しつつ、異なる角度から新たなモデルを提示したのが大山喬平である。

大山は、身分とは、各階層の社会的諸活動の遂行主体が自己編成をとげた集団の内部規範に成立根拠があるとし、身分制的編成をとって特定の社会的諸活動を遂行する諸集団を①イエ、②ムラ、③党・一揆・座・衆・武士団、④権門貴族・幕府（武家）・権門寺社、⑤国家、と把握した。[2] これらは①を基礎単位とし、より上位の集団に含みこまれながら最終的には国家に編成されるとし（⑤⋓④⋓③⋓②⋓①）、その上で、(A)侍、(B)凡下・百姓、(C)下人・所従を中世社会における基本的な三身分と把握した。そして、中世の諸身分は、これらの三身分の特殊変形によって編成され構成される、という理解を提示したのだ。また、さらに重要なのは黒田が「身分外の身分」として社会体制の埒外においた非人身分を、大山は地域におけるケガレを浄化する職能であるキヨメに勤仕した人々と理解し、彼らの組織形態は中世の座組織と同質であるという見解を示した。

黒田、大山の研究は、論理的な構築度が極めて高く、明快な諸身分のモデルを提示している点で今もなお参照され続けている。しかしいうまでもなく、これらの研究は、中世被差別民の中核であるとされる非人身分をいかなる形で諸身分の全体構造に位置付けるかという課題に主眼が据えられており、中世国家における多種多様な諸身分の存在形態を実態的に追究したものではない。

このような状況の中、高橋昌明により広範囲にわたる中世身分制を整理するアイディアが提示された。[3] 支配・被支配によって生じる人間関係で身分が決定するとした高橋は、身分が生まれる場として①「社会単位としてのイヘ（家）―典型的には農民・在地領主のイヘ」、②「族縁的集団　―一類・物領制武士団・党・一族一揆など」、

③「地縁的・職能的に形成された共同団体　―ムラ（村）・チョウ（町）・国人一揆・商工業者の座など」、④「権門勢家とその家産的支配体制　―王家・摂関家・幕府・大寺社など」、⑤日本国全体、という五つの区分をあげ、中世の諸身分について「帰属身分」、「出生身分」、「職業身分」、「イデオロギー身分」の四つを主要なものとした。高橋が示したこの類型によって、それまで主に被差別民を中心に行われてきた身分制研究に幅が生まれ、社会全体にわたる諸身分を把握し、比較することが可能となったのである。

近年、三枝暁子が端的に示したように「身分論は本来、あらゆる身分・集団を視野に入れ、構築されていくべきものであると同時に、きわめて普遍的な問題」であるといえ[4]、身分制研究は、実証的なレベルで実態研究を行いながら再度多様な角度から高度に構築された身分制の全体構造モデルを検証していく段階に至ったということができよう。

(二)　都市史研究と職能民研究の課題

前項の立場にたって研究を試みるとき、重要になってくるのが職能論（職能民研究）である。荘園制研究に代表される村落を中心とした歴史学研究が主要であった戦後歴史学であるが、一方では確実に都市史の伝統も存在し、職能論は後者の視点の中から発現してきた。先駆的・代表的な研究者としてここでは原田伴彦、豊田武をあげたい。

原田は、その著書『中世における都市の研究』において中世都市を「一定限の地域に、一定の人家が濃聚し、其処に周囲よりも一定の社会的に進展した生産及び交換経済関係、更に貨幣経済、換言すれば農業と非農業的要素との社会的分業の行はれつつある、且つ行はれた聚落集団」と規定し、膨大な史料から町・町屋・町庭・市町等を検出し、整理・分析を行った[5]。「社寺関係都市」、「港津関係都市」、「宿駅関係都市」、「政治関係都市」、「市場関係都市」の五つに区分されたそれぞれの都市が列島のどこに所在し、いかなる史料でその存在が裏付けられるのかを明示したことは、その後の研究に大きな指針を示したものといえる。

原田が地誌的な立場で都市に迫る一方、豊田は一九三〇年代から既に都市における手工業とその担い手に関して膨大な史料を集めて分析を試み、淡水・海水漁業、塩業、染織など多様な分野の生産者および列島における都鄙間流通について多様な成果をあげた(6)。さらに戦後に至っては畿内にとどまらず関東─東北地域を対象にフィールドを広げ、地域社会における中世都市の発見・評価に取り組んだ(7)。

しかしながら原田・豊田両氏の都市論・職能論の視座は、中世ヨーロッパ史に見られる典型的な発展段階論の枠内に押し込められていた部分も多分に存在した。多様な都市の中から自治的要素のある地域都市を検出し（堺、博多、大和今井町など）、ヨーロッパとの比較の中でその共通点・相違点を指摘する姿勢は、都市史における理論的諸側面を説明し得たとしても、日本独自の都市のあり方を実態的に追究していく志向には未だ至っていなかったといえる。

そんな中、注目しなければならないのは林屋辰三郎による一連の研究である。氏は秋山國三が主導した社会経済史的色彩を帯びた京都都市論の影響を受けつつも(8)、都市論と文化史との結節を行った。とくに『中世文化の基調』(9)において「町衆の生活と芸術」とまとめられた①「町衆の成立(10)」、②「郷村制成立期に於ける町衆文化(11)」、③「東山時代と民衆の生活(12)」、④「東山文化とその社会的背景(13)」、⑤「宗教における二つのたたかい(14)」、⑥「上層町衆の系譜(15)」という六つの所論は、中世都市の性質を「店屋を中心とする商業的都市」に求めた上で、「地方に於ける都市の諸形態を縮図の如くかねそな(16)」えた都市として京都を捉え、その実態面を探ろうとした名著群である。氏が提示した、室町期における町衆の成立・町組の形成とそれに伴う法華一揆の結成、それによる市中における自治権の確立、また町衆の団結・結集の中から生まれた手猿楽や風流踊、なにより祇園会山鉾巡行などの民衆文化の興隆という概括的な発展・展開の枠組みは、今なお京都の歴史を語る上で大きな影響を与える学説として定着している。

このような中、ここで着目したいのは、氏が、京都の歴史的展開の中でその担い手として重視した社会層である町衆が商工業者を中心とした人々であったとし、また金融業者として町衆と密接な関係にあった酒屋・土倉が乙名・月行事・宿老といった町・町組・惣町の上層部として中核を担う人々であったと位置付けたことである。当然、この視点には山城国一揆などの農村一揆と市中における法華一揆が対置されていたように、反領主的勢力としての町衆とその成長という戦後歴史学における普遍的なシェーマが潜んでいたことは明白だが、都市生活の中心的な担い手として商工業者が積極的に位置付けられたことは、その後の都市論の研究で極めて重要な視点が提示されたものと評価することができる。

京都都市論は以後、たとえば脇田晴子によって土地・家屋所有の実証的研究、町組・惣町内部における組織構造の具体的検討などがなされ[17]、また高橋康夫によって、初期洛中洛外図屏風等の絵画史料も踏まえた中世後期における京都の都市構造に関するモデル図が提示されるなどして活況を呈するようになった[18]。また仁木宏は室町幕府などの上位権力との関係を念頭におきつつ、あらためて町・町組・惣町という都市共同体の成立過程とその実態について追究し[19]、同様の視点で早島大祐は、応仁・文明の乱直後における復興への共通課題を解決する共同体として町と町組を評価し、惣町は決して恒常的な組織ではなかったことを明らかにした[20]。

これらの諸研究は、林屋の段階で掲出された都市の諸側面を経済史、建築史、政治史など多様な諸分野の関心のもとにひきつけ論究されたものであるといえる。

これら多様な関心の中に、もちろん都市の担い手としての商工業者に関する視座も存在した。林屋を中心とした一連の京都都市論の分野では、大規模に商業活動を行う勢力に着目するとき、対象とするフィールドが京都内部に限定されがちであった。しかし本書第一章でも詳述するように、中世の商工業者は、極めて早い段階から京外の遠隔地を生産の場として拠点化し、活動してきたといえる。単なる京都論に終始するのではなく、広がりある商工業者の世界観を叙述するためには、都鄙間の交流の中で、具体的な諸活動が行われてきた事実を強く意識して考察を加えていく必要があろう。

商工業者を中心とする都市民の先行研究を考えるとき、まず注目しておきたいのは奥野高廣の研究である。氏の大著『皇室御経済史の研究』(正・続)はその題名の通り、室町時代から江戸時代における朝廷経済の全体構造を明らかにしようとしたもので、当時としては瞠目すべき数の史料を駆使し叙述が試みられている(21)。当該研究で、とくに室町時代における皇室収入の柱を「皇室御領・供御人・諸官衙」と把握し、各地に設定された朝廷領と幾許かの供御人の活動について概括的解説を付したことは注視される。朝廷に所属し、毎月定期的な貢納を行いつつ、その反対給付として与えられた各種の特権のもと商業活動を行う供御人は、京都の商工業者と同一視される人々であり、密接な関係を有する。奥野の研究は、間接的ながら京都都市民を考察する上で欠かすことのできない初期的研究として位置付けることができるのである。

一方、直接的に多様な商工業者を扱った研究として遠藤元男の諸成果をあげることができる。氏は多くの商工業者をとりあげ、その実態について論じ、「職人史」という分野を提唱した。その諸成果は『日本職人史の研究』全六巻に集約され(22)、原始古代から現代までの職人を網羅した。とくに第二巻『古代中世の職人と社會』では石器・土器・青銅器といった原始工芸の担い手から職人歌合に見られるような古代・中世段階における職人の生産品・経営形態についてまでを詳述し、手工業者の社会的独立および座を主体とした階層的結成について明らかにした(23)。しかしながら、残存・伝来してきた物質の諸側面から職人の技術的特徴やその生産実態を考察する方法論はとられておらず(24)、またなにより職人を、生産品を生成する主体としてのみ捉え定義していたことは、注意する必要がある。このことは、朝廷・幕府を頂点とした国家編成の中で職人がいかなる社会集団として把握され、いかなる階層の人々と影響関係があり、諸活動を行ってきたのかという論点を欠落させてしまうことにつながり、また数々の芸能民や「輿舁」のように、具体的な生産品を生み出さない多くの職能民の実態を看過した、という課題を残したものといえる(25)。

他方で、商工業者や職人のイメージを極大まで広げ、中世社会の全体構成の中で特異な位置付けを与えたのが網野善彦である。氏は、田畠を耕作する農業以外の生業を主として営む人々を職人（職能民という用語も用いる）として捉え直し、「平民が負担しなければならない年貢や公事の負担義務の一部ないし全部を免除される特権を保証された人たち、いわば自由を特権として保証された人たち(26)」と把握した。この把握により、職能民（職人）は、「職人歌合」に登場する数々の商工業者（道々の輩）のほか、朝廷・寺社に所属し生魚、塩、菓子などの食物や燈籠、皮革、木地製品などの諸製品を扱う供御人・神人・寄人、あるいは遊女、傀儡、白拍子、さらには河原者、穢多、非人などまでを含む多様な身分・階層からなる特異なグループとして設定されることとなった(27)。網野はこのグループを非農業民として把握した。

網野の職能論の特徴は、職能民を含む非農業民は天皇や神仏の直属民としての性格を有すると主張し、彼らに天皇や神仏の権威につながる聖性を認めた点にある。なかでも古代の贄人の性格を引き継ぐ供御人や神人はその性格を明確にもち、先行する豊田武(28)、小野晃嗣(29)、佐々木銀弥(30)らの研究を吸収した上、彼らを山野河海に生きる人々と把握した。境界領域である山野河海は私的所有を受ける場ではなく、いわば無縁とされるエリアで、究極的には天皇が領有する場であり、ここを舞台に躍動する様々な供御人こそが天皇の直接的な把握を受ける存在であると提起したのである。

また、網野は非人についても斃《たおれ》牛馬の処理・加工や清掃といったキヨメ行為を職能とする職能民として捉え直し、他の非農業民と同様に聖別された存在として把握した。そして南北朝期において起こる天皇の権威・権力の衰退（民族史的転換）によって、非人が聖なる者から賤視された者へ転落し、ここに被賤視が発生する、と独特な論法で説明した。(31)

このような網野の職人論・非農業民論は、民俗学、文化人類学、文学、美術史学など多くの隣接諸科学へ影響を与え、またジャーナリズムやアニメなどの現代文化に対してさえもインパクトをもって受け入れられた。(32)しかしながら、歴史学においては、実証的なレベルで本質的な批判が寄せられつつある。

たとえば既に一九八七年において保立道久は、「散所非人から一般の寄人、彼らを統括する惣官・兄部・沙汰人、さらに在庁官人や庄官に至るまで、支配関係の上下にかかわらず、彼らが課役免除特権を有しているという一点をもって、その全てを「職人」的自由身分と一括する」点に対し、特権という法的根拠のみをもとに社会関係（社会層）の内容的同一性を結論することはできないと批判した。(33)同様の点に関し伊藤喜良は、網野が捉えた聖なる職能民に「非人や遊女・白拍子等、「稲作民」を除くほとんどの人々」が含まれ、そして彼らの聖性の発現根拠が非人であれば検非違使との関わり、遊女であれば朝廷官司である内教坊への所属などといった朝廷にのみ連なる点に求められていることに疑義を呈した。(34)その上で、職人に対する聖性がどのような形で社会に認識されていたのかは史料的に未だ論証されていないと指摘したのである。さらに桜井英治は、網野が供御人の考察の中で重要な分析の柱とした鋳物師をとりあげ、実際に朝廷や東国政権と結びついた特権的な鋳物師は一部分のみであったことを論証した。(35)

網野が提起した非農業民論は、国家論や社会論などの構造史・民族史に関する新たな議論につながる極めて壮大な構想のもとに成されたものであり、これを打ち立てる上では数多くの新出史料の発見や既存史料の再評価がなされ、その学問的成果は極めて大きいものといえる。しかし、既述した諸批判は、反面で個別の事例に対する実証的なレベルにおいては今後検証されなければならない諸点が存在していることを示している。つまり、職能民研究をさらに進めていくためには、迂遠に思えても個々の職能民の具体像に立ち返り、あらためて史料の中からその実態を立ち上げていかなければならないのである。

このような現状のもと、近年、様々な職能民や社会集団についての専論が出てきたことは注目されるべき状況である。代表的なものとして世界人権問題研究センターが編集した二冊の論集が挙げられる。一つは『職能民へのまなざし』[36]、いま一つは『中近世の被差別民像』である。[37]前者においては葛籠作、草履作、輿舁、植木職人、牛博労、神子（巫女）、鉢叩、後者では散所法師、河原者、坂の非人、声聞師、説教説、陰陽師、皮革商人など、多くの職能民に光をあて固有の存在形態や社会的な役割について考察を加えている。

また辻浩和による『中世の〈遊女〉——生業と身分』（京都大学学術出版会、二〇一七）も重要である。本書は、高度に実証的な各論と、その中にある行き届いた注釈、そしてそれを編み上げる構成力が光り、極めて良質な社会論として読める。後藤紀彦・網野善彦らが展開した、朝廷に所属し天皇権威の衰微に伴い被賤視を被るようになる〈遊女〉像を明快に否定し、十世紀から十一世紀において生業の中に今様をとり入れ集団を分化させながら流派意識を育て権力と結びつく遊女の姿を活写した。〈朝廷と遊女〉という旧来の図式を部分的に払拭した点は、中世職能民論の多様性を考える上で重要な指摘であった。[38]

さらに松井直人による「京都住人としての室町幕府公人」も新たな視角をもたらす着目すべき研究である。[39]当該研究は、中世公人研究の中で従来手薄であった室町幕府公人をとりあげ、中世後期の京都という場における幕府公人の実態を問うた。幕府公人それ自体と彼らを取り巻く社会環境に着目することで、十五世紀から十六世紀初頭頃を境に、商工業者としての側面を明確化させていった点を明らかにしつつ、幕府公人が自らの「家」経営の安定化をめざす京都住人によって形成された社会的結合の一類型であったことを指摘した。この他、下坂守によってなされた馬借に関する研究では、山門との密接な関係を論証しつつ、権力と特権的に結びつく馬借とこれに抗する他の馬借という内部における対抗関係を見出し[40]、橋本素子、家塚智子が行った茶屋に関する各研究では、十五世紀以降において茶屋が寺社以外の都市領主と結びつく動きを見せていたことを論証した[41]。越川真人による牛飼童に関する実証的研究も重要である。朝廷や上層貴族の家政に編成される牛飼たちの姿だけでなく、都市民衆論に接続させながら実態的に彼らの存在形態を把握しようとした点は職能民研究に大きなインパクトを与えるものであるといえる[42]。また供御人に関しても、小原嘉記によって伊勢供御人に関する専論が提示された。この供御人は従来伊勢湾や太平洋海運で活動する海民を母体とした供御人と考えられていたが、実はその実態は伊勢斎宮に所属する貢御人が、蔵人所内膳司である高橋氏の仲介を経て蔵人所に編成された存在であった[43]。結果的には朝廷官司で把握されることとなったが、小原の研究により、地域権力のもと供御人と相似した活動を行う社会集団が存在していたことが明らかとなった。これは、供御人の活動・特権のあり方を天皇との結びつきのみで一元的に考えていたこれまでの見解に一石を投じたといえ、先に指摘した京都の内外に同時に拠点を持つ職能民の姿を明確に示した点で、重要な研究として位置付けることができる。このように、現在の中世職能民研究は、網野段階の言説を批判的に継承しながら、さらに個別具体的に深める形で進展してきているのである。

第二節　駕輿丁・力者・輿舁研究の視座

近年深められている職能民研究に学びながら、本書では「輿舁」の存在形態と職能について考察していくこととする。以下、その構成と分析点を提示する。

（一）研究の前提　―持続された行幸儀礼と禁裏駕輿丁

本研究で分析の中核として位置付けるのは、天皇の行幸に際して鳳輦・葱花輦を舁く禁裏駕輿丁である。各論でも適宜触れるように、禁裏駕輿丁は中世商業座研究の分析対象としてこれまでいくつかの研究が蓄積されている。とくに脇田晴子は、中世における座の性格を規定するにあたって禁裏駕輿丁を重視した。脇田は中世段階における座の一般的な展開過程を「奉仕の座」（権門と私的従属関係を結び、必要物を貢納する代わりに各種権門から治外法権の権利を保証されるあり方を起源とする座）と「営業の座」（専業化しつつある商工業者が営業権獲得のために営業税を納め、新加することで成立する座）という枠組みで理解し、中世前期から後期へと時代がうつる中で前者から後者に切り替わっていくことを主張した。しかしこのような一般的な展開とは異なり、脇田は禁裏駕輿丁を「奉仕の座」「営業の座」の二つの性格を同時に有する稀有な座として位置付けたのだ(44)。

もっとも脇田のこの見解は、中世を通じて同一の社会集団として持続する商業座が存在すること、あるいは中世前期においても営業税を賦課された商人が存在することなどからして、様々な中世商人の実態とは合致しないことは明らかであり、奉仕の座から営業の座へという展開は適切ではない(45)。そもそも奉仕（上位権力への勤仕）と営業（勤仕の反対給付を用いた特権的な商業活動）は、密接に結びついており、固有の社会集団の中で両者の関係性を明確にしていくことが、商業座集団のあり方を理解するために必要な方法であろう。つまり禁裏駕輿丁の場合も、これまで蓄積されてきた商業座研究を踏まえながらも、行幸へ勤仕する輿舁であった姿をあわせて追究し、立体的に描き出していかなければならないのだ。

そもそも行幸とは天皇が居所から離れ、移動する行為が儀礼化されたものである。行先や目的に応じて朝覲行幸（太上天皇・皇太后に新年の礼を行うため実施する行幸）、方違行幸（他行に際し凶方を避け、前夜吉方の家に赴く行幸）、御禊行幸（臨時祭・大嘗祭の潔斎のため河原へ行く行幸）、臨時行幸（火災、武力衝突などの緊急時に、居所から避難する

表1　行幸の時期と回数(1100〜1868年)

時期(年)	①朝覲	②方違	③御禊	④臨時	⑤寺社	⑥一般	⑦その他	合計
1100〜1150	51	51	1	1	68	46	0	218
1151〜1200	30	114	1	1	62	73	0	281
1201〜1250	14	157	0	1	28	100	0	300
1251〜1300	9	103	3	0	17	119	0	251
1301〜1350	3	54	2	7	15	72	0	153
1351〜1400	0	6	2	19	3	21	0	51
1401〜1450	1	50	4	1	1	14	0	71
1451〜1500	3	42	1	4	1	30	0	81
1501〜1550	1	188	0	0	0	12	0	201
1551〜1600	0	156	0	0	0	8	0	164
1601〜1650	3	7	0	0	0	55	0	65
1651〜1700	1	1	0	7	0	5	0	14
1701〜1750	0	1	0	0	0	0	2	3
1751〜1800	0	1	0	1	0	1	7	10
1801〜1850	0	0	0	0	0	4	2	6
1851〜1868	0	0	0	0	2	0	1	3
	116	931	14	42	197	560	12	1872

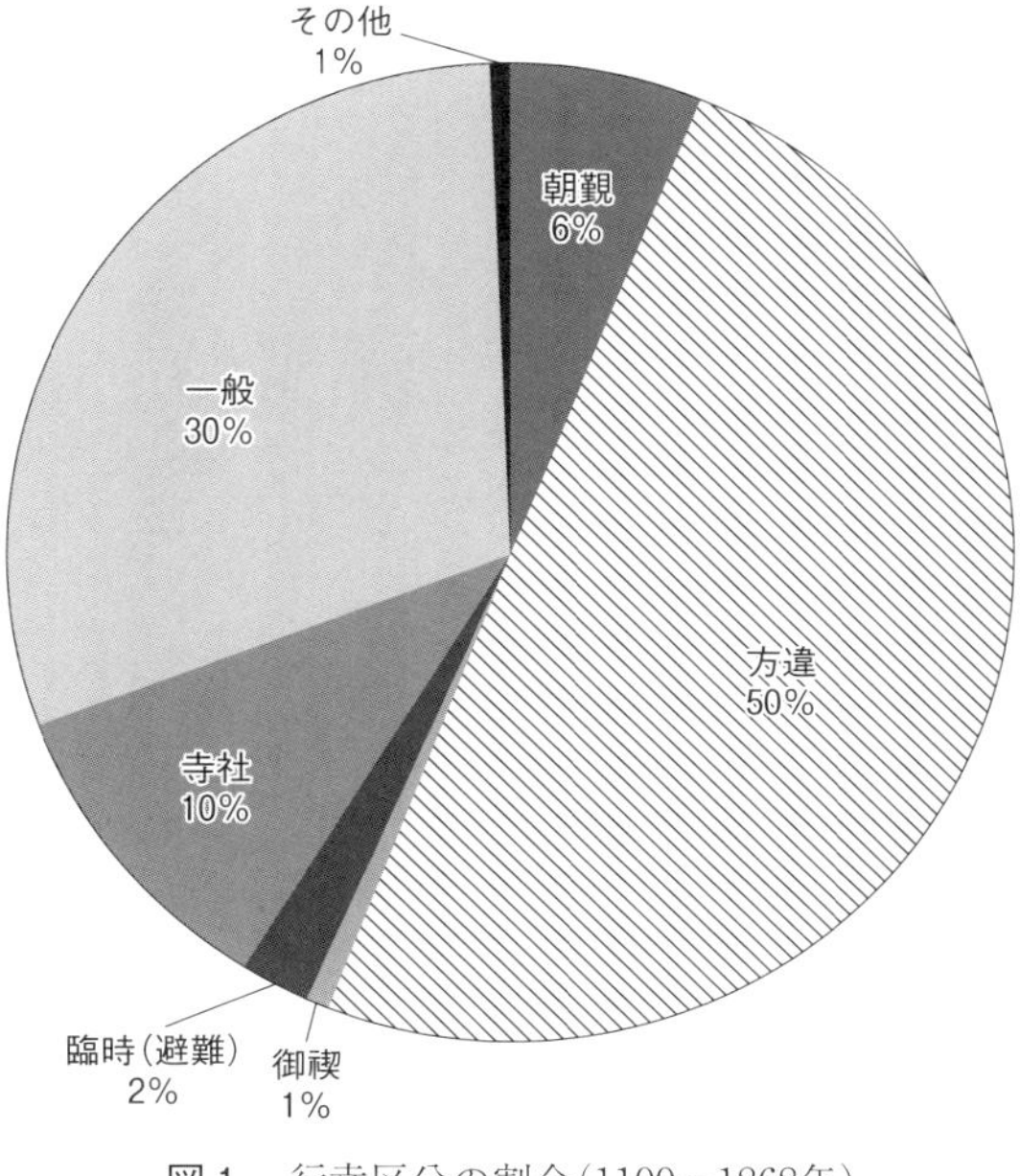

図1　行幸区分の割合(1100〜1868年)

ための行幸、あるいは遷都行幸）、寺社行幸（会式等のため寺社を訪れる行幸）、それ以外の一般の行幸などにおおよそ区分される。

今試みに、本書で主な分析対象とした時代（十二世紀～十九世紀後半）の中で、いかなる行幸がどの程度行われたかを概観してみたい（表1）。このデータは、東京大学史料編纂所が公開する「大日本史料総合データベース」および「近世編年データベース」から得られた行幸に関する網文のうち、確実に行幸がもたれたことがわかる事例を選び、五十年ごとに整理したものである。[46] その結果、約七七〇年の間に行幸は一八七二回実施されたことが確認され、行幸の区分としては半分程度が方違行幸であったことが析出された（図1）。

十三世紀半ばをピークとして増加した行幸は、十五世紀にかけて一度減少していくが、十六世紀半ばに向けては再び増加する。応仁・文明の乱以後、戦国時代においては朝廷経済が逼迫し、その勢力は衰微したとされる場合もあるが、意外にも行幸の回数自体は一定程度維持されたことは十分に意識しておく必要があろう。また豊臣秀吉・秀次が主催した二度の聚楽第行幸、徳川秀忠・家光による二条城行幸など、大規模な行幸儀礼がもたれた後は、前代に比べて著しく行幸の回数は減少していくが、十七世紀から十九世紀後半にかけても一〇〇回程度は行幸が実施されていた。近世社会においても行幸自体は停止することなく持続されたのである。[47]

しかし、この事実の一方、行幸の行先の変遷にも目を向けるべきである。図2は、先のデータの中から行幸の行先が判明するものを選び、グラフ化したものである。

本図から明らかなように、十二世紀から十四世紀の段階までは、院御所・女院御所・公家邸宅・寺社など、比較的多様に行先が設定されていたのに対し、十五世紀以降は神社行幸が激減し、かわって内裏内や女院御所など近接した行先を目的地とした行幸に占められていくことがわかる。

行幸は十三世紀から十四世紀までをピークにして、規模や頻度を縮小しつつ中世後期から近世にかけて維持さ

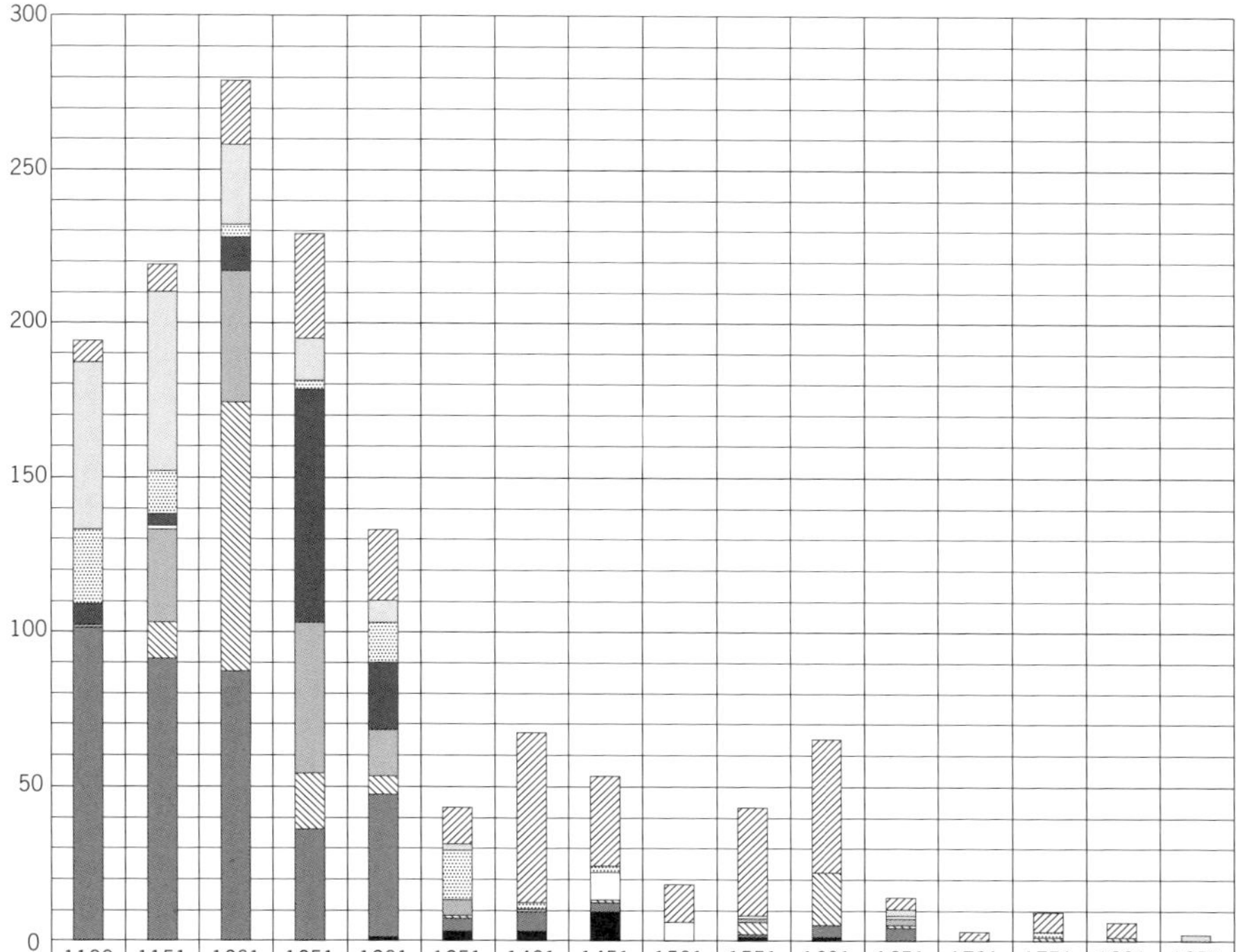

	1100〜1150	1151〜1200	1201〜1250	1251〜1300	1301〜1350	1351〜1400	1401〜1450	1451〜1500	1501〜1550	1551〜1600	1601〜1650	1651〜1700	1701〜1750	1751〜1800	1801〜1850	1851〜1868
▨内裏内	7	9	21	34	23	12	55	29	12	35	43	4	3	6	5	0
□神社	54	58	26	14	7	2	0	0	0	0	0	2	0	0	0	2
⊡寺院	24	14	4	3	13	16	2	2	0	0	0	0	0	2	0	0
■里内裏・離宮	7	4	11	75	22	0	0	0	0	0	0	0	0	0	0	0
□親王・王御所	0	1	0	0	0	0	0	9	6	1	0	1	0	0	0	0
▦公家邸宅等	1	30	43	49	15	5	1	0	0	1	0	2	0	0	0	0
▧女院御所	0	12	87	18	6	1	0	1	0	4	17	1	0	1	1	0
■院御所	101	91	87	36	46	4	6	3	0	1	4	4	0	0	0	0
■武家邸宅等	0	0	0	0	1	3	3	9	0	1	1	0	0	0	0	0

図2　行幸の行先の割合(1100〜1868年)

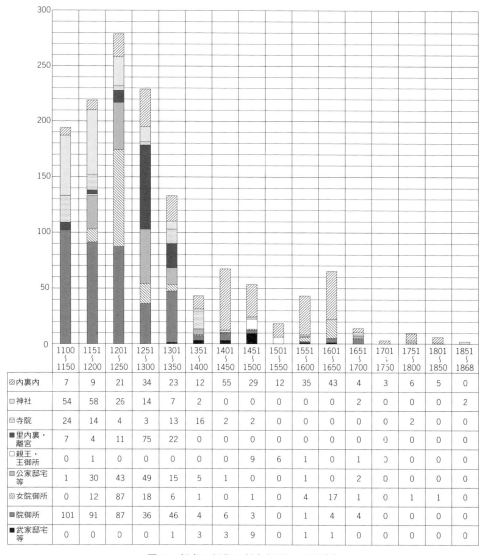

れていくが、戦災・火災に際する臨時行幸を常に準備しておかねばならず、朝廷は行幸という儀礼文化を完全に途絶させることはなかった。このことこそ、禁裏駕輿丁が極めて長大なスパンで社会集団として維持されていく根本的な要因と考えられるのである。

(二) 禁裏駕輿丁に対する中長期的スパンでの分析

このような禁裏駕輿丁を追究する場合、先に確認した近年の研究と同様、その分析は中長期的なスパンで行わなければならないであろう。

前述した通り、古代において行幸に勤仕する役職をもった禁裏駕輿丁は、中世への展開の中で商人としての性質を強めつつ、室町時代には京都商業界を席巻する商人集団へと成長する。しかし組織の肥大化・権勢化に伴って左近衛府駕輿丁の内部からは猪熊座なる存在が分化し、内部対立が繰り返されながら近世に至る。またさらに近世に入ると、禁裏駕輿丁は富裕町人の名誉職としての側面をもちながら、官務配下の地下官人として朝廷社会の中でなおその存在感を示す。

これら時代ごとの禁裏駕輿丁の姿は、どのような経緯を経て獲得されていくのだろうか。第一部第一章から第四章では、古代から近世に至る期間を対象として禁裏駕輿丁の存在形態の変容過程を論じていくこととする。またあわせて補論において、千切屋など中近世に一貫して禁裏駕輿丁として活動をする商人を分析し、駕輿丁構成員の具体例もおさえていきたい。

いうまでもなくある段階で成立した集団や組織の性格は不変ではない。政治体制や経済システムを含めた社会の変化、また禁裏駕輿丁の場合は、対象とする時代において行幸がいかに行われてきたのかという点を加味しつつ、固有の社会集団の変質を問い、その変化の意味を考えていかなければならないだろう。この点が、本研究が向き合う大きな課題の一つである。

（三）近似する職能集団の実態分析

第二部では、中近世における禁裏駕輿丁以外の「輿舁」に対しても同様に実態分析を行う。

第五章「職能民としての八瀬童子」では京都洛北・八瀬の地において特徴的な共同体を営んだ八瀬童子の中近世における存在形態に着目した。八瀬童子というと、天皇の葬送の際に棺を舁く職能集団として理解されがちだが、歴史的にみるとこれは近代以降の姿である。本章ではこの言説を重視せず、中世における八瀬童子に実証的に迫り、彼らが洛北の山々で杣人としての生業をもち、為政者や貴人が比叡山に登下山するにあたりこれに勤仕していた点を明らかにする。また彼らが坂の輿舁としての職能をもち、室町時代において室町殿の比叡登下山の儀礼と結びつくことにより、特権的な身分として強化されていったプロセスを追究することとしたい。

ではこの一方で、実際に天皇の葬送において棺を舁く人々はどういった者たちか。すなわち、それは同じく洛北の岩倉・大雲寺を根拠地とする力者である。第六章「朝廷葬送儀礼における力者の活動」では、この大雲寺力者について考察する。大雲寺力者は、葬儀にあたっては宝龕《ほうがん》と呼ばれる天皇専用の棺を舁く。このあり方は十七世紀以降に成立したと考えられ、それまで勅使御用の輿舁として使役されていた彼らが、後光明院葬儀段階の儀礼刷新の中で朝幕から見出され、新たな葬送儀礼の中で編成されていったと考えられる。本章ではこの展開過程を追いつつ、大雲寺力者にとって宝龕御用がいかなる意義をもつのかを明らかにしたい。

第七章「中近世における祇園会神輿をめぐる人々」では、祇園会に際して神輿を舁く祇園会神輿駕輿丁を対象とした。祇園社の三柱の神を乗せる神輿のうち、少将井神輿・八王子神輿の二基の神輿駕輿丁は、これまでその実態が明らかになっていなかったが、近年の史料環境の改善により、洛中の都市住民によって担われていたことが判明した。とくに八王子神輿駕輿丁を出仕させる轅町《ながえちょう》（駕輿丁を出仕させる町々）は大政所御旅所を囲繞するように存在し、御旅所の存在こそ駕輿丁の差定《さじょう》を左右する根本原理であったことを指摘しつつ、〈神輿＝神社・山鉾＝町衆〉という古典的な中世祇園会のシェーマに再考を迫りたい。

行幸、葬儀、祭礼、これらは日常とは異なる時間と空間で行われる儀礼である。ではこれとは逆に日常的な世界の中で活躍する「輿舁」にはいかなる者たちがいたのであろうか。この点に立脚し、第八章「中近世における輿舁の存在形態と職能」では寺院における輿舁（大乗院の場合）、公家の輿舁（西洞院家の場合）を中心に、複数の「輿舁」についてその実態を観察する。大乗院においても、西洞院家においても、機会や行先によって複数の「輿舁」を使い分けていた。この使い分けの要因は奈辺に存在したのであろうか。この点を主軸として、あわせて彼らの勤仕とその反対給付のあり方についても考察を加える。

最後に終章「前近代社会における駕輿丁・力者・輿舁」として、研究全体の論点をまとめつつ、本書でとりあげてきた多様な駕輿丁・力者・輿舁の存在形態について比較検討したい。

おわりに　―輿を舁く職能の社会的意義とは何か

概して本研究で向き合うべき課題は、①禁裏駕輿丁という職能集団が時代ごとにいかなる姿（上位権力との関わり、社会的編成のあり方、特権のあり方等）を見せるのか、②禁裏駕輿丁以外の「輿舁」は具体的にどのような者たちが存在し、彼らの職能の実態と職能知はどのように把握できるのか、③総体として「輿舁」を把握したとき、そこにはどのような共通点・相違点が見られるのか、ということに収斂する。(48) そして最後に、異なる身分や社会層の中で活動する「輿舁」の実態に光をあて、諸側面を比較することで、輿を舁くという行為そのものの社会的な意義を問うていきたい。

(1)『黒田俊雄著作集六　中世共同体論・身分制論』(法蔵館、一九九五、初出一九七二)。
(2)「中世の身分制と国家」(『日本中世農村史の研究』岩波書店、一九七八、初出一九七六)。
(3)「中世の身分制」(『中世史の理論と方法』、校倉書房、一九九七、初出一九八四)。
(4)「中世の身分と社会集団」(『岩波講座 日本歴史七　中世二』、岩波書店、二〇一四)。
(5)大日本雄弁会講談社、一九四二。
(6)たとえば「中世京都に於ける塩・塩合物の配給」(『社会経済史学』四巻一二号、一九三五)、「西陣機業の源流」(『豊田武著作集一　座の研究』、吉川弘文館、一九八二、初出一九四八)。
(7)「中世日本商業史の研究」(『豊田武著作集二　中世日本の商業』、吉川弘文館、一九八二、初出一九五二)。
(8)『近世京都町組発達史』(法政大学出版局、一九八〇、初刊『公同沿革史』上、一九四三)。
(9)東京大学出版会、一九五三。
(10)『思想』三一二号、岩波書店、一九五〇。
(11)『日本史研究』一四号、一九五一。
(12)『淡交』五一号、一九五二。
(13)『史迹と美術』二〇六号、一九五〇。
(14)『ブディスト・マガジン』二一号、一九五二。
(15)『立命館大学人文科学研究所紀要』一号、一九五三。
(16)前掲注(9)、二一八頁。
(17)「都市共同体の形成」(『日本中世都市論』、東京大学出版会、一九八一、初出一九七三)、また関連先行論文として瀬田勝哉「近世都市成立序説」(寶月圭吾先生還暦記念会編『日本社会経済史研究　中世編』、吉川弘文館、一九六七)。
(18)「戦国時代の京の都市構造」(『京都中世都市史研究』第四章第三節、思文閣出版、一九八三)。
(19)「都市共同体の確立と展開」(『京都の都市共同体と権力』、思文閣出版、二〇一〇、初出一九九〇)。なお先行論文として五島邦治「「町人」の成立」(『京都 町共同体成立史の研究』、岩田書院、二〇〇四、初出一九九七)など。
(20)「戦国期京都の惣町と町組」(『首都の経済と室町幕府』第三部第二章、吉川弘文館、二〇〇六)。

(21) 国書刊行会、一九八二、初出一九四二。
(22) 雄山閣出版、一九八五。
(23) 「中世手工業の諸問題」(『日本職人史の研究Ⅱ 古代中世の職人と社會』、雄山閣出版、一九八五、初出一九六四)。
(24) 当該研究への関心は、むしろ考古学や工芸史の文脈の中で深化されてきたといえる。たとえば久保智康による古鏡の網羅的事例収集とその分析によって明らかにされた鏡師の実態(『日本の美術三九四 中世・近世の鏡』、至文堂、一九九九)、また鞆淵八幡神社に伝来した沃懸地螺鈿金銅装神輿の餝金具の製法分析を行い、それを手がけた工房集団の同定を試みた研究(「鞆淵八幡神社伝来の沃懸地螺鈿金銅装神輿制作の時期と工人組織をめぐって」、『和歌山県立博物館研究紀要』七号、二〇〇一)などは、文献資料からは到達できない中世職人の技術的側面を明らかにした極めて重要な研究であるといえる。
(25) 同様の関心のもと提出された研究として、横井清「荘園体制下の分業形態と手工業」(『中世民衆の生活文化』、東京大学出版会、一九七五、初出一九六二)は重要である。横井は、荘園公領の土地台帳である検注帳・田文・坪付帳・田数帳の中の除田(免田)に着目し、手工業者の名田が多量にこれに該当する一方、非人においても同様の免田が与えられていたことを明らかにした。これは、身分外の身分といわれるほど、体制外に置かれたとされた非人が、荘園制下においては確実に国家的編成を受け、また手工業的生業を営んでいたことをも暗示しているものといえる。
(26) 『岩波新書 日本中世の民衆像』(岩波書店、一九八〇)。
(27) 「天皇の支配権と供御人・作手」(『日本中世の非農業民と天皇』、岩波書店、一九八四、初出一九七二)、「職能民の存在形態 神人・供御人制」(『日本中世の百姓と職能民』、平凡社、二〇〇三、初出一九八八)。
(28) 「日本中世の市場および座」(前掲注6『豊田武著作集一 座の研究』、初出一九三五)、「都市および座の発達」(『同書』、初出一九四八)。
(29) 「内蔵寮経済と供御人」(『日本中世商業史の研究』、法政大学出版局、一九八九、初出一九三八)。
(30) 『日本歴史新書 中世の商業』(至文堂、一九六一)。
(31) 『無縁・公界・楽』(平凡社、一九八七)、『異形の王権』(平凡社、一九九三)。
(32) 『現代思想 総特集 網野善彦』臨時増刊号、青土社、二〇一四。

(33)「網野善彦氏の「非農業民と天皇」論について」(『日本史研究』三〇〇号、一九八七)。
(34)「非農業民と南北朝時代」(『歴史評論』六六二号、二〇〇五)。またこの点、永原慶二は網野が非農業民の存在を強調したことについて、史実の認識として妥当かどうかを問い、実証的にも理論的にも確定されていないと批判した(『二〇世紀日本の歴史学』、吉川弘文館、二〇〇三)。
(35)「天皇と鋳物師」(『岩波講座 天皇と王権を考える三　生産と流通』、岩波書店、二〇〇二)。
(36)世界人権問題研究センター、二〇一五。
(37)世界人権問題研究センター、二〇一八。
(38)西山剛「書評　辻浩和著「中世の〈遊女〉　生業と身分」」(『古代文化』六一八号、二〇一九)。
(39)『都市史研究』五号、二〇一八。
(40)「堅田大責と坂本の馬借」(『中世寺院社会と民衆』、思文閣出版、二〇一四、初出一九八八)、「坂本の馬借と土一揆」(『同書』、初出二〇一三)。
(41)橋本素子「中世の茶屋について」(『洛北史学』一一号、二〇〇九)、家塚智子「中世茶屋考」(『立命館文学』六〇五号、二〇〇八)。
(42)「平安時代中・後期の牛飼童と貴族社会」(『古代文化』七六巻二号、二〇二四)。
(43)「伊勢供御人」をめぐって」(『年報中世史研究』四二号、二〇一七)。
(44)「座の性格変化と本所権力」(『日本中世商業発達史の研究』第三章、御茶の水書房、一九六九)。
(45)網野善彦「脇田晴子の所論について」(前掲注27『日本中世の非農業民と天皇』第三章付論3)。
(46)本作業では、適宜、詫間直樹編『皇居行幸年表』(続群書類従完成会、一九九七)を参照しつつ、十四世紀前半段階まで行幸の行先、目的などを区分していった。しかしあくまでも本データは、個別のテキストに立ち戻ったものではなく、長期的スパンにおける行幸の性格をおおまかに掴むために、『大日本史料』の綱文を用いて作成したものにとどまり、今後も継続的に精度を高めていく必要がある。
(47)とはいえ、とくに近世における別殿行幸など、内裏内の極めて限定的な行幸の場合、駕輿丁の出仕を検出することは困難である。しかしたとえば寛永十二年(一六三五)三月二十五日における後水尾天皇の中和門院御所への朝覲行幸に鳳輦が用いられた事例（「資勝卿記」、『天皇皇族実録　後陽成天皇実録』三所収）、同年九月十六日における明正天皇の仙洞御所への朝覲行幸で駕輿丁のうち御輿長がこれに勤仕した事例（「道房公記」、『天皇皇族実録　明正天皇実録』一所収）、寛永十七年三月十二日における明正天皇の朝覲行幸に禁裏駕輿丁が勤仕した事例（「忠利宿禰記」、『天皇皇族実録　明正天皇実録』二所収）、寛永二十年十月三日における新造御所の完成に伴う明正天皇行幸に際して駕輿丁が輿に勤仕した事例（「道房公記」、『天皇皇族実録　明正天皇実録』二所収）が検出される。

これらは比較的近隣の移動であっても、輿での移動を伴う行幸であれば、駕輿丁が招集されたことを示しており、近世社会にあっても朝廷内部で駕輿丁の必要性が持続的に存在していた事例として注目できる。

（48）この点、三枝暁子は、「特定の集団が必ずしも排他的に特定の職能・職掌を帯びているわけではな」く、「職能から集団や身分を分類していくことに慎重さが求められる」と述べる（「中世後期の身分制論」、『室町・戦国期研究を読みなおす』、思文閣出版、二〇〇七）。この指摘をうけ本研究では、むしろ固有の職能の意味を考える場合には、異なる身分・社会層において共通の職能を担う者たちを多面的に比較することが必要であるという立場に立ちたい。

I

禁裏駕輿丁
――天皇の輿を舁く人びと――

第一章　中世前期における禁裏駕輿丁の存在形態

はじめに

左右近衛府・左右兵衛府の四府に属す禁裏駕輿丁(1)の中世における存在形態は、主に二つの側面から把握されている。一つは、行幸に際し天皇が乗る輿を担ぐ朝廷下級官人として、いま一つは朝廷から与えられた各種特権（諸役免除・独占買売等）に基づき商業活動を行う商人としての姿である。

豊田武は、このような二つの側面が生じてくる段階を鎌倉期から南北朝期においた。すなわち各地の荘園濫立や中央諸大寺・武士による国衙領侵蝕等に伴って、朝廷経済が逼迫し官人への俸禄が滞り、「未曾有の俸給不渡」(2)ともいうべき事態に陥った。それを打開するため、駕輿丁など下級官人層のある部分が、与えられた各種特権（課役免除特権等）に基づいて商業活動を行うようになった、と説明したのである。

このような豊田説を受け、網野善彦は、丹生谷哲一の散所論(3)を継承の上、鎌倉期の禁裏駕輿丁が各地に給免田を有していたことを指摘し、当該期が「未曾有の俸給不渡」の時代であったとはいえないと主張した(4)。その上で、商業者化の要因を駕輿丁が潜在的に帯びる「非農業民的性格」に求めたのである。しかし、部分的に豊田説を批判しているものの、駕輿丁が商業活動を行いだす時期や、〈下級官人から商業者へ〉という基本的な枠組みは継承しており、豊田説は現在に至っても通説として位置付けられている。

このような先行研究に対して、本章では、これまで概説的な説明で終わっていた中世前期における禁裏駕輿丁の具体像に注目する。中世前期は禁裏駕輿丁が商業活動を開始し、強力な商業者集団へと成長していく端緒となる時期であり、当該期の存在形態を実証的に検討することがなによりも必要だと考える。

その際、次の諸点に着目して考察を行う。まずは禁裏駕輿丁の中世的な編成と勤仕の形態についてである。古代・中世移行期において、行幸等の諸儀礼の位置付けが大きく変容する中で、(5)禁裏駕輿丁はいかなる体制・組織を実現し、これらの儀礼に勤仕していたのか。またこのような禁裏駕輿丁はいかなる支配体制の中に位置付き、どのような人物によって統轄されていたのか。

さらに、先行研究では全く明らかにされてこなかった中世前期における禁裏駕輿丁の構成員にも目を向けたい。室町期における禁裏駕輿丁構成員は、広範な商業活動を行う商人として把握されているが、その前提として、中世前期のそれがいかなる社会層の人物であり、どのような活動を行っていたのかを明らかにする必要がある。

これまでは中世商人の一般的な理解を禁裏駕輿丁に当てはめ、朝廷経済逼迫を契機に下級官人から商業者へとその性質を変化させていく、という理解が支配的であった。しかし本章ではこの枠組みから一度自由になり、以上の問題意識のもと、禁裏駕輿丁の具体像に即しながら、いかなるプロセスで下級官人（禁裏駕輿丁）と商業者との接点が生まれたのかを検討していきたい。これらの諸点を明らかにすることによって初めて、活発な商業活動を行う室町期の禁裏駕輿丁に光をあて、実証的な道筋をつけることになると考える。

第一節　古代から中世前期における禁裏駕輿丁の存在形態

（一）古代禁裏駕輿丁の基本的勤仕形態

先行研究では、禁裏駕輿丁の中世化を商業者化の過程と捉えていることは先述した通りである。この理解を再検討していくためにも、古代における禁裏駕輿丁の組織形態や諸活動のあり方をおさえておく必要がある[6]。

禁裏駕輿丁の古代的形態を考える上で、まず注目したいのは十世紀前半に成立した『延喜式』である[7]。ここからは、左近衛府は「隊正二人・火長十人・直丁一人・丁八十八人[8]」の都合百一人の駕輿丁を擁し、右近衛府もこれに准じた構成をとっていたことが知られる。また左兵衛府も五十名の駕輿丁を擁し、同じように右兵衛府もこれに准じた構成をとっていた[9]。この規定に従うと十世紀段階の禁裏駕輿丁の構成員は左右近衛府が約二百名、左右兵衛府が約百名であり、近衛府と兵衛府では人数的に大きな開きをもちながら駕輿丁が存在していたことがわかる[10]。

また駕輿丁と関わりの深い官人としては、御輿長（あるいは輿長）があげられる。行幸に際して、近衛の中から膂力を選出し、交名を作成・提出することが任務として規定されており[11]、近衛府の下級官人の中で一定の統轄力をもった者たちであったことがわかる。また、車駕行幸においては舎人四十八名、駄鈴四人と並んで御輿長八名が勤仕すべき旨が規定されており[12]、禁裏駕輿丁とは別に任務に就く場合もあった。

いうまでもなく駕輿丁の主な職務は、行幸に際する輿への勤仕である。具体的には輿別に二十二人の駕輿丁が勤仕し、このうち十二人が御輿を舁き、その他の者が前後の綱を執る形で進輿が行われた[13]。ただし行幸以外にも、斎王野宮遷入に際する移動[14]、神今食[15]、新嘗祭[16]、大嘗祭[17]などの各種儀礼への供奉も任務として規定されており、古代においては行幸にとどまらない、多様な職務をつとめていた。また駕輿丁に近衛・直丁と同様に番上料が下行されていることが指摘されており[18]、分番制で詰め所である御輿宿へ出仕していたことが窺われる。通常は御輿宿に詰め、行幸等の諸儀礼に際しては輿を奉担《ほうきょ》する、というのが駕輿丁の基本的な職務であったと考えられる。

京内における居所としては『続日本後紀』承和八年（八四一）七月甲戌に諸司厨町として「左兵衛府駕輿丁町」が確認され、衛府の衛士・舎人などと同様に、有期的就役のもと諸国と京を往反していたことを物語る[19]。つまり、諸国から上洛した駕輿丁らは非番のとき、この宿所に寝食起居し、行幸等の儀礼に際して下行される給禄や、輪番の対価として下る番上料などを収入として諸職務を遂行していたと考えられる。[20] すなわち、禁裏駕輿丁は古代段階から京とその周辺地域に根拠地を持ちながら存在していたと理解される。

九世紀以降の諸官衙の縮小傾向と呼応するように、官人の「休寧地」であった諸司厨町はその性格が変化し、[21] 官人の定着を許すような地域となっていった。当然、禁裏駕輿丁の存在形態にも変化が生じ、在京する者と旧来通り京外地域に居住・上洛する者との分化が生じたと考えられる。[22] このような展開の中で、禁裏駕輿丁の職務勤仕はいかなる形態に変化するのであろうか。

（二）　中世前期の禁裏駕輿丁の勤仕形態　―在京と散在

中世前期における禁裏駕輿丁の勤仕形態を明らかにするために、次の史料は重要である。

右近駕輿丁近江国犬上郡住人等謹言上

　欲レ蒙二御優免一公卿勅使課役等事

件課役、当府駕輿丁等、先例被レ免二除臨時役一、所レ令レ勤二仕節会・行幸陣府繁多之役一也、就レ中、至レ于二犬上駕輿丁一者、雖二一度一如レ此之課役未令二勤仕一者也、近則斎宮群行之時、自二国司一雖レ被レ充レ催レ之、注二子細一依二訴申一、即蒙二御優免一畢、抑当府駕輿丁等在京之輩、去今年間、大略餓死畢、僅残生之輩二三人也、仍以二近国駕輿丁一、云二行幸役一、云二長日繁多陣府役一、所レ令二勤仕一也、今不レ蒙二御優免一者、在二何面目一、可レ令レ勤二仕繁多之役一哉、為レ令レ遁二後勘一、勒二子細一、言上如レ件、[23]

（傍線筆者注）

『民経記』貞永元年（一二三二）十月巻裏文書に含まれる、右近衛府駕輿丁の近江国住人が提出した申状である。

年紀を欠くが、『民経記』当該巻の紙背文書は、寛喜三年（一二三一）の大飢饉に伴う公卿勅使発遣に関する文書が多く、右の文書も近江国に賦課された公卿勅使課役の免除を求めていることから、寛喜三年の史料と考えてよかろう。

さて、右の申状でまず注目されるのは、近江国犬上郡の住人として右近衛府駕輿丁が存在する事実である。彼らは「犬上駕輿丁」とも自称しながら、府役（節会・行幸等）を勤仕するかわりに勅使課役などの「臨時役」が免除されることを主張するとともに、その府役の勤仕形態について、傍線部で次のように説明する。「当府駕輿丁中の在京の者たちが、この一、二年で大部分餓死したことにより、近国駕輿丁が府役を勤仕している」と。つまり、近江の犬上駕輿丁を含む近国駕輿丁が府役を勤仕するのは、「当府駕輿丁等在京之輩」すなわち在京駕輿丁の餓死という非常事態に対応したものであったというのである。

犬上駕輿丁たちの主張によると、府役の一次的な勤仕主体は在京駕輿丁であり、犬上駕輿丁ら近国駕輿丁はそれを二次的に補完する役割を担っていた、ということになろう。こうしたあり方は、鎌倉期の史料で他にも確認することができ[24]、中世前期における基本的な駕輿丁の組織と府役勤仕の形態であったと考えられる。また他の事例では犬上駕輿丁のような近国駕輿丁に対して「散在」という語句を用いており、ここではこれら近国駕輿丁を散在駕輿丁として概念化したい[25]。

古代においては、諸国で把握された駕輿丁が上洛し、分番によって諸職務に勤仕するものであったが、十三世紀における禁裏駕輿丁の基本的な勤仕形態は、〈在京駕輿丁（主たる勤仕主体）―散在駕輿丁（補完的勤仕主体）〉という二重構造で存在する、いわば「在京・散在体制」であったと考えられる。

丹生谷哲一は、散所の随身・内舎人・召次・衛士などの存在形態を追究し、これら散所官人が、律令官職制の解体過程において本司との直接的な関係を失い、地方に散落し、あるいは諸権門の家産体制の中に組み込まれた者たちであったことを指摘した(26)。

この散所官人は本司所属の官人が不足している場合、それに応じて動員される性格を有しており、先に確認した散在駕輿丁の勤仕形態と重なる。実際に網野善彦は散所の諸官人と駕輿丁を同様の存在形態として把握し、一様に給免田を所持していることなどから、非農業民的性格をこれらの中に見出したのであった。しかし駕輿丁の場合、「近国」、「散在」と表現されることはあっても「散所」を冠し称されることはなかった。散在駕輿丁と各種の散所官人とは明確に区別し(27)、散在駕輿丁を含めた中世禁裏駕輿丁独自の統轄システムを追究する必要がある。近衛府駕輿丁を素材に見てみたい。

(三)　中世前期における近衛府駕輿丁の統轄システム

中世成立期の近衛府に所属する駕輿丁の統轄体制を考える際、最も重視されるのは庁頭の存在である。既に中原俊章、齋藤拓海の堅実な実証研究により、庁頭の役職、および存在形態は追究されているが(28)、ここでこれらの研究に学びながらあらためて庁頭と駕輿丁の関係性をおさえておきたい。

庁頭とは、左右近衛府において将監・将曹・府生にある者が任じられ、十二世紀末頃より府内において重要性が増してきた役職である(29)。一般構成員たる近衛舎人等を管理・把握する役であり(30)、この他に相撲(31)・騎射荒手結など諸行事への調整・参加、大将への月奏の上覧備進(32)など、府務の実務を担っていた。またこのため、十二世紀末の庁頭である左近府生大石久景、右近府生惟宗景重は「左右府沙汰者(33)」と表現されており、とりわけ右近府庁頭は惟宗景重の系列が、十三世紀半ばまで世襲していたことが知られる(34)。

このような庁頭と禁裏駕輿丁の関係を考える上で、次の事例は重要である。寛喜三年（一二三一）八月の北野祭礼において、神輿を担う左右近衛府御輿長・駕輿丁と祭礼運営の実務担当者である率分所年預紀国兼の間に訴訟が起こった(35)。駕輿丁は饗料として白布が下行されたことに反発し、銭貨下行を求めて神輿を抑留し祭礼を停止させた。駕輿丁が銭貨にこだわることも興味深いが、この対立を最終的に打開したのが、庁頭（兼蔵人所出納）の惟宗景重であったことは看過できない。景重は内々に銭貨を借り求め、駕輿丁に支払うことで神幸を再開させ、北野祭礼の秩序を回復した。内々の借銭という個人的な資金調達を行ってまで、事態収拾にあたる責任を負っていたのが庁頭なのである。

図1　惟宗氏略系図

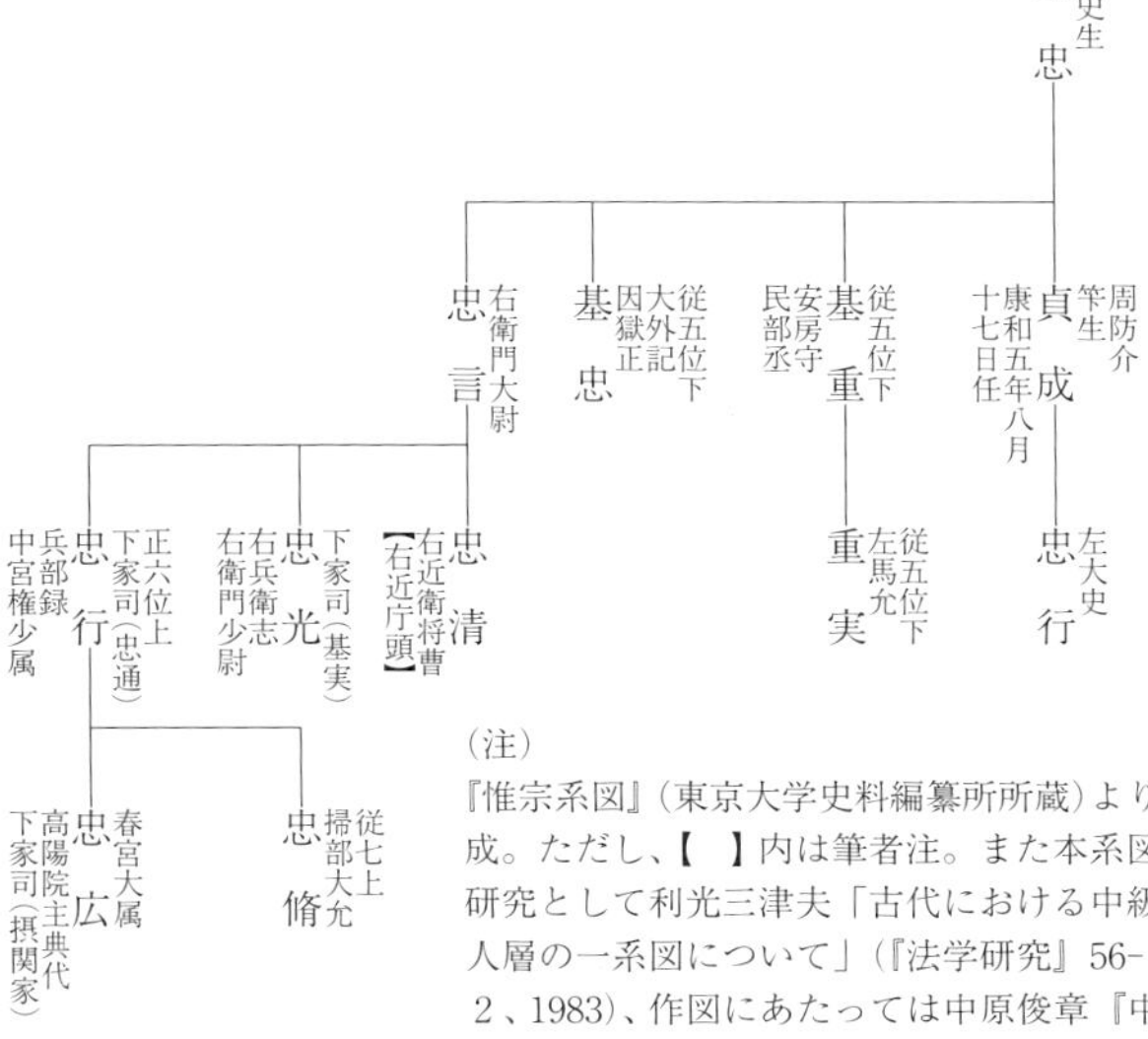

（注）
『惟宗系図』（東京大学史料編纂所所蔵）より作成。ただし、【　】内は筆者注。また本系図の研究として利光三津夫「古代における中級官人層の一系図について」（『法学研究』56-1・2、1983）、作図にあたっては中原俊章『中世公家と地下官人』（吉川弘文館、1987）を参照した。

また摂津国菅井神田村では、住人たちが散在駕輿丁として存在することが知られ(36)、庁頭―御輿長・駕輿丁という組織系統を確立していたと考えられる。この中では庁頭惟宗景直が駕輿丁宗正法師を「重代之下人」として認識しており(37)、庁頭と駕輿丁との間には主従関係にも通じる支配関係を見出すことが可能である。当然そこには駕輿丁に対する補任権も含まれていたと想定すべきであろう。

庁頭を歴任し「景」を通字とする惟宗は、忠言息の忠清（十二世紀前半）が起点となって展開し（図1）、摂関家家司や下家司を輩出した系統である(38)。確かに忠清の次代である庁頭清景も九条兼実と府務遂行の上で密接な関係を有し

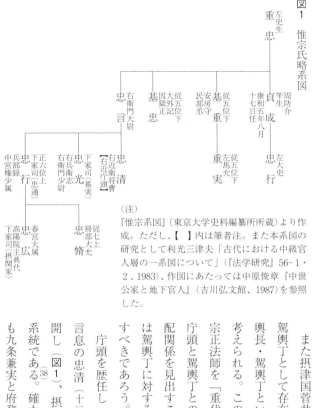

表1　散在駕輿丁所領一覧

	年月日	内容	出典	散在駕輿丁関係地		地域性質
1	文治二年(一一八六)九月五日	富野郷における武家の妨げを停止する旨の下知状。	山	山城国	久世郡富野郷	春日社の権限下(春日白人神人の存在)【『中臣祐賢記』文永二年(一二六五)四月二十三日条】
2	寛喜三年(一二三一)	公卿勅使課役賦課の不当を訴える。	民紙	近江国	犬上郡	犬上郡内に殿下渡領(大与渡荘)【嘉元三年(一三〇五)頃『摂録渡庄目録』】
3	(暦仁元年～仁治三年)(一二三八～一二四二)	伊勢国長岡御厨堀町田一段半をめぐり、駕輿丁助綱が為孝なる人物と相論を行う。	頼紙	伊勢国	長岡御厨	——(第二節で後述)
4	建長八年(一二五六)四月二十日	左近衛府・右兵衛府駕輿丁が田上杣人と中郷をめぐり相論を行う。	経	近江国	田上、中郷	摂関家の厩・牧・藤原道長の宿所【寛弘二年(一〇〇五)十一月二日条『御堂関白記』】
5	弘安九年(一二八六)三月十日	庁頭惟宗景直が、駕輿丁宗正法師の処罰を求めて朝廷に言上する。	勘紙	摂津国	菅井神田村	春日社領【室町中期頃『摂津国寺社本所領幷奉公方知行目録』】
6	応永四年(一三九七)二月二十五日	室町幕府が円明房法印に右近衛府領近江勢多郷駕輿丁名の年貢収納を認める。	出	近江国	勢多郷大江□	九条道家所領の後、一条実経所領【「九条道家初度惣処分状」『九条家文書』】

(注)山…『山城富野郷下知状目録』、民紙…『民経記』貞永元年九月紙背文書、頼紙…『頼資卿改元定記』紙背文書、経…『経俊卿記』、勘紙…『勘仲記』弘安十年八月紙背文書、出…出納文書

ており、[39]摂関家（近衛大将就任者）と庁頭は、府務を媒介として強固な関係を保持していたことがわかる。

このような摂関家と庁頭との関係性は、とくに散在駕輿丁の編成に強く影響を与えたと考えられる。散在駕輿丁の存在が確認できる所領を**表1**にまとめた。ここで最も注目したい点は、散在駕輿丁が一例を除いて摂関家・春日社との関係を有しており、かつ畿内近国における交通の要衝が多いことである（**図2**）。なかでも京都—大

和間（現在の奈良街道上）に位置する春日社領山城国富野郷では、十二世紀後半段階で駕輿丁に対して給免田が与えられており、[40] 先に引いた摂津国菅井神田村は春日社領であり摂関家位田を含む地域であった。近衛府の庁頭が、中世前期の禁裏駕輿丁を直接統括していたことは明らかだが、その背景には庁頭が摂関家との結びつきの中で、同家領において散在駕輿丁を編成していく姿を想定することも可能であろう。

さらに、ここでは散在駕輿丁の編成の契機として摂関家による春日社をめぐる一連の諸事業の存在を想定しておきたい。

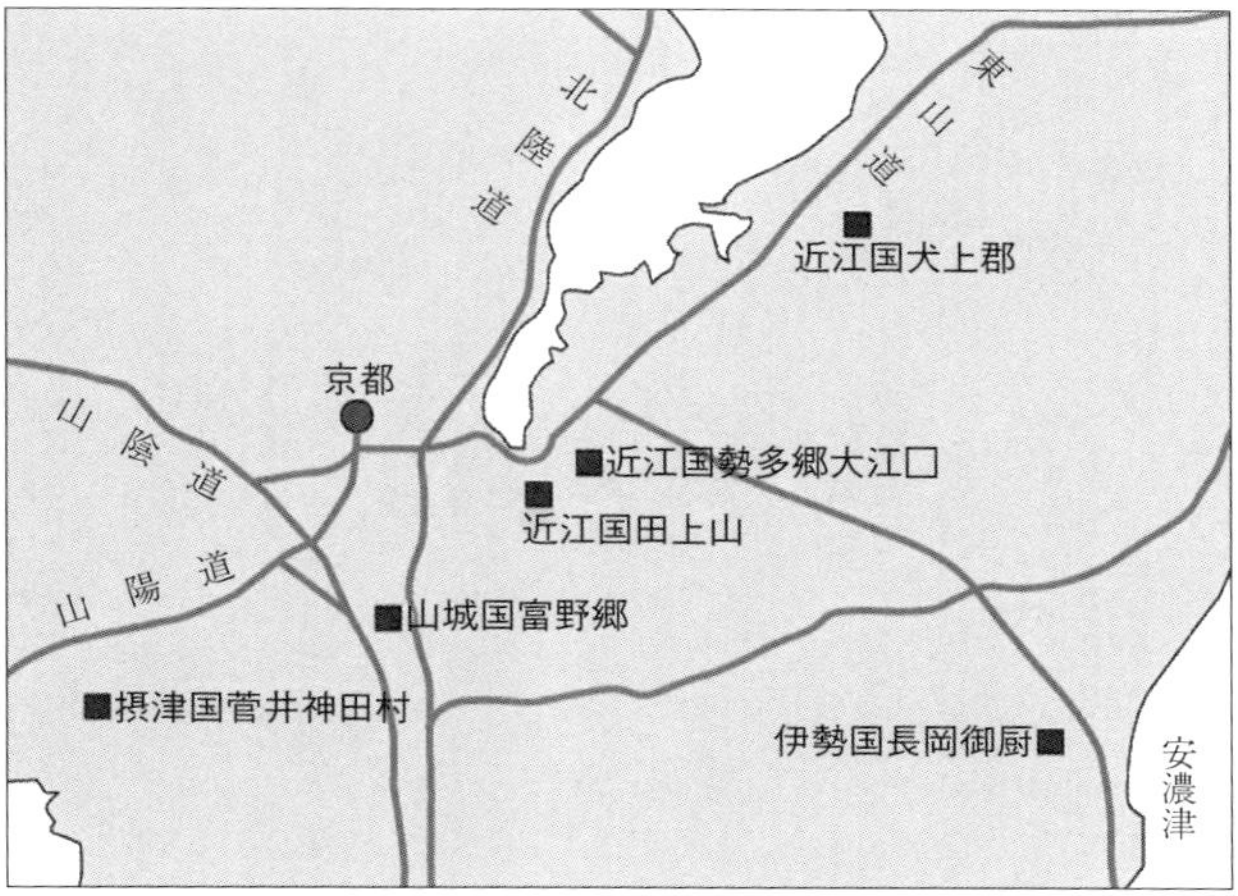

図２　畿内近国における散在駕輿丁の関係地

まず着目すべきは、春日行幸である。これに関し大村拓生は、十世紀末における藤原兼家以降、摂関家が神社行幸を整備・完遂することにより、自家の政治的優位性を強化していったことを指摘した。[41] 行幸の絢爛たる行列が「公卿層から隔絶し、天皇とも並ばんとする」ための、摂関家の「地位の視覚的表現」として機能することを明らかにしたのである。そして、兼家が神社行幸体制化を図るにあたってまず真っ先に取り組んだのが、永延三年（九八九）の一条天皇の春日行幸なのである。

また春日社への行列として同様に注目されるのは、平安時代前期（九世紀）に創始された春日祭である。当該祭礼は藤原氏の氏神祭祀であり、二月・十一月の上申日を式日とした。上卿と弁とが祭を統括し、藤氏長者の祭祀のほかに官使の近衛府使・内蔵寮使ないし中宮使が参向・奉幣した。祭礼の主眼は、春日の神々に奉幣や神供・神宝や各種の芸能（東遊・和舞）を捧げ、国家安寧と藤原氏の繁栄を祈願するものであり、(42)神輿を用いる神幸祭の形態とは異なり、閉鎖性の高い氏族へ向けた祭祀形態であったといってよい。

これら一連の祭礼の中で、近衛府祭使が、神祇官、掃部寮、内膳司の各種官人や舞人、検非違使の官人とともにきらびやかに行粧《ぎょうそう》し京都―奈良間を往復する姿（出立之儀・還立之儀）は沿道地域の多くの人々の耳目を集め、(43)春日祭の主眼の一つとなっていた。

このような特徴をもつ春日祭であるが、齋藤拓海は、寛弘元年（一〇〇四）を画期として藤原道長によって摂関家の子弟のために祭礼自体が大がかりに作り変えられたことを明らかにした。(44)上卿（祭礼執行責任者）や近衛府使を摂関家の子弟がつとめるとき、「春日祭武士」なる源平の武士を供奉させ、壮大な行列を作り上げるようになったのである。齋藤は摂関家のための春日祭の行列を「摂関と公卿・殿上人・地下官人との関係、摂関と武士との関係を行列の形に集約し顕現」した政治的表象であったと説明する。(45)

さらに天喜五年（一〇五七）を画期として藤原頼通の権力下で、春日祭の上卿（祭礼執行責任者）が摂関家の子弟のみの独占となっていくこととなり、(46)以後この状況は、弘安六年（一二八三）まで継続した。この期間、春日祭は藤原摂関家の祭礼として揺るぎないものとなったのだ。

すなわちこれらの研究は十世紀末から十一世紀において、春日行幸および春日祭が段階的に摂関家の権威表象手段として変容させせられていったことを示しているといえる。

散在駕輿丁を春日社領・摂関家領において設定・編成する契機として、当該期における摂関家による春日社をめぐる一連の儀式改革を想定することはあながち無理な推論ではなかろう。とくに摂津国菅井神田村の散在駕輿丁に春日社行幸役が賦課されていたことを想起したい。散在駕輿丁は摂関家の権威表象手段である春日行幸と密接な関わりをもっていた。畿内近国における複数の交通要衝地に散在駕輿丁が展開している状況は、摂関家による行幸使用道路の把握によって現出してきたと考えることができるのではないだろうか。

では、このような形で成立してきたと推察される散在駕輿丁は、具体的にどのような構成員によって成り立ち、その活動はいかなるものであったのだろうか。節を改めて追究していきたい。

第二節　散在駕輿丁の担い手

（一）伊勢国長岡御厨をめぐる相論

中世前期の散在駕輿丁構成員にはいかなる人物が存在し、府役の勤仕以外にどのような活動を行っていたのであろうか。まずは伊勢国長岡御厨における藤原助綱を例に分析を試みたい。

□（左）近府駕与（輿）丁藤原助綱重申

長岡御厨内堀町田一段半相論間、為孝申状虚誕無レ謂事

子細度々言上畢、而依二為孝之無道濫訴一、于レ今不レ蒙二裁断一之間、去三月重□□訴申之処、為孝之陳状雖レ不レ始レ于レ今、又殊猛悪所二露顕一也、為孝号二證文一□□副進状等者、Ⓐ併以二無道謀計一、所二掠申賜一状等也、全非二相伝之證文一、Ⓑ助綱ハ捧二□（申カ）先祖相伝之證文一、経二奏聞一之間、最前右小弁殿職事御時、依レ無二為孝指證文一不レ及二裁断一、次蔵人右衛門佐殿御奉行之時、以二同前之間一、為孝改二彼御奉行一故、Ⓒ宰相殿貫首之御時、頻雖レ致レ乱二訴助綱一、可レ被レ召二出為孝手継相承文等一之由□□（申カ）上之処、不レ出二対件文書等一之上、神宮使等申状顕然之間、猶不レ顧二裁断一、度々被二棄置一了、而掠二申子細一者也、凡田地領掌之道、以二先祖相伝之證文一、為二亀鏡一者也、而為孝不レ帯二指證文一、只依二四姓氏人一、恣可レ押二領他人領一之由、結構猛悪之至、不レ足レ言事□、所詮被レ召二合為孝之證文与助綱之文書一、任二真偽一可レ蒙二裁許一、抑仰二武家一可被召□□助綱之由、令レ申之条

罪科何事哉、偏帯二相伝之文書一、可レ停二止為孝無道之乱妨一之由□訴申、非レ可レ被レ処レ于二其科一、依二田畠相論事一、可レ被レ行レ科者、帯二文書一助綱与構二謀書一為孝、其科軽重有■者也、且所レ仰二御還迹一也、為孝引二在地人等之連暑（署）一事、併為縁□状、何可レ為二證文一哉、弥謀計之至難レ遁者也、度々可レ遂二対決一之由雖二訴申一、為孝無二理致一之間、遁二対決述一助綱申二遁避一之由、又以如何、以二陳答一不レ可レ散二御不審一、早被レ召二出為孝一、不日遂二一決一、任二文書之理非一欲レ被二仰下一矣（以下欠）[47]

（傍線筆者注）

本史料は、『頼資卿改元定記』の紙背文書として伝来したが、残念ながら本文後半部分と日付・宛所等が欠如している。しかし表側の改元定記の筆跡が藤原頼資息男の経光[48]のものであることからすると、文書成立期の目安としては十三世紀前半から半ば頃と理解することができる。

さらに史料傍線部にも着目したい。ここに現れるⒶ「右小弁殿職事御時」、Ⓑ「蔵人右衛門佐殿御奉行之時」、Ⓒ「宰相殿貫首之御時」のうちⒶ、Ⓒについては条件に該当する人物が複数存在し、個人を特定できない[49]。しかし十三世紀前半〜半ば頃でⒷ「蔵人右衛門佐」を称するのは、平範頼〈職名確認期：寛喜三年（一二三一）三月五日〜貞永元年（一二三二）十月四日〉、平時継〈職名確認期：仁治元年（一二四〇）閏十月八日〜仁治三年三月七日〉のただ二人である[50]。このことから成立年代としては両者任用期の上限と下限（寛喜三年三月五日〜仁治三年三月七日）をもっておおまかにおさえておきたい。

この史料は伊勢国長岡御厨のうち、「堀町田一段半」をめぐり、「□（左）近府駕与丁藤原助綱」が「為孝」なる人物の非法を訴えた申状である。論所の知行権が確定しないのは「為孝之無道濫訴」によるものであり、その訴えに際して為孝が提出した證文はいずれも「掠申」したもので、決して「相伝之證文」ではない、と助綱は主張するのである。助綱の主張を支える最大の根拠とは、「田地領掌之道、以二先祖相伝之證文一、為二亀鏡一者也」という部分からも明らかなように、正当に相伝されたとする文書に他ならない。それに対して「為孝」は、「四姓氏人」

という自らの出自、あるいは「在地人等之連暑（署）」などの地縁的関わりの中で作成された文書を根拠にしているという。助綱の論理からすれば、このような文書は「謀書」に他ならない。

助綱は史料最終部においても「以二陳答一不レ可レ散二御不審一」や、「任二文書之理非一欲レ被二仰下一」というように、文書の正当性による裁断を要求している。自らの所持する文書の正当性と、「為孝」側の文書の恣意性を対比させることにより、論所知行の要求を行っているのである。

この訴訟の一方の当事者である為孝とは、仁治元年に「神祇権大祐」として姿を現す斎部為孝のことであるが(51)、では史料作成主体である駕輿丁藤原助綱とはいかなる人物なのであろうか。

(二)　藤原助綱の出自と越前斎藤氏

前項の年代比定で把握した期間で、藤原助綱という名前を載せる系図を求めるとき、『尊卑分脈』のうち、「民部少輔伊伝男則光孫」系図は注目することができる(52)。該当箇所を図3として掲出する。系図所載の助綱の活動年代は、④「助村」が仁治元年（一二四〇）四月五日に右兵衛尉に任じられていることから(53)、十三世紀前半とおさえることができ、系図所載の助綱と「□（左）近衛府駕与丁藤原助綱」の活動時期が一致することがわかる。

さらに系図②「助兼」、⑤「助時」に着目すれば、両者は長岡御厨と関わる人物であり(54)、これらのことから判断すると、本系図に見える助綱が先の駕輿丁藤原助綱であると捉えることができよう。

このことを踏まえて、ここで強調しておきたいのは、図3に引用した系図が、越前斎藤氏のうち河合斎藤氏のものだということである。つまり、駕輿丁である藤原助綱は、河合斎藤氏を出自とする人物であることがわかる。

越前斎藤氏は、疋田系・河合系の二流に別れ展開する。疋田斎藤氏は越前平野の東北隅、竹田川中流域周辺を根拠地とし、小松家など平家一門に仕えた系統である(55)。後者の河合斎藤氏は九頭竜川と日野川の合流点に当たる

図3　藤原助綱周辺系図

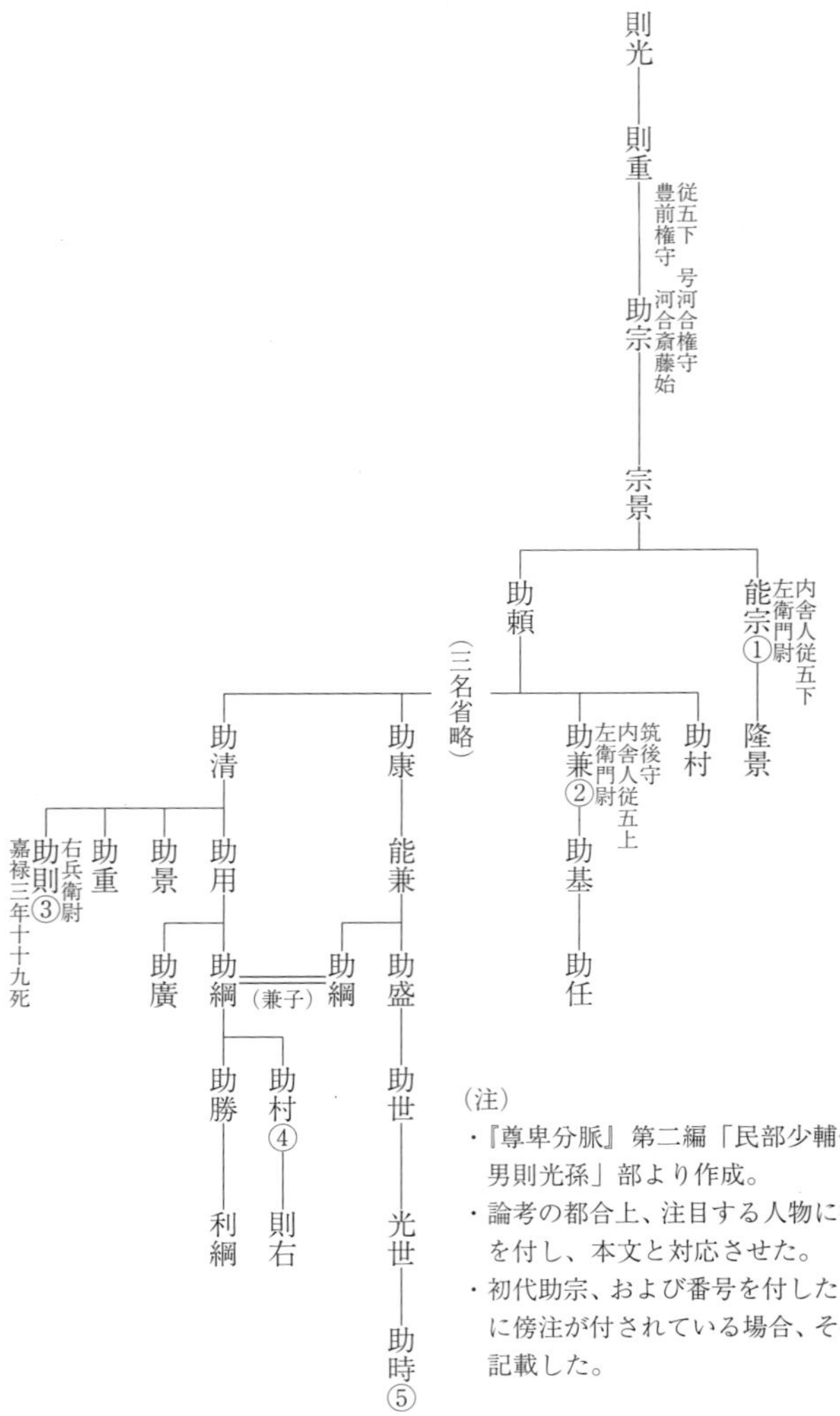

（注）
・『尊卑分脈』第二編「民部少輔伊伝男則光孫」部より作成。
・論考の都合上、注目する人物に番号を付し、本文と対応させた。
・初代助宗、および番号を付した人物に傍注が付されている場合、それを記載した。

北東地域を初期の根拠地とし、則光を祖とする系統である。この一族は在地に強い基盤を形成し、越前国における在地領主層の中でも最高の威勢を誇る者たちであった[56]。

また越前斎藤氏の諸活動が京都との関わりの中で展開していった点も看過することができない。疋田斎藤氏は院政期以前から滝口に任じられており[57]、一方の河合斎藤氏も越前国内における王家領・仁和寺領荘園の下司職を勤め、滝口、武者所、兵衛府・衛門府の尉クラスに任じられている。[58]在地と中央との往反の中で、人的関係・情報・物資を相互に作用させあいながら、領国経営や中央での諸活動を行ってきたのが越前斎藤氏なのである。

ではなぜ、越前国に基盤を置く武士一族である藤原助綱が、駕輿丁として伊勢国長岡御厨をめぐり訴訟を行うのであろうか。長岡御厨の地域的特性に注目しながら次項で検討を加える。

(三)長岡御厨の地域的特性と越前斎藤氏の商業的特性

まず当該箇所を図示する(図4)。現在も安濃川の北部丘陵上に長岡町が立地し、長岡御厨はこの地に比定される。[59]『神鳳鈔』には「七丁六段小、三石」と記され、石高としてはさほど魅力的な所領とは考えられないが、

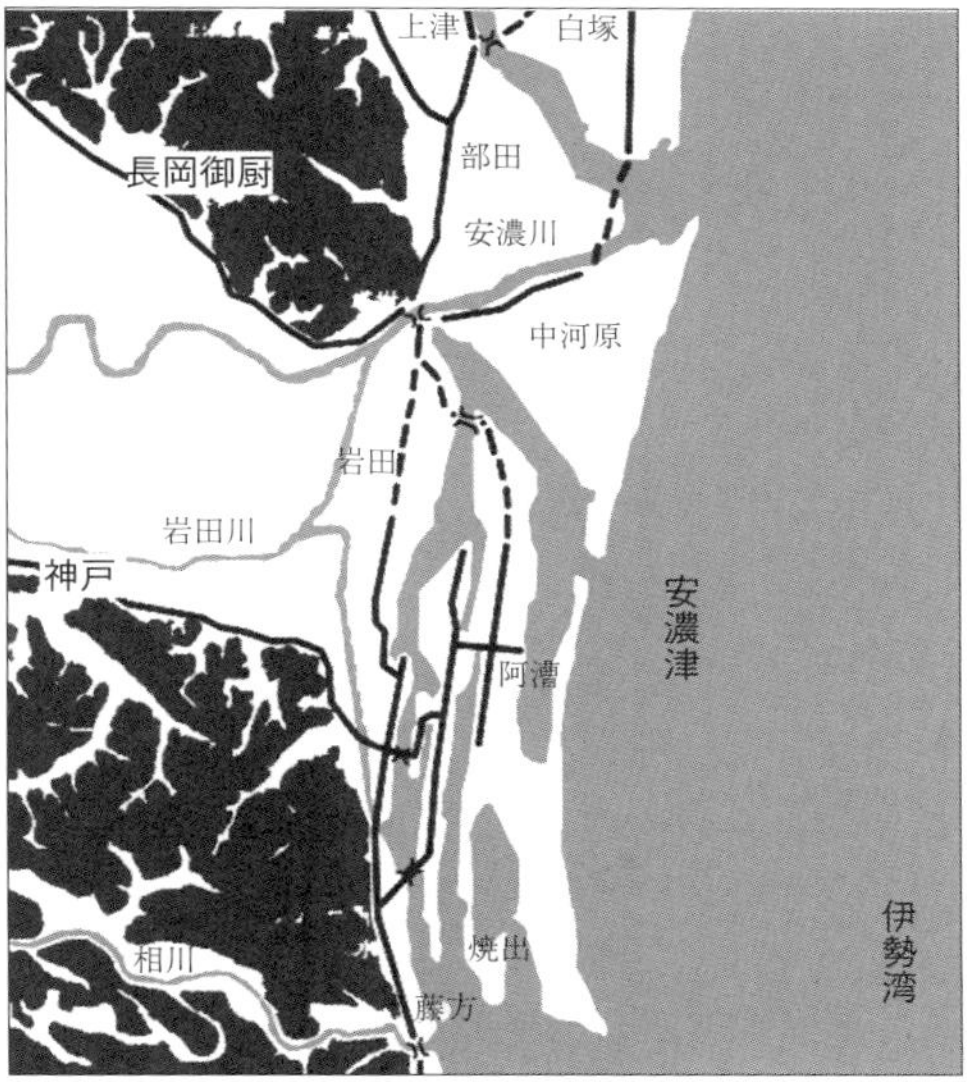

図4　長岡御厨周辺図

伊藤裕偉「安濃津の位相を探る」(『中世伊勢湾岸の湊津と地域構造』、岩田書院、2007)第1章第3節図4「中世安濃津の状況想定図」より作成。

この図から明らかなように、同地は安濃津とごく近接した地域に位置するのである。

いうまでもなく中世前期における安濃津は、単に伊勢神宮の物資集積地ではなく、畿内や関東などと結びつく広域的な流通拠点であった。[60]またそれだけでなく、この地は京都から鈴鹿越えで神宮へと至る幹線道路上にあり、[61]長岡御厨自体も奉幣の駅家と記され、[62]京都―伊勢間を結ぶ陸路交通上の要地であったことがわかる。

このような長岡御厨の特徴は、当地が商業

上の有益地であったことを示しており、助綱が知行権を主張する理由もこの点に求められると考えられよう。関連する事例として図3の系図所載①「能宗」に注目したい。

『尊卑分脈』ではこの能宗に「正治二年（一二〇〇）依下搦二取大津神人一事上有二山門訴一之間配二流隠岐国一」と注記する。幸いにもこの詳細は『華頂要略』により伝えられており、能宗と大津神人との軋轢の詳細を知ることができる(63)。

トラブルの原因は、能宗が「大津神人利正」との和市《わし》交易を行う際に行使した不法行為にあった。当該期における交易は、銭貨ではなく絹布で行うべきことが既に定められており(64)、利正としてはその規定に則って交易を行おうとした。ところが「能宗郎従」側はそれを拒絶し、「禁二制銭貨一事、非二他人一、我等之外、誰人捜求哉」（銭貨交易を取り締まることは我々の職務であり、我々以外の誰が捜索しようか）という論理で交易を強いた。この圧力に屈し、利正は渋々と銭貨を貸借し、交易を行ったのである(65)。しかしこの行為に対して能宗郎従が「神人所持物」を奪い取るために策略し、「称下用二制物一之由上」して、徒党を率いて利正への刃傷行為に及んだ。これにとどまらず、能宗の上申を受けた藤原公継が利正の身柄を捕縛させ、彼を救援するために「座主書札」を帯した他の大津神人の訴えの一切を拒絶したのである。利正に対する刃傷等の実行動は郎従が行ったとはいえ、利正の捕縛は、能宗が藤原公継に上申したことにより実現しており、この一件は郎従単独の暴力性の発露ではなく、能宗とこれに従う郎従が一貫した利害関係で結ばれ行動する集団であったことを示唆している。

結論としては、神人側が山門を通じて「衆徒之訴訟」として訴えたことにより、捕らえられた大津神人は放免され、対立する藤原公継、藤原能宗、息男隆景・重宗、日吉神人の使庁下部七人は処罰されることとなった。

この一連の対立の中で重要なのは、能宗が検非違使と関係を結び、かつ大津神人との間で和市交易を行っていた事実である。市場ごとに異なる相場を把握して行う和市交易は(66)、能宗の在地領主としての性格を伝えると同時に、商業行為を行いうる一定の能力（商人的能力）を保持していたことも示唆している。また能宗と同時に処罰された人物の中に隆景、重宗といった子息も含まれていたことは、この和市交易が一族的な結合の中で行われていたことをも推測させる。

この一族には、安元年中（一一七五～七七）に商業上有益な長岡御厨と関係を結んだ助兼がいた。(67)このことも、当該一族の商人としての性質を考える上で重要な事実となろう。つまり、十二世紀段階から脈々と商人としての性質を伝えているのが河合斎藤氏なのであり、当然助綱も例外ではないものと考えられる。助綱は安濃津後背に位置する長岡御厨に縁を結ぼうとし、為孝との間に軋轢が生まれ、相論が展開されることとなったのであろう。既に十二世紀後半段階では、禁裏駕輿丁に課役免除特権が確認され、(68)駕輿丁が商業活動を行う上で有益な身分であったことは明らかである。河合斎藤氏の中で長期的に保持されてきた商業的な性格が、助綱の段階に至り、長岡御厨に駕輿丁として関係を結ぶ形で現出してきた、と理解することができよう。(69)また、河合斎藤氏が長岡御厨と関係を結ぶことは、この一族が日本海沿岸地域だけでなく遠江を含む関東地域とも接続し、(70)流通能力を格段に強化させることにつながる。このような点においても、越前斎藤氏である藤原助綱が駕輿丁として長岡御厨に縁を結ぶメリットは極めて大きなものであったと考えられる。

これまでは、他の中世商人と同様に朝廷経済の逼迫を背景として、下級官人であった駕輿丁が中世前期、遅くとも南北朝期に商業者化すると考えられてきた。しかしここまでの考察を踏まえるならば、駕輿丁が商業者化したのではなく、河合斎藤氏のように商人としての能力を保持した人物が駕輿丁身分を獲得していった、と考えるべきであろう。

つまり、駕輿丁と商業との接近は、既に商業活動を営む者が、自身の活動を有利に展開させようとしていく中で、課役免除特権を有する駕輿丁に着眼し、触手を伸ばした、という文脈で捉えた方が的確なのである。

さらに河合斎藤氏であり、商人としての能力も保持していたと考えられる藤原助綱が散在駕輿丁であったことは看過できない。散在駕輿丁は、在京する駕輿丁を補完する機能を担っていたことは先述したが、在京駕輿丁が正常に機能している場合、輿への勤仕に使役されることはなかったと考えられる。つまり、散在駕輿丁は、職能奉仕が無くとも身分に付帯する諸特権を享受できた存在として位置付けることができるのである。とするならば、新たに駕輿丁を志向する人々は、この散在駕輿丁にこそ着眼し、身分を欲したと考えられる。すなわち散在駕輿丁は、新規参入者の受け皿としての性格をもっていたと考えられ、在京駕輿丁とは異なり、著しく肥大していく可能性が考えられるのである。では、このような展開を遂げる禁裏駕輿丁は、以後、いかなる形で室町期へ移行するのであろうか。支配関係の変容を軸に次節で検討したい。

第三節　室町期への展開

(一)　禁裏駕輿丁支配の変容

南北朝期に至ると禁裏駕輿丁をめぐる支配関係に大きな変化が生じていることが確認される。

左右近府駕輿丁等申竹商買課役免除事、兼治状（別具書）如レ此、子細見レ状候歟、所レ申レ無二相違一者太不二穏便一、慥可二糺返一之由可下令二下知一給上之旨、被二仰下一候也、仍執達如レ件、

永和四年

九月五日　勘解由次官　知輔

謹上　内蔵頭殿(71)

本史料は永和四年（一三七八）左右近衛府駕輿丁の竹商売課役免除を認めた後円融天皇綸旨案であるが、駕輿丁が竹商売の権益を争う訴訟の中で官務小槻兼治の挙状を提出したことは重要である。すなわち十四世紀後半にお

いて駕輿丁は、小槻家を本所と仰ぎ結びついていたのである。

では、このような禁裏駕輿丁と小槻氏との接続は、いかなる過程を経て果たされていったのだろうか。このことを考えるとき、弘安九年（一二八六）に勃発した一連の相論は重要である。

□□□府重言上

□□□津国菅井神田村駕輿丁宗正法師、于レ今不レ被二断罪一間、春日行幸○〔役〕可二闕如一子細事

□□□言上先畢、彼宗正法師狼藉事、先度経二御沙汰一、可レ被二断罪一之旨、建治・弘安年□□□下院宣・府宣等、奉レ違二背之一、嘲二勅勘一、弥巧二悪行一、或責二殺傍輩一、或刃傷沙汰□□、剰押二留当村所役一、一向闕二如公事一、又打二擲大将家権御随身一、条々狼藉之上、□□申請、依二先傍例一、可レ被二罪科一之処、于レ今無二厳密御沙汰一之条、傍輩後昆可レ為経□御柄誡者、向後更不レ可レ有二公平一者歟、住京駕与（輿）丁者、人数尫弱也、爰以当村□□繁多公役之処、依二宗正法師之張行一、併闕二御事一者也、且云去年歳末公事□（二行欠）□人数者、可レ為二違乱一哉、凡当府下部狼藉事、依二本府申請一、被二断罪一者□□□也、而任二所犯之実正一、雖レ言二上子細一、無二厳○〔密〕御沙汰一之間、積習之所残、被官之□□仕也、以二上宣一公事雖レ令二下知一、緩怠不法也、爰為二公平一、且為レ誡二狼藉一、雖□□□及二其御沙汰一、而彼等遅参不法之時者、被レ懸二其科於庁頭一之条、難堪□□□、□□□宗正法師一人不レ被二罪科一、争可レ闕二如数輩之役一哉、吉上国光者、春日祭□□□遅参之咎、以二職成申状一、忽被二禁獄一了、何況宗正法師之条々之罪科、不□□□任二申請一何無二御裁許一哉、且為レ懲二将来一、為二向後傍輩一、早任二先傍例一勅欲レ被二禁獄一、不レ然者可レ被レ仰二武家一歟、非二御家人一而募二其号一、致二悪行一者□□□無二厳密御沙汰一者可レ為二公役闕如之基一哉、為レ遁二後勘一仍言上如レ件、

弘安九年　三月十日　上(72)

（傍線筆者注）

在京・散在体制における禁裏駕輿丁支配は、庁頭が直接的な主体となって行われていたことは先に述べた。し

かし、右に引用した史料においては、その支配関係の弛緩が確認されるのである。弘安九年三月十日、摂津国菅井神田村において庁頭惟宗景直が駕輿丁宗正法師の狼藉を訴えた。この惟宗景直とは、第一節第三項でも確認したように、摂関家との結びつきを背景にしながら散在駕輿丁を統括した主体として位置付けることができる。現に景直の父・景信の段階から、駕輿丁を下人としていることがわかり(73)、ここで見られる駕輿丁と庁頭の主従関係が複数世代に及ぶことが知られる。

しかし、引用史料からは、この統括関係の揺らぎも見られる。すなわち、駕輿丁である宗正法師が「非二御家人一而募二其号一、致二悪行一」(傍線部)という記述からは、この人物が自らを御家人と称して武家に接近し、右近庁頭惟宗氏の支配・管理から脱しようとする姿勢を見出すことができるのである。

さらに同相論の中では、中原職成なる人物が、惟宗景直の「私物」を奪い取ろうとして、駕輿丁の中の「重代沙汰人」を改易し宗正法師をこれに代替させた、という動きが存在していた(74)。「職」を通字とする中原氏は、内蔵寮年預、出納などとともに右近衛府庁頭に任じられる一族であり(75)、惟宗氏とは一種の競合関係にあったと考えられる。つまりここからは、この相論の背景に惟宗氏と中原氏の庁頭をめぐる対立が存在し、その対立軸のそれぞれに駕輿丁勢力が同心している構造を想定することができるのである。統轄主体レベルの動揺が、駕輿丁に対する統御能力を低下させ、庁頭からの離脱を促進させた可能性は十分に考えられよう。この弘安相論が起こった十三世紀末以後、惟宗氏と駕輿丁との関わりを示す史料が皆無となることは、駕輿丁が惟宗氏から離脱し、複数世代にわたる強固な主従関係を希薄化させたことを示している。

このように惟宗氏との関係性を希薄化させた駕輿丁が、新たな後楯を獲得する契機は続く内乱期に現出する。とくに京都を主戦場とした武力衝突が勃発する観応の擾乱は駕輿丁の存在形態を劇的に変化させる画期となった。観応二年（一三五一）正月十三日、足利直義派桃井直常が入京するに及び、京都守護を担っていた足利義詮との間に緊張関係が生じることとなった。このような内乱の進行に際し、朝廷は天皇を無事に避難させ朝廷運営を維持していくために、臨時行幸の整備を行う必要に迫られたのである。事実、翌十四日夜、義詮が兵を遣して須賀清秀の第を襲わせたとき、崇光天皇は仙洞御所（持明院殿）へと避難の行幸を行った。この行幸に際しては「今夜俄可レ有レ行二幸仙洞一〈持明院殿〉之由、被二仰下一之間、御輿長駕輿丁等相催之処、少々参集」[76]と記されるように、御輿長・駕輿丁が供奉したことがわかる。このことは、既にこの段階において臨時行幸の必要性が生じた際、「少々」ではあっても駕輿丁の即時動員ができるほどの体制が朝廷内部に用意されていたことを示している。

ここで想起せねばならないのは、中世前期において京都内部の駕輿丁（在京駕輿丁）が、複数の史料で「尫弱」と記されていた事実である。つまり臨時行幸の整備は、このような在京駕輿丁の減少傾向を克服し、行幸を即座に実施できるほどの人員を京内で把握することが求められたのである。ここにこそ、各地域における散在駕輿丁が入京を果たす契機が出現すると考えられよう。

このような内乱期における駕輿丁組織の再編を担う人物として最適なのが、小槻匡遠である。小槻氏は、太政官の諸記録を管轄する官務を担うと同時に、天皇が乗る輿の維持・管理を行う主殿寮の長官も鎌倉初期から兼任していた。事実、匡遠は観応元年十二月十日、非常の行幸に際してどのような輿を用いるのがよいかを問われ、先例を勘案の上、答申している[77]。

行幸の先例を蓄積（官務職掌）しながら、行幸に用いる具体的な設備を管掌（主殿寮長官職掌）する小槻氏は、いわば行幸のスペシャリストとしての役割を朝廷において担っていたと考えられる。このような小槻氏の性格は、駕輿丁が当該家に統括される体制を確立する根拠となったと考えられる。

この小槻氏と駕輿丁との関係性は、南北朝期において段階的に強固となっていった。すなわち観応三年八月、後光厳天皇の即位儀礼に際しては官方の職務として駕輿丁が動員され、匡遠の差配のもと「辛櫃」を担いでおり[78]、また応安三年（一三七〇）七月、同七年七月に至っては、陣座畳の奉納命令が小槻兼治を通じて駕輿丁に下されたことが確認される。[79] 陣座畳の奉納は、古代以来左近衛府官人の職務であり、[80] 南北朝期においては左近衛府駕輿丁がこれを担っていた。つまり、小槻氏は十四世紀後半に至ると駕輿丁の官職に由来する職責をも管理していたことになり、この段階に至って小槻氏は本格的に駕輿丁を配下に収め、統轄するようになったと理解されよう。[81]

このように小槻氏が駕輿丁を把握していくには、当然、散在駕輿丁側に一定程度の集団性が実現されていなければならない。古代から中世前期において、散在駕輿丁は庁頭を介して一元的に職務にあたるのが通常の勤仕形態であったことは先に述べたが、このような勤仕形態は、他地域を基盤とする散在駕輿丁が相互に協働しながら同一職務にあたる状況を生み出したと考えられる。それを物語るように、建長八年（一二五六）における田上杣人との相論においては、左近衛府駕輿丁と右兵衛府駕輿丁が一体的に杣人と対立していることが知られる。つまり、既に十三世紀中葉において、所属衛府を超えた駕輿丁の協働勤仕の存在を確認することができるのである。小槻氏はこのような庁頭統括段階における職務によって形成された散在駕輿丁の集合性を把握しながら、南北朝期における組織の再編成を進めていったと理解されよう。

本節冒頭で引いた永和四年の後円融天皇綸旨に見られる小槻氏と駕輿丁との支配関係はこれら一連の過程を経て、臨時行幸の整備を契機とした駕輿丁組織の再編成の中で創出されていったものと考えられる。

（二）　商業活動の活発化と中世後期への展開

南北朝期は駕輿丁組織の再編が進む一方、彼らの商業活動が活発化する段階でもあった。とくに京内におけるそれは顕著で、それまで見られないほどの多種多様な商業活動を知ることができるようになる。このような駕輿丁の商業活動の活発化は、いかなるプロセスで果たされていくのだろうか。この問題を考える上で重要なのは、やはり散在駕輿丁の存在である。

摂関期において行幸を遂行するために散在駕輿丁が主要な陸路幹線上に関係地を持つことは先述したが、このことは、当該集団が流通商業上、有益な地域に縁をもつことと同義であり、彼らが商人として活動をする地盤を固める要因になったといえる。

そして商人的性格を顕著にした散在駕輿丁が、南北朝期に至り商業活動に関係する相論をひき起こしていくこととなる。

右近符（府）駕輿丁等申商買物間事、重状等給了、忩相二尋社家一、可レ被レ申二左右一候、且可下令レ得二此御意一給上候哉
之由候也、恐々謹言、

五月十五日　法印懐雅[82]

引用史料は、興福寺の法印懐雅が奉者となって北朝に提出した書状であり、文和三年（一三五四）のものと推定される。右近衛府駕輿丁が商買物をめぐって相論をひき起こしたことを伝えているが、史料中、朝廷から相論の事実関係を求められた懐雅が「忩相二尋社家一」ねると返答したことは重要である。このことは、この相論が右近衛府駕輿丁と春日社配下の商人（春日神人）との間で勃発したことを物語っており、対立した地域も大和国であった可能性が高い。

先に指摘したように、散在駕輿丁の一部は、京都―大和間をつなぐ交通上の要地（山城国富野郷、図2参照）に展開していた。室町初期の段階で、春日社神人と相論を起こした駕輿丁の背景に、流通を握り商人として成長した散在駕輿丁の姿をみることは無謀ではなかろう。問題となった取扱い品目も、特定物品ではなく「商買物」と記されており、このことも既に複数品目を取り扱うまでに成長した商人としての散在駕輿丁の姿を物語るものといえる。

先に、内乱期における臨時行幸の整備が、在京駕輿丁の「尫弱」の克服を進め、散在駕輿丁の京都流入が現出したことを述べたが、この段階で把握された散在駕輿丁は、大和国の例のように、既に商人として成長を遂げた者たちであったと考えられる。つまり、京都参入を契機として、散在駕輿丁は京内での商業活動を展開することとなったのである。そしてこのことにより、京内既得権益者との間にいくつもの相論が展開されることとなった。

禁裏駕輿丁の魚鳥菓子の売買・交易を禁止する永仁五年（一二九七）六月三日付伏見天皇綸旨案が山科家関係文書の中に存在する(83)。山科家は十三世紀初頭には内蔵頭と御厨子所別当を兼任するようになり、供御人の管掌を行うようになった(84)。この綸旨発給の前段階には、掌握下にある供御人の保護を意図した山科家の駕輿丁排斥要求があり、朝廷は山科側の要請を受け綸旨を発給したものと考えられる。

駕輿丁と内蔵寮所属の供御人との軋轢はその後も連綿と継続するが(85)、十五世紀初頭には状況が一変する。

一、鳥供御人無人之間、歳末課役等厳密雖レ加二問答一、駕輿丁方倍増トテ不レ致二其沙汰一、駕輿丁可レ落之由、
付二広橋黄門一申二訴訟一、而未二申沙汰一（略）(86)

応永十四年（一四〇七）、駕輿丁方の倍増によって鳥供御人が「無人」となり、山科家への歳末課役納入が停止する事態が現出する(87)。十三世紀最末期からの約百年の間で魚・菓子などの語句が見られなくなるため、問題となる取り扱い品目は減少していったと考えられるが、駕輿丁の商売は鳥供御人を「無人」にさせてしまうほど強化されていたのである。

また至徳元年（一三八四）における禁裏駕輿丁と麩商人との争いの中では、商売停止措置を免れるため「募二駕輿丁之号一」った人物がいたことを確認できる(88)。ここに引いた鳥供御人を無人化させてしまうほどに増大した駕輿丁の中にも共通した動きが存在していたであろうことは想像に難くない(89)。

こうした駕輿丁増大の背景に、散在駕輿丁の京都参入を想定することは十分に可能であろう。つまり、内乱期

における行幸整備に伴い、首都京都に参入した散在駕輿丁が既得権益者と相論を通じて商業特権を獲得し、他商人を包含しつつ肥大していくのである。これら一連のプロセスを経て、駕輿丁は京都における商業活動の地歩を固めていったと考えられる(90)。

このような、南北朝期における散在駕輿丁の京都参入、それに伴う勢力の増大は、駕輿丁が庁頭から脱却し、小槻氏の統轄下に入ることによってもたらされたことはいうまでもない。つまり駕輿丁は、庁頭支配から脱却することで、下人化の可能性を克服し、自律的な組織の拡大・運営を可能としたのである。これに伴い、駕輿丁はそれまでの各地域に散在する存在形態から、京都を中心とした求心的な構造をもつ存在形態へとその組織のあり方をしだいに変化させていった。この意味で、南北朝期は、散在駕輿丁の京都流入と小槻氏統轄下での組織の拡大が影響を与えながら同時的に進行し、散在・在京の間にあった区別が曖昧化していった段階と位置付けることができよう。

以上のような禁裏駕輿丁の展開過程は、本来の輿を舁くという職能へも影響を与えることとなった。

右近府加輿丁等申、米酒尊（樽）以下課役在所注文相副之事、及二来一日一北野宮神幸違乱之間、所レ被二免除一也、早可レ被二下知一之状、依レ仰執達如レ件、

応永元年七月廿八日　　左衛門左（斯波義将）　在判

御師松梅院法印御房

（傍点筆者注）

本史料は、応永元年（一三九四）、右近衛府駕輿丁の商業特権（米酒以下・紺持売に対する課役免除）を追認した室町幕府管領奉書である(91)。この追認の背景には傍点部が示すように、禁裏駕輿丁による神輿抑留（ストライキ）を回避しようとする幕府の意図があった。ここでなによりも着目したいのは、商業特権の追認を求めて駕輿丁が神輿抑留を行おうとした点である。つまりこのことは、十四世紀末段階において商業活動の中に輿勤仕という職能

が訴訟手段としてもちこまれ、それが有効に機能していたことを示している。ここにこそ、輿勤仕と商業の明確な連動が見出され、在京・散在の区別のない、一体的な駕輿丁の組織性を見出すことができる。すなわち、京都商業界を席巻する特権商業者集団としての禁裏駕輿丁は、この段階で成立したといえる。

おわりに

以上、中世前期における禁裏駕輿丁の存在形態を検討してきたが、ここでその論旨を整理し結びとしたい。

本章の論旨を図式化すると次のようになる（図5）。まず古代段階をAと把握した。すなわち、諸国で把握された駕輿丁が上洛し、行幸をはじめとする諸儀礼に出仕する形態を指す。この段階では京都外部における自律的な駕輿丁の集合性は存在せず、駕輿丁の活動地は天皇が存在し、行幸等の諸儀礼が企図される京都のみであった。九世紀から十二世紀頃にかけて、しだいに官司厨町を拠点に禁裏駕輿丁を含む下級官人が在京化することに伴い、京外に散在駕輿丁が成立し、在京（主たる勤仕主体）と散在（補完的勤仕主体）の二重構造となった（B）。本章では、このような駕輿丁の存在形態を在京・散在体制と概念化し、その支配関係においては庁頭の存在を重視した。庁頭は駕輿丁の補任権を保持すると考えられ、散在駕輿丁を創出し、家司的、あるいはそれに準ずる形態で関係を取り結んでいた。散在駕輿丁の所在地域に色濃く摂関家・春日社の影響が確認できることは、この点により発現したと考えられる。つまり、摂関家は中世行幸の整備に伴い、政策的に行幸使用道路の周辺家領に散在駕輿丁を配置し、把握していったものと考えられる。

また散在駕輿丁は、在京駕輿丁の人数が減少した場合、それを補完する機能をもった。これにより、実質的な行幸勤仕の機会は在京駕輿丁よりも少なく、実際に勤仕はせずとも駕輿丁身分に付帯する特権を獲得できるメリットがあったと考えられる。鎌倉末期における行幸回数の低減に伴い、この性格はより顕著となっていき、このことが駕輿丁を志向する人々の受け皿としての機能を果たし、散在駕輿丁の商業的性質を成長させることにつながったと考えられる。外部商人が柔軟な組織原理を実現する散在駕輿丁に参入することにより、駕輿丁に商業的な性質が備わっていったのである。すなわち古代・中世移行期における在京・散在体制の成立こそが、禁裏駕輿丁の商業者化という現象を胚胎させたと考えることができよう。

十三世紀末段階に至り、禁裏駕輿丁は旧来の庁頭惟宗氏との主従関係から離脱し、南北朝期に至っては新たな後楯として小槻家を獲得した。この背景には、内乱期における朝廷側の臨時行幸の整備に伴う駕輿丁組織の再編があり、在京駕輿丁の減少克服をきっかけとした散在駕輿丁の京都流入があったと考えられる。ここで参入した散在駕輿丁はすでに商人として成長した者たちであり、京都における商業活動がその後、活発に展開されるようになる。このとき、山科家などの既得権益者との軋轢が生じ、相論、訴訟などが頻発する。駕輿丁はこうした軋轢を小槻家、幕府など新たな後楯を頼りとしながら打開していき、京内にも商業的地歩を固めていくことに成功したのである。

当該期に展開される商業活動は、散在性をもつ広域的なものであった。いうまでもなく、広域的な商業活動は構成員・物資・情報等の持続的な交換によって維持されていき、それまでのような散在、在京といった対比的な枠組みは次第に曖昧になっていく(C)。散在と在京が補完・被補完の関係を超え、商業における共通の利害関係に結ばれることにより、駕輿丁は中世前期とは

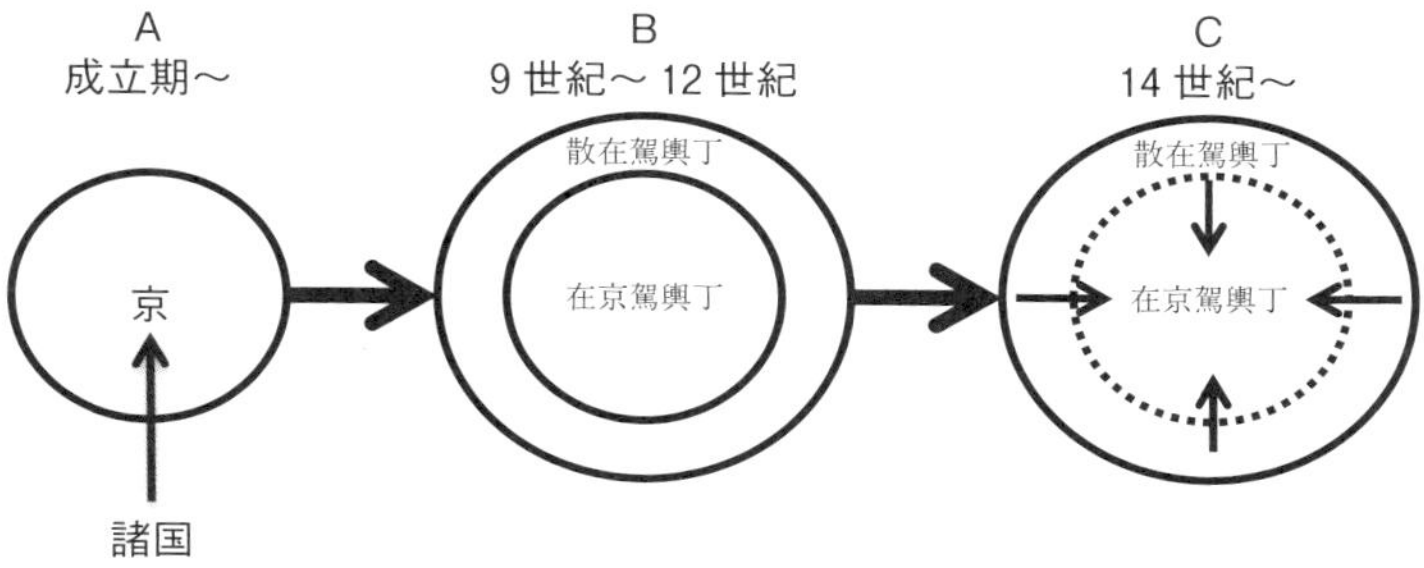

図 5　中世における禁裏駕輿丁の存在形態の展開に関する模式図

比較にならないほど大きなまとまりを成し、京都を中心とした求心的な存在形態を獲得していくのである。この動きと連動するように、禁裏駕輿丁は、輿への勤仕という本来の職務の中に、商業的な視座をもちこみ、商業権益を維持・確保するために神輿抑留（ストライキ）を行うようになった。このことにより禁裏駕輿丁は商人としての側面がさらに強化され、室町中後期に見られる活発な商業活動が可能となったのである。

（1）先行研究においては、禁裏駕輿丁を示す用語として「四府駕輿丁」、あるいは「四府駕輿丁座」が用いられてきた。しかし、左右近衛府・左右兵衛府の駕輿丁が、この名のもとに集合して活動するようになるのは、十五世紀前半頃のことであり、中世前期においては一府、または二府を単位とする個別組織で活動している（西山剛「中世後期における四府駕輿丁の展開」、『総研大 文化科学研究』三号、二〇〇七、本書第二章）。このことにより、本章では用語の混同を避けるため、便宜的に左右近衛・左右兵衛府所属の駕輿丁の総称を「禁裏駕輿丁」、あるいは単に「駕輿丁」という用語で示す。

（2）豊田武「四府駕輿丁座」（『豊田武著作集一　座の研究』、吉川弘文館、一九八二、初出一九三四）。

（3）丹生谷哲一「散所発生の歴史的意義」（『日本中世の身分と社会』、塙書房、一九九三、初出一九七〇）。

（4）網野善彦「中世前期の「散所」と給免田」（『日本中世の非農業民と天皇』、岩波書店、一九八四、初出一九七六）。

（5）大村拓生「行幸・御幸の展開」（『中世京都首都論』、吉川弘文館、二〇〇六、初出一九九四）。

（6）古代の駕輿丁の具体的様態については、笹山晴生「六衛府制の成立と左右近衛府」（『日本古代衛府制度の研究』第六章「平安前期の左右近衛府に関する考察」所収、東京大学出版会、一九八五）、鳥谷智文「王朝国家期における近衛府府務運営の一考察」（『史学研究』一九九号、一九九二）に依拠するところが多い。

（7）仁藤敦史は、『続日本紀』天平勝宝八歳（七五六）十二月庚辰条における聖武太上天皇の御輿丁一八五人の叙位記事から、すでに聖武朝において『延喜式』段階に相当する駕輿丁の集団が形成していたことを指摘する（「古代国家における都城と行幸」、『古代王権と都城』、吉川弘文館、一九九八、初出一九九〇）。

（8）『延喜式』「巻四十五、左右近衛府番長駕輿丁条」。
（9）『同書』「巻四十七、左右兵衛府輿丁条」。
（10）この点、前掲注（2）論文で豊田武は「（略）「延喜式」によれば左右近衛府は各々隊正二人・火長十人・直丁一人・丁八十八人、都合百一人の駕輿丁を擁し、左右近衛府は各々五十人の駕輿丁をもつて居た」とし、左右近衛府駕輿丁の構成員数も左右兵衛府の人数に合わせている。しかし、『延喜式』「巻十二、中務式」には「左近衛府四百廿五人、（略）駕輿丁一百人、右近衛府准此」と記されている。この規定を忠実に読むならば、左右近衛府駕輿丁を総勢二百名として理解する方が妥当であろう。
（11）『延喜式』「巻四十五、左右近衛府輿長条」。
（12）『同書』「巻十三、大舎人式行幸条」。
（13）『同書』「巻四十五、左右近衛府駕輿丁装束条」。
（14）『同書』「巻五、神祇五、斎宮式装束条」、「同、三年斎条」。
（15）『同書』「巻三十一、宮内省神今食小斎条」。
（16）『同書』「巻三十二、宮内省新嘗条」。
（17）『同書』「巻三十一、宮内省大嘗小斎条」。
（18）前掲注（6）笹山論文。
（19）村井康彦「官衙町の形成と変質」（『古代国家解体過程の研究』、岩波書店、一九六五、初出一九六三）。
（20）左右兵衛府駕輿丁が山城国内に「蒭畠七町五端」（前掲注13史料）を所持していたことは、京内において禁裏駕輿丁が土地制度上の根拠があった点を他側面から補強する事実であろう。
（21）前掲注（19）村井論文。
（22）先行研究では、諸司厨町の性格変化については、諸司が各々の諸司田を持ち財政運営を独立して行うようになった九世紀の終わり頃を一つの画期とみる（村井康彦「元慶官田の史的意義」、前掲注19『古代国家解体過程の研究』、初出一九六三）。さらに北村優季は当該期において織部町が官衙町に存在する手工業者を再編し、「役」を通じて手工業品を確保した事実から、官衙町に住人が定住している様態を指摘しつつ、宿所としての官衙町から所領としての官衙町への移行期が九世紀から十一世紀の間であったことを明らかにした（「平安京の支配機構」、『史学雑誌』九四巻一号、一九八五）。

(23)『民経記』貞永元年十月巻裏文書。

(24) 弘安九年三月十日付「衛府重申状」（『勘仲記』弘安十年八月巻裏文書所収〈国立歴史民俗博物館所蔵『広橋家旧蔵記録文書典籍類』〉、『鎌倉遺文』一五八四〇号文書）。本史料中、「住京駕与丁者、人数尫弱也、爰以当村〈摂津国菅井神田村〉□□繁多公役」と記述される部分は、在京する駕輿丁の減少に際して、摂津国菅井神田村の駕輿丁、あるいはその住人が公役をつとめたことを示している。

(25) 注(4)網野論文でも「散在駕輿丁」「在京駕輿丁」の語句が用いられているが、これらがどのような関係にあったのか、という実態面の検討は十分になされていない。

(26) 前掲注(3)丹生谷論文。

(27) この点、春日神人における本社神人と散在神人のあり方と酷似する（丹生谷哲一「春日社神人小考」、前掲注3『日本中世の身分と社会』、初出一九八五）。しかし散在神人が寺辺や諸国に散在する白衣神人・黄衣神人の総称であるのに比し、散在駕輿丁は内部に身分表象に関する差違を見出すことはできない。この点において、やはり散在駕輿丁と散在神人とはその存在形態において区別する必要があると考える。

(28) 中原俊章「中世地下官人の系譜と身分」（『中世公家と地下官人』第二章、吉川弘文館、一九八七）、齋藤拓海「院政期から鎌倉初期の近衛庁頭とその職掌」（『史学研究』二七四号、二〇一一）。なお「惟宗氏系図」については、利光三津夫「古代における中級官人層の一系図について」上下（『法学研究』五六巻一・二号、一九八三）。

(29) 前掲注(28)中原論文。

(30) 和田英松『新訂　官職要解』（講談社、一九八三）。

(31)『長秋記』天永二年八月十五日条。

(32)『猪隈関白記』正治二年閏二月十八日条、五月二十四日条、十月二十五日条など。

(33)『猪隈関白記』建仁二年三月二十一日条。

(34) 前掲注(28)齋藤論文。

(35)『民経記』寛喜三年八月一日条。本訴訟は本郷恵子「公事用途の調達」(『中世公家政権の研究』第二部第一章、東京大学出版会、一九九八)において詳述される。またなぜ禁裏駕輿丁が北野祭礼神輿を舁くのかは、久米舞子によって、駕輿丁を含む近衛府下級官人が北野社領である西京に官司厨町を持ち、西京神人と同様に北野社へ勤仕したため、という見解が提示されている(「平安京「西京」の形成」『古代文化』六四巻三号、二〇一二)。
(36)前掲注(24)史料。
(37)『勘仲記』弘安十年八月紙背文書「惟宗景直申状」(『広橋家旧蔵記録文書典籍類』)。
(38)前掲注(28)中原論文。
(39)兼実は、近衛大将を離れた後、惟宗清景を通じて、春日使に関しての内々の意志伝達(『玉葉』治承二年〔一一七八〕一月十一日条)、行幸還御に際する舞人の設定に関する意見表明(『玉葉』治承二年十月二十三日条)等を行っており、近衛府管轄の儀礼に介入している事実が散見される。九条家と近衛府を結ぶパイプ役として清景は行動していたのである。
(40)『金沢文庫古文書』六九六六号文書。
(41)前掲注(5)大村論文。
(42)義江明子「春日祭祝詞と藤原氏」(『歴史学研究』五三七号、一九八五)、松村和歌子「春日大社の信仰と御神宝」(東京国立博物館ほか編『特別展 春日大社 ―千年の至宝』、NHK・NHKプロモーション・読売新聞社、二〇一七)。
(43)座田司氏「春日祭」(『祭祀に就いて』、東方書院、一九三五)、永島福太郎『(日本史学叢書)奈良文化の傳流』(目黒書店、一九五一、初刊一九四四)、同執筆「春日祭」(『国史大辞典』第三巻、吉川弘文館、一九八三)。
(44)齋藤拓海「摂関・院政期の春日祭と武士」(『史学研究』二六一号、二〇〇八)。
(45)前掲注(44)齋藤論文。
(46)渡部史之「春日祭と摂関家」(『九州史学』一五六号、二〇一〇)。
(47)『頼資卿改元定記』紙背文書(『広橋家旧蔵記録文書典籍類』)。本史料は、国立歴史民俗博物館所蔵原本および、写真帳により翻刻した。なお、本史料の存在が確認できたのは藤原重雄氏のご教示による。記して謝意を表します。
(48)国立歴史民俗博物館所蔵『頼資卿改元定記』の表紙には「民部卿藤原経光筆」と記載され、筆跡も一致する。

(49) 時間幅を仁治年間に限定しても「職事」（蔵人）を経て「右少弁」に就く人物は五人存在する。またCについても同様で、当該期において「貫主」（蔵人頭）を経て「宰相」（参議）の職に就く者は総勢十二人に及ぶ。

(50) 平時継、平範頼以前に蔵人右衛門佐を名乗る人物では、藤原顕頼、万里小路仲房があげられる。だがこれらの人物は、前者が十二世紀段階、後者は十四世紀段階を生きた人物であり、本論考の中では除外することができる。なお範頼は『明月記』嘉禄二年（一二二六）十一月五日条より「蔵人右衛門権佐」と呼ばれていることがわかる。これを採用すれば当該史料の成立年代の上限が五年程遡るが論旨に影響はない。

(51) 『仁治三年内宮仮殿遷宮記』（神宮文庫所蔵）、『平戸記』仁治三年十二月二十四日条。またこの人物が他の長岡御厨関連史料（弘安九年〔一二八六〕推定「斎部尚孝申状」、『勘仲記』正応二年四月巻裏文書所収、『鎌倉遺文』一六一四〇号文書）の中に姿を現すこと、伊勢勅使発遣に際し度々散見されることから考えても動かない（『延応二年庚子歳神事供奉日記』仁治元年三月十二日条）。

(52) 『尊卑分脈』第二編。本系図掲載部分に関して、既に浅香年木が本系図所載の人物と諸史料との比較の結果、「若干の相違を除けば、基本的には符合が認められるのであって、これらの例に徴して、系譜の信憑性はかなり高いと考えたい」と述べており、本系図の史料的価値は既に実証されている（「北陸道の在地領主層」、『治承・寿永の内乱論序説』、法政大学出版局、一九八三）。

(53) 『平戸記』仁治元年四月五日条。また③「助則」が「嘉禄三年（一二二七）十十九死」（『尊卑分脈』、「民部少輔伊伝男則光孫」系図）と記されることも活動時期が十三世紀であることを示す傍証としてあげられる。

(54) ②「助兼」であるが、系図書き込みでは、「筑後守、内舎人従五位上、左衛門尉」と記される。これらの官職補任経緯の時代的変遷は明らかでないが、承元三年（一二〇九）八月四日の後鳥羽上皇御幸に際して供奉する人物の中に「使五位尉助兼」という名前が見出せる（『仙洞御移徙部類記』十七、『伏見宮御記録』利―四七―中）。官位・官職が一致することから、この人物は系図所載の「助兼」と同一人物であると理解できよう。この人物が、「斎部尚孝申状」にも確認される。長岡御厨の知行を主張する斎部尚孝は、論所相伝の経緯を述べる中で「本公験者、宗重□□藤原助兼安元年中之比、被二盗取一畢、其条見レ于二治承□年宣旨一」（傍点筆者注）と主張し、史料に見られる「藤原助兼」の活動時期が、安元年間（一一七五～七七）であることが確認できる。次いで⑤「助時」であるが、この人物の活動時期は、その親である藤原光世が文永四年（一二六七）三月二十四日の石清水臨時祭に際して「左近将監（藤原）光世」（『民経記』文永四年四月二十四日条）と名前を見せることから、おおよそ十三世紀半ば以降と考えられる。弘安二年（一二七九）二月十六日付の「大中臣隆蔭御教書」（『弘安二年内宮仮殿遷宮記』所収、『鎌倉遺文』一三四四三号文書）によれば、「安濃郡長岡御厨」内において「河部左衛門入道成仏」と「垂水祐厳法眼門弟等」が「放火殺害」し、これを受けた「惣追捕使宗景」がその当事者を「追捕」した。この一連の事件に際し、祭主大中臣隆蔭に対し、郡内が「乱穢」したと訴えた人物が「成仏」と「助時」なのである。この助時こそ、系図所載「助時」であると考える。関連文書の中に「左兵衛尉助時」と名前を見せる点（弘安二年二月十七日付「外宮禰宜行晴書状」ほか）も、系図所載人物の多くが左右衛門府・左右兵衛府四等官のうち尉クラスにあったことを考慮するならば、重要な傍証となろう。

(55) 山本陽一郎「北陸地域と比企氏」（『紫苑』三号、京都女子大学宗教・文化研究所、二〇〇五）。
(56) 髙橋昌明執筆「北国武士団の形成と領主制」（『福井県史　通史編一』第六章第二節、一九九三）。
(57) 前掲注(55)山本論文、前掲注(56)髙橋論文。
(58) 前掲注(55)山本論文。
(59) 『日本歴史地名大系一八　福井県の地名』（平凡社、一九八一）。
(60) 戸田芳実『中右記　―躍動する院政時代の群像』（そしえて、一九七九）。
(61) 伊藤裕偉「安濃津研究の現状と課題」（『Mie history』九号、一九九八）、同「安濃津の成立とその中世的展開」（『日本史研究』四四八号、一九九九）。
(62) 前掲注(51)「斎部尚孝申状」記載の副進文書「寛元二年宣旨案」。
(63) 『天台座主記』二。
(64) 『法曹至要抄』中、出挙条。
(65) 網野善彦「北陸の日吉神人」（楠瀬勝編『日本の前近代と北陸社会』、思文閣出版、一九八九）では、この事例から神の権威のみならず山門全体の強大な力によって擁護され、貫徹した神人の特権を読み取っている。
(66) 桜井英治「中世の商品市場」（『新体系日本史一二　流通経済史』、山川出版社、二〇〇二）。また桜井は、「中世における物価の特性と消費者行動」（『交換・権力・文化』、みすず書房、二〇一七、初出二〇〇四）の中で、天仁二年（一一〇九）に東大寺領伊賀国黒田荘加納田をめぐって起きた伊賀国司東大寺の相論を引き、絹で代納される色代の換算率につき、国司が例年の定額で貢納を求める東大寺に対して、和市法によって貢納額を定めるべきであると主張したことを明らかにした。これを受けた東大寺は、和市にこだわる国司を「商客児女」と非難しており、ここからは和市交易と商人が密接に関係していた事実を読み取ることができる。また同著では、商人がしばしば「和市交易之輩」とも呼ばれていたこともあげる。

(67)　前掲注(51)「斎部尚孝申状」。

(68)　文治三年（一一八七）、「末寺庄園作人」が駕輿丁と号し、「仏聖灯油修理用途」の貢納を拒否していることを伝える院庁下文案（『民経記』寛喜二年七月巻裏文書）が存在する。既にこの段階で駕輿丁号は公役を欠如させる機能を有していたといえ、このような機能を発動させる要因が駕輿丁身分と不可分に結びついた課役免除特権にあった。

(69)　一方で斉王の群行・退下に際する輿への勤仕は駕輿丁の職務であり（『顕広王記』応保三年・長寛三年・仁安二年巻、長寛三年十二月三十日条以降裏）、伊勢国の在地において駕輿丁の必要性は高かったと考えられる。長岡御厨と駕輿丁との接続は、商業的な要素のみで果たされたのではなく、本来の職務上の必要性も重要な要素であったことを確認しておきたい。

(70)　伊藤裕偉「安濃津の位相を探る」（『中世伊勢湾岸の湊津と地域構造』第一章、岩田書院、二〇〇七）。

(71)　康暦元年（一三七九）八月日付「左右近衛府駕輿丁申状」のうち、副進文書（『山科家古文書』四、内閣文庫所蔵）。

(72)　前掲注(24)史料。ただし『鎌倉遺文』では本文言は欠如しており、原本熟覧の上、校訂を行った。

(73)　『勘仲記』弘安十年八月紙背文書（『広橋家旧蔵記録文書典籍類』、『鎌倉遺文』一五八四一号文書）。

(74)　『勘仲記』弘安十年八月紙背文書（『広橋家旧蔵記録文書典籍類』、『鎌倉遺文』一五八四一号文書）「爰（中原）職成売二取公所一、為レ奪二取景直私物一、改二重代沙汰人一、□宗正法師語二補沙汰人一、壊二取駕与丁等之住宅一、沽二却公所於他所一、□□之足畢、加レ之、以二宗正之張行一、一向押二止当村所役一之間、云来二月□人等伝馬以下□三月春日社　行幸可レ令二闕怠一之条、勿論也」。

(75)　中村一郎「出納平田家とその記録」（高橋隆三先生喜寿記念会編『古記録の研究』、続群書類従完成会、一九七〇）、中原俊章「諸寮司年預」（前掲注28『中世公家と地下官人』第三章「諸寮司・宮廷機構と地下官人」所収）。

(76)『園太暦』観応二年正月十四日条。
(77)『同書』観応元年十二月十日条。
(78)『匡遠宿禰記』観応三年八月十七日条。
(79)『兼治宿禰記』応安三年七月六日条。応安七年七月二十日付「後円融天皇綸旨」(『狩野亨吉氏蒐集古文書』八)。
(80)陣座の畳の貢進は、出雲国母里荘に充てられていたもので、同荘は左近衛府領であったことが『山槐記』応保元年九月二十八日条などから確認される。
(81)弘安九年相論に見られる中原氏と駕輿丁との結びつきが、駕輿丁が小槻氏との接続を果たす上で重要な意味をもったと考えられる。というのも、南北朝期における小槻家には、家人として中原職村が存在していたのである(「右衛門府生職村奉書案」、宮内庁書陵部編『図書寮叢刊　壬生家文書』二、三八一号文書)。この人物は、「職村被レ申レ補二検非違使一、朝夕召仕者」(「官務文庫記録」、『壬生家文書』五五八号文書)と記されるように、検非違使に任じられながら小槻家に仕え、十四世紀半ばには、摂津採銅所別当(西郷別当幷預職)にも任じられる人物である(新井英之「中世後期の地下官人の動向」、『歴史民俗資料学研究』七号、神奈川大学、二〇〇二)。先の相論で駕輿丁宗正法師と結んだ中原職成も検非違使に任じられていることが明らかであり(『勘仲記』弘安九年三月二十九日条)、官職・通字が共通する職成・職村は同族であった可能性が極めて高い。中原氏に把握された駕輿丁が、小槻家家政の中に位置付くことにより、小槻氏と駕輿丁との関係は接続したものと理解される。
(82)文和三年(推定)「御挙状等執筆引付」(『大乗院文書』、内閣文庫所蔵)。
(83)「御厨子所関係文書」(『田中穣氏旧蔵典籍古文書』、国立歴史民俗博物館所蔵)。
(84)今谷明『言継卿記　―公家社会と民衆文化の接点』(そしえて、一九八〇)。
(85)『教言卿記』応永十三年(一四〇六)九月二十一日条には、山科教言が武家伝奏の広橋兼宣を通し、幕府へ魚鳥商売分野における「駕輿丁以下新儀商業」の停止を申し入れている記事が見られる。
(86)『教言卿記』応永十四年正月十七日条、また関連史料として明徳五年(一三九四)二月二十四日付の「後小松天皇綸旨案」が存在する(前掲注83「御厨子所関係文書」所収)。
(87)山科教言が問答を加える対象としては、供御人との直接的な交渉を担っていた家司大沢氏か、あるいは御厨子所預高橋氏のいずれかであった可能性が高い。

(88)　至徳元年五月十三日付「使庁諸官評定文案」(『史料纂集　京都御所東山御文庫所蔵　地下文書』〔以下、『地下文書』と表記〕三号文書)。関連文書として同年同日付「別当宣写」(『同書』四号文書)が存在する。

(89)　南北朝期の駕輿丁と他商人との衝突はこの他、康暦元年(一三七九)の内蔵寮所属竹商人と左右近府駕輿丁との相論などが見られる(康暦元年八月日付「左右近衛府駕輿丁申状」、『山科家古文書』四)。

(90)　十五世紀半ばまで視点を広げると、京都近国にかけて駕輿丁の広範な商業活動が散見される。摂津国西宮における団扇商売(『康富記』文安六年五月十二日条)、近江国葛川地域からの桶の産出(「四府駕輿丁中支状案」、『地下文書』七六号文書)、越前国における魚商売(「文明九年朝倉孝景下知状」〔「岡田健彦家文書」所収、『朝倉氏五代の発給文書』、福井県立一乗谷朝倉氏遺跡資料館、二〇〇四〕)、在地豪商橘との関連が想定される「薬丼□物商売」(長禄四年十一月付「左右近衛府駕輿丁申状」〔「左右近衛府駕輿丁沙汰人申状」所収、『地下文書』七八号文書〕)などがその例である。これらの事例は、当該期における畿内近国にまたがる流通商業の存在を示しており、このことを考慮すれば、中世全般を通じて展開される散在駕輿丁の商業活動を想定することが可能であろう。

(91)　「三年一請会引付」(『北野天満宮史料　古記録』)。

第二章　中世後期における禁裏駕輿丁の展開
――左近衛府駕輿丁「猪熊座」の出現をめぐって

はじめに

前章を受け、本章では主に室町時代における禁裏駕輿丁の存在形態について追究したい。この時代、中世前期に顕著となった駕輿丁の商業者化はさらに展開し、諸々の物品を商う総合的商人となっていった。序章で述べた通り、このことから先行研究では主に、駕輿丁の商人的側面が注目され、商業座研究の重要な分析対象とされてきた。戦前の三浦周行に始まり(1)、豊田武(2)、脇田晴子(3)などを中心として、豊富な研究が蓄積されている(4)。取扱い商品の詳細な分析、座の性格規定など、いくつものアプローチで実態的な検証がなされており、駕輿丁の商業的側面は多角的に解明されているといえよう。

これらの研究を受け、残された課題は内部における統合や対立といった動態的側面を解明することである。古代から近代に至る長大な歴史を有する駕輿丁内部においては、大きな変容・変質が存在したであろうことは想像に難くない。本章ではこのような組織内部のダイナミックな展開過程を実証的に論じていきたい。

その際、注目したいのが左近衛府駕輿丁に属する猪熊座という組織である。この猪熊座は、後述するように本来は丹波・若狭地域と関係をもちながら商業活動を行っていたが、商業上の特権を得た後、取扱い商品を拡大させることになる。天文二十三年（一五五四）には米穀商売を(5)、天正六年（一五七八）には、魚商売を行っていること(6)

とがそれぞれ確認できる。とりわけ魚商売の分野では、本来この分野で絶大な勢力を誇った粟津座の五十五名に次ぐ、三十五名の商人数を誇るようになる。

さらに、天正十六年の豊臣秀吉による後陽成天皇の聚楽第行幸においては、猪熊座単独で三十名という大量の出仕者を出したという伝承も見られる。(7)

これらの事例から、左近衛府駕輿丁猪熊座という組織が、室町最末期の段階で駕輿丁の中で極めて大きな勢力を保持していたことが知られよう。商業の上においても、また聚楽第行幸という政治的儀礼の中でもこれほどまでに大きな存在であることを示す猪熊座については、これまでその存在は指摘されてきたが、成立の背景や、その組織性、活動のあり様などの諸側面については全く明らかにされてこなかった。この猪熊座の出現契機を、駕輿丁総体の動きの中から探り、その上で猪熊座の組織性、志向性を明らかにしていきたい。中世後期という政治的・経済的な激変期において、駕輿丁組織はいかなる影響を受けながら自らの組織を維持し、または変容させていったのだろうか。

なお本章では、駕輿丁の名称自体も分析の対象とするため、禁裏駕輿丁と並び「四府駕輿丁」という名称も用いていくが、両者ともその指し示す駕輿丁集団は同一のものである。

第一節　個別駕輿丁から四府駕輿丁へ

先行研究では、禁裏駕輿丁を指す場合、「四府駕輿丁座」という語句が用いられ、通時代的にあたかも一貫した組織であったかのように理解されてきた。(8)ところが管見の史料の限りでは、この理解は当てはまらない。

表1からわかるように、「四府」という語を自身の組織に冠して活動し、また奉行人奉書で宛所とされるなど、社会的に広く認知されてくるのは十五世紀前半を待たなくてはならない。(9)それ以前の鎌倉期から南北朝期においい

表1　個別駕輿丁・四府駕輿丁名称表(10世紀〜15世紀半)

年月日	内容	個別駕輿丁名称	四府駕輿丁名称	出典
延長5年(927)	延喜式発布につき	左右近衛府		延
天延元年(973)　5月22日	内裏御修法のことにつき	左右近(駕輿丁事)		親
天延2年(974)　8月18日	季御読経のことにつき	左右近駕輿丁		親
建仁元年(1201)7月26日	右近府駕輿丁の訴えにつき	右近府駕輿丁		三
寛喜3年(1231)8月4日	北野祭において御輿長駕輿丁らが訴訟する。	左右御輿長・駕輿丁		民
仁治3年(1242)8月22日	方違行幸に際し左近駕輿丁喧嘩	左近駕輿丁		経
文和3年(1354)5月15日	右近府駕輿丁、北朝に答申する。	右近府駕輿丁		御
応永元年(1394)7月28日	幕府、右近府駕輿丁等の申請によって米酒以下の課役を免除する。	右近府加輿丁		三年
応永3年(1396)7月29日	幕府、右近衛府駕輿丁の紺持売を、正親町三条公敦雑掌の押捕するのを止め、重ねてその諸役を免除する。	右近府駕輿丁		三年
応永4年(1397)3月	駕輿丁諸公事免許	右兵衛府駕丁　孫二郎		東
応永23年(1416)3月10日	左右近府駕輿丁麩商売のことにつき	左右近府駕輿丁		広
応永29年(1422)3月17日	室町幕府奉行人奉書 (米穀課役納入に関して)		四府駕輿丁	東
永享10年(1438)8月10日	四府駕輿丁請文 (米穀課役納入について)		四府の米うり	東
嘉吉3年(1443)4月29日	室町幕府御教書		四府駕輿丁	壬
文安元年(1444)4月8日	四府駕輿丁交名・住宅等事につき		四府駕輿丁	建
文安元年(1444)4月29日	交名四巻持ち来たる。		四府駕輿丁	建
文安3年(1446)7月2日	左近駕輿丁相論	左近府駕輿丁	四府駕輿丁	晴
文安3年(1446)7月20日	左近衛府駕輿丁沙汰人をめぐる相論	左近府沙汰人	四府衆中	晴
文安3年(1446)7月29日	日野重子の口入	左近駕輿丁		晴
文安6年(1449)5月12日	左兵衛府駕輿丁団扇商売事につき	左兵衛府駕輿丁		康
宝徳2年(1450)6月9日	室町幕府奉行人連署奉書		四府駕輿丁	壬
享徳2年(1453)8月4日	北野祭礼における相論	左近府加輿丁	四府	康
長禄2年(1458)4月	造内裏地口催役をめぐる相論		駕輿丁四府・四府之輩	東
⋮	⋮	⋮	⋮	⋮

(注)延…『延喜式』、親…『親信卿記』、三…『三長記』、民…『民経記』、経…『経光卿記抄』、御…『御挙状等執筆引付』、三年…『三年一請会引付』、東…『京都御所東山御文庫所蔵　地下文書』、広…『広橋家旧蔵記録文書典籍類』、壬…『壬生文書』、建…『建内記』、晴…『晴富宿禰記』、康…『康富記』

※管見史料の中から所属名称が判然とするもの選択した。

ては、一府、乃至二府を単位として活動していることが知られる（以後、「四府」と名乗りだす以前の駕輿丁を、便宜的に「個別駕輿丁」と表す）。

この十五世紀前半は、駕輿丁の組織性を考える上で極めて重要な画期として位置付けることができよう。個別駕輿丁が自らを四府駕輿丁と号するようになる変化は、どのような志向のもとに行われ、彼らの組織性にどのような影響を与えたのであろうか。この点を考察するため、まずは彼らの訴訟手段に着目したい。

（一）　個別駕輿丁の訴訟手段

朝廷所属の駕輿丁は行幸の供奉だけでなく、北野社の祭礼において神輿の勤仕をも担った[10]。寛喜三年（一二三一）八月、北野祭礼の経営にあたる率分所年預紀国兼と実際の神輿勤仕を担う左右近衛府御輿長・駕輿丁との間に軋轢が生じ、駕輿丁側が訴訟に及んだ[11]。

北野祭礼は諸国からの運上品を年預が換金し、諸々の担当者に下行することで運営されるのが通例であった。ところが、年預紀国兼は換金せずに運上物（白布）のまま左右近衛府御輿長・駕輿丁に下行しようとしたため、それに反発する形で「及二神事之違例一」ぶこととなったのだ[12]。

この寛喜三年は、未曽有の大飢饉の年であり、膨れ上がる被害に公武双方が苦慮していた[13]。当然、駕輿丁内部においても被害は甚大であった。寛喜三年七月一日の方違行幸に際して、御輿への勤仕の任にあたっていた「御輿長・駕輿丁」が飢餓によって途中で「平臥」してしまって、かわりに武家が担ぐ事態に陥ったり[14]、また公卿勅使に際して「右近府御輿長・駕輿丁」に課役を懸けられた際には、在京の者は二、三人を残し大部分が餓死してしまい、課役納入を果たすことはできないと主張したりしている[15]。この訴訟の背景には、当然このような駕輿丁側の困窮を想定しなければならない[16]。

この訴訟においてなによりも着目したいのは、「今日御幸、饗無沙汰之間、御輿長・駕輿丁致二訴訟一、抑二留神輿一云々」(17)と記されることである。

ここからは駕輿丁が訴訟に際して、自らが担ぐべき神輿を抑留している事実を知ることができる。この抑留行為は、祭礼の中核である神輿渡御を中断させ、祭礼自体の停止を招く行為であるといえよう。

その後、この訴訟は広橋経光の仲介を経て駕輿丁は一切責めを受けることなく銭貨での下行を実現させており(18)、駕輿丁らが行った抑留行為が訴訟の中で有効に機能したことがわかる。

抑留行為を用いた訴訟は他にも見られる。仁治三年（一二四二）の方違行幸に際する訴訟がそれである。

今夜御方違行幸入道大相国《西園寺公経》今出川亭、（略）後聞、左近駕輿丁参二入宮門一、守護武士禁制、称二重役公人一之由入門之間喧嘩出来、陵楽《轢カ》駕輿丁大略及二死門一之由、有二披露一、駕輿丁等一同訴訟、頭中将迷二成敗一、出二御南殿一之後群訴、不レ進二御輿一、（略）種々被レ仰二子細一之間、慭以進二御輿一云々、又路次駕輿丁腹立之余大略如レ走、前陣公卿上レ鞭云々、事之躰有レ恐歟、還御之時又訴訟歟、毎時嗷々云々(19)、

後嵯峨天皇の今出川亭への方違行幸に際し、宮門に進入しようとした左近衛府駕輿丁と宮内の守護にあたる武士との間に喧嘩が生じ、駕輿丁の大半が死亡してしまった。それを不服として駕輿丁らが訴えを起こしたわけだが、ここで取られた手段が「不レ進二御輿一」、すなわち天皇の乗る輿を止めることであったのだ。この行為は、やはり行幸という儀礼そのものの停止を意味し、論理としては神輿抑留行為と同等のものと理解してよいだろう。

また「路次駕輿丁腹立之余大略如レ走、前陣公卿上レ鞭云々」という記述にも目を向けたい。自身の主張が受け入れられないまま、渋々と輿を進めているのがこのときの駕輿丁の状況である。いまだ冷めぬ憤りが駕輿丁たちの早足での進輿という行為に結びついているものと考えられる。さらにこの行為は、「前陣公卿上レ鞭」という記述からも明らかなように、行列全体の速度を速めており、秩序からの逸脱をひき起こしているといえよう。駕輿

丁は輿へ勤仕することで行幸という極めて秩序だった行為の中核に位置付き、その流れを左右することができたのである。

これらの事例からも明らかなように、個別駕輿丁は自らの果たすべき職務を放棄することで訴訟に及び、秩序から逸脱することで祭礼・儀礼の主催者（為政者）に対して不満を表明しているのだ。

ここで確認したいのは、これらの行為に及んでも、為政者側が訴訟に及んだ駕輿丁を解任し、他者に職務を担わせてはいない点である。このことは、広く社会において、駕輿丁が原則的に他者に代替させることができない組織であったという通念が存在していたことを物語っていよう。駕輿丁らが行う職務放棄行為は、代替不可という社会認識に裏打ちされた訴訟行為であったと考えることができる。

さらに、この職務放棄行為は、駕輿丁組織の商業活動を躍進させるためにも有効に働いた。やや時代が下る応永元年（一三九四）、および同三年には次のような史料が見られる。

右近府加輿丁等申、米酒尊（樽カ）以下課役在所注文相副レ之、事、及二来一日北野宮神幸違乱一之間、所レ被二免除一也、早可レ被二下知一之状、依レ仰執達如レ件、

応永元年七月廿八日　　左衛門左（斯波義将）　在判

御師松梅院法印御房(20)

右近府駕輿丁等申紺持売事、多年無二相違一之処、当年始而三條中将雑掌押捕云々、所詮彼等諸役免除之条、帯二永徳元年勅裁并同二年応永元年御教書一之上、及二来一日北野宮神幸之違乱一之間、重被二免除一了、早可レ被二下知一之旨、所レ被二仰下一也、依執達如件、

応永三年七月廿九日　　沙弥（斯波義将）在判

松梅院法印御房(21)
（傍点筆者注）

この両通は、どちらも右近衛府駕輿丁の商業活動を伝える史料であり、駕輿丁が商業上の特権を獲得していることを示す初出史料でもある。両通とも形式的には管領奉書で、幕府から右近衛府駕輿丁への下達文書と解される。前者では米・酒以下の諸物にかかる課役を、後者では右近衛府駕輿丁への「三條中将雑掌」の課役賦課に対して、その免除をそれぞれ下達している。

これらの史料の中で確認しておきたい点は二つある。一つは文書発給日が「七月廿八日」、「七月廿九日」であり北野祭礼の直前であるという点。いま一つは、両史料とも諸役免除の理由が「及㆓来一日北野宮神幸違乱㆒」（傍点部）と記されることである。これらの事実は、右近衛府駕輿丁が北野祭礼の行われる前段階において、幕府側にとっては違乱行為と認識される、何らかの行動を起こそうと宣言していたことを伝えるものである。「……神幸違乱」（前者）、「……神幸之違乱」（後者）と記述されることから考えても、その行動が神輿抑留行為であったことは明白であろう。

実際の行為に移らなくとも、「神輿を抑留する」と宣言することのみで課役免除を獲得することは、この訴訟手段がこの間に定型化され、幕府側にとっても忌避すべき事態として認識されていたことを意味する。

さらに、先に引いた寛喜三年・仁治三年の史料と、この応永期の史料とでは職務放棄である抑留行為が発動される契機が変化する点を看過することはできない。寛喜三年では、北野祭礼における下行を本来の銭貨下行の方式で行うことを求めて神輿抑留が発動され、仁治三年の場合は駕輿丁組織の構成員が喧嘩によって武士に殺害されたことによりそれが発動されていた。前者は銭貨下行によっての経済的利益の回復、後者は武力行使に対して侵害された組織の名誉を回復しようとしたものである。

それに対し、応永期の抑留行為のきっかけは外部からの課役賦課であり、商業的権益の維持のために行われていることがわかる。この現象は抑留行為を商業の分野にまで拡大させ、商業特権の維持を図ろうとした結果、起こった変化であると理解することができる。

応永期以後の訴訟史料の中では、駕輿丁の諸役免除特権保持や、追認を示す史料が散見されるようになる。[22]中世商人が、自身の権益を拡大する際、自らの歴史の古さと商業上の特権の正当性を打ち出すのが一つの通例であったことは既に指摘されているが、[23]駕輿丁の場合、この他に実力行使行動として職務放棄を用いた訴訟手段があった。この行為こそが、室町期商業界における駕輿丁の席巻を支えた大きな武器であったと考えられる。とするならば、駕輿丁の職務である輿への勤仕こそが、彼らの商業活動を支える本質的な職能であったといえよう。

(二)　四府駕輿丁の訴訟手段

十五世紀前半以後、禁裏駕輿丁が四府駕輿丁と号するようになることは先述した通りであるが、この「四府駕輿丁」というまとまりをもちだすと、前節で述べたような職務放棄とは全く異なる訴訟手段が見られるようになる。次に示す史料は、長禄二年（一四五八）の内裏造営に際して勃発した相論に関するものである。

（端裏）「駕輿丁中状」

禁裏様　　駕輿丁四府各謹言上

就二諸業諸商売一被レ懸二諸役一間事

抑四府之輩者、往古以来依レ御二免諸業諸商売一、御輿宿御当勤日夜朝暮幷八幡・北野祭礼其外三節会仁罷従輩也、既余之百官之公人等者被レ下二朝恩一外、毎度雖レ被レ下二御謗《（訪カ）》一、駕輿丁等者雖レ不レ蒙二一紙朝恩一、併諸商売以下之依二御免一、諸役諸公事奉公于レ今無二退転一処仁、先年造　内裏之時、課役之由被二仰出一間、無二先規一之旨申上処仁、以二山門之公人一堅依レ被レ致二譴責一、上分進納仕処仁今者号二本役一被レ懸之条、不便之次第也、

□先年造　内裏之時、依レ被レ懸二課役一少々没落仕古老仁、致二堪忍一処、結句地口催役之間、迷惑之至此事也、如レ此悉被二課役一者、雖レ非二緩怠一、自二駕輿丁一可二退散仕一歟、所詮以二此旨一、如二先々一被レ成二下御成敗一、蒙二御裁許一、弥為レ抽二奉公忠勤一、四府各謹言上如レ件、

長禄二年卯月　日[24]

（傍点筆者注）

この史料の前段階において、「山門公人」の譴責を利用し幕府が駕輿丁[25]に課役を納入させた事実があり、これ以降もその課役の納入を「本役」として固定化させようとした。「少々没落仕古老仁」と記されるように、過去の課役納入に際して構成員が没落しており、駕輿丁にとってはこれ以上の課役負担がさらに甚大な損失をもたらすと理解されていたことがわかる。このような状況の中で強く反発した駕輿丁によって提出されたのがこの文書である。史料中、傍点部に着目したい。ここでは駕輿丁が「緩怠をしているわけではないが、（これ以上課役納入を強制されるならば）駕輿丁という身分から退散する」と、課役の固定化に反発し駕輿丁身分を自主的に放棄すると主張している。「上分進納仕処仁今者号二本役一被レ懸之」という文言も合わせて考えると、この身分放棄行為は上分不納を示唆する具体的な圧力行為であると理解することができる。

個別駕輿丁段階では、自身の担うべき職務を放棄することで訴訟を行っていたことは先に見た通りだが、組織名に「四府」を冠する段階になると、「駕輿丁」という身分そのものの放棄を梃子にしながら、自らの主張を展開していったことがわかる。

この身分放棄という訴訟手段は、論理的には駕輿丁が「四府」とまとまることによって初めて強力な訴訟手段としての効力を発揮すると考えられる。つまり自らの組織に「四府」と冠して大きな組織性を獲得することは、同時に極めて強力な訴訟手段（身分放棄の主張）を獲得することにつながるのである。

では、個別駕輿丁はどのようにして「四府」と意識され、「四府駕輿丁」を号するようになるのであろうか。

この点を考える際、彼らが初めて「四府駕輿丁」と号するようになる十五世紀前半の史料に着目したい。

大外記師勝申、洛中幷河東東西米屋課役事、訴状如レ此、八幡・春日神人・四府駕輿丁・雑色・小舎人・政所下部以下輩難渋之間、先度成敗之処、不二事行一云々、早任二酒麹売役傍例一、厳密相二触之一、若猶不二叙用一者、就レ令レ註二申交名一、可レ有二殊沙汰一之由、所レ被二仰下一也、仍執達如レ件、

応永廿九年三月十七日　　沙弥

佐々木加賀守(26)

応永二十九年（一四二二）三月に発されたこの室町幕府管領奉書は、幕府が押小路師勝の訴えにより、石清水八幡宮神人、春日社神人、四府駕輿丁、雑色の小舎人、政所下部以下に対して「米屋課役」納入を命令していることを伝えるものである。米穀商人は四府駕輿丁に限らず大炊寮本所である押小路家に対して課役納入を行うことになっており、右の史料における師勝もこの権益の範囲内で幕府に訴えたのであろう。

これを受けた幕府は雑多な所属をもつこれらの商人に対して、これ以上課役納入を停滞させるならば、違背者の交名を作成した上、殊更に厳しい処罰に処す旨を通達している。

史料中、「早任二酒麹売役傍例一」という部分は重要である。既に応永十七年（一四一〇）には中原（押小路）師世に対して「酒麹売年役」が還付されていることを示す史料が確認される(27)。当該相論では、この事実をモデルとして適用することにより、諸商人の課役滞納問題を解決し、米穀課役納入を押小路家へ集約しようとしていると考えられる。

しかし四府駕輿丁の場合、この命令の通りに課役納入を行うわけではなかった。この相論以後も押小路家との米穀課役相論が継続的に勃発するのである。その中で永享十年（一四三八）に至り、「右米の御くし（公事）の事、四府の米うり百廿余人の中より、毎年弐拾貫文つゝ、永代とりさた申すへく候(28)」と、懈怠なく課役納入を行う旨の請文

を提出する。しかし本来ならばこの公事は「家別壱貫文」[29]であり、総額で百二十余貫文になるはずだが、請文に記された額は「弐拾貫文」であり、全体の六分の一に請け切っていることが確認できる。[30]四府駕輿丁側は大幅な課役の負担減額を獲得したことになる。しかしそれすらも履行されることはなかった。

その後、幕府はこの永享の請文を根拠に嘉吉二年（一四四二）[31]、同三年[32]、宝徳二年（一四五〇）[33]と連年の納入命令を発するものの、四府駕輿丁は一向に従わなかった。それどころか文明三年に至り、課役納入を強硬に強いる押小路師著に対して、「このうへはかよちやうのかう《(号)》をとゝめ候て、一向甲乙人になり候へき」[34]と主張する。[35]自身の要求が受け入れられないのならば、「甲乙人」（無資格者）に変じることも辞さないというこの主張は、四府駕輿丁の不退転の姿勢を示すとともに、先に触れた代替不可という社会通念を最大限に利用した、極めて強力な主張方法と位置付けることができよう。

四府駕輿丁と押小路家との相論の最終的な決着は判然としないが、もともと所属が雑多であった洛中米穀商売が、天文期には所属が四府駕輿丁に一本化されていることから考えても、[36]この相論は四府駕輿丁側にとって有利に決着したと考えられる。

個別駕輿丁が四府駕輿丁と名乗りだすこの時期は、これまで見てきたように押小路家との米穀課役をめぐる相論のただ中にあたる。四府駕輿丁への集合という現象は、米穀課役相論が展開されていく過程で、より大きく集合し、訴訟を有利に進めようとしたことにより生じた変化であると考えられる。そしてこの集合こそが、職務放棄行為（ストライキ）から身分放棄行為へと訴訟手段を格段に強化させることにつながった要因であると考えられる。

（三）　四府駕輿丁組織の性格

個別駕輿丁から四府駕輿丁へと大きなまとまりをもちはじめるようになっても、個別駕輿丁は消滅することなく存続していくことが同じく表1から読み取れる。ではこの両者はどのような相互関係の中で存続していくのであろうか。

この問題を考えるに際して重要な示唆を与えてくれる史料が永正十四年（一五一七）の一連の相論史料である。これは四府駕輿丁の一つである右兵衛府駕輿丁と、院庁の下級職員である召次菊千代が、黒田口で商売をする材木座をめぐり争ったものである。まずは相論の論点を提示し概略を述べたい。

残存する関連史料を日付順に整理したものが**表2**である。この相論の中心的な論点は、「黒田口材木座」は右兵衛府駕輿丁と召次菊千代のどちらが支配するものであるか、ということである。

この点に関して四府駕輿丁は「只今材木座者、悉右兵衛府之座中也」[37]（表2—①）として材木座構成員の全てが右兵衛府駕輿丁であり、召次側に「座中百姓」を進退する根拠があるならば提出せよという主張を行う[38]（表2—②）。しかし「近年召次令二押領一之条、各座中致二同心一事、無レ故次第也」という記述から明らかなように、実際には黒田口の材木商人の中に召次に同心する勢力が存在していたことは間違いない。

これに対し召次菊千代は「既代々為二朝恩一材木商役黒田口当知行上者、進退之百姓勿論也」[39]と自らの百姓進退権を「朝恩」に求めた上で、「駕輿丁等召次代々朝恩之地黒田口、可二領知一之段、綸旨等在レ之者致二捧上一」[40]せ（傍点筆者注）、と右兵衛府駕輿丁と真っ向から争う姿勢を見せている。

両者の主張からは、この相論における中核的な対立点が見えてくる。つまり、右兵衛府駕輿丁側は材木座の構成員を身分的・人身的に掌握しようとするのに対し、召次側は、「代々朝恩之地黒田口」という文言から明らかなように、黒田口という領

表2　永正14年（1517）四府駕輿丁・召次菊千代争論整理表

	年月日	文書名	史料特記文言	文書番号
①	永正14年6月	四府駕輿丁初答状		80
②	同年7月	四府駕輿丁二答状		81
③		召次菊千代三問状		50
④	同年8月	四府駕輿丁支申状		83
⑤		四府駕輿丁重申状	身分放棄文言	82

（注）出典の文書群は全て『京都御所東山御文庫所蔵　地下文書』

域を通して材木座を把握しようとしている。いわばこの相論は、身分的支配権と領域的支配権の異なる支配論理の対立であると考えることができる。

この相論がどのように調停され、裁決が下ったのかは史料が残っていなく判然としないが、ここで着目したいのは、三答を提出したのとほぼ同時に、駕輿丁側がさらに申状を提出した事実である。

この申状では、「御節会、御即位、御禊、大嘗会、行幸等諸役」(41)への勤仕や、「御番」への日常的な奉公によって諸役免除が認められているにもかかわらず、召次菊千代が根拠なく「右兵衛府の座人」を抑留していることの不法を言上している（表2—⑤）。この申状の中でとくに注視したいのが「召次無￢證跡￢子細申候て、右兵衛府の座人抑留、無￢謂候、然間、座人とも御いとまを申へき由申候」という部分である。

召次菊千代が不法な抑留行為を行うならば「座人とも」は駕輿丁から撤退すると主張している。「……申へき由申候」という伝聞形式で記されているため、ここでいう「座人」とは黒田口で実際的な商売を行う「右兵衛府座」の材木座構成員であると考えられる。黒田口材木座の中には、召次菊千代側と同心する勢力があったことは先に触れたが、それと同じように、この座には右兵衛府駕輿丁側と同心する勢力がいた。この申状における身分放棄文言は、このような駕輿丁側と親和する材木商人の主張であると考えられる。このことから、この相論は、単純に在地商人の支配権をめぐる上部層の争いだけでなく、召次と右兵衛府駕輿丁それぞれに材木商人が同心し、連動する形で相論を行っていると想定することができる。

ここまで述べてきた通り、この相論は「右兵衛府座」という個別駕輿丁組織と、召次菊千代との間で勃発したものであり、右兵衛府駕輿丁以外の個別駕輿丁は一度も史料に現れてはこない。それにもかかわらず駕輿丁側が提出した申状の全てが「四府駕輿丁等謹支言上」（表2—①②）、あるいは「四府駕輿丁謹言上」（表2—⑤）と記され、四府駕輿丁を主体として作成されていることがわかる。つまりここから、「右兵衛府座」は自身の組織を四府駕輿丁という大きな組織の一部として位置付け、四府駕輿丁を前面に押し出す形で召次菊千代との相論を展開していたといえる。

四府駕輿丁と個別駕輿丁との相互関係は、こういった「右兵衛府座」（右兵衛府駕輿丁）の姿勢から鮮明に浮かびあがってくる。外部からの強烈な圧力に抗する場合、個別駕輿丁は自身を四府駕輿丁という複合的な組織の中に位置付け、身分放棄という最も強力な訴訟手段の行使を可能にする。いわば個別駕輿丁は四府駕輿丁化することで商業特権等の組織権益の保持・拡大を可能にさせたのである。つまり四府駕輿丁は、先の米穀課役相論で見た行動単位としての組織性を保持する一方、個別駕輿丁の利益保障組織としての側面をもつと考えることができよう。

第二節　四府駕輿丁の内部対立

十五世紀前半に、個別駕輿丁から四府駕輿丁へ統合し、強力な訴訟手段を獲得したこの組織は、その後、盤石な組織を維持していくのかというと決してそうではない。むしろ、組織の内部において相論が勃発し、対立を繰り返していたことが確認できる。本節ではこの駕輿丁内部における相論を手がかりに、室町後期以後の四府駕輿丁の組織性を探っていきたい。

室町後期から近世初頭における内部相論の中心的なものは三つある。これらを年代順に整理すると、(A)文安三年（一四四六）、(B)天文十年（一五四一）、(C)慶長十六年（一六一一）となる。まず、これらの事例の中から対立構図が端的に表れる(B)、および(C)を考察したい。

この二例の相論は、いずれも複数の論点で争われ、複雑な議論へ発展する。しかしここではこれらの相論の詳しい内容には立ち入らず、争いの対立軸に着目する。まずは二つの相論の概略を述べる。

（一）天文相論（B）

天文十年（一五四一）八月十九日、「御輿宿への御番」をめぐり、左右近衛府駕輿丁内で相論が勃発した。この相論は「沙汰人」という兄部（組織統率者）を補佐する役職をめぐって争われた。具体的には①本来の沙汰人のつとめるべき職務とはなにか[42]、②座人が沙汰人へ納入する「衣替」とはいかなる性格のものか[43]、③吉村藤右衛門・冨田次郎左衛門の左右近衛府駕輿丁沙汰人としての来歴はどのようなものか[44]、といった複数の論点が絡み合いながら展開していく。

そもそも相論の中核である「御輿宿への御番」とは、前節で引用した長禄二年（一四五八）の申状で明らかなように、石清水八幡宮・北野社両祭礼、朝廷三節会への勤仕と並び、駕輿丁の矜恃である中核的な職務であった。このような根本職務への勤仕を荷重として、座の一般構成員たる「座人」と沙汰人二名（吉村藤右衛門・冨田次郎左衛門）が対立軸となり、互いに押しつけあう形で相論が展開していく。ここからは長禄から天文という時代の推移とともに訪れる、駕輿丁の職務に対する意識の大きな変化を読み取ることができよう。

（二）慶長相論（C）

慶長十六年（一六一一）の相論には二つの対立点が認められる。一つは後陽成天皇の譲位に際しての「御役」をめぐる争い、いま一つは左近衛府駕輿丁兄部職をめぐる対立である。史料からは主に前者の争点が前面に出て、後者の人事をめぐる対立はさほど深く知ることはできない。しかし、この相論の結末を示す猪熊座言上状には「今度御譲位ニ付、駕輿丁左近府兄部職之出入雖二御座候一、余日無二御座一候間、両方ともに御役ニ可二罷出一之由、忝存候」[45]と記され、この相論が後陽成天皇譲位に際して勃発した人事相論であり、「御役」への勤仕と兄部職をめぐる対立が表裏をなしていたことがわかる。

さらに、ほぼ同じ文言の言上状を左近衛府駕輿丁兄部小畑彦七が提出していることから、この相論の対立軸は、左近衛府駕輿丁と左近衛府駕輿丁猪熊座なる組織であると考えられる。

（三）　両相論の比較

（B）、（C）という二つの相論の対立軸を表化したい（表3）。この表を一見すると、（B）は左右近衛府駕輿丁座中と沙汰人との相論、（C）は左近衛府駕輿丁兄部と猪熊座というように、左右近衛府駕輿丁が一方の軸で、相手はそれぞれ別個の組織と相論を展開しているように見える。しかし、そうだろうか。次の史料を見たい。

先年駕輿丁左近府猪熊座之　御綸旨幷座中之綸旨（「御」脱カ）、両通申請候、然者只今捧二上覧一、御補任可二申請一処、遠阿ニ預参申（「置」カ）候間、捧二案文両通一、御補任頂戴候、若此案文一字相違候者、重而正文御覧之時、可レ蒙レ仰候、無二異儀一旨、一筆申上候、恐惶謹言、

十一月廿三日　八原入道 道泉（花押）

冨田次郎左衛門 久家（花押）

安大夫殿（史カ）

御披露(46)

無年号でいつのものとも決め難く、文意の摑みにくい部分もあるが、大略はおおよそ次のようなものであろう。

先年「駕輿丁左近府猪熊座」に対する「御綸旨」と「座中之綸旨」(47)二通を朝廷方から頂きました。それをただ今上覧して頂き、再度補任を頂戴すべきところ、その二通の文書を「遠阿」なる人物の元に預けてしまってい

表3　四府駕輿丁内部相論対応表

	(B)天文10年　相論	(C)慶長16年　相論
動機	御輿宿への当勤をめぐり対立	後陽成天皇譲位に際する御役勤仕をめぐって 左近衛府駕輿丁兄部職をめぐって
対立軸	・左右近衛府駕輿丁座中 × ・　同　　沙汰人　吉村藤右衛門(左近衛府沙汰人) 冨田次郎左衛門(右近衛府沙汰人)	・左近衛府兄部(四府駕輿丁) × ・左近衛府猪熊座
結果	座人の勝訴(沙汰人職の改易)	両者に御役を認める裁定(妥協的裁定)

るため、それが叶いません。そこで案文両通を提出して御補任を頂きました。もしこの案文に間違いがあれば、どのような仰せが下っても異議をとなえることはございません。

この史料は自身の提出した案文に間違いがないことを保証するため、猪熊座側が提出した申状と解される。宛所となっている「安大《（史カ）》夫」という人物は、十三世紀後半以後に六位史をつとめるようになる安部氏の一員で、小槻家の家司にあたる人物である(48)。朝廷への文書上覧のため猪熊座が本所である壬生小槻家へと提出した文書と解されよう。

ここで着目したいのが本文書中の連署の部分である。「冨田次郎左衛門久家」なる人物が文書作成者の一人として名前を連ねている。この人物が文書を作成するような猪熊座の代表的な人物だと、本史料からわかる以上、この「冨田次郎左衛門久家」という人物は(B)の天文相論の当事者である沙汰人二名のうちの右近衛府駕輿丁沙汰人「冨田次郎左衛門」と近い縁者であると考えられよう。

このように、先述した天文十年の左右近衛府駕輿丁内部の「沙汰人」をめぐる相論(B)、慶長十六年の後陽成天皇譲位に際する「御役」をめぐる相論(C)という二つの相論にはいずれも、左近衛府駕輿丁と猪熊座という対立軸が含まれることが証明できる。つまり、天文十年と慶長十六年という七十年の時代を隔てた二つの相論が、争いの発端こそ相違しているが、ほぼ共通する対立軸によって争われていたことになる。この極めて根深い対立の原点はいかなるものであろうか。次にその淵源を探りたい。

第三節　左近衛府駕輿丁猪熊座の出現

（一）文安相論（A）

十五世紀前半に大きな結束を見せた四府駕輿丁が、実はその直後に極めて大きな内部対立をひき起こしていたことが判明する。先にあげた三つの相論のうちの最初のもの、文安三年（一四四六）八月の北野祭礼を舞台に勃発した相論（A）である。その発端は、同年七月二日にまで遡る。四府駕輿丁の本所であった壬生小槻家の当主、小槻晴富の日記、『晴富宿禰記』には以下のように記される。

左近駕輿丁兄部職今度相論、任二理運一下二知右衛門四郎男一了、然訴人浄歓・太郎二郎等不レ承二引之一間、依二伝奏儀一、彼輩等□(離)二衆中一了、

折帋云、

左近府駕輿丁浄観(歓)幷太郎二郎以下輩十五人、不レ応二御成敗一、任二雅意一之上者、□(可)レ被レ離二駕輿丁衆中一由、所レ被二仰下一也、□□(各可カ)二存知一之旨、依レ仰下知如レ件、

七月二日　　盛久　奉判

□(四)府駕輿丁沙汰人等中

左近沙汰人、依二別事一衛門四郎ト中ヲ違ノ由令レ申之間、此事是非追可レ有二沙汰一間、於二只今下知一者、触二三府右近、左兵衛、右兵衛幷左近兄部衛門四郎一了、(49)

左近衛府駕輿丁内部で兄部職をめぐり相論が勃発した。晴富は「右衛門四郎男」を「左近府駕輿丁兄部職」に補

任したが、その裁許に「浄歓・太郎二郎等」が従わなかった。そのため「浄観(歓)幷太郎二郎以下輩十五人」を左近衛府駕輿丁から追放した、というのが本史料の大略である。日記中に引用されている奉書の宛所からこの下知がそれぞれの駕輿丁組織の沙汰人を通じて駕輿丁構成員に周知されたことがわかるが、左近衛府駕輿丁だけは兄部を通じてそれが行われた。これは「左近沙汰人、依二別事一衛門四郎ト中ヲ違」う、と記される通り、左近衛府駕輿丁沙汰人が争いの渦中にいたためである。このことから左近衛府駕輿丁は内部に複数の争いが存在する極めて不安定な組織であったことが確認できる。

そして、この追放行為は同月二十七日にさらに展開していく。

自二伝奏一、可レ有二来臨一之由被二示送一之間、長者殿(小槻晨照)令レ向給、駕輿丁事、自二大方殿(日野重子)一以二菅二品長政卿(東坊城)一、十六人如レ元可レ被レ免之由、再往御口入云々、雖レ然尚彼等任二雅意一、可レ計二衆中一之由、□申之間、而者雖レ為二御口入一、不レ可レ叶旨被レ申二□(御)返事一、殊可レ得二其意一之由、被レ命二長者殿□(之カ)一、(50)

本史料からは、日野重子が追放された十五人を赦免し、元の通り駕輿丁へ戻すようにと調停を入れたことがわかる。この嘉吉・文安期は足利義教が討たれた後の将軍不在期にあたり、重子は足利義勝・義政両将軍の生母という立場を基に将軍代行として強力な権力を保持していた。(51) この重子による調停行為は、小槻晨照の「不レ可レ叶」という返答にもかかわらず、二十七日、二十九日、三十日と頻々と繰り返されており、「浄観(歓)幷太郎二郎以下輩十五人」が頼った幕府ルートが有効に機能していたことがわかる。

この後しばらくの間、『晴富宿禰記』の記述は欠如しており、同記からはその詳細を知ることができない。しかし左近衛府駕輿丁内部の人事問題に端を発するこの相論は、以後も収束することなく、さらに深刻化しながら展開していく。その状況が北野社社僧、松梅院の日記である「社家引付」から知ることができる。

文安三年、祭礼御神幸事、加(駕)輿丁内惣衆与十五人霍執事、自二兼日一在レ之、仍自二惣衆一十五人於発二一衆一了、爰両方致二出仕一可二闘諍一之由申了、両方与力之勢共、境内境外之四方仁数万人在レ之、仍社家（飯尾為種）奉行方相両座、以二使者得田蔵人一注進、其間先師子田楽御鉾等渡了、公方御左右相待了、雖レ然加（駕）輿丁共不二鉤牽御成敗一之間、先今日之神幸可レ被レ付二社家一、先規可二検注進一之由被二仰出一了、

一、天永二年辛酉、鳥羽院御宇、依二内裏触穢一被付二社家一了、

一、同御宇、永久五年丁酉、依二内裏触穢一付二社家一了、

此条忽検出之次第注進、仍訴訟之事者追而可レ有二御成敗一、訴論人共可二退出一之由御下知之間、加（駕）輿丁幷与力之勢共、戌剋退出、仍西京鉾衆仰付神幸在レ之、路次之間当職可レ奉二警固一云々、被レ成二奉書一了、[52]

文安三年八月一日、北野祭礼を舞台に、前述した相論が一触即発の事態となって現出した。「物衆」（「十五人」を追放した左近衛府駕輿丁）と「十五人」（浄歓・太郎二郎以下十五人）が北野社へ出仕した後、対峙したのである。誇張はあろうが、「両方与力之勢共、境内境外之四方仁数万人在レ之」と記され、対峙する双方には膨大な人数の与力が合力していた。ここからは、この相論が単なる左近衛府駕輿丁の内部対立という次元を超えて拡大している状況を読み取れる。また、「両方致二出仕一可二闘諍一之由申了」という記述から、この北野に集まった与力たちが武装集団であった可能性も指摘できる。

先にも触れたように、駕輿丁は北野祭礼において神輿渡御を担っており、祭礼の中核的な儀礼を担う組織であった。その中核的儀礼がこの対立によって完全に停止してしまっているのである。左近衛府駕輿丁内部の対立が、他の三つの個別駕輿丁をも巻き込んで大きく拡大し、いまや危機的状況にまで至ったのである。

この危機を打開するために、幕府の社家奉行である飯尾為種が対立する双方を調停しようとしたが、すぐに事態が安定するわけではなく、神輿渡御は「社家」の判断に付されることとなった。

この判断の具体的な内容は、同じく松梅院の日記である「社家条々引付」[53]に「西京鉾之衆舁手撰、戌剋神幸在

レ之」と記されており、駕輿丁から「西京鉾之衆」[54]へ神輿渡御の代替措置がなされたことがわかる。これに際して検出された先例は天永二年（一一一一）、永久五年（一一一七）と当該事例から三百年以上も前の事例であり、ここで見られる駕輿丁の代替措置が極めて異例な措置であったと理解できる。[55]

いずれにしても文安三年北野社における相論は「訴訟之事者追而可レ有二御成敗一」と裁決を保留したまま「加（駕）輿丁幷与力之勢共、戌剋退出」するという結末を迎え、同月四日には「夜五打程還幸、加輿丁参懃」[56]として、西京にある御旅所からの神輿還幸は駕輿丁によってなされた。

（二）享徳相論

文安三年の相論の火種は以後数年の間くすぶり続けることになる。そして七年後の享徳二年（一四五三）八月四日、再び北野祭礼を舞台に、争いが再燃するのである。

北野祭也、渡物如レ例、神幸及二夜陰一云々、後日承及分、左近府加（駕）輿丁之中、両人各有二争レ長事一、一人者巳自二内裏一被レ仰二付之一日野烏丸大納言被執申之云々、一人者武家管領細河京兆被レ加二扶持一、依レ之未落居、仍右近府左右兵衛府加輿丁等各随二贔屓一、相分不二一味一、四府訴区也、去朔日加輿丁不レ奉レ舁二神輿一、西京神人舁レ之、今日又西京神人奉レ舁二神輿一、彼四府加輿丁不レ舁二御輿一、是両人訴訟相支之故也云々、晩予詣二北野御旅所西京一、於二北野一見二物渡物一了、[57]

ここでも左近衛府内部の「長」（兄部職）をめぐる争いにより、激烈な内部対立に発展していることがわかる。この史料でなにより注目したいのが、左近衛府駕輿丁内部における対立軸のそれぞれに、「内裏」・「管領細河京兆」という後楯が存在することである。先の文安相論の中でも室町幕府中枢部に座る日野重子の存在があったように、この駕輿丁の内部対立の一方には、常に武士や幕府を後楯にして相論を行う駕輿丁勢力があったことがわかる。さらに、やや時代が下がる十六世紀においても細川京兆家被官・牟礼氏の又被官として活動する駕輿丁・原田某を確認することができ、武家方と駕輿丁との接点は持続的なものであったことが確認される(58)。

また同文中「右近府左右兵衛府加輿丁等各随二贔屓一、相分不二一味一、四府訴区也」という記述からは、四府駕輿丁総体が分裂していることが確認できる。発端は左近衛府駕輿丁の内部対立であったものが、連年にわたる対立の中で諸権力がそこに加わり、四府駕輿丁総体の分裂へと深化したのである。

この文安・享徳の四府駕輿丁内部争論から僅か六年後の長禄三年（一四五九）七月、左近衛府駕輿丁の内部に突如として現れてくるのが、ほかならぬ「左近府駕輿丁猪熊座」なのである(59)。この史料は「西園寺殿御百姓二条座」と同心して猪熊座を抜け出ようとする「右兵衛府之太郎四郎」なる人物を罰して欲しい旨、言上する猪熊座申状であり、猪熊座の成立時期はさらに遡るものと思われる。

時間的に極めて接近していること、左近衛府駕輿丁という対立の核ともいえる組織の中に出現することから、一連の相論と猪熊座の出現を切り離して考えることはできない。左近衛府駕輿丁内部の大きな動揺をきっかけに、勃興してきたのが猪熊座であったと考えることができよう。そして、この段階で大きく割れた二つの勢力（左近衛府駕輿丁と猪熊座）が対立軸をひきずるようにして、問題未解決のままその後の天文・慶長といった室町後期から近世初頭にかけての内部対立をひき起こしていくのではなかろうか。勃発する相論の原因に、いずれも兄部・沙汰人といった組織中枢の人事問題が存在することはそれを如実に物語っていよう(60)。

第四節　左近衛府駕輿丁猪熊座の組織性と志向性

おおよそ十五世紀後半頃に成立をみた左近衛府駕輿丁猪熊座であるが、この集団はどのような組織であり、いかなる目的をもちながら展開していったのであろうか。本節では、その組織性、志向性を明らかにしていきたい。

（二）　商業的発展過程

まず彼らが商業的地歩を固めていった過程について概観したい。先に引いた慶長十六年相論（C）の中で、猪熊座と対立する左近衛府駕輿丁兄部は次のように言上する。

（略）

一猪熊座と申者ハ、京中所役之御座候時ハ、丹後・若狭〻色〻の商仕候ニ付而、其うり物之方ニ代官をさせ、我等方へ八木弐石ツヽ上申、京中諸役御免除之故、只今者取不レ申候(61)（略）

猪熊座とは「京中」の諸役免除特権獲得以前においては丹後・若狭地域からの諸物を商売し、「其うり物之方」（販売担当者）に代官をさせ、左近衛府駕輿丁に米二石ずつ納入するものであったとしている。「うり物之方」という書かれ方から考えると、おそらく丹後・若狭における生産担当者、京都における販売担当者がそれぞれ存在するという分業体制をとっていたと考えられる(62)。

また同史料冒頭には「猪熊座、朱雀座、嵯峨座、是三座者左近府小畑彦七下方ニ而御座候」ともあり、猪熊座が朱雀座、嵯峨座なるものと並んで、左近衛府駕輿丁の下部組織であったことを主張しており、米二石の納入を四府駕輿丁組織における下部から上部への進納として位置付けていることがわかる。

「丹後・若狭〻色〻の商仕候」という部分に着目したい。左近衛府駕輿丁側の言上を受けて猪熊座が反論した文書にも「則当座中と申ハわかさ丹後何も事多ク御座候(63)」と記され、猪熊座が丹後・若狭などの地域との繋がりを否定していないことがわかる。これはそのままこの組織の商業活動の根本が、この丹後・若狭という京都北方地域と密接につながっていたことを示すものであろう。

この事例からやや時代が遡るが、永禄五年（一五六二）には猪熊座所属の「丹波野〻村郷之内杣子師、轆轤引」の諸役免除特権を「西村助左衛門尉吉久」なる人物に安堵する綸旨も確認される(64)。これらの事例から明らかなように、猪熊座は丹波、丹後、若狭などの京都北方地域、つまり日本海側とつながるルート上に強い関わりをもちながら、発展してきたと考えることができる。

ここで想起しなければならないのは第一章で触れた散在駕輿丁の存在である。既に述べた通り、駕輿丁の商業者化は、先に散在駕輿丁の側から発現してきた。第一章では、南北朝時代に至り、散在駕輿丁が京都流入を果たし在京化することを想定したが、この事は、既にもっていた京外地域との関わりの一切が断絶したことを意味しない。むしろ散在駕輿丁は在京することで京中にも拠点地域を持つのが可能となり、都鄙間交流（京内―京外地域社会交流）を活発化させたものと推察される。すなわちこのあり方は先に述べた猪熊座の商業行為と符合する。猪熊座の成立は、前代に生じた散在駕輿丁の商業者化およびその京都流入の中長期的な影響の中で生じてきたものと考えたい。

では、このような活動を行ってきた猪熊座の具体的な商業活動はどのようなものであったのだろうか。猪熊座の室町期における史料を整理し、商業関連史料を示したものが**表4**である。

特徴的な点は、この表中の取扱い品目にある。猪熊座が商うものは、初めは「鍛冶炭」、「神折敷」[65]、「杓子引物」など多くが木にまつわるものであり、十六世紀後半になると「諸国売買」、「諸国諸売買」へと拡大していくことがわかる。「杓子引物」と同時に米商売なども行っていることから、当然これ以外にも様々な物品を取扱い品目にしていたと思われるが、彼らの本来の商売品を考えるとき、この木をめぐる商売は大きな意味をもつといえよう。当該期における商人が本来的な商売品を核としながら、独自の論理を駆使して取扱い品目を拡大させていく事例は多々ある[66]。猪熊座にとって京都北西方の木材品こそが原初的な商品であり、それを核としながら品目を拡大するべく論理展開を行い、元亀三年に見られるような、「諸国諸売買」特権へと結びつけていったのではなかろうか。猪熊座の根本地域が京の北側であったということを併せて考えると、はじめに山側を中心とした物

表４　左近衛府駕輿丁猪熊座の活動（15世紀半～16世紀）

年月日	内容	取り扱い品目	出典
長禄３年(1459)７月	左近府駕輿丁猪熊座が非法を働く右兵衛府太郎四郎を罰してほしいと言上する。	鍛冶炭	東
文明３年(1471)４月11日	加与丁左近府猪熊座に対し、諸業課役諸公事免許特権を付与する。		壬
天文14年(1545)４月６日	神折敷商売に関し、西園寺家代官千本風呂五郎次郎が公事銭をかけようとしたが、諸役免除が保証される。	神折敷	狩
天文23年(1554)５月15日	禁裏御料所米座のことにつき、補任状が発給される。また米商売の独占を追認している。	米	狩
永禄４年(1561)５月29日	駕輿丁猪熊座兄部の事について、四府兄部に尋ねている。		壬
永禄５年(1562)５月１日	四府駕輿丁左近府猪熊座の内、丹波野々村郷内杓子師・轆轤引の杓子引物商売の事に関連し、洛中洛外諸国売買・諸関渡臨時の役を西村助左衛門尉吉久へ子々孫々に免除する旨、綸旨が発給される。	杓子引物 洛中洛外諸国売買	橋
永禄７年(1564)12月15日	四府駕輿丁左近府猪熊座諸国売買幷臨時課役等事を数通の證文の旨に任せて、免除している。	諸国売買	壬
元亀３年(1572)11月11日	「四府駕輿丁左近府猪熊座」諸国諸売買の公事、臨時課役の免除を幕府からの下知状で追認する。	諸国諸売買	狩
天正６年(1578)７月１日	魚公事の事に関して交名が作成される。	魚	九
天正９年(1581)２月11日	藤本三郎左衛門尉宛に諸役免除特権が下される。		狩
天正16年(1588)４月14日	後陽成天皇の秀吉聚落行幸に際し、猪熊座の者30名が勤仕する。		壬

（注）東…『京都御所東山御文庫所蔵　地下文書』、壬…『壬生文書』、狩…『狩野亨吉氏蒐集古文書』、橋…『橋本鉄男氏蒐集文書』、九…『九条家文書』

資を活動の根本に据え、漸次海側へと触手を伸ばし日本海ルートにおける物資（海産物等）をも取り扱うようになった、という推論も十分成り立つと考える。

これは、粟津座（粟津橋本供御人）が京都の東、近江の琵琶湖を中心に活動していたのが徐々に取扱い品目を増加させ、活動範囲を拡大していった動きと重なる。京都内部にありながらも、京都周辺地域に拠点を持って商業活動を行うのが活発な商業活動を行う商人の共通点であるといえる。

(二)　組織性・志向性

次いで、猪熊座の組織性・志向性について整理したい。それを考える上で重要な史料が、若干時代が下る天正六年（一五七八）十二月の奥付がある「猪熊座無役人数注文」(67)である。

本史料は「猪熊座之無役輩人数之事」と冒頭に記される通り、課役免除特権を保持する猪熊座人の交名であると考えられる。また、全体で七十一名の人物を地域ごとに書き上げ、そのうち四十四名について「うおのたな」と記述している。ここに記述された地域は猪熊座構成員の居住地、または魚棚所在地と考えられよう。さらに史料後部からは「浄久」、「新兵衛」、「与三左衛門」、「四郎右衛門」、「宗忠」として猪熊座構成員と考えられる人物らが連署し、小槻朝芳と日野輝資に提出した。朝芳は駕輿丁を統括する壬生小槻家としてこれを把握し、輝資はこの時、武家昵懇公家衆として織田信長と密接な関係を築いていたことが見え(68)、あるいは織田政権側の把握主体として、本史料に現れている可能性が考えられよう。

いずれにせよ書き上げられた猪熊座人のうち、魚棚が特筆されている事実はこの史料の性格を考える上で見逃せない。この史料が作成された天正六年は、九条兼孝が関白に就任した年であり、九条家としては殿下渡領である魚棚公事を賦課するために詳細な商人の情報を握っておく必要があった。その調査の過程で提出させた交名がこの史料であると考えられる。

史料に記述された構成員を地域ごとに並べたものが**表5**である。この表から、猪熊座の魚商人は上京を中心に拠点を持ちながら商売を行っていることが見て取れる。もちろん猪熊座の構成員全体がこの史料に反映されているとはいえないが、それでもある程度の傾向は摑めるであろう。

ここで注目したいのが、「今町」地域についてである。この場所に把握されている五名の人物は、表5から例外無く「うおのたな」で、魚棚商売を行う商人であることが確認できる。

今町を根拠地とする魚商人として、すぐさま想起される商人集団がある。御厨子所に属し、山科家を本所とし

表５　「猪熊座無役人数注文」に見える猪熊座構成員

	座人名	書き込み所在地	推定所在地	現所在比定	棚種別
1	稲葉源右衛門尉	今町	今町	上京区油小路通今出川下ル	魚
2	与三郎	今町			魚
3	与大郎	今町			魚
4	与二郎	今町			魚
5	彦左衛門	今町			魚
6	山方七郎右衛門尉	五辻	五辻	上京区五辻通大宮西入ル	
7	片山	あすかい丁	飛鳥井町	上京区今出川通堀川東入	魚
8	与三郎	かうさい丁	幸在町	上京区上立売通堀川大宮東入二丁目	魚
9	三宅新九郎	くわんせ丁	観世町	上京区大宮通五辻下ル	魚
10	八原五郎二郎	いさ丁	伊佐町	上京区大宮通寺之内下ル二筋目	魚
11	新兵衛	いさ丁			魚
12	源兵衛	いさ丁			魚
13	渡辺与三左衛門尉	上小川	上小川	上京区小川通一条下ル近辺	魚
14	与五郎	らかんのはし	羅漢橋	上京区小川通今出川下ル近辺	魚
15	浄覚	らかんのはし丁			
16	弥四郎	小川うつほや丁	小川靭屋町	上京区小川通元誓願寺下ル	
17	又左衛門尉	小川うつほや丁			
18	与四郎	一条	一条殿町？	上京区新町通一条上ル近辺カ	
19	与二郎	一条			
20	弥左衛門	一条			
21	与左衛門	一条			
22	三宅新兵衛尉	とくた寺殿町	徳大寺殿町	上京区新町通今出川下ル	魚
23	いつ	とく大寺殿丁			魚
24	弥三郎	とく大寺殿丁			魚
25	又二郎	とく大寺殿丁			魚
26	野小五郎	百万へん前	百万遍前	上京区千本通上長者町上ル	魚
27	弥五郎	うら辻丁	裏辻町	上京区西洞院通下立売下ル近辺	
28	与五郎	うら辻丁			
29	八原道意	むしやの小路	武者小路	上京区武者小路通室町西入	魚
30	又左衛門	むしやの小路			魚
31	四郎次郎	むしやの小路			魚
32	与四郎	つき山丁	築山町	上京区室町通今出川上ル	
33	与三左衛門	つき山丁			魚
34	田中十郎左衛門尉	室町つき山丁	室町築山町	上京区室町通今出川上ル近辺	魚
35	与四郎	むろまちかしら	室町頭町	上京区室町通上立売上ル	
36	新左衛門	むろまちかしら丁			魚

37	弥左衛門	むろまちかしら丁			魚
38	二郎左衛門尉	むろまちかしら丁			魚
39	与三左衛門尉	むろまちかしら丁			魚
40	与介	むろまちかしら丁			魚
41	喜介	むろまちかしら丁	室町頭町	上京区室町通上立売上ル	魚
42	与三左衛門	むろまちかしら丁			魚
43	弥左衛門尉	むろまちかしら丁			魚
44	与三左衛門	むろまちかしら丁			魚
45	弥左衛門	むろまちかしら丁			魚
46	与一	ふゑいちん	武衛陣町	上京区室町通下立売下ル	魚
47	原田与三左衛門尉	柳原	柳原	上京区室町通寺之内上ル近辺	魚
48	新介	柳原			
49	稲葉常久	花立丁	花立町	上京区室町通中立売下ル	魚
50	あしたや道家	千本			
51	ひの木四郎右衛門尉	千本			
52	山方彦左衛門尉	千本			
53	山方与五郎	千本			
54	林弥介	千本	千本	北区紫野近辺	
55	ひの木与三五郎	千本			
56	富田弥五郎	千本			
57	五郎兵衛	千本			
58	三宅浄三	北小路	北小路町	中京区・下京区に同名あり（詳細不明）	
59	木屋二郎三郎	下京六かく丁	六角町	中京区新町通六角下ル	
60	孫三郎	たこやくし丁	蛸薬師町	中京区室町二条下ル	魚
61	与兵衛	かさはい丁	風早町	下京区油小路通綾小路下ル	魚
62	藤本五郎左衛門尉	下京あふらの小路	油小路町	下京区油小路通下魚棚下ル	魚
63	与四郎	二条はんしき丁	二帖半敷町	下京区烏丸通綾小路下ル	魚
64	五郎右衛門尉	あかね小路	茜小路？	不明	
65	与三次郎	そうもん	総門？	不明	魚
66	橋本与二郎	にしきの小路	錦小路町	不明	
67	二郎右衛門尉	はの上丁	場之上町	中京区烏丸通姉小路下ル	魚
68	三郎五郎	はの上丁			魚
69	八原七郎左衛門尉	船橋いさ丁	船橋伊佐町	不明	魚
70	八原孫五郎	船橋いさ丁			
71	橋本道祐	船橋南丁	船橋南町	不明	魚

(注)・「現所在比定」は全て『日本歴史地名大系　京都市の地名』(平凡社、1979)に拠った。
・「推定所在」が不確かなものは、末尾に「？」を付した。

て魚商売を行う今町供御人である。この供御人は棚売り、振売り（行商）という二つの営業形態をもち、殊に洛中における振売りに関しては、六角町供御人とともに統括的な立場にあったと考えられる商業集団であり(69)、室町中期から後末期においての洛中魚商売を考える上で抜き難い位置にあった商人であるといえる。今町地域と密接に結びつく商人がありながら、なぜ五名の猪熊座の商人がここに記述されたのであろうか。

この理由は、同じ魚類を扱う商人でありながら、室町後期に総合商社ともたとえられるようになる粟津橋本供御人との関連の中で考えることができる。(70)

天文十四年（一五四五）、関白鷹司家と粟津橋本供御人、今町供御人との間に相論が勃発する。(71)前述したように魚棚役は殿下渡領でありこの段階では関白鷹司家の知行であった。この相論は、その権益に従って鷹司側が両供御人に対して魚棚役を懸けたことに端を発するものである。詳しい相論の展開過程は省略するが、結論は山科家を後楯にした両供御人側が勝訴し、課役免除特権を保証されることとなった。(72)

この時に保証された特権で、粟津橋本供御人が営業品目を飛躍的に増加させ、総合商社的な発展を確固たるものにするのに対し、今町供御人は、そこまでの発展は見られず史料の上からも把握できなくなる。天文相論以後の両者の商業展開には大きな隔たりがあるのである。「粟津座」として粟津橋本供御人が単独（あるいは主導的立場）で総合的な座に発展していく一方、十分な商業的展開を果たしえなかった今町供御人が左近衛府駕輿丁猪熊座へ参入、あるいは猪熊座へと吸収されていくことは十分に考えられることである。先に引用した「猪熊座無役輩人数注文」に猪熊座として今町地域の魚商人が記述されるのは、こうした室町期における京都商業界の情勢が反映された結果であろう。

粟津供御人や猪熊座が近江や丹波、丹後や若狭という京都外部における拠点を持ち、大きな流通経路を握っていたのに対し、今町は京都内部における活動しか見られない。このことが今町供御人と粟津座、猪熊座の展開過程に決定的な格差を生み出したと考えられる。

　ここまで述べてきた通り、猪熊座は出自を異にする商人を参入させる、あるいは吸収することが可能となる拡張的な組織原理をもっていたと考えられる。自身の名称に「左近衛府」という古代以来の伝統的名称を冠し、それを保持した上で、新しい組織のあり方を実現し、新たに勃興してきたのが左近衛府駕輿丁猪熊座なのである。

　またこの組織が「猪熊」という地名を組織名に含む点も看過できない。既に指摘されている通り、西園寺家を本所とする「丹波座」、所属は不明ながら下京方面で商業活動を行う「九条座」など、室町中後期は座の名称に特定商品名を据えるのではなく、国名や京都内の地域名を冠する商業座が出現する時期である(73)。これは単独商品の専門的商業から総合的・多角的な商業活動へと展開したことの反映と理解することができ、室町後末期の京都商業界の特徴を考える上での重要な指摘と言わねばならない。

　先に見た通り、猪熊座も元亀三年（一五七二）には、既に「諸国諸買売」特権を保持し、総合的・多角的な商業活動を行っていたことは明らかである。今町供御人のような個別地域的な活動ではなく、広域流通圏商売こそが室町後期の商業界で確固たる位置を築くための重要な方策であったといえよう。猪熊座が古代以来の伝統を引き継ぐと同時に、このような室町後末期の商業界の流れを真正面から受けとめ、業界の情勢に即応している組織であったことも、ここで確認しておきたい。

おわりに

　ここまで述べて来た内容をまとめながら、今後の課題を提示したい。

　まず禁裏駕輿丁の組織の大きな画期は十五世紀前半にあった。古代以来、一府、乃至二府を単位として活動していた個別駕輿丁が「四府駕輿丁」という名称のもとに結集したのがこの時期である。そしてこの結集は彼らが米穀課役をめぐり大炊寮本所押小路家と激しい相論を行う時期ともほぼ重なる。少なくともこの相論は「四府」の名のもとに結集する契機となった。そしてそれが職務放棄から身分放棄へと自己主張の手段を強化させたと考えられる。

また、四府駕輿丁の成立後も、個別駕輿丁は存在し続ける。個別駕輿丁は外圧と抗する場合、四府駕輿丁という複合的な組織に自らを位置付けることにより、身分放棄での自己主張を可能にさせる。ここから四府駕輿丁は、個別駕輿丁の利益保障組織としての機能をもつと理解することができる。

強力な身分放棄という手段を獲得した四府駕輿丁は、その後、一枚岩の盤石な組織を作りあげるのではなく、内部に対立を含んだ状態で存続していくことになる。その中でも極めて重要な位置にあるのが文安三年の北野祭礼を舞台に勃発した内部相論である。これは左近衛府駕輿丁の兄部職をめぐって、組織から放出された勢力と、放出した側の「座中」が対立軸となり、それぞれに与力が合力し、数万人規模の武力衝突の可能性も孕んだ大相論に発展する。さらにその後、連年にわたってこの対立はくり返され、享徳二年に至って四府駕輿丁全体を内裏派と武家派に二分する相論へと深刻化しながら進んで行く。

この直後、相論の中心であった左近衛府駕輿丁の内部に出現するのが、他ならぬ猪熊座である。この座は、文安相論での左近衛府駕輿丁、つまり「座中」に対抗する勢力を核にして、朝廷ではない武家を後楯に成立したと考えられる。享徳二年の段階で割れた二つの勢力の一方が四府駕輿丁総体として存続し、いま一方が猪熊座になったと理解することができるだろう。これらの勢力が以後、応仁・文明の乱を経てもなお、対立軸をひきずるように天文、慶長といった室町末期から近世初頭にかけての相論をひき起こしていくと考えられる。

猪熊座は、供御人などの出自を異にする商人を構成員として存在させるなど、拡張的な組織性をもった座であった。さらに丹波や丹後・若狭地域と密接に関わりながら、広域的な流通圏を持つ商人集団であったと考えられる。木をめぐる商売から考えても、猪熊座にはさらに多様な商人、職人の姿を想定することができよう。「左近衛府駕輿丁」という古代以来の伝統を保持しながらも、「猪熊」という地名を冠し、出自の異なる商人を構成員とする組織を実現させ、勃興してきたのが左近衛府駕輿丁猪熊座なのである。

室町中後期において劇的な組織変化を遂げた四府駕輿丁はその後、近世になるとどのような展開をするのであろうか。豊田武は、近世における四府駕輿丁を「専売権という有力な武器を失ひ、僅かに課役免除の特権を保持するばかり」になり、「中世的な残滓に身を沈める」者たちとしたが、(74)そのように断じることはできない。

確かに、一般的な理解では天正十三年（一五八五）を一つの契機として、秀吉によって大和、山城という旧来権益が残存する都市においても座の撤廃が行われたとされるが、同時に近世を通じて継続していく座も指摘されている。(75)この四府駕輿丁も、天正十七年五月十七日付の「左近衛府駕輿丁兄部職安堵状写」(76)が残されていることから、後者に分類される組織である。

近世に至っても、寛永十九年（一六四二）の「四府駕輿丁人数交名」(77)には、四府駕輿丁総数七十二名中、猪熊座は三十名という人数を確認できる。また、江戸末期の元治二年（一八六五）に「諸役免除」と記される駒形の鑑札が見られることや、(78)明治三年（一八七〇）九月付の「左近府駕輿丁席順幷宿所書」(79)では都合二百六名の駕輿丁が存在し、ここに書き上げられた人々がほぼ商人であることを確認できる。

このように四府駕輿丁が近世を通じて命脈を繋げ、長大な時間にわたって組織を存続させることができたのは、この組織が純粋な商人組織ではなく、天皇と極めて近い職務を担ったためである。彼らが職掌とした駕輿勤仕は天皇という存在と密接不可分に結びついており、駕輿丁はその儀礼を成り立たせる上で、欠かすことのできない重要な構成要素として存在する。この性質は、駕輿丁という身分そのものと分かち難く結びついており、近世に至っても変化することはない。近世以後もこの性質を活動の立脚点に据えていったものと考えられる。次章ではその具体的な姿を見ていきたい。

（1）三浦周行「座の研究（其二）」（『法制史の研究』下、岩波書店、一九四四、初出一九一八）。
（2）豊田武「四府駕輿丁座」（『豊田武著作集一　座の研究』、吉川弘文館、一九八二、初出一九三四）。
（3）脇田晴子「座の性格変化と本所権力」（『日本中世商業発達史の研究』第三章、御茶の水書房、一九六九）、また近世のものとして、西村慎太郎「近世の駕輿丁について」（『研究年報』五二輯、学習院大学文学部、二〇〇六）。
（4）専論ではないが、四府駕輿丁を分析対象の一つとした研究を以下に列挙する。網野善彦「中世前期の「散所」と給免田」（『日本中世の非農業民と天皇』、岩波書店、一九八四、初出一九七六）、大山喬平「供御人・神人・寄人」（『日本の社会史六　社会的諸集団』、岩波書店、一九八八）、瀬田勝哉「荘園解体期の京の流通」（『洛中洛外の群像』、平凡社、一九九四、初出一九九三）、梅田千尋「近世宮中行事と陰陽師大黒松大夫」（『日本史研究』四八一号、二〇〇二）、早島大祐「中世後期社会の展開と首都」（『日本史研究』四八七号、二〇〇三）。また史料紹介として奥野高廣「四府駕輿丁座の新史料について」（『古文書研究』九号、一九七五）などがある。
（5）『狩野亨吉氏蒐集古文書』十。
（6）宮内庁書寮部編『図書寮叢刊　九条家文書』五、一三七一号文書（一九七五）。
（7）『壬生文書』一所収（京都大学総合博物館所蔵）（なお史料読解には東京大学史料編纂所所蔵影写本を用いた）。本史料の書出し部分には「秀吉関白之御時、於聚楽行幸御鳳輦役者、駕輿丁左近府之内自猪熊座中出仕（略）」と記されている。当該期からやや時代が下って成立したと思われるが、出仕した座人名や地域が詳述されており、史料を作成するための何らかの元史料があったものと思われる。この考えに従い、本史料を本文に組み込んだ。
（8）前掲注（2）豊田論文、前掲注（3）脇田論文。
（9）「四府駕輿丁座」の用例としては、天文十七年十二月二十七日付「室町幕府奉行人連署奉書」（『狩野亨吉氏蒐集古文書』）の冒頭部に「四府駕輿丁座中」と記されるのを初出とする。
（10）『史料纂集　京都御所東山御文庫所蔵　地下文書』（以下『地下文書』と表記）。なお北野祭礼に関しては西山剛「室町期における北野祭礼の実態と意義」（瀬田勝哉編『変貌する北野天満宮』、平凡社、二〇一五、本書第三章）。

（11）「御輿長」という語句については、『延喜式』の「巻四十五、左右近衛府輿長条」に「凡行幸之時御輿長五人、択二近衛膂力者一、預前注二交名一」と規定されており、担当駕輿丁の選択や交名による把握を担う統括的役職にあたる者たちだと考えられる。この組織には統括者として「兄部」や、その補佐をする「沙汰人」などが存在する。これらの関係を整合的に説明することはできないが、「御輿長」という用例は、『康富記』文安六年（一四四九）五月十二日条を最後に見られなくなり、その後は「兄部」、「沙汰人」のみが統括者として史料に姿を表す。あるいはこの現象も、十五世紀前半の四府駕輿丁組織への改編の文脈の中に位置付けられるかもしれない。

（12）『民経記』寛喜三年八月一日条。

（13）『京都の歴史』第三章第四節（学芸書林、一九七一）二九四～二九七頁。

（14）『民経記』寛喜三年七月一日条。

（15）『民経記』貞永元年閏九月記紙背文書。

（16）本郷恵子「公事用途の調達」（『中世公家政権の研究』第二部第一章、東京大学出版会、一九九八）。

（17）『民経記』寛喜三年八月一日条。

（18）『民経記』寛喜三年八月一日条。

（略）国兼早可二宛給一之由、有二承伏気一、仍賜二其暇一了、其上又以二私侍左衛門尉盛家一遣二北野一、御輿早可レ成二御行一之由、仰二駕輿丁等一也、此間右近庁頭景重祇候、種々廻二計略一云々、於レ饗者、只今率爾歟、然者可レ賜二銭貨一之由平訴訟云々、景重内々借二求銭貨一、只今可レ致二沙汰一之由、相触之間、成二御許一成二御行一了云々、（略）

この史料のうち、「只今可レ致二沙汰一之由、相触之間、成二御許一成二御行一了云々」という文言は看過できない。文脈から考えて「成二御許一成二御行一了」という動作の主体は駕輿丁であることは明白だが、気にかかるのはその動作が敬語で表現されていることである。公家日記の中において記主より下位身分である駕輿丁がこのような敬語で表現されることはまずないと考えてよいだろう。だとすればこの敬語表現はなにに起因するのだろうか。

一つの可能性を指摘すれば、駕輿丁は祭礼という状況下において、神威を背負うということである。神幸を左右することは、そのまま神の動静を左右することであり、その意味で駕輿丁は特異な存在であるといえる。この点から考えてもこの敬語表現の裏に神威を見出すことは無謀な推論ではないように思える。

(19)『民経記』仁治三年八月二十二日条。
(20)「三年一請会引付」(『北野天満宮史料　古記録』)。
(21)前掲注(20)史料。
(22)『長興宿禰記』文明十一年七月十一日条ほか。
(23)網野善彦「中世文書に現れる「古代」の天皇」(『日本中世の非農業民と天皇』、岩波書店、一九八四、初出一九七六)。
(24)「四府駕輿丁申状」(『地下文書』七七号文書)。
(25)本史料中では、行為の主体を「駕輿丁四府」、「四府之輩」、「四府」という語句で表現しており、「四府駕輿丁」という文言は用いていない。このような記述の理由は判然としないが、表1から明らかなように、既に応永段階で「四府駕輿丁」という名称は存在しており、本文ではこの名称を用いた。
(26)「室町幕府管領畠山満家奉書案」(『地下文書』一四―一号文書)。
(27)『大日本史料』七編―一〇、四〇七頁。
(28)永享十年八月十日付「四府駕輿丁等請文案」(『地下文書』一六―一号文書)。
(29)前掲注(28)史料。
(30)前掲注(3)脇田論文、前掲注(4)瀬田論文。
(31)宮内庁書陵部編『図書寮叢刊　壬生家文書』四、一一六九号文書(一九八二)。
(32)『同書』四、一一七〇号文書。
(33)『同書』四、一一七一号文書。
(34)『親長卿記』文明三年八月十四日条。
(35)この史料では、身分放棄行為の主体が「かよちやう(駕輿丁)」とのみ記され、この史料単独では行為の主体が四府駕輿丁であるかどうかは判然としない。しかし押小路家と駕輿丁との米穀課役相論は、全て四府駕輿丁との間に勃発しており、この史料も一連の米穀課役相論の図式で捉えられる。
(36)前掲注(4)奥野の史料紹介によれば「米屋座四符加輿丁」、「下京四符駕輿丁米座中」という文言が見られ、米穀商売

が四府駕輿丁に一本化されたように読める。天文期頃から雑多な所属の米穀商人の編成が進み、四府駕輿丁へと集中し
ていくと考えられる。
(37)『地下文書』八〇号文書、永正十四年六月日付「四府駕輿丁初答状」。
(38)『地下文書』八一号文書、永正十四年七月日付「四府駕輿丁二答状」。
(39)『同書』五〇号文書、永正十四年七月日付「召次菊千代三問状」。
(40)『同書』五〇号文書、永正十四年七月日付「召次菊千代三問状」。
(41)『同書』八二号文書、永正十四年八月付「四府駕輿丁重申状」。
(42)『狩野亨吉氏蒐集古文書』十一、天文十年八月十九日付「駕輿丁左右近沙汰人申状」。
(43)『同書』、天文十年九月二十日付「駕輿丁座中申状」。
(44)『同書』、(無年号)九月「左右近沙汰人申状」。
(45)『同書』十、「左近衛府駕輿丁猪熊座申状」。
(46)『同書』二、「左近衛府駕輿丁猪熊座申状」。
(47)本史料中では「猪熊座之　御綸旨」、「座中之綸旨」と記され、朝廷が発給した綸旨は二通記される。これらは明らかに区別の上記述されており、両通には明らかな差異があったと考えられるが、その詳細は今のところ判然としない。
(48)中原俊章「官司請負制の内実」(『立命館史学』二一号、二〇〇〇年)。
(49)『晴富宿禰記』文安三年七月二日条。
(50)『同書』文安三年七月二十七日条。
(51)高橋修「日野(裏松)重子に関する一考察」(『国史学』一三七号、一九八九)。
(52)「嘉吉三年之記」(『北野社家日記』七)。「嘉吉三年之記」という表題は後補表紙のものである。この史料の書出しが嘉吉三年(一四四三)であることにより、後補の際にこのように名付けられたものだと考えられるが、原表紙には本文中に用いた「社家引付」と記されており、史料名称としてはこちらを用いた。
(53)「社家条々引付」(『北野社家日記』七)。
(54)「西京鉾之衆」の実像については判然としないが、『康富記』享徳二年(一四五三)八月四日条には「去朔日加輿丁不

レ奉レ舁二神輿一西京神人舁レ之」と記され、ここでは駕輿丁の訴訟にあたって「西京神人」が神輿を担いでいることが確認でき、西京神人が「西京鉾之衆」であると考えられる。

(55) この事実から四府駕輿丁らが訴訟手段として採用している身分放棄に、ある種の脆さが潜んでいることは明白である。しかし代替措置が執行されたこの相論以後も、本文で引用した長禄二年八月、文明三年八月の史料で明らかなように訴訟の中では身分放棄行為が主張されており、この手段の効力は依然として失われていなかったと理解できる。

(56) 「社家条々引付」(『北野社家日記』七)。

(57) 『康富記』四、享徳二年八月四日条。

(58) 「下請符集」(「船橋清原家旧蔵資料」、国立歴史民俗博物館所蔵)。

四府沙汰人等申間事、

子細ハ申状に粗みえ候了、

此さゝ《（支）》へ状候へきよしはら田に申候へは、四府沙汰人等とは座をおなしう仕候のものにて候之間、さゝへ状をハ不レ可レ仕候よし、ハら田申□そちん《（訴陳）》に上下は入へからす候、自他りうん《（理運）》のとをりを言上候へと堅申付候へと不二承伏候一之間、数度使をつかはし召文付候へとも数十ケ日におよひついに支状を不レ仕候、くわんたい《（緩怠）》言語道断候、原田事駕輿丁にて候かをまつ相尋候へハおやまてハ其分にて候了、これハほそ《（細）》川うち之むれい《（牟礼）》と申すものひくわん《（被官）》にて候、然上者駕輿丁にてハな□よし申候、そちんなかはの事にて候に去九月より又四府沙汰人中の荷物をおさへとり《（押取）》□よし申候、如レ此条々くわんたい仕候上者き□可頼御成敗候由申す候、

時元

(59) 長禄三年七月付「左近衛府駕輿丁猪熊座申状」(『地下文書』二八号文書)。

(60) 猪熊座の初出史料の一年前、すなわち長禄二年には、第一節第二項で触れた山門公人との相論が勃発している。ここでは四府駕輿丁は身分放棄を行っており、組織的な結束を楯に相論を展開していることは先に見た通りである。しかし、この時期には左近衛府駕輿丁の中に猪熊座が存在していた可能性があり、一種の緊張関係が存在していたと思われる。当該期の四府駕輿丁は一枚岩の組織であるとはいい難い。内部の軋轢が生じながらも、対外的には結束するという、内

外二つの側面を持ち合わせているのが四府駕輿丁の組織のあり方だといえる。

(61) 慶長十五年閏二月十五日付「左近衛府駕輿丁兄部申状」(『狩野亨吉氏蒐集古文書』二)。

(62) 小島道裕は京都における陶磁器出土データ、米価変動、市場法発布数の再検討から、十五世紀前半を流通・消費をめぐる大きな社会変動の画期として捉え、当該期における京都への物資流入の減少とそれに伴う物価上昇という一連の現象を明らかにした(「流通・消費の場と地域」、『戦国・職豊期の都市と地域』、青史出版、二〇〇五、初出二〇〇二)。これは当該期において物資の京上システムが崩壊し、京外の地域社会の中で新たな中心地網が形成されながら活発な地域市場が自立し、京都市場の集権的な中心地性が低下することで生じたものと指摘している。いわば十五世紀は地域の都市・市場の台頭期なのであり、京外の丹後・若狭地域を一つの拠点とする猪熊座がまさにこの時期に成立してくる背景の一つに、小島が指摘する十五世紀における流通・消費変動があったものと推察される。

(63) 慶長十六年三月十一日付「左近衛府駕輿丁猪熊座申状」(『狩野亨吉氏蒐集古文書』二)。

(64) 橋本鉄男『ものと人間の文化史三一　ろくろ』(法政大学出版局、一九七九)六六頁および「市町の木地職」(『日本民俗文化大系一一　都市と田舎』第三章、小学館、一九八五)引用史料。

(65) 先行研究では、「神折敷」を「紙折敷」として理解しているが、神前に供するための折敷としての「神折敷」という名称も考えられる。その場合の折敷とは通常の木材製品と考えられ、本文の通り木に関わる商品として解釈をした。

(66) 前掲注(4)瀬田論文における「小野供御人」、「粟津供御人」など。

(67) 『九条家文書』五、一三七四号文書。

(68) 神田裕理「戦国〜織豊期における朝廷内制度」(『日本歴史』六四二号、二〇〇一)。

(69) 享禄二年十二月十四日付「室町幕府奉行人連署奉書案」(『出納文書』所収、京都大学総合博物館所蔵)。

洛中洛外魚物商買事、粟津橋本供御人並振売六角町今町等商、先々進止之処、近年非分族、或構レ棚、或荷持レ之、猥令二買売一云々、太無レ謂、所詮停二止非衆新儀一、可レ専二当座中之商売一之由所二仰下一也、仍下知如レ件、

享禄二年十二月十四日　信濃守神宿禰　判

弾正忠三善　判

この史料からは、幕府が当該期における「洛中洛外魚物商買」を、「粟津橋本供御人並振売六角町今町等」として諸

商人の独占と認めていることがわかる。冒頭部は解釈が分かれるであろうが、「洛中洛外魚物商売の分野では、粟津橋本供御人、振売の六角町今町供御人が進止している」という意味でとった。なおこの点を考えるとき『言継卿記』天文十四年三月二十八日条における「享禄弐年の証文は、対二振売等一たる儀候哉、殊六角町今町進止の旨在レ之」という記述は注目に価する。

(70)　今谷明「流通経済の発達」（『週刊朝日百科 日本の歴史二〇　琵琶湖と淀の水系』、朝日新聞社、一九八六）。

(71)　『言継卿記』天文十四年二月五日条より同年九月まで相論史料が散見される。

(72)　『同書』天文十四年九月十七日条、同日の日記の中に、「御厨子所供御人魚物商買棚」に対する課役免除を通達する綸旨が引用されている。

(73)　前掲注(4)瀬田論文。

(74)　前掲注(2)豊田論文所収、「(五)駕輿丁座の没落」。

(75)　楽座に関する研究は多々あるが、近世的展開をも射程に入れた研究を列挙する。寺尾宏二「京都に於ける座の問題」（『経済史研究』一九巻一号、一九三八）、乾宏巳「近世職人の形成について」（和歌森太郎先生還暦記念論文集編集委員会編『近世封建支配と民衆社会』、弘文堂、一九七五）、脇田修「座組織の終末」（『近世封建制成立史論』第二章第二節、東京大学出版会、一九七七）、横田冬彦「幕藩制的職人編成の成立」（『日本史研究』二三七号、一九八二）、豊田武「国内の統一と商業の発展」（『豊田武著作集二　中世日本の商業』、吉川弘文館、一九八二、初出一九五二）、今井修平「大山崎油座の近世的変貌」（『神女大史学』三号、一九八四）、播磨良紀「楽座と城下町」（『ヒストリア』一一三号、一九八六）。

(76)　「駕輿丁記事」所載（『山城国京都駕輿丁文書』、国文学研究資料館所蔵）。

(77)　『壬生文書』一所収。

(78)　前掲注(76)史料。

(79)　前掲注(76)史料。

第二章補論　今町供御人の特質と図像

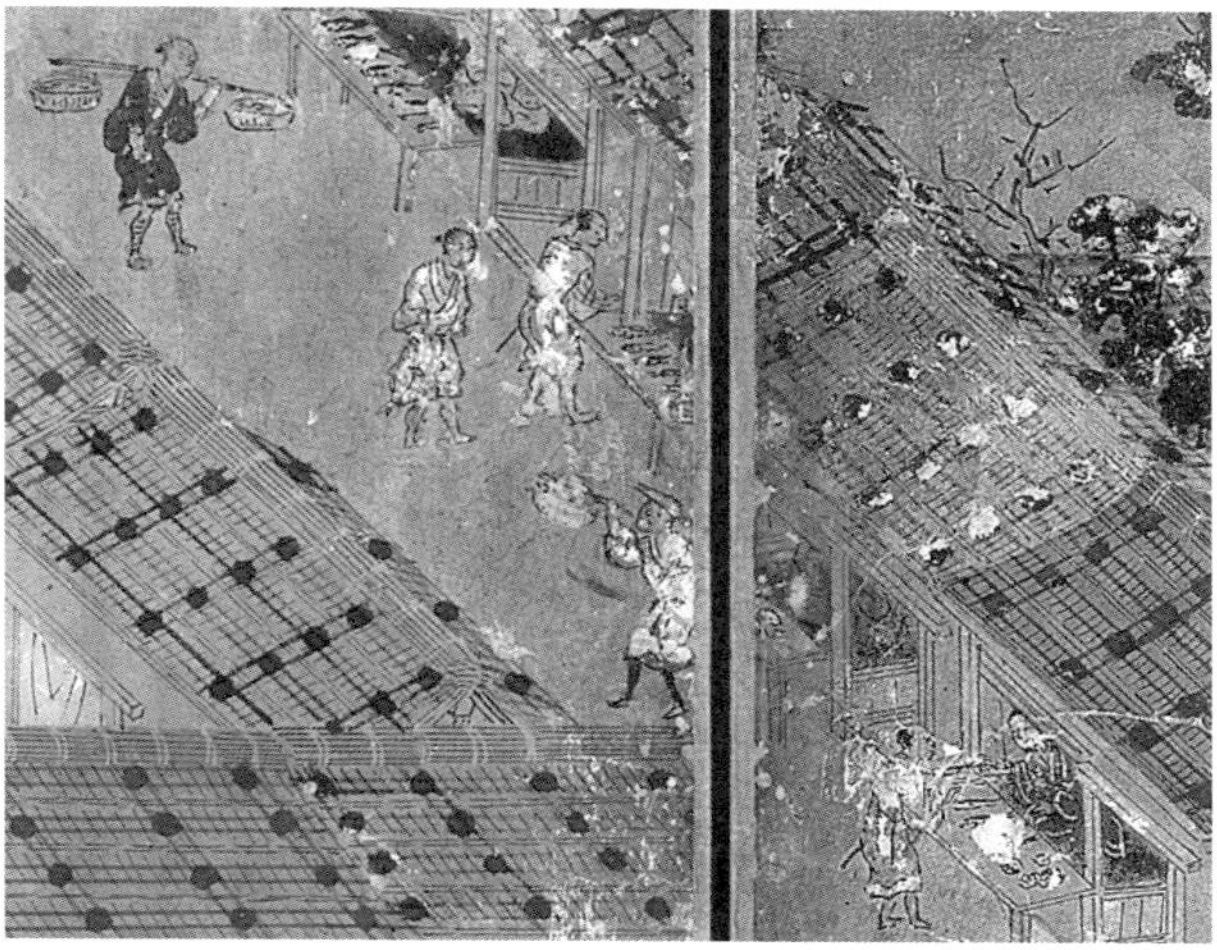

図１　『洛中洛外図屏風』歴博甲本
（国立歴史民俗博物館所蔵）

はじめに

『洛中洛外図屏風』（国立歴史民俗博物館所蔵、以下「歴博甲本」と記載）のうち、左隻四扇・五扇の中央部には、両扇にまたがる形で四軒連続して魚棚が描かれている（図１）。地理的に説明すれば、小川通と北小路通の交差点から南へ一筋下がり、やや西へ入った地点、ということになろうか。同じ洛中洛外図屏風のうち、やや時代が下がって成立した上杉本（米沢市上杉博物館所蔵）や東京国立博物館所蔵模本（以下、東博模本）にも同様の地点に魚棚が描かれていることが確認される。異なる諸本において描かれたこの魚棚の風景は、当然固有名詞を持つ名所的空間とおさえることができる。実は、この描写は、第二章で述べた社会集団と密接な関係を有するのである。

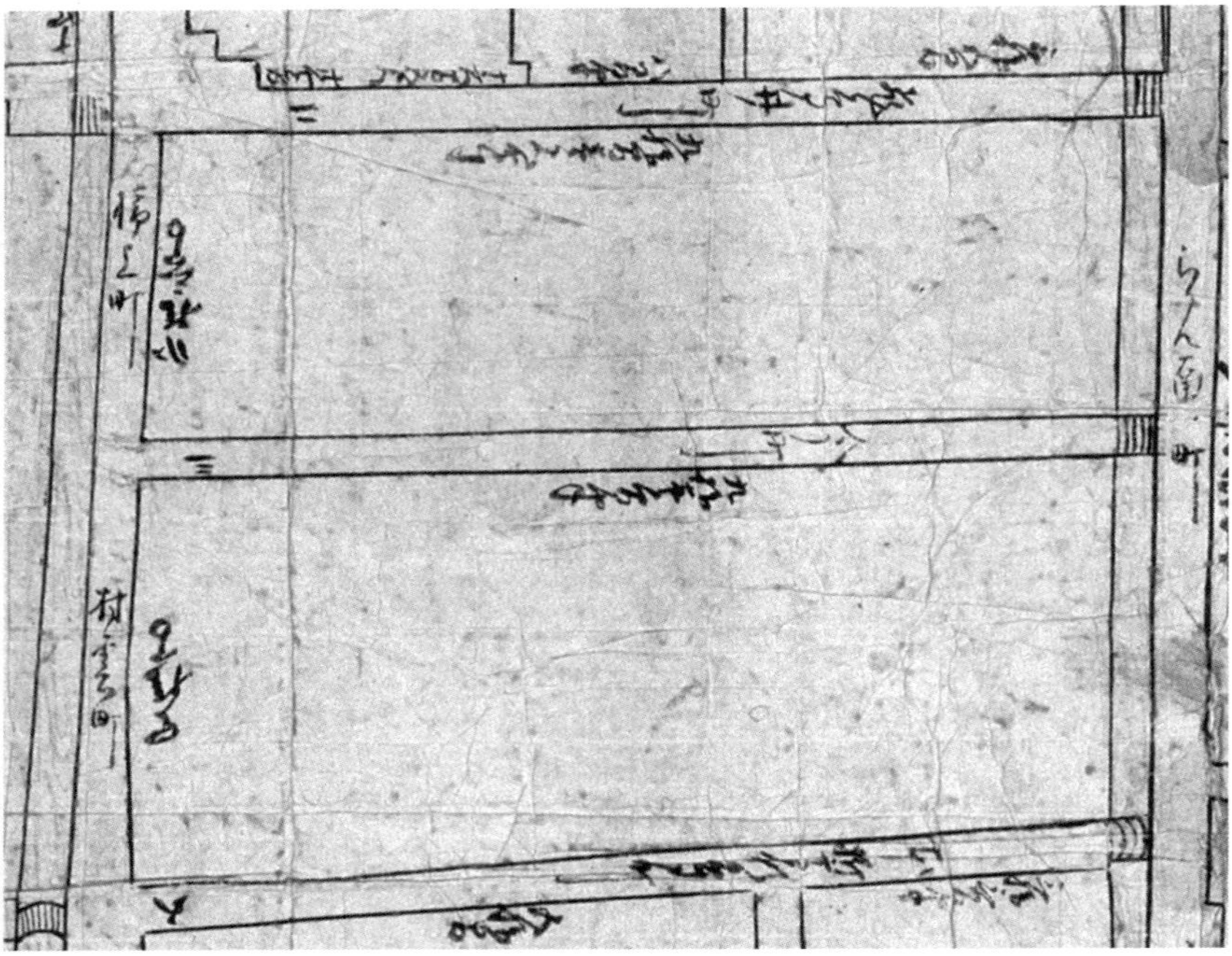

図2　『寛永後萬治前洛中絵図』（京都大学附属図書館所蔵）

第一節　魚棚の所在地域

既にこの魚棚描写は先行研究の中で着目されており、その場が「今町」という地域であることが指摘されている。[1] 室町時代、淀の魚市から搬出された魚介類は市中に運ばれると下京の六角町、上京の今町で売られた。[2] 今町地域は洛中における魚介類の販売拠点として広く認識されていたと考えることができよう。確かに、試みに地理的情報がより豊かな寛永十九年（一六四二）成立の『寛永後萬治前洛中絵図』（京都大学附属図書館所蔵）で、魚棚描写の位置（飛鳥井殿に南面する今出川通南方の通り）を確認すると、「今町」という書き込みが付されていることが確認される（図2）。これまでの研究では単にこの地域を魚市場の空間あるいは商店区域とのみ捉えて説明してきた。しかし、歴博甲本における魚棚描写にはさらに具体的な情報が描き込まれているのである。

第二節　図像を読む

室町後期において今町という地域と密接に結びついた魚商人集団としてあげなければならないのは、今町供御人である。彼らは、鎌倉期の姉小路生魚供御人の系譜を引き継ぐ集団であることが指摘されているが、(3)室町時代においては朝廷機関である内蔵寮御厨子所に属しながら、諸役免除などの特権をもとに京都において魚商売を行っていた集団であった。この今町供御人が天文十四年（一五四五）に一方の当事者となって展開した相論が山科言継の日記『言継卿記』に記載されている。

この相論は、当時関白であった鷹司忠冬が今町供御人に対して魚棚課役を懸けようとしたことが発端であった。魚棚課役は殿下渡領であり、関白職に賦課権限が付帯していた。鷹司はこの権限に基づき今町供御人に対し課役を賦課したのだが、これに対し今町供御人は山科言継を後楯としながら強く反発したのである。(4)

本補論ではその記述から今町供御人の様態を示す史料を拾いだし、図1の今町魚棚描写との比較を行ってみたい。

まずなによりも着目したいのが、魚棚描写に描かれた商人についてである。上部魚棚の商人は屋根に顔が隠れてしまい性別は判然としないが、一番手前の商人ははっきりと女性として描かれていることがわかる。魚商人には女性が多いということは一般的に言われてきたことだが、今町供御人についてもそれは同様である。文明九年（一四七七）には「いまゝちのうをうり女七八人」が山科家に桶、鯛の納入を行うことや、(5)今町の女性商人同士で金銭の貸借関係を結ぶ史料が残されていることからもそれは確認できる。(6)しかし、この供御人の場合、商業活動と女性の存在がより密接に結びつく。

御つし所謹言上

右しさゐは、当供御人なま魚以下商買の事、女子方の譲にて商買いたし、或人数おほく或は五人十人も御座候て、昔より無二別儀一候、然に関白として御違乱のま丶、数度におよひ子細を申入候処に、菟角仰なつられ無二一途之儀一、去五日に強方を被二相語一、供御人に人数を付られ、資財以下破却せられ、且なしくりや立料なとまて被レ取候事不レ休候、如レ此の段先代未聞の御沙汰候、然処熊原新介不レ申二曲事一のま丶、御折檻候由被二申入一候、彼者御折檻にて如レ此の相当に成候へき哉、無二分別一存候、然者熊原生害させられ候歟、又破却の具くり屋以下悉以被二仰付一返し被レ下候歟、両条之内急度一途の御成敗於被二仰付一者、可二忝畏存一者也、

仍粗謹言上如レ件、

天文十四年二月日(7)

本史料は、御厨子所が関白側への非法を弾じるために発した申状であり、『言継卿記』に引用されたものである。関白側が一方的に課役納入を強い、それに従わない供御人に対して資材を破却し、「なしくりや立料」を奪取した、と主張している。

本史料中、ここで最も注目したいのは、いうまでもなく冒頭の「当供御人なま魚以下商買の事、女子方の譲にて商買いたし、或人数おほく或は五人十人も御座候」という一文である。ここからは今町供御人の生魚以下の商売が、昔から女子側の譲り（女系相続）で行われてきた、という主張が読みとれる。

先に歴博甲本の今町魚商人の描写が女性として捉えられていることを述べたが、上杉本や東博模本においても同様である。今町魚商人は女性が主体的に商業活動を営む集団であるという強い通念が存在したからこそ、これらの描写が生まれてきたと考えることができる。

次いで取扱い品目についても注目したい。関白鷹司家との相論の最中、今町供御人は「長駿河守」なる人物か

らも課役を懸けられ相論となった。相論の全体像は判然としない点もあるのだが、生魚を扱うべき今町供御人が塩合物をも商品とすることに対して対立が起こったようだ。史料を引用する。

仰天文十四七廿五

御つし所の御人いまゝちなまうほのたなの事、ちやう申候やうきこしめし候、そうしてうほのたなくしは、又もと〳〵よりちきやういたし候人候、ちやうはふりさけとやらんをこそちきやう候いたし候よしきこしめし候へ、たなくしの事は、御ふしんにおほしめし候、もしあいたいしてちきやう候や、又なまうほの御人、しほの物しやうはいの事は、なま物はとうりう候へは、しほの物になり候とて、むかしよりしやうはいしつけ候、しほの物は久しく候とて、なまにはならぬにつきて、なま物をはえうり候はぬ事候、そのうへ御つし所の御人に、いまゝていつかたよりにても候へ、くしやく申かけたる事候はぬ事候ほとに、せうせきもなく候、又ちやう御つし所のく御入しんたいし候せうもん、おなしくたなくしちきやういたし候せうもんある事候や、さやうの事よく〳〵御きうめい候て、へちきなきやうにおほせつけられ候は丶、よろこひおほしめし候へ候よし、むろまちとのへ申され候へく候よし申さて候、かしく、

ひろはし大納言とのへ[8]

（傍線筆者注）

長駿河守と御厨子所（今町供御人）との相論は、最終的には朝裁を仰ぐことになったようで、その評議を伝えた女房奉書が本史料である。史料後半部では供御人の特権を確認した上で、長氏側の證文が適正か否かを厳密に判断せよ、と命じており、全体的に今町供御人側に有利な論調である。

そんな中、傍線部には十分に注意を払う必要がある。対立点である今町供御人がなぜ塩合物を扱えるのか、という部分に絡んだ叙述であるが、「生の物は一定期間留めていれば自然と塩の物になるため、昔から商売をしてきた。塩の物は、いくら時間がたっても生物にはならないため、（塩合物を扱う商人は）生物を商売することはで

図3　『洛中洛外図屏風』上杉本（左隻四扇中）
（米沢市上杉博物館所蔵）

きない」との大意を摑める。

些か強弁にも取れる論理ではあるが、いずれにせよ本史料からは、生魚（淡水魚介類）の供御人であった今町供御人が塩合物をも取り扱う商人であったことを確認することができるのである。

ここで再び歴博甲本中に描かれた魚棚に目を転じたい。一番手前の魚棚を見ると、そこには魚と並び、貝類らしい歪びつな楕円形が描かれていることに気づく。これは上杉本の今町魚棚描写に描かれる描写とも共通点がある（図3）。また、この魚棚には生簀のような施設は確認できず[9]、魚は全て棚に直置きされている。つまり、この魚は生物よりも保存の効く塩物・干物の状態である可能性がある。とするならば、この魚棚描写が、文献史料から明らかになった今町供御人の、海産物をも含みこんだ総合的な魚介類商売を的確に示していると考えられるのではなかろうか[10]。

以上のことから明らかなように、歴博甲本・東博模本・上杉本における今町の魚棚描写は、史料が示す今町供御人の特徴と多面的に一致しているといえ、今町地域に描かれた魚棚描写は、今町供御人の具体的な商業形態を象徴的に描いたものであると考えることができるのである。

おわりに

近年、洛中洛外図屏風の研究は目覚ましいものがある。上杉本、歴博甲本に関しては新たな議論が巻き起こり、近世以降の第二定型では、新出の紹介と分析方法論が提示されている。これら新知見を踏まえた上で描写の細部に分け入り、個別画像の解読も尚一層行わなくてはならない。本補論で扱った今町供御人の姿は、先述した天文相論以後、文献史料上から激減し、第二章でも触れたように禁裏駕輿丁に編成されていってしまう。この意味でも洛中洛外図諸本における今町の魚棚描写は、当該集団を検討する際に重要な分析対象となるのである。

（1）岡見正雄「面白の花の都や　―上京と下京」（『文学』五二巻三号、岩波書店、一九八四）、高橋康夫ほか編『図集日本都市史』高橋執筆部分（東京大学出版会、一九九三）、黒田紘一郎「甦る京都」（『中世都市京都の研究』、校倉書房、一九九六、初出一九九四）、斉藤研一「描かれた暖簾、看板、そして井戸」（勝俣鎮夫編『中世人の生活世界』、山川出版社、一九九六）、藤原重雄「『上杉本洛中洛外図屏風』の季節外れの景物」（黒田日出男研究代表『科研報告書　第二定型洛中洛外図屏風の総合的研究』、二〇〇五）など。

（2）前掲注（1）黒田論文。

（3）小野晃嗣「内蔵寮経済供御人」（『日本中世商業史の研究』、法政大学出版局、一九八九、初出一九三七）。

（4）この相論に関しては中村直勝「戦国時代に於ける皇室と国民」（『史学雑誌』二七巻七号、一九一六）、今谷明『戦国時代の貴族　―『言継卿記』が描く京都』（講談社、二〇〇二、初刊一九八〇）の諸論に詳しい。

（5）『山科家礼記』文明九年十月八日条。

（6）「領主賦引付」（桑山浩然校訂『室町幕府引付史料集成』下、近藤出版社、一九八〇）。

（7）『言継卿記』天文十四年二月二十一日条。

（8）『言継卿記』天文十四年七月二十五日条に別紙挿込。

（9）近世初頭に成立した林原美術館所蔵『洛中洛外図』の魚棚描写（左隻第二扇）にははっきりと生簀が描かれ、そこには屈曲させた描写をもって躍動的に魚が表現されている。今町供御人がいかにして魚棚で生魚を維持し、販売していたのかは判然としない。

（10）　さらに描写中、魚棚の周辺に振売（行商人）が見られることも看過することはできない。室町期において今町供御人が六角町生魚供御人と並んで振売に対して問屋的立場にあったことを考えると、今町供御人の商業上の特質と深く関わりのある描写と考えられる。

第三章　中世後期における北野祭礼の実態と意義

はじめに

第一章および第二章で触れたように、禁裏駕輿丁にとって北野祭礼は行幸と同じように重要な勤仕の場であった。諸役免除特権を求める訴訟は行幸のほかに北野祭礼の神輿渡御の場でも同じようになされたし、神輿抑留行為も行われた。

しかしながら北野祭礼の具体的な姿を求めると、共通したイメージをもちづらいのが現状である。駕輿丁の姿を復元していくためにも、この祭礼の具体像を復元的に考察していく必要があろう。

現在、京都・北野天満宮の祭礼といえば、毎年十月一日から五日間にわたって開催される「瑞饋祭」のことである。数ある京都の秋祭りの先陣を切って開催されるこの祭礼は、西京地域に居住する氏子を中心とした祭礼で、なかでも期間中、御旅所に安置される瑞饋神輿は中世以来の神供の性格を引き継ぎ、現在でも保存会の手により、芋茎や各種の野菜を神輿型に取り付け、精巧に仕立てられる。北野社膝下の人々がその年に作得した野菜・果物等を用いて神饌を作り、五穀成就の報賽を行うのがこの祭礼の意義である(1)。

しかし、このような現行の北野天満宮祭礼を前近代に、とくに古代・中世的なあり方としてそのまま引き移すことはできない。事実、昭和三年(一九二八)四月に西ノ京青年団によってまとめられた「瑞饋神輿略記」には、当該祭礼は、応仁・文明の乱によって従来の北野祭礼が断絶したことを契機として始められたと記されている。それでは、古代・中世おける北野祭礼はどのようなものだったのだろうか。

この問題意識のもとに北野祭礼の実態的な復元に取り組んだ研究を求めると、これまで蓄積されてきた中世北野社研究の中で、極めて手薄であることに気づく。とくに同時代史料を用いながら当該期の社会構造との連関性を把握しつつ、祭礼の性格を求めた研究はごく数件であるといってよい。

このような現状下で、着目すべき研究としてまずあげられるのは、岡田荘司による平安期における京中祭礼の形成過程に関する研究である。(2)氏は稲荷祭、松尾祭、祇園御霊会、今宮祭など著名な都市祭礼をとりあげる中で北野の祭礼も分析対象とし、永延元年（九八七）八月五日に公的祭祀として御霊会の性格を帯びて成立した当該祭礼が、平安後期に至り御旅所祭祀を備えた神幸祭へと展開することを指摘した。そして北野祭礼の性格を、西京保々の住人に支えられた御霊会系統の祭祀であるとし、ここに北野祭礼成立段階から見られる公祭的性格（内蔵使発遣等）が組み込まれ、推移していったと指摘した。

この岡田の指摘を発展的に継承し、中世、とくに室町期における北野祭礼の運営構造を明らかにしたのが三枝暁子である。(3)氏は、鎌倉・南北朝期を主な対象としながら、当該期において確認される「北野祭」の変質に着眼し、室町幕府の祭礼を通じた経済政策と都市支配のあり方について論究した。とくに氏は、平安期に国家的祭祀としてはじまった祭礼が鎌倉期を経て維持されつつ、南北朝末期に至り、室町幕府が主導する祭礼に変化したこと、またそれに伴い、経済基盤も大蔵省・率分所といった朝廷財政から幕府の寄進した料所へと変化したことを指摘し、中世における北野祭の明確な枠組みを財政面、運営体制面において提示した。

しかしその上で、このような研究状況に残された課題がないかというと、決してそうではない。

これまでの研究における「北野祭」は、為政者（とくに室町幕府）が行った社会政策・経済統制を考える上での分析対象であり、あまりに政治的な文脈の中で捉えられ、祭礼そのものへの眼目が欠如していたのではなかろうか。本章で問題としたいのはまさにこの点である。北野社の祭礼はいかなる人々によって担われ、どのような性格をもっていたのだろうか。そしてその運営権限を部分的には強引な方法で手中に収めた室町幕府は、祭礼のどの部分に着眼し、触手を伸ばしたのであろうか。本章ではこれらの問題を、祭礼の構成要素とそこに勤仕する人々の動きに注目し、とくに三枝が祭礼の画期的な段階として捉えた南北朝〜室町期にしぼって考察を試みるものである。

また中世における北野社の祭礼は、後述するように御旅所への神輿神幸（御輿迎）、御旅所での北野祭、本社への還幸という構成で実施される。そこで本章では、一構成部分としての「北野祭」と区別する意味でも、神幸から還幸を含めた一連の北野社の諸儀礼を表す用語として「北野祭礼」、あるいは単に「祭礼」という用語を用いていきたい。

第一節　三年一請会の関係史料とその実態

(一)　三年一請会関係史料の特徴

北野祭礼の考察に入る前に、これと密接な関わりを有する三年一請会の性格を明らかにしておかなければならない。現在刊行している北野社関係史料の中には、「三年一請会」という名称を含む史料（以下、「三年一請会関係史料」と記述）が四点存在するが、これらには祭礼に関する史料が大量に含まれている。

これまで北野祭礼を考えるとき、これら一群の史料がきまって利用されてきたが、個別のテキストに対して史料批判が試みられておらず、それぞれの史料の特徴が判然としない。北野祭礼を復元するためにはこれらの史料を用いていくことが必要であり、この三年一請会の実像を可能な限り明らかにし、祭礼との関係性を明確にする必要がある。

北野天満宮に多面的な分析を加えた竹内秀雄はこの会式を「神輿・神宝などの点検修造などのため開かれた会式、三カ年に一度勅願として行われる儀」(4)と規定し、また三枝は三年一請会が「村上天皇の時代の天暦年中（九四七~五七）より始められ、御輿長や駕輿丁らが神輿を舁く祭礼であったこと、また大蔵省の役人が神宝持をつとめ、かつ神輿修理にあたり神輿の破損状況を調査し、その結果を注進するもの」(5)と規定した。

しかし三枝は、社僧の立ち会いのもとで大蔵省が中心となって神輿を調査する「御損色」と呼ばれる儀式を狭義の「三年一請会」とし、北野祭礼とは区別される独自の会式として捉えるべきだとしつつ、また一方では三年一請会は「北野祭のうち、特に神輿修造を伴って三年に一度行われる祭礼」であり、祭礼と三年一請会を「一体のものとみなすことも可能である」とする。氏の見解は異なる解釈を同時に認めており不明瞭である。あらためてこの会式の性格規定を行わなければならない。

そもそも大規模な神輿造替儀礼とは別に、神輿に対する点検や修復が、独自の作法をもって儀礼化されるのは、北野社固有の現象であるといえる。たとえば都市祭礼の代表格ともいえる祇園会の場合にも損色・修復に関する史料は散見されるが、それらは時期的に散発的な残存状況であり、かついずれもが注文形式の史料で、神社と職人との間でかわされる金銭的なやりとりは窺えるが、特定の会式としての性格は見出しがたい。(6)つまりこの三年一請会にこそ、北野社における神輿あるいは祭礼の固有の特質を示す鍵が潜んでいるといえよう。以下、「三年一請会関係史料」(7)を列挙しつつ、それぞれの特徴を記す。

a「三年一請会引付」筆者：禅厳法印／禅尋法眼

三年一請会実施に伴う用途、諸儀礼の書上げ。本引付は①康応元年（一三八九）五月八日~八月三日、②明徳二年（一三九一）六月二十九日～八月五日、③明徳三年五月八日～十月一三日、④応永四年（一三九七）六月二十日～八月六日、⑤応永五年五月八日～二十五日の五つの時期区分をもって記述される。確認される三年一請会関係史料の中で記述期間が最も長く、内容も多岐にわたる。

b「北野宮三年一請会条々記録」筆者：□光

大御前・皇子殿、二基の神輿の装飾品に関する注文、祭礼に勤仕する人々が着用する装束に関する注文で構成される。神輿損色の点検・修復に関する具体像が明らかとなる史料であり、時期的にもaの史料を補完するものとして評価できる。

c「三年一請会記録」筆者：不明

三年一請会実施に伴う用途、諸儀礼の書上げ。嘉吉三年（一四四三）七月二十一日に足利義勝が死去する。これに伴い天下触穢となり、三年一請会・北野祭礼が延引する。既に開催に向けて調整に入っていた段階での天下触穢であり、延引を行う上で、どのような手続きが踏まれるかを知ることができる。

d「三年一請会停止記録」筆者：不明

冒頭部分は三年一請会実施に伴う用途、諸儀礼の書上げ。しかし本記録中には三年一請会料所である能登国菅原庄の代官職を坊城兵衛佐（菅原俊長カ）が競望することにより年貢未進が生じ、停止に追い込まれることが記される。本書の題名はこのことに由来する。北野社側は幕府に働きかけ、当該荘園を社家直務とすることで打開を試み、その一連のやりとりが記述される。

以上のように、ここに列挙した四つの史料は、それぞれが共通する特徴をもちながらも、個々に特有の動機の中で執筆されたものであることがわかる。これらの中で、重視しなければならないのはａ「三年一請会引付」であることは明白である。本引付は康応元年（一三八九）から応永五年（一三九八）の断続的ながら長期間にわたる記録であり内容も多様である。また、この引付では三年一請会を構成する儀礼を連続する期間の中で比較することが可能であり、会式の具体的イメージを色濃く伝えてくれている。(8) 次項では、分析対象をこの「三年一請会引付」に定め、三年一請会とはいかなる儀礼かを考察したい。

(二)　三年一請会の再定義

当該史料の分析に取り組むにあたりまず着目されるのが、先述した通り記載内容が五つの時期区分をもって執筆されていることである。この五区分の中で共通する儀礼こそ、室町期における三年一請会とそれに関連する構成儀礼と考えることができよう。次にここでこれら五区分の中の共通儀礼を**表1**として掲げる。

本表から明らかなように、「御損色」、「祭礼始」、「神輿渡御（神幸）」、「北野祭」、「還幸」、「御霊会」の六つの儀礼が、先述した五つの時期区分の記述の中から共通する儀礼として析出できる。本引付はこれらの共通儀礼を実施された順に記載しながら、諸儀礼に関する注文や請取など運営に関する項目、山門閉籠や天下触穢に関する特記事項を併記しつつ全体が構成されている。この特徴は先に列記したｂ～ｄの諸史料にも共通する書き方である。

着目すべきは、この表において共通して見られる儀礼のうち②から⑥までが、北野祭礼を構成する諸儀礼だということである。本引付がその名称の通りの実態を備えているとすれば、記述される祭礼部分（②～⑥）も三年一請会の構成要素と判断することもできようが、決してそうではない。

表1　「三年一請会引付」内に見られる共通儀礼一覧

	共通儀礼名	康応元年（一三八九）	備考	明徳二年（一三九一）	備考	明徳三年（一三九二）	備考	応永四年（一三九七）	備考	応永五年（一三九八）
①	御損色	5月8日		×		5月8日		×		5月8日
②	祭礼始	7月28日	※但し、20日から延引	×		7月28日	※6月25日義満継母・香厳院死去／天下触穢	7月20日	※但し、「祭初」と記載	×
③	神輿渡御（神幸）	8月1日		8月1日		8月29日		8月1日		
④	北野祭		※この年、8月3日以後記述なし	8月4日	室町殿見物	9月3日		8月4日		
⑤	還幸			8月4日		9月3日		8月4日		
⑥	御霊会			8月5日		9月4日		8月5日		

表中①の「御損色」の項目に着目したい。この儀礼は、神輿を納めている内陣空間の戸を開き（御戸開）、内陣役として潔斎した北野社僧がこれに立ち会い[9]、諸職人たちが大御前神輿、皇子殿神輿の二基の神輿に点検を加える儀礼である。

ここでなによりも重視しなければならないのは、この「御損色」こそが、三年を単位に周期しつつ実施されていることである。三年一請会が三年に一度もたれる神輿点検・修造の会式だとするならば、この「御損色」こそ、当該会式の中核儀礼だと理解することができよう。つまり三枝が提示した広狭二説の三年一請会の定義でいうならば、狭義の「北野祭とは区別される独自の会式」として捉えることが適切なのである。「御損色」という語句が「恒例三年一請会ノ御損色[10]」と形容され、三年一請会と密接に結びついていることは、その傍証ともなる。すなわち、室町期における三年一請会とは、三年に一度、北野祭礼に先立つ五月八日を式日とし、御戸開を経て、諸職人が神輿の点検・修造を行う儀礼（御損色）として位置付けることができるのである。

このように考察を進めると、祭礼と三年一請会の関係は、図1のごとく毎年の北野祭礼の上に三年に一度の周期性をもって「御損色」が上乗せされる、という構造で捉えることが妥当であろう。とするならば、「御損色」以外の記述は、たとえ「三年一請会関係史料」の中のものであっても、北野祭礼に関する史料と看做すことができ、祭礼を復元するための史料として積極的に活用していくことが可能なのである。

この視点に立ち、節を改めて北野祭礼の具体像について考察を加える。

第二節　北野祭礼の「中核」をめぐって

（一）　北野祭礼の次第

本章では、北野祭礼の構成を探り、室町期における具体像について考察したい。前項で分析した「三年一請会関係史料」を中心に、諸史料に現れる北野祭礼の構成を表2として掲出する。本表では、祭礼の中核である神輿の場に着目し、本社、神幸路、御旅所など、神輿の位置に関する項目を設けている。

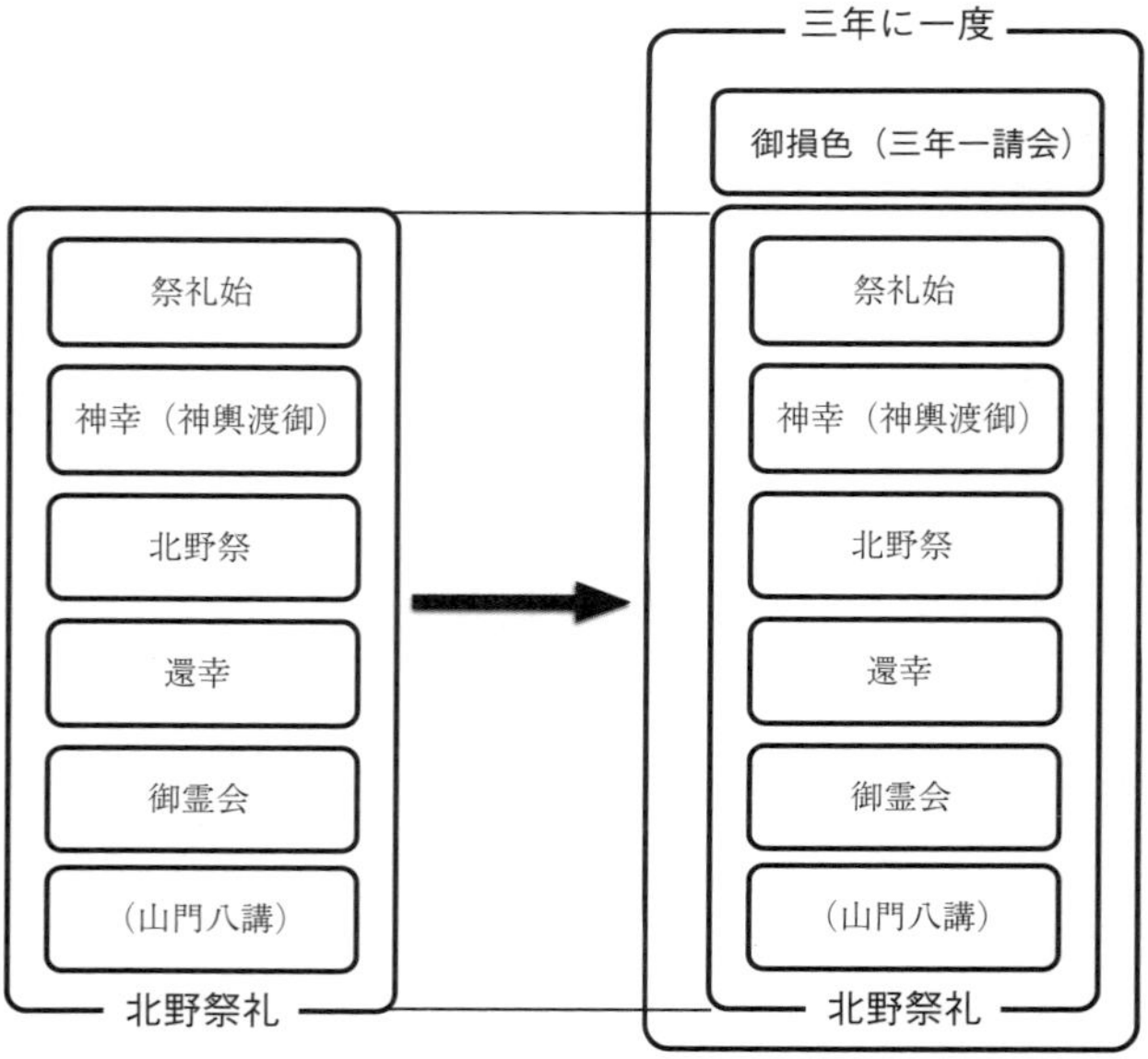

図1　三年一請会・北野祭礼構成概念図

ここで、最も詳細に儀礼が記述される明徳二年（一三九一）を中心的な事例として一連の北野祭礼の構成を概観する。

a祭礼始（表2―①）

北野祭礼の開始を告げる儀礼。式日は七月二十日。獅子舞が奉納され、かつ、その後に続く神幸、御霊会、山門八講などの日次勘案、役者差定が行われており、祭礼の次第を固める機能をもった儀礼。なかでも獅子舞の奉納は重要な意味がある。応永四年（一三九七）に獅子舞の勤仕主体である「三座師子」は下行物が「少事」であることを理由に訴訟に及んだ[11]。結果としては、下行が以前の通り適切に支給されていたことを確認し、北野社側が幕府への働きかけをした上で、無事に獅子舞奉納を実現させている。獅子舞の訴訟は結果的に沙汰止みになってしまっているが、祭礼始のタイミングで訴訟に及ぶ選択をしているのは、この儀式において獅子舞奉納がいかに重要であったのかを演者側が熟知していたからこその行動だといえる。

b神輿出御・神幸とそれに伴う諸儀礼（表2―②〜⑨）

御旅所への神輿渡御とそれに伴って実施される諸儀礼。式日は八月一日。明徳二年（一三九一）八月一日条には次のような次第が列記される。

一、神輿出御已前ニ御神楽在レ之、ハレめ（八乙女カ）三人・神楽男両人、
一、申刻師子舞在レ之次田楽、
一、同刻田楽後餝神供備二進之一、老松殿備進之後、御幣申レ之軾代物進上候、当職取レ之、御前御拝膳禅尋為二代官一勤二仕之一、老松殿同為代官禅順勤二仕之一、

表2　北野祭礼構成表（十四世紀後半～十五世紀半ば）

日程					1日目							
神輿の位置		本社	本社								本社→御旅所		
儀礼名		①祭礼始	②旬神供	③御神楽	④獅子舞	⑤田楽	⑥神輿出御	⑦鎊神供	⑧老松殿備進	⑨一御鉾参上	⑩神輿神幸	⑪保々御鉾	⑫大蔵省御幣
康応元年（一三八九）	儀礼の有無	○									○		
	実施日	7月28日 ※但し、20日から延引	8月1日										
明徳二年（一三九一）	儀礼の有無		○	○	○	○	○	○	○	○	○	○	○
	実施日		8月1日										
明徳三年（一三九二）	儀礼の有無	○ ※師子									○ ※神輿を打ち落す		
	実施日	7月28日	8月29日										
応永四年（一三九七）	儀礼の有無	○ ※師子		○	○	○	○	○			○ ※申剋		
	実施日	7月20日	8月1日										
嘉吉三年（一四四三）	儀礼の有無		○ ※麹御供・日供		○	○	○	○	○	○	○		
	実施日	7月20日	11月18日										
文安二年（一四四五）	儀礼の有無	○			○	○		○	○	○	○		○
	実施日	7月20日	8月1日										

2日目	御旅所	⑬内陣御燈		○	8月2日 8月3日	○	9月2日	○	8月1日 8月2日 8月3日	○	11月19日	
3日目	御旅所	⑭北野祭		○	8月4日	○	9月3日		8月4日		11月21日	
	御旅所←本社	⑮大宿禰渡物				○		○ ※「渡物」と記述				
		⑯神輿還御		○				○ ※酉剋		○		
		⑰大蔵省御幣		○				○				
4日目	本社	⑱御霊会		○	8月6日	○	9月4日	○	8月5日		11月22日	
		⑲獅子舞		○		○				○		
		⑳田楽		○		○				○		
		㉑舞楽		○		× ※伶人不参により楽も無し						
		㉒法会		○								
		㉓相撲		○				○	8月5日			
5日目	本社	㉔山門御八講		○	8月6日	○	9月5日	○	8月6日			

（注）康応元年・明徳二年・明徳三年・応永四年はa「三年一請会引付」、嘉吉三年はc「三年一請会記録」、文安二年は「祭礼引付」（『北野天満宮史料　古記録』）より作成。

一、其後一御鉾参之後神輿神幸、保々御鉾如二先々一参、大蔵省御幣禅尋申レ之、毎事無為無事珍重々、

一、為二社頭警固一、如二先々一公方両座公人為二侍所沙汰一、被レ召遂レ之、赤松上総介、所司代浦上酒直（助景）如二先々一弐百疋下二行之一、

西京土倉一所、境内土倉一所分、土倉別百疋、(12)

内陣に収められた神輿を境内に引き出し、諸々の儀礼が施される。神楽・獅子舞・田楽など諸芸能が奉納され、神体を慰撫し、餝神供（後述）が大御前・皇子殿の両神輿、また老松殿に供えられる(13)。その後、西京神人、大宿禰神人が「一御鉾」、「保々御鉾」を進め、御旅所への神輿神幸に至る、というのが大まかな流れである。

c神輿神幸（表2—⑩～⑫）

御旅所へと神輿を進める儀礼(14)。その具体的な様子についてもbにおいて引用した史料に詳しい。「其後一御鉾参之後神輿神幸、保々御鉾如二先々一参、大蔵省御幣禅尋申レ之」と記述されるように、神輿は西京神人が進める「一御鉾」をまって出発し、その後、行列の中に大宿禰神人が進める「保々御鉾」が加わり、神輿は御旅所へ渡御される。また大蔵省からは御幣が遣わされ、ここでは禅尋がそれに関わる役を負っていることが確認される。このことに関し、別の史料では「大蔵省管弊（官幣）二札於禅融直二請取而祝二申之一、次乱声申、神幸也(15)」という記述が見られ、ここでの禅尋の役が、大蔵省から遣わされた御幣を受け取り、祝言を発する役目と理解される。これに次いで乱声が行われ、神輿は御旅所へ向けて渡御することとなる。またこの間、社頭は侍所により警固されており、室町幕府の保護のもと、神輿神幸とそれに伴う儀礼が実施されている。

d内陣御燈（表2—⑬）

神輿が御旅所に駐輦された後に確認される儀礼が内陣御燈である。「内陣御燈如二先々一、大座神人神供如二恒

例一」[16]という記述が示すように、本儀礼は、北野社に属する牛飼集団の大座神人が御燈（灯火）を神供として供えるものであることがわかる。本神供を含め、大座神人と北野社の関係は飯田紀久子「天神信仰における牛の由来」（瀬田勝哉編『変貌する北野天満宮』、平凡社、二〇一五）に詳しいが、それによると既に十三世紀前半において、

北野祭礼と大座神人との関わりは見出されており、祭礼における大座神人と灯火の関係は、持続的なものであった。

e 北野祭・神輿還御とそれに伴う諸儀礼（表2―⑭～⑰）

幕府侍所の警備のもと、御旅所に渡御した神輿は、翌一日間（場合によっては二日間）駐輦する。そして、その翌日（式日としては八月四日）に至って「北野祭」が実施されることになる。この四日の儀礼については、先ほどの出御や神幸の記述と比較し、さほど詳細に記述されない。しかし、室町殿が祭礼を見物するとき、とりわけ、この「北野祭」が選ばれていた。ここでは、この事例を用いて概略を述べる。

一、四日《室町殿》祭礼如二先々一、御所様（足利義満）御見物在レ之、御車如二先々一平松下ニ被レ立、社頭警固公人等朔日中門祗候、御所御車成程ニ公方以二公人一平松辺見物輩ハライ、所司代（浦上助景）同祗候、前日可レ有二御見物一哉否事、禅尋参上仕伺申入了、色ふしの物とも惣而可レ申二入案内一由被二仰下一之間、公方以二公人一西京・大宿禰両所へ早々令二出仕一、大宮の道ニ御車成後可レ渡之由相触了、色ふし惣而則以使者楢葉方へ申二入案内一畢、不レ経二時刻一御車成了、如二先々一御車成時分、馬場両鳥居ノ北脇車へヨリテ祗候、被レ上二御簾一、其後御車ヲナヲサル、眉目之至無二比類一者哉、渡物過テ則還御、御車ヲナヲサレテ後ヤカテ参二拝殿一、法印病気之間、為二代官一毎事申沙汰了、就レ此病気事条々忝御意ニアツカル、上意之至中〻無二比類一之次第、非レ所レ及二言詞一之間

少々記ㇾ之、

一、神輿還御酉終刻、毎事無為珍重々、大蔵省御幣如二先々一、則禅尋申ㇾ之、[17]

先行研究でも指摘されているように、明徳二年は松梅院の初見年代でもあり、室町幕府が北野社と密接な関わりを構築していく上で画期ともなる段階である。同年における義満の神輿還幸の見物も、これを背景にして実施されたものであろう。この見物の中でとくに義満が視線を注いだのは、西京・大宿禰両神人の「渡物」である。本史料からは「公方以二公人一西京・大宿禰両所へ早々令二出仕一、大宮の道ニ御車成後可ㇾ渡之由相触了」と、義満の車の到着を待って行われるように調整していることがわかる。

f御霊会・山門御八講（表2―⑱〜㉔）

数日間にわたる北野祭礼の終部に位置する儀礼。獅子舞、田楽、舞楽、相撲の奉納が見られ[18]、左方・右方に分かれた二十名程度の請僧によって法会がもたれる。この請僧は、北野社内部の門弟衆によって担われることが関連史料に記載される廻文から明らかであり、翌日の山門御八講とあわせて仏教的な色彩を帯びた会式として特徴的である。

以上から明らかなように、北野祭礼は、神輿神幸、御旅所における北野祭、神輿還御を備えた典型的な神幸祭であり、これに御霊会が併催され、かつ山門八講が附属し次第が整えられていた。なお祭礼で渡御する二基の北野神輿（大御前・三所皇子）に乗る神々は、いずれも御霊としての性格が濃厚であり、祭礼によって強化された神威を、北野社に還御を遂げた後、再度、諸芸能で慰撫することが五日の御霊会の根本的な意義であったと考えられる。

これら一連の北野祭礼の中で、三枝はとくに神輿還御に際して見られる「渡物」を重視した。足利義満が西京神人・大宿禰神人によって担われる「渡物」を見物することに、公方と神人との間にある主従関係の確認行為としての意義を与えたのである(19)。また氏はこの「渡物」の実態を鉾と解釈した上で、西京・大宿禰の両神人が馬上役とともに鉾を勤仕する形態が南北朝期になって初めて成立したとし、北野祭礼における鉾巡行は、室町幕府が祭礼に強く介入する中で成立してきたものと理解した。

しかし、『経俊卿記』建長八年（一二五六）八月四日条には、その日の奏事の中に「北野宮寺御鉾事」と見え、かつこれに関して「社家調献」すべきとの仰せが下ったことも知られる(20)。この史料から、既に鎌倉期から北野宮寺には鉾が存在することがわかり、また、本史料がちょうど北野祭礼の式日にあたっていることを加味するならば、この「北野宮寺御鉾」が祭礼の中で用いられている可能性も十分にあり得るものと考える(21)。

そもそも、鉾で清められた通行路を神輿が通行するという祭礼形態は、御霊社祭礼、祇園会などの御霊会系統の祭礼に共通して見られ、同じ性格をもつ北野祭礼ならば、なおさら祭礼成立段階から鉾の存在を想定しておくべきだろう。

「三日祭礼等毎事如レ例、大宿禰渡物先々超過驚二耳目一了(22)」、「四日渡物等如二先々一、御所様《室町殿》如二先々一御車お被レ立御見物在レ之(23)」などの記述から、南北朝期に「渡物」が豪壮化したことは首肯できるが、鉾巡行の成立自体を室町幕府の影響関係の中で理解することは差し控えなければならない。また北野祭礼におけるこの鉾巡行は、祇園会の山鉾巡行などと比して散見される史料が少なく、室町殿御成の回数もさほど多くない。鉾巡行（渡物）が北野祭礼と室町幕府の密接化を象徴するものだとしたら、あまりに存在感が薄いのである。それでは、この「渡物」とは別に、どのようなものが祭礼の中心性、中核性を担ったのであろうか。

(二)「北野天神縁起　八月大祭」が語ること

前項の問題を考える場合、これまでの北野祭礼研究の中で全く用いられてこなかった史料である「北野天神縁起」に着目しなければならない。菅原道真の伝記やその死後の祟り、北野社創建の由来およびその霊験譚などを描いた本史料は、諸国の天満宮に流布している。この数々の「天神縁起」は諸国に天神信仰が普及し、受容されていく中で「大衆教化と神威の拡宣」を目的に製作・寄進されていったものである[24]。その中には北野祭礼をとりあげた「八月大祭」という段を備える作例がある。本項では、これら「北野天神縁起　八月大祭」を素材として、祭礼がいかなる表現で捉えられ、理念化されているかを検討していきたい。

ここでとりあげる作例は、「北野天神縁起」諸本のうち、「八月大祭」の段を備える「建久本」、「建保本」、「杉谷本」、「佐太文明本」、「スペンサー本」、「神奈川県立歴史博物館本」(以下、神博本と呼称)である[25]。これらの作例は、梅津次郎によって提唱された三種の類型のうち、甲類に属す[26]。他の乙類、丙類に属す作例に一例も「八月大祭」の段が見られないことから、本段が甲類にのみ特徴的に出現するモチーフであることは確かだが、絵画表現や詞書において異同が見られる。まずは最も充実した内容をもつ「建保本」の詞書を掲出し、概略を示したい。

A八月の御祭は村上の御時よりぞ始り侍りける、公家の御沙汰として、大蔵省のつとめとかや、神威厳重なり、儀式希代なり、

B仲秋四日なれは、白日にしの山のは《端》にかゝやき北野宮の木ゝのこずゐあをみわたりたるに、一條西大宮の列見を見渡せば、左右のやうとめ《八乙女》のうちませのさしなは《差縄》、もろつな《緒綱》にはらせて右近馬場をわたるこそおもしろくは侍れ、さるほどに、やう〳〵神輿ちかづきましませば、荘厳のまなこをかがやき、信仰いよ〳〵ねんごろなり、老少男女たなこゝろをあわせつゝ、身の毛ぞよだちける、

C神輿拝殿にいりましませば、しゝ、つゝみのこゑ、みゝをふるひ、こなゝやのふへのおと、心ことにすみの

ぼり、ひと夜松の風は、琴のしらべにかよへり、住僧の錫杖のこゑ、駕輿丁どもか蛮絵の装束のよそおひ、まことに和光同塵の方便とかたじけなくぞおぼえ侍る、

D叢祠の露ひかりをそへて、あけのたまがき色ことなるに、官幣のさきのこゑ、一人の人の神馬御宝前をひきまわし、十列ののりしり、あらそひたる気色いと興あり、おほよそ一天四海をゝさめ給帝王院宮、ならびに摂政関白、三公九卿、文武百官にいたるまで、尊崇したてまつらずという事なし、

E七月一日より大座の牛童、東西二京をあひわかちてあはだぐち（粟田口）、しつか（四塚）にいたるまで、諸国の運上ものよりはしめて、売買交易におよびて、重物軽物をきらはず、権門勢家をはばからす北野宮の上分と号して、ぬしの心はゆかねども、一寸はかりなるきり紙を短冊となつけて、さしかえてうはへるも、天暦年中よりの故実なり、綸言かきりありければ、すまうべきやうもなし、あら人神の御威のめでたさと、東夷南蛮の心なきともから、周陽白起のおそろしきものゝふも、大座の牛かひのめこむかうにむかひては、まかけをさしてにけ行くとかや、

Fかかる大会の其日の儀式に、目出き荘厳地をてらし、法音天にわく伶倫律呂のしらへ、乾連（達）の楽のこゑ、みゝをおとろかし、周旋婆娑のわさ、廻雪のそて曲をつくすめり、

G法会行道のおはりに左右のすまひ（相撲）のかりやに、左右近の庁頭、おのおの我方のすまひども、いかに〳〵とおきてまわしたるこそ面白は侍れ、雑人のなかより、うらてのすまひの方々には、いにしへの勝村か末柴（葉）しまのやうなる気色にて、やうやくねりいでたり、かたへよりは氏長がたぐひなるべし、ともに取物をさしおき、たちあひて手あはせするほとこそゆゝしくはみへけれ、

H見物のために参り集りたる道俗男女、おひたるもわかきも五躰遍身よりあせ（汗）をなかさすと云ことなし、雌雄を決するほとぞ、なか〳〵目もあやなり、第一の仁親これにしかすとそうけたまわり侍る、

ちはやふるあら人かみの心をは
けふとりえたるすさび《すまひ》なりけり(27)

この「八月大祭」部分は、「北野天神縁起」の全体構成の中で最終部に位置する。詞書は北野社の絶大なる繁昌を天神の神威を強調しつつ表現している内容であり、神輿の行列に随う八乙女や諸芸能民、それを見守る群衆の感嘆が効果的に構成されている。菅原道真の激しい生涯を表現する長大な「北野天神縁起」の最後を飾る段として、まことにふわさしいものといえよう(28)。

引用した詞書に描写される内容を分類すると、A「北野祭礼の由緒」、B「神輿行列」、C「獅子・鼓・住僧錫杖・駕輿丁装束に関する記述」、D「神馬十列の様子」、E「大座神人の活動」、F「楽人（伶人）の存在」、G「相撲」、H「相撲見物」、I「神歌」の九区分が与えられる。いまこの分類をもとに、縁起諸本の比較表を**表3**として掲出する。

この表から明らかなように、縁起における北野祭礼の描写は、既に鎌倉時代初頭に成立した「建久本」の中で確認される。しかしまだこの段階では北野祭礼の由緒が述べられた後、神輿渡御の様子とその神威に感じ入る見物の群衆を中心に描くのみで、その他の構成儀礼には言及されていない。

この「建久本」の表現に、あらたな要素を加え、増大・充実させたものが右に引用した「建保本」である。本作例では、とくに北野社を本所として活動する牛飼童の集団である大座神人の活動について厚く叙述し、中でも彼らの得分であった短冊の存在について触れる(29)。また、この段階から法会行道の後、本社での相撲についても叙述する。この作例において、その後に続く諸本の語り方が固まったと捉えることができ、以後の「北野天神縁起」諸本は、この「建保本」を祖本としながら展開していくこととなる(30)。

では、これら縁起における「八月大祭」は実際の北野祭礼のどの部分の具体像を叙述し、そしてそれはどの時

表3「北野天神縁起　八月大祭」諸本比較表

	記述内容	建久本 一一九四年までに成立	建保本 一二一三〜一二一八年	杉谷本 一四一九年	佐太文明本 一四八一年	スペンサー本 十五世紀末	神博本 十六世紀
A	北野祭礼の由緒	○	○	○	○	○	○
B	神輿行列	○	○	○	○	○	○
C	獅子・鼓・住僧錫杖・駕輿丁装束に関する記述	×	○	×	○	○	×
D	神馬十列の様子	×	○	×	○	○	×
E	大座神人の活動	×	○	×	×	×	×
F	楽人(伶人)の存在	×	○	○	○	○	○
G	相撲	×	○	○	○	○	○
H	相撲見物	×	○	×	×	×	×
I	神歌	×	○	○	×	×	○

代の祭礼の姿なのであろうか。

　このことを考えるとき、前提として、B冒頭書出し部分に「仲秋四日」と記載される点をおさえなければならない。このことから「八月大祭」でとりあげられている場面は、式日の八月四日であり、必然的に次に続く神輿渡御の様子は、御旅所に駐輦されていた神輿が本社に向かって戻る還幸を示していることになる。この様子を人々は「一條西大宮」に群参し、列見をしているのである。また、それとともに獅子舞や田楽の音色、神輿を昇く禁裏駕輿丁の装束の美麗さも強調されている。

さらにもう一つ着目すべきは、法会行道の終わりにもたれる相撲についてである。「左右近の庁頭」が、それぞれ「すまひども《相撲共》」を参らせ、取り組みをさせる様と、それを見物する「道俗男女」が中心的な情景として叙述される。また「見物のために参り集まりたる道俗男女、おひたるもわかきも五躰遍身よりあせ《汗》をなかさすと云ことなし」という描写からは、相撲がもたれる空間をとりまいて民衆が集い、熱狂的にそれを眺める姿を読み取ることができ、臨場感あふれる祭礼の具体的な姿を伝えている。

ここに記される「左右近の庁頭」とは、左右近衛府に所属する庁頭を指し、院政期より府務運営を担う実務官人として諸史料に姿を現す。左近庁頭には大石氏が、右近庁頭には惟宗氏がそれぞれ世襲的に補任されたことが実証されているが(31)、重要なのは彼らの役務の中に、相撲使として相撲人に関する一連の所管任務があったことだ。彼らは、行事運営を行うための関連文書の送受や集積も行っていたようで、現に、承元元年（一二〇七）七月八日、右近府庁頭惟宗久景が藤原定家のもとに相撲人選定に関する左近衛府牒をもたらしており、その中には八月五日の分として「北野宮御会相撲役」も確認することができる(32)。

つまり、鎌倉初期においては、左右近衛府庁頭が相撲と密接に結びつき、北野祭礼においてもそれは例外ではなかったことがわかる。「北野天神縁起」の中の相撲の叙述は、このような現実社会の動きを実証的に反映していると看做すことができよう。また、鎌倉期において、庁頭はその職掌から神輿を舁く駕輿丁の管掌を行い、訴訟が起これば庁頭として、その調整をも行っている。祭礼運営本体の中でも重要な役割を果たしていたと考えられよう(33)。

既に三枝が明らかにしたように、室町時代前期、とくに足利義満政権期において、北野祭礼は財源面、儀式面で大きな変質を遂げる。そして、その時代においては、祭礼の運営当事者の中からこの庁頭は見出せなくなるのである。このことによって「北野天神縁起」諸本における「八月大祭」は、室町前期における変質を遂げる前、庁頭が濃密に祭礼運営に関与していた平安期から鎌倉期という縁起成立の時期を勘案し、十二世紀後半から十三世紀前半頃の情景と捉えておくことが妥当であろう。[34] つまり「北野天神縁起」諸本における「八月大祭」は、「建久本」「建保本」で整えられた要素が、室町期に至っても、それをあるべき本来の姿として受け継ぎながら制作されたものと位置付けることができる。

それでは、室町以前の北野祭礼が描かれる「北野天神縁起　八月大祭」は、室町期の祭礼を復元する上では史料的な価値に乏しいのかというと、決してそうではない。むしろ室町期に至ってもなお、その叙述に変更は加えられず、あるべき必須の要素を失わない形で複数の作例が生成されていくことこそ評価できよう。この行為の背景には「八月大祭」の叙述の中に、北野祭礼の理想像を見出そうとする意識が存在したと考えなければならない。では、その理想像とは何なのだろうか。ここで「北野天神縁起　八月大祭」に備わった絵に目を転じたい。

ここでは奉納年によって成立時期がほぼ確定できる「杉谷本」、「佐太文明本」をとりあげ、図2および図3として掲出する。

配置される登場人物の位置、神輿に張られた綱の有無、社内に描かれる裹頭僧侶の有無、子供や武士と思われる人物の有無、登場人物の装束表現等、二つの描写にはかなりのばらつきがある。しかし、本論ではこの中で次のような共通点を重視したい。

①門を備えた築地塀で画面を分断し、左右の対比的な表現によって祭礼風景を配分する。

②画面右側に二基の神輿、武装した警固衆、獅子舞・田楽、行列を先導する道張（王の舞）[35]を描き、画面左側に境内景観として相撲の風景を描くという画面構成。

この二点を踏まえ、再度絵画に目を戻すと、実はこの両者はどちらも対比的に二分された画面のうち、とくに右側の描写に多くの範囲が当てられていることに気づく。この傾向は、現存する「北野天神縁起」諸本に共通し、

図２　「北野天神縁起絵巻」佐太文明本　「八月大祭」部分
（須賀みほ『天神縁起の系譜　図版篇』、中央公論美術出版、2004）

図３　「北野天神縁起絵巻」杉谷本　「八月大祭」部分
（同上）

図４　「北野天神縁起絵巻」神奈川県立歴史博物館所蔵本　「八月大祭」部分
（神奈川県立歴史博物館デジタルアーカイブ）

著しく他の作例と様相の異なる「神博本」でも見て取れる。

その「神博本」は全六巻、四十四段で構成されるもので、成立年代は室町時代後期、十六世紀半ばが想定され、当時の中央画壇で主導的立場を固めていた狩野派の手によってつくられたものと考えられている。「杉谷本」や「佐太文明本」との系譜関係が認められ、鎌倉期の諸本を参考にしながら、これら二本の動向も加味した上で独自の縁起として考案されたものと位置付けられる。(36)

問題としている神博本「八月大祭」部分では、他の作例では欠落している要素である伶人による楽の奏奏も詳細に描かれており（図4）、より詞書を強く意識した描写が試みられていると評価することができよう。しかし、その描かれた要素を比較するならば、描写に当てられた画面の割合、描き込まれた事物の細かさなどから、やはり神輿が獅子舞・田楽によりはやされ、伶人や道張の先導のもとで渡御されている様子に力点が置かれていることが読み取れる。つまり、「北野天神縁起　八月大祭」の描写中、なにより強調されているのは、御旅所から本社に戻される神輿とその行列に他ならないのである。

このことは、詞書の諸本比較からも明確に判断することができる。ここで再び表3に目を向けたい。先に分類した九つの区分のうち、全ての作例に一貫して描かれる場面こそ、B「神輿行列」なのである。つまり、八乙女が綱をとり、右近馬場を進む神輿、そしてそれを群参した参詣者が見守り、神威に触れて手を合わせる、といった一連の情景こそ、絵画、詞書ともに強調して描写される北野祭礼の中心的なモチーフだといえる。いわばこの部分にこそ、「八月大祭」の中核が求められ、北野祭礼の理想像として位置付けることができる。

また同時に、「やう〳〵神輿ちかづきましませば、荘厳のまなこをかがやき、信仰いよ〳〵ねんごろなり、老少男女たなこゝろをあわせつゝ、身の毛ぞよだちける」という表現にも着目しなければならない。本記述は、神輿のもつ特性の中から、より明確に神威を発現する性質を鋭く突いている表現と捉えることができる。つまり神輿渡御を見つめる人々は「荘厳」（神輿に施された懸装）にこそ目を奪われ、神輿の神性を見出しているのである。

北野祭礼が神輿を中核とした祭礼であり、なかでもその「荘厳」に特別な意義があると確認された今、当然、幕府との関わりもこの点にこそ求めることができよう。次節では室町幕府と北野社との関係を、神輿を通じて捉え直してみたい。

第三節　室町幕府と北野社神輿

（一）三年一請会と神輿造替をめぐって

前節での課題を考えるにあたり、再び三年一請会に着目する。というのも、先述した通り、神輿の点検・修復を行う当該儀礼は、定期的に祭礼の中核である神輿の荘厳を更新するものであり、この特徴的な儀礼の中にこそ、室町幕府と北野社の関わりを読む視角が存在すると考えられるからだ。ここで**表4**を掲出したい。

本表は、鎌倉期から応仁・文明の乱以前までの諸記録の中から、管見の限りで三年一請会の実施を示す事例、また併せて神輿造替儀礼の実施を示す事例を採録した。修復儀礼も造替儀礼も神輿の再生行為という点では共通する性格をもった儀礼であると考えたためである。

北野社内部の諸記録が南北朝以降に多く残るため、素材とする史料の網羅度に限界があることは明らかだが、それでも一定の傾向を見出せるものと考える。表中項目の「実施年」および「実施の有無」に着目したい。

まず「実施の有無」項目の表記は、当該儀礼が確実に実施された場合は○で、開催年に該当かつ実施を想定させる傍証があるものを△で、実施されるべきであるが実現されなかった場合は×で、また神輿造替儀礼が行われた場合は◎で、それぞれ示している。

また「実施年」項目の西暦下欄に付した「実施間隔」の数値にも着目したい。これはそれぞれの実施事例の間

表4　三年一請会実施一覧（平安～室町期）

	実施年	実施間隔	実施の有無	記載内容抄出	出仕区分	出典	備考
①	天暦年中（九四七～九五七）		成立起源			旧	
②	文永4年（一二六七）		○	成功を募り、神輿御装束を調進	成功	民：文永4・8・4	
③	弘安7年（一二八四）	17	○	大蔵省年預業弘が成功二五〇〇疋で調進	成功	勘：弘安7・8・4	
④	弘安10年（一二八七）	3	○	御旅所への渡御は、古物本社への神幸は、新調餝	成功	勘：弘安10・7・14 弘安10・8・1～4	
⑤	正応5年（一二九二）	5	○	「当三年一請神輿修理〈任官功〉」と記載	成功	夕	
⑥	応長元年（一三一一）	5	◎	北野社神輿造替		神	日吉神輿延慶入洛を契機
⑦	文和2年（一三五三）	5	△	北野祭礼は停止	―	園	三年一請会の有無の実際は不詳
⑧	延文元年（一三五六）	3	△	「鞆絵本十二」の記銘年代として	―	三条	三年一請会の有無の実際は不詳 ※貞治年中（一三六二～六八）菅原庄、三年一請会料所化、貞治年中のいずれかで、三年一請会催行か
⑨	永徳3年（一三八三）	16	◎	神輿造替		花、神	但し、造替事業の長期化
⑩	至徳3年（一三八六）	3	◎	神輿造替幷社頭中門の造替		神中	

⑪	康応元年（一三八九）	3	○	「御損色」記載あり		三引	明徳元年（一三九〇）笠間保、三年一請会料所化
⑫	明徳3年（一三九二）	3	○	「御損色」記載あり		三引	
⑬	応永5年（一三九八）	6	○	但し、延引		三引	
⑭	応永11年（一四〇四）	6	◎	祇園・北野神輿造替により山城国久世庄に段銭を懸けられる		東百：を60	
⑮	正長元年（一四二八）	24	△	「当年三年一請会候」と記載		北7：「社家条々抜書」	
⑯	永享元年（一四二九）	1	△	要脚の加増を幕府に請う		北7：「社家条々抜書」	
⑰	嘉吉3年（一四四三）	14	○	「損色」記載あり「三年一請会御遷」（『北野社家日記』）		三記 北7：「社家引付」	
⑱	文安3年（一四四六）	3	△	「御損色」の開催 菅原御庄三年一請会算用状		北7：「社家条々引付」 北8：表題欠［長禄二年］	
⑲	宝徳元年（一四四九）	9	○	「当年三年一請会」と記載		北7：「社家引付」	
⑳	享徳4年（一四五五）	3	×	但し、行われず		三停	
㉑	長禄2年（一四五八）	6	○	根本中堂閉籠衆衆議事書「北野社三年一請会損色日次」また「神輿御鋳具誂始日」の勘案		北8：表題欠［長禄二年］	

（注）旧：『旧古書付引抜』、民：『民経記』、勘：『勘仲記』、夕：『夕拝備急至要抄』、園：『園太暦』、三条：「北野宮三年一請会条々記録」、花：「花営三代記」、神：「永徳元年神輿造替記」、祇：「祇園執行日記」、神中：「神輿中門回廊等造替記録」、三引：「三年一請会引付」、東百：「東寺百合文書」、北：『北野社家日記』（記号に続けて巻号を算用数字で記入）、三記：「三年一請会記録」、三停：「三年一請会停止記録」

にある時間間隔を示しており、三年、または三年の倍数で推移していれば、その間の三年一請会が安定的に実施される傾向にあったと判断できる。

本表においてとくに重視したい点は次の二点である。一点目は記載した四件の神輿造替儀礼のうち、一件をのぞく三件が三年のサイクルの中に位置付くこと（表4―⑨⑩⑭）、いま一つは、この神輿造替儀礼を含めて考えると、表中太線で示した十四世紀後半の約二十年間に、極めて安定的に諸儀礼が実施されていたことである[37]。

この点に関して着目しなければならないのは、永徳三年（一三八三）に実施された神輿造替儀礼（表4―⑨）、また至徳三年（一三八六）における神輿と回廊の造替儀礼である（表4―⑩）。とくに前者は、先に指摘した十四世紀後半の安定実施の兆しともなる事例であり、意識的に検討する必要がある。

実はこの儀礼は、室町幕府と山門衆徒との関わりを大きく転換させた事件である日吉神輿造替一件と密接に関係している[38]。

応安三年（一三七〇）、後円融天皇即位と幹仁親王立太子の諸儀礼を行う必要があった幕府は、京都に広く勢力を張る富裕な金融業者であった土倉に課役を懸け、その徴収を目指した。しかしこれら土倉の後楯には強大な権勢を誇った山門衆徒の存在があり、強制的な方法をもってこれに臨めば極めて大きな軋轢を生むことが想定された。

そこで幕府を主導する管領の細川頼之は、長らく停止していた日吉神輿造替を再開・推進することを条件として衆徒の妥協を引き出し、課役徴収の実現を果たしたのである。しかし、交換条件であったはずの神輿造替は、同年三月に必要経費を算出したものの[39]、その後遅々として進まず、これに業を煮やした山門衆徒は神を宿らせない古輿で異例な強訴を行い、そしてその輿は数年の間、祇園社に放置されてしまうこととなった[40]。

このような幕府対山門の緊張関係の中で展開する日吉神輿造替だが、ここで確認したいのは、この儀礼が日吉社だけでなくその末社組織に位置付けられる祇園社・北野社においても連動して行われたことである。山門衆徒の強い要請により、幕府は応安五年十月十日に、運営差配を司る造替奉行を設定するが、それらの人物の中に「祇園社　経玄法印」、「北野社　大蔵省預親弘」が見られることからもそれを確認できる。(41)

いうまでもなく、この三社の中で最も優先されたのは日吉社である。日吉社神輿の造替は、細川頼之が幕政の埒外に置かれ、足利義満の専制体制が成立すると急速に進展することになる。義満は康暦元年（一三七九）に中断していた造替を再開し、五年間祇園社に放置されていた神輿を帰座させた。その後、すぐさま造替を行い、翌康暦二年六月、神輿は再び日吉社に戻されることとなった。

では残る祇園、北野の場合はどうだろうか。そのことを語る史料として「神輿造替記録」(42)は注目すべき史料である。ここには祇園社分として「門真《(周清)》左衛門尉、斉藤《(秀基)》五郎左衛門尉、松田《(秀経)》主計允」を、北野社分として「松田豊前守頼胤、飯尾《(為久)》善左衛門尉、雅楽民部左衛門尉」を、それぞれ列挙している。すなわち、この記述から永徳の神輿造替儀礼が祇園、北野の両社に対して行われており、かつ室町幕府の奉行人がその造替奉行を担当したことが明らかとなる。さらに次の史料からは、この儀礼のより本質的な性格を見出すことができよう。

為㆓神輿御損色㆒武家奉行可㆑参之由令㆑申、同内陣役等致㆓用意㆒之処、去応安五年日野藤中納言家忠光為㆓奉行㆒召進、年預親弘《(堀川)》被㆑遂㆓其節㆒上者、先可㆑致㆓事始之沙汰㆒之由、武家計申間、内陣参略㆑之了、(43)

（傍線筆者注）

この記録は、室町幕府奉行人の松田貞秀が「神輿造替事始」の実施を北野社に通達することからはじまるが、(44)これを受けて北野社側は、「事始」に至る前に、まず神輿造替に際しての検分と修復（神輿御損色）を行おうとした。それにあたり北野社内において内陣役の選定を行い、「武家奉行」に対して、内陣への立ち会いを求めたのであろう。しかし、「武家奉行」が下した判断は、傍線部のようなものであった。すなわち、応安五年（一三七二）において、奉行・日野忠光、年預・堀川親弘のもとで神輿損色の点検は行われていたのであり、今回は「神輿造替事始」から儀礼を再開すべし、と。この部分からは、今回の神輿造替が、あくまでも応安五年段階からの継続として認識する幕府の姿勢がありありと見て取れる。すなわち幕府にとってこの儀礼の意義は、開始を告げてから十年以上たっても未だ完遂していない二社神輿の造替を推進し、山門勢力へ向けた更なる懐柔策として実施したものと評価することができよう。

　このような性格をもつ永徳期神輿造替は、結果的には北野社の方が先に造替を終えることとなった。遅々として進まなかったかつての神輿造替とは異なり、わずか三年のうちに調進を終え、永徳三年八月二十五日に神輿遷座が行われたことが確認できる(45)。

　ここに見られる速やかな儀礼遂行の背景には、当該儀礼の運営体制の刷新があった。旧来、神輿に関わる修復儀礼の差配をしていたのは、「弘」を通字とした大蔵省年預であり、応安五年の段階でも「大蔵省預親弘」がその担当奉行となっていた(46)。しかし、この永徳元年に至っては、その担当奉行の中に、大蔵省年預の活動は一切見られず、代わって存在感を示すのが幕府奉行人・松田貞秀である。

　彼はただ単に書状や金品をやりとりするのではなく、ときに応じて実際に現場に足を運び、また北野社祠官・禅厳（石見法印御房）と頻々と書状往来を重ね、二人三脚で全体を統括し、神輿の完成までこぎつけている。もちろん、儀礼に際して発生する諸下行も幕府から多く拠出された(47)。

　このような運営体制実現の意義は、「神輿造替事始社家私共可㆑致其□□十八日儀奉行等令㆑申間、先例毎事為㆓□□（大蔵）省沙汰㆒之間、雖㆑不㆑及㆓社家沙汰㆒、今度之儀為㆓武□（家カ）御沙汰㆒之間、可㆑任㆓社家指南㆒被㆑仰㆑之」(48)という記載からも明確に見出せる。すなわち、儀礼差配の主体が大蔵省から武家へ転換したことで、「社家沙汰」となり武家との協調のもとで北野社内部に「社家指南」（北野社側の主体的な差配）が獲得されていったのである。つまり、ここで採られた運営体制は、北野社にとって前代に例を見ない、画期的なものであったことが確認できる。

ちょうどこの三年後、幕府は再度、北野社に対して大規模な造替を加える。これは至徳二年（一三八五）の足利義満北野社参の折、同社に御産祈禱を命じ、願い通りに義持が生誕したことを受けて、幕府が北野社の神輿・中門・回廊の造替に取り組んだもので、史料として至徳三年「神輿中門回廊等造替記録」(49)が残されており、幕府から総額千貫文を超える巨額の拠出が行われていることが確認できる。ここでも幕府の強い主導性が発揮され、「具足奉行」なる名目のもと、豊原英秋をたて、財政面においての運営差配を行っている。義持の誕生という慶事が儀礼の遂行契機であることには注意が必要だが、それでも幕府が北野における三年周期の造替意識に目を向けなかったとは考えにくい。

つまり、これらの事例からは、室町幕府が、それまで不定期的であった北野社神輿の造替儀礼に対し、組織的・財政的に運営体制を刷新し、安定的なサイクルを与えたことを知ることができるのである。

それでは、このような室町幕府の神輿造替に対する姿勢には、どのような目的があったのだろうか。

（二）室町幕府の意図

前項で指摘した問題を考えるとき、次の史料は看過するこができない。

神輿事、明日面々奉行両人同道令二社参一可レ有二沙汰一候、就レ其塗師鍛冶番匠大工幷金物師以下細工等被二召寄一候て可レ有□□候、仍明日昼程可レ参候、恐々謹言、

永徳三
三月廿四日　　松田丹後守貞秀在判

公文所御坊（禅厳）(50)

本史料は、北野神輿造替に取り組む幕府奉行人・松田貞秀が公文所御坊（禅厳）に遣わした書状写である。永徳

三年二月に入ると実際に神輿を構成する部材やそれに施す塗装、あるいは神輿に装着する金物などの注文が作成され、北野社側の担当者である禅厳のもとにもたらされるようになった。禅厳は職人たちに支払う下行を求めるため、松田貞秀のもとに書状を出し(51)、その返答がこの史料にあたる。

この史料からは、幕府奉行人衆が直接に北野社へ向かい、沙汰を加えるため「塗師鍛冶番匠大工并金物師以下細工等」を社内に召し寄せておくように通達していることが知られる。同様の事例は他にも散見され、同年正月二十四日には、神輿方大工に対して直接に沙汰を加え、その場で「少分下行」を行っていることが確認される(52)。

一般的な理解として、神輿は木材で骨格を構成し、要所には金属を用いて補強・装飾し、かつ塗漆を施し、金銀の金属工芸や織物加工品で飾りつけ完成させる。そこに集う職人は極めて多様であり、工芸技術の総合的な結集の中で神輿は製作されていく(53)。このような神輿を核とした職人の共同勤仕の中に、幕府奉行人は積極的に接触していき、対面しながら沙汰を加え、下行を行っていったのである。

この幕府と職人との繋がりは、「祭礼御教書(54)」の中にも強く窺える。天下触穢などによって延引された北野祭礼が再び実施される場合、幕府は「祭礼御教書」をもって再開を命じるようになる。これは義満以来の伝統で、代々の公方や幕府主幹がこれを踏襲した。

内容は、「北野宮寺祭礼事、任二刑部卿《土御門》有世注進之日限一相二触色掌人等一、任レ例可レ被二遂行一之状、依レ仰執達如レ件(55)」というものであり、複数伝わる同様式の文書とおおむね共通し、定型性は高い(56)。

その定型の中で繰り返し用いられる表現が、色掌人（職人）等に相触れ、というものである。つまり幕府は、北野祭礼の再開を、職人にその旨を告げることから進めていくのである。このことは、職人が祭礼に必要な諸道具を調進するために、真っ先にその期限を知らせなければならない、という実務的な意味もあるだろう。しかし、ここでは、北野祭礼を通して、そこに勤仕する職人たちに幕府が間接的に命令を発している点を重視したい。このことこそ、先に見た幕府奉行人と職人との関係性に通底する要素があろう(57)。

これらの事例から明らかなように、室町前期における北野神輿造替儀礼の中では、幕府が神輿に関わる職人に対して、濃密な関与を行っていることが明らかとなろう。この点にこそ、幕府が北野社神輿に強く介入する意義が潜んでいると考えられる。いわば、それまでの職人たちは、朝廷の権限の中で把握され使役されていたといえる。幕府はこの構造にメス入れをし、北野社神輿の造替権限を組織的・財政的な裏付けを与えながら手中にし、朝廷の中にあった職人たちの把握を可能にしていったと考えられる。

図5　「北野天神縁起絵巻」神博本
「八月大祭」神輿部分（神奈川県立歴史博物館所蔵）

それでは、幕府の主導のもと様々な職人によって構築される北野神輿の構造物としての特徴はいかなるものだったのであろうか。モノとしての北野社神輿の固有性について、項を改めて考察を加えたい。

（三）　北野社神輿の特徴

まず手がかりとして、室町期の北野祭礼を描いた絵画史料である前掲天神縁起のうち、「神博本」の神輿部分を掲出する（図5）。この作例は他のものと異なり、京都に近い場所で制作された作品であるため、実際の北野祭礼を考える上でも十分参照できる史料性を備えていると考えられる。

本作例では、二基ある神輿のうち一基のみが描かれるが、絵師

表5　応永五年（一三九八）八月日付「三年一請神輿二基御装束幷神宝色々実検注文事」のうち、神輿構成一書一覧

	神輿構成製品	大御前神輿 員数	大御前神輿 材質	皇子殿神輿 員数	皇子殿神輿 材質
①	御内帷子	一帖	面：唐綾文 裏：大星立唐草	一帖	面：唐綾 文：ほうたん唐草 裏：絹練
②	御帳	一帖	赤地唐錦	一帖	赤地唐錦
③	懸緒	十二筋	緋		
④	帽額	一帖	紺地錦　梅唐草 裏：白唐綾	一帖	裏：白唐綾 文：ほうたん唐草
⑤	紐	二十四	錦梅唐草	十六筋	紺地 裏：唐綾
⑥	御鏡十二面緋組緒	十二筋			
⑦	茵	一枚	面：白唐綾 裏：蘇方打衣 縁：錦小ほうたん	一枚	面：白唐綾 縁：赤地錦 裏：蘇方、平絹打衣
⑧	半畳	一帖	面：唐莚 縁：赤地錦 裏：生絹		
⑨	後障子	一枚	両面：文白唐綾、唐絵	三間	両面：白唐綾 縁：赤地錦 ※御障子の絵、大御前と同じ、一間ごとに遠山、牡丹一本、尾長鳥三、木二本、草少々
⑩	緋御綱	四筋	上包唐綾	四筋	上包唐綾

は集中力をもって神輿やそれを取り巻く人々を捉えている。神輿は四角形の葱華輦で、目視できる限り九人の駕輿丁によって舁かれている。屋根に取り付けられた蕨手のうち、前方の二つからは綱が伸び、四人の八乙女によってこれがとられる。絵画構成は、先に確認した詞書の部分と対応するものである。

いまここで着目したいのは、神輿上の井垣の中に設えられた堂の表現である。四面には、紅地に藍、黄、薄紅などの花文が散らされ、また屋根からは同じく花文が散らされた草色の水引が下がる。さらに八乙女にとられる綱にも白や濃緑など複数の色で着色がなされ、金で統一された屋根、鳥居、井垣、

⑪	衝立障子	四間	両面：唐綾 へり：赤地錦	
⑫	水引	一帖	唐綾 縫物文：亀、きりん、さいなど	一帖	唐綾、裏絹 縫物文：千鳥、亀、きりん、わになど
⑬	端小丸上巻	十二筋		八筋	
⑭	雨皮	一帖			※「青色雨皮」と記載、員数記載無
⑮	油単	一帖		一枚	

瓔珞などの構造物とは対比的に、細かく、多彩に描写が試みられているといえる。描かれた神輿の特徴を求めるならば、この点にこそ見出せるだろう。

実は、このような神輿の特徴は、残された文献からも確認される。前掲の「北野宮三年一請会条々記録」に着目したい。前述したように、本史料は、大御前・皇子殿の二基の神輿の装飾品に関する注文、祭礼に勤仕する人々が着用する装束に関する注文で構成される。記載内容としては、(A)弘安十年（一二八七）八月三日付「北野車三年一請会神輿御飾已下注文」、(B)年未詳「神事秘記」、(C)応永五年（一三九八）八月日付「三年一請神輿二基御装束幷神宝色々実検注文事」の三種の注文が確認でき、それらを一冊にまとめあげ、部立てを与えている。

これら三つのうち、ここで最も注目しなければならないのは、室町時代の様子を伝えるCであることは明白であろう。応永五年は三年一請会の年にあたっており、儀礼を実施する上で、神輿を構成する諸製品の注文を作成したものと推察される。本注文の奥書に松梅院禅栄が「為二後証一写置」き、年預方へ遣わしたと記載していることからもそれは裏付けられよう。おそらく、この注文は、神輿に施される荘厳具の全体を列挙しているのであり、実際の三年一請会実施の際には、これらから破損箇所を実検し、部分的に修理を加えていることが想定される。[58]

同史料に記される項目を二基の神輿の注文に絞り列挙する（表5）。これによると、大御前神輿では十五件、皇子殿神輿では十一件の書上げが確認される。それぞれ数量に差があるのは、二基の神輿の形態的な差異によるものだろう。

　この表から見出すべき特徴は、ここで書き上げられた神輿荘厳具の全てが織物製品だという点である。鎌倉期の(A)の注文では、木工品、金工品を含めて、神輿を構成する部材の総合を書き上げているのに対し、(C)の注文では「三年一請神輿二基御装束幷神宝色々実検注文事」として、織物製品に特化した注文を作成している。このことこそ、室町期の三年一請会の特徴として捉えることができよう。

　本表からは、堂を飾る御内帷子は唐草文を散らした綾織であり、取り付けられる綱（表5―⑤）にいたっても、上包として唐綾織で覆われていると知ることができる。いわば北野社の神輿は、多種多様な織物類によって飾られる染織工芸の集合体であるといえよう。図5で見られた神輿に対する多彩な絵画表現は、実際の神輿の姿を如実に反映したものであると考えられる。

　このような特徴は、他社の神輿にも当てはまるものなのだろうか。次にここで、祇園社神輿の例を見たい。『増補　八坂神社文書』上（第六　神輿編）には、「神輿装束」という名称がついた史料が七件所収される[59]。これらのうち、最も多くの神輿装束の構成を列記した文明四年（一四七二）六月朔日付「祇園社神輿装束注文」（七七八号文書）では、確認されるだけで、「うのとり《鵜鳥》」、「御つな《綱》」、「御すゝ《鈴》」、「御しやうし《障子》」など十六件に及ぶ項目が書き上げられる。これらのうち、純粋に織物製品と判断できるものとしては「御しとね《茵》」、「からむしろ《唐筵》」、「みつひき《水引》」があがるにとどまり、素材など具体的な姿は一切伝えていない。この傾向は右に提示した七件の史料の全てに見られるものである。

　また北野社における「三年一請会関係史料」と同様に、祇園社神輿の修理に関する史料として寛正四年（一四六三）五月付「祇園社神輿修理諸職注文案」[60]をあげることができる。本史料に記載される神輿構成部材とその経

表6　「祇園社修理諸職注文案」に見る部材と経費

	部材名	部材注記	経費(文)
①	御長柄木		六六〇
②	番匠作料		二五五〇
③	漆方	手間	二五〇〇
④	釘鎹	大小	二一〇〇
⑤	木引	二人	二四〇
⑥	雨皮	三社御分	三〇〇〇
⑦	料物	一本 御立足木	三五〇
⑧	漆師浄衣		五〇〇
⑨	番匠浄衣		五〇〇
⑩	御縄於	手間まて	二〇〇〇
⑪	鵜鳥		二〇〇〇
⑫	立足	漆、数四	六〇〇
⑬	御劔袋	一	
	合計		一七〇〇〇

(注)本史料最終部で記載される総合計は、「十七貫七百四十文」であり、本表合計と異なる。差額分七四〇文は項目⑬の額として理解すべきであろう

費を表6として掲出する。

本表を一見して明らかなように、祇園社神輿の場合、長柄や漆、あるいは作業にあたる職人の装束については記載があるものの、神輿を飾る織物加工品については、一切記載されることがないのである。同様のことは、祇園社に伝来する神輿修復に関する古文書をまとめた目録、天正十七年(一五八九)「祇園社神輿損色注文目録」[61]においても見出すことができる。本史料は、神輿修復に関する注文が、どの部材に関し、何通伝来しているかをまとめたものであるが、そこに記載された神輿の部材は蒔絵、金物、御組(組緒)、御帳文(水引や幕に施される文様)、御塗にとどまり、やはり織物加工品に関しての直接的な記述は記載されていない。

これらのことは、祇園社神輿に比べ、北野社神輿がいかに織物に特化した荘厳を備えていたかを如実に物語るものである。そしてこの北野社神輿の特質にこそ、室町幕府と北野祭礼をつなぐ回路があったものと考える。

次節では、この回路を明らかにするため、とくに織物を担う主体について検討していきたい。

第四節　室町幕府と織手

(一)　大宿禰神人の活動と餝神供

永享三年(一四三一)「北野宮寺祈祷帳」には「織部司本座神人」、「八月御

祭御神供神人」、「左衛門町御神供神人」、「近衛保神人」など十四種に及ぶ神人が書き上げられており、(62)当該期の北野社がいかに多様な神人たちと接続していたのかを知ることができる。もちろん北野祭礼においても例外ではなく、次にあげる史料は、神人と祭礼との関わりを端的に示すものとして注目できる。

一、神事始日、以二小預一年預方へ祭礼可レ為二式目一候、如二先々一職掌人等ニ可レ被二相触一之由、申付事、先規也、

一、召二沙汰承仕一御子大在（座）神人等ニ同申付也、

一、召二両公人一西京申付也、

一、召二成繁法師一大宿直へ申付、同鎊神供早々可二進上一候由堅加二下知一事、故実也、(63)

文安二年（一四四五）七月、北野祭礼の開始を告げる「神事始」（祭礼初）にあたり、「職掌人」など関係各所に連絡をするよう、祭礼の具体的な差配を掌る年預のもとに通達がなされた。これを受け「沙汰承仕」、「両公人」、「成繁法師」を召し出し、彼らを通してそれぞれ「御子大在（座）神人」、「西京」、「大宿直」への連絡を図ろうとしていることが本史料から読み取れる。

また同様の史料として、応永四年（一三九七）七月二十日には、来る八月一日の北野祭礼遂行に際して「一御鉾」を「西京」に、「鎊神供」を「大宿禰」に滞りなく調進すべきことを命じる史料も残されている。(64)「西京」、「大宿直」・「大宿禰」とは、室町期の北野祭礼において「御鉾」を渡す主体である西京神人、大宿禰神人を指す（以下、当該神人を大宿禰神人と統一的に表記する）。このうち、西京神人については北野社と幕府の密接な関係性を結び特権を得る商人として豊富な研究蓄積を有しており、(65)北野祭礼において果たす役割についてもある程度言及されているといえる。

しかし、対する大宿禰神人についてはどうだろうか。豊田武、(66)高橋康夫(67)らが行った西陣研究の中で、大宿直《おおとのい》

〈壬生東・土御門北に位置〉を拠点として活動する織手集団であること、(68)織部司長官の系譜を引くと見られる万里小路家を本所としつつ「春日住京神人」とも自称し製織活動を行っていたことなどが明らかとなっており、(69)また北野社との関わりも少なくとも鎌倉期に遡り、永仁三年（一二九五）八月一日の北野祭礼においては綸旨を求めて訴訟を行い、(70)かつ北野社側から「織部司本座神人」として把握されていたことが指摘されている。しかし、祭礼における具体的な役割については、西京神人ほど明確ではないのが現状である。西京神人と大宿禰神人は、史料の上では車の両輪のように祭礼を遂行する上で重視されていながら、研究の上では、その意義が問われていないのである。

大宿禰神人の祭礼への関わりの具体像を考察しなければならない。この作業を行うことが、北野祭礼と室町幕府とをつなぐ回路をより明確に描き出すことにもなる。

この点に関し、嘉吉三年（一四四三）七月の北野祭礼延引に伴う一連の史料は重要な示唆を与えてくれる。

廿一日、夘剋、公方様御他界在之、
任レ例小預代（随伝）　公文承仕（繁随）両人年預方大宿禰へ遣而、御神服御飾御綾等悉長櫃ニ取入而付納也（奉置也）、

①一、大宿禰織斗ハ悉織立申之間、蔵へあけて櫃に入而御しめヲ奉引候間○（内へ人をも不入之間）納うれとつけ申までもふき也、

②一、年預方行事所等言語道断見苦敷候事条、年預方へ以八合長櫃ニ入而八合請取而宝蔵ニ奉置之、納ハ貞弘付之也、
（※一書分、全て見せ消ち）

③年預方状
天下触穢之由承候間堅申二付織手一了、就レ其御神服等少々出来分唐櫃一合候、任二先例一可レ被レ置二社頭一候

哉、先度応永卅二年御請取案写二進之一、無二子細一候者随二御返事一今日中可二進置一候、毎事可二参申一候、
恐々謹言、
七月廿一日　貞弘　在判
松梅院御坊

④故坊折紙案文
御神服御樻一合雑人等唐樻一合符付レ之、又御神後障子一枚請取候了、恐々謹言、
応永卅二
八月十四日　禅能　在判

⑤返事案文
委細承候、恐悦候、次織手方へ任レ例被二仰付一候由示給候、目出候、又故法院折紙意得申候、何様今日中ニ少々出来候分可二渡給一候、任レ例社頭宝蔵可二奉置一候、恐々謹言、
七月廿一日　禅能　在判
堀川忠殿　御返事

⑥一、年預方より御長樻一合符付送レ之、仍任二先規一即奉レ置二社頭宝蔵一、

⑦御神服御長樻一合慥請取申候、但内之事ハ不二存知一慥請取申候了、恐々謹言、

七月廿一日　　禅能　在判

堀川忠殿[71]

この年の七月二十一日、七代将軍・足利義勝はかねてから発病していた赤痢が悪化し、ついに病死するに至った。これにより天下触穢となり、石清水八幡宮放生会や北野祭礼など、有力諸社の祭礼は延引されることになった。引用史料にはこの触穢による延引に際し、北野社がとった調整が記されており、具体的な経緯が①～⑦として辿ることができる。

まず北野社は、小預代随伝、公文承仕随繁の両公人を、祭礼の実務を取り扱う年預堀川貞弘および大宿禰神人のもとに遣わし、すでに織り上がり準備が整っていた「御神服御飾御綾等」の全てを長櫃に入れ安置させた。「大宿禰織斗ハ悉織立申」（①）という記述から明らかなように、触穢となった時、既に大宿禰神人は織の工程を終え、縫製前の絹布が手元にあった。それを長櫃に入れ、注連を引き蔵の中に安置したのである。[72]

貞弘は前例にならい出来上がりつつあった「御神服等」＝「御神服御飾御綾等」を長櫃一合に入れ、北野社社頭に安置すべきかどうかを松梅院に問うた（③）[73]。同時に応永三十二年の天下触穢（足利義量死去）の例を引き、案文（④）も同時に送った。それを受け取った禅能は先例を認め、「社頭宝蔵」に安置することを約し（⑤）、長櫃を預かり（⑥）、請取（⑦）を発給したのである。

この「御神服」の実態については、極めて厳重な措置が加えられ安置されていること、また三年一請会の製作物注文の中に「三年一請神輿二基御装束幷神宝色々実検注文」なる記述が見え、神輿そのものに着せ付ける織物加工品と見るのが妥当であろう。

このことを踏まえ一連の記述を見たとき、着目されるのは、織物加工品の保管のされ方についてである。織り出された幾許かの絹布には、符が付けられ、「内之事ハ不二存知一慥請取申」という禅能の請取が発される程、厳重に密閉し安置された。

このような保管態度からは、大宿禰神人の織物加工品がいかに神聖なものとして認識されていたかを知ることができよう。安置されている空間が北野社宝蔵であることからもそれは窺えるが、引用史料冒頭部文末の表現にも意識を向けなければならない。「付納也」と記した引付の記主は、それを抹消し、「奉置也」と敬語表現を付すのである（①）。引付という後世において参照される史料性の高い記録媒体だからこその表現であり、祭礼を担当する当事者の意識が濃厚に窺える事例であるといえよう。大宿禰神人こそ、神輿に装着する織物加工品を調進する主体として位置付けることができるのである。

それでは、大宿禰神人が織り出した織物加工品はどのような形で神輿と結びつくのだろうか。これを示す事例として『北野社家日記』宝徳元年（一四四九）十二月十五日条に着目したい。

十五日、自二山門一又此事書到来、以二平木肥州方一催促也、言語道断儀也、夜前舎利堂之儀毎事無為、珍重ゝゝ、禅春御神服請二取之一、御餝人数事、

聖禅・胤禅・禅孝・幸充・禅端・禅長・禅舜・幸忠・祐舜・明雅・禅親

以上

一、餝神供御拝膳禅孝、老松御拝膳禅端也、

この年の北野祭礼は、山門閉籠により延引されていた。様々な調整を重ね、なんとか十二月に入って実施に漕ぎ着けたが、本来は二か月程前に実施されるべき「御損色」が僅か数日前の十二月十二日に実施されるほど[74]、北野社側は異例のスケジュールを強いられることとなった。引用した史料は北野祭礼のうち還幸の記述である。

史料中、「禅春御神服請二取之一、御餝人数事」という部分に着目したい。「御神服」とは、先に見た「御神服御餝御綾等」と同等のものであると考えられ、それを禅春が請けとったことをこの一文から知ることができる。ま

た同史料中でさらに着目するべきは「御鎊人数」として聖禅、胤禅など十一名の人物があげられていることである。この十一名の社僧こそ、「御鎊」として神輿に「御神服」を装着する役を負った者たちであろう。

同じ史料の中で、いま一つとりあげなければならないのが、「鎊神供」なる存在である。御旅所に向け神輿を渡御させるため、内陣から大御前、皇子殿の二基の神輿を引き出した後、老松殿とあわせて供えられるのがこの「鎊神供」であるが、次の史料は、この儀礼の実態をおぼろげながら伝えてくれる。

一、甲（申）一点ニ鎊神供如例参勤申也、然之間宮仕共悉来、自坊中出仕申也、
一、大宮御拝膳禅融申也、祝申也、御幣大宿ヨリ進上也、
一、老松御拝膳禅定法印也、当年ハ御禅（膳）無之間御殿戸ニ御供調進也、[75]
（傍線筆者注）

大宿禰神人によって調進された鎊神供は、祭礼の当日、北野社祠官によって供えられる。史料中、その行為を「拝膳」と記載するが、これは傍線部で明らかなように、実際に膳を用いて供えられていることに由来する表現であろう。

西京神人が安定的に麴商売を行い得た時期に「麴御供」なる神供を調進していることを勘案すれば[76]、この「鎊神供」の実態は、大宿禰神人の中核的な生産品である綾織物などを膳に載せ、神輿あるいは「御殿」などに供えることではなかったか。神輿にほどこされる代表的な荘厳である織物加工品を膳に載せ、神供としたものが鎊神供であると捉えたい。宝徳期の事例で見たように、たとえ祭礼の延引により「御神服」の引き渡しが遅れても、鎊神供はそれと連動し遅らせて行われている。このことからも鎊神供と大宿禰神人の織物製品との密接性は窺われよう。現に、「鎊神供」という語は大宿禰神人と関わる史料の中でしか散見されず、この神供が大宿禰神人の固有の御供であることは明らかである。

神が宿り、今まさに動きだそうとする神輿は、諸々の芸能とともに、大宿禰神人の製織する織物加工品で荘厳

される。この神輿の荘厳を一手に担う点にこそ、彼らの祭礼における本質的な役割を見出すべきだと考える。

これまで述べてきたように室町期の三年一請会や神輿造替儀礼は、大宿禰神人に、織物加工品をもって新たな神輿の荘厳を更新させる儀礼と看做すことができる。前節に引いた「北野宮三年一請会条々記録」に所収される三つの注文のうち、(A)の段階では、神輿を構成する木工品や金工品なども書き上げていたのが、室町期の(C)になると、ほぼ織物加工品のみに特化して記されるようになることもこれを裏付けよう。とするならば、先に提起した、幕府が神輿に対する造替・修復儀礼に安定したサイクルを与えた目的もこのことと関連し存在すると考えられる。項を改めて検討する。

(二)　室町幕府と織物加工品

前項の問題を考えるとき、関連する史料として次に掲げるものがあげられる。

伝聞、今夕渡㆓御大宿㆒、織手有㆓御覧㆒云々、鹿苑院殿・勝定院殿同有㆓御覧㆒之由先度触㆑耳了、[77]

万里小路時房が伝えるところによると、永享三年(一四三一)十二月二十一日夜、足利義教が織手の根拠地である大宿直に渡御し、織手(大宿禰神人)、あるいはその製織活動を見物したという。重要なのは、同様のことを義満、義持という歴代の公方が実施している点である。つまり、最も室町幕府政権が安定していた段階には、この「織手御覧」が慣例的に実施される行事であったと考えることができ、大宿直の織手に寄せる幕府の特別な視線を窺うことができる。[78]

このような公方の姿勢は、おそらくここまで述べてきた、神輿造替儀礼の安定化の文脈と合わせて理解しなければならない。幕府がここまで彼らに固執する理由は何か。このことを考えるとき、着目されるのは幕府が行う年中行事についてである。

室町幕府の年中行事が形成されていくのは、足利義満が幕府の体制を盤石なものにしていく応永頃であるとされる。義満が公家文化を摂取し、武家の権威が上昇していくに従い、公家のものとは違う、武家を中心とした儀礼的世界を形成していくことが必要になった(79)。

ここで確認しておきたいのは、これら年中行事の贈答品として、いかに織物加工品が重視されているか、ということである。それは典型的な贈答儀礼である八朔の例に、中国産の絹織物の献上や、その返礼として金襴、練貫（生糸を経、練糸を緯として織った絹布）の贈与などが見えることからも一般化しうるが(80)、さらに詳細な幕府の織物加工品受容のあり方を伝える史料として、『年中定例記』がある(81)。

伊勢貞頼によって著された本史料は、室町幕府の年中行事諸儀礼の中でも、とくに将軍対面時の慣習・故実を伝えたものである。成立年代は室町後期だが、応仁・文明の乱以前のあり方についても意識的に記述がされており、ある程度普遍化した室町幕府年中行事像を見出すことができよう。表7を掲出する。

本表は、当該史料の中で、贈与行為が確認される事例を選び表化したものである。これによると全体で五十二件の贈与行為が確認され、公武の有力者をはじめ芸能者や職人までが贈答行為を通して幕府と関係を構築しているのがわかる。また全件数のうち、三十四件までが正月の事例であり、幕府における贈答行為の中で、年頭の対面儀礼がいかに大きな比重を占めていたかが端的に示されている。

贈答される物品も扇や太刀などから、薬、白鳥、葵桂など多くの品目にわたる。このような中、本章で着目したいのは、やはり練貫や御服といった織物加工品についてである。表中「物品区分」項目に着目したい。織物加工品には○、数量の単位などから判断し、その可能性があるものには△をつけて示している。内訳は、「練貫」が七件、「御服」が四件、「五重（五衣）」が一件となる。本項目に着目すれば、年頭における家臣や芸能者との対面に際し、とくに練貫が多く下賜品として利用される傾向があるとわかる。一方、「御服」（表7―⑧）、「唐織

受領者	数量	備考
幕府(公方)	—	
幕府(公方)	—	
三職 其外	二重 一重	
幕府(公方)	—	
幕府(公方)	—	
吉良東条(子息出仕の場合) 有定・在通・芸阿	二重(一重) 一重	
大外様奉行衆	—	
観世大夫・観世四郎	—	一番の番頭は、嘉例の舞の後、「御服をり物」拝領
吉良(息子出仕の場合) 仁木	二重(一重) 一重	
幕府(公方)	—	女中を介して進上
幕府(公方)	—	
幕府(公方)	—	
日吉わき両人 田楽両人	—	
聖護院 三宝院 実相院	—	「五重衣」と解釈
因幡堂執行	一重	
評定衆 北野宝成院	—	
幕府(公方)	一	
幕府(公方)	—	
大乗院 一条院 造宮司	一重 一重 一重	
幕府(公方)	—	
岩倉衆・賀茂衆之御師	一重	
検校衆	—	
観世大夫	十	
幕府(公方)	—	
八幡の善法寺	三重または二重	応仁・文明の乱以前のこと

表7　「年中定例記」に見られる贈答一覧

日付		儀式内容	贈与・進上品	物品区分	贈手
1月1日	①	年頭対面	太刀(金)		管領
	②		太刀(金)		三職
	③		練貫	○	幕府(公方)
	④		太刀(金) 二千疋		日野殿
1月4日	⑤	年頭対面	扇		相阿弥
	⑥		練貫	○	幕府(公方)
	⑦		太刀		幕府(公方)
	⑧	謡初	御服 (唐織物、又常のも)	○	幕府(公方)
1月5日	⑨	年頭対面	練貫	○	幕府(公方)
	⑩		美物		吉良
1月6日	⑪	年頭恒例カ	若菜		松尾
1月7日	⑫	年頭対面	薬色々		外郎
	⑬		練貫	○	幕府(公方)
1月8日	⑭	年頭対面	五重	○	幕府(公方)
	⑮		引合		幕府(公方)
	⑯		太刀		幕府(公方)
1月10日	⑰	年頭対面	白鳥		判門田(上杉家雑掌)
	⑱		御祓		造宮司
1月11日	⑲	年頭対面	—	△	幕府(公方)
	⑳	普請始	太刀		作事奉行 御庭奉行
1月13日	㉑	年頭対面	—	△	幕府(公方)
1月14日	㉒	年頭対面	練貫	○	幕府(公方)
1月14日	㉓	観能	唐織物以下御服	○	幕府(公方)
1月14日	㉔	一献	美物		大名衆其外方々
1月17日	㉕	年頭対面	—	△	幕府(公方)

受領者	数量	備考
つつの射手	—	御前において拝領
幕府(公方)	—	
射手衆	一重	
畠山名字 伊勢名字	—	御前において拝領
日吉樹下	一重	
山門執当	一重	
使節 楽人	—	近年はなし
幕府(公方)	—	
幕府(公方)	白鳥：一 熨斗鮑：千本	二月、七月、十二月朔日の恒例
幕府(公方)	—	毎月朔日の恒例
千本釈迦堂の衆	—	法物として本尊左右の柳の下に置く
幕府(公方)	—	
朝廷(天皇) 幕府(公方)	—	
幕府(公方)	—	
幕府(公方)		
幕府(公方)	十本	後、各々へ分配
幕府(公方)	三枚	
幕府(公方)		
幕府(公方)	十間	
御拝領の衆(日野、三条、広橋、烏丸、飛鳥井、其外大名衆)		
幕府(公方)	餅：一折 杉原：十帖	
御台(将軍室)		
伊勢	織物	
日野、三条		
幕府(公方)	三合	
伊勢カ	毬杖：二 玉：二	
幕府(公方)		

日付		儀式内容	贈与・進上品	物品区分	贈手
1月17日	㉖	弓始	太刀(金)		幕府(公方)
	㉗		太刀		大名・外様・御供衆 申次・御的奉行
1月18日	㉘	弓始の翌日	—	△	幕府(公方)
	㉙		御劔		幕府(公方)
1月19日	㉚	年頭対面	—	△	幕府(公方)
1月20日	㉛	年頭対面	練貫	○	幕府(公方)
	㉜		太刀		幕府(公方)
1月28日	㉝	鞠始	太刀		公家衆 賀茂輩
2月1日	㉞	対面	美物(白鳥、熨斗鮑)		畠山
	㉟		御祓		造宮司
2月15日	㊱	殿中遺教経	練貫・扇・帯以下	○	幕府(公方)
4月1日	㊲	賀茂祭礼前日	葵桂		賀茂衆
8月1日 ～3日	㊳	御憑	似合いの物		摂家、門跡、公家 大名、外様、御供衆、惣番衆 頭人、奉行 地下衆、職人、御牛飼、河原者、 散所者など
12月27日	㊴	対面	薬		外郎
12月晦日	㊵	年末対面	巻数		所々
	㊶		扇		細川
	㊷		染革		細川
	㊸		歳暮美物目録		諸家
	㊹		鼻皮		畠山
	㊺		御服	○	幕府(公方)
—	㊻	丑未日	丑：餅、太刀 未：杉原、太刀		大名、国持、御供衆
1月1日	㊼	御歯固	ゆき松		伊勢
	㊽		手長御服	○	御台(将軍室)
—	㊾	—	美物		伊勢
—	㊿	精進日	精進の御おり		北野松梅院
—	51	—	御毬杖 玉		日野
—	52	精進あけ	美物		大名御供衆

物以下御服」（表7―㉓）などは、殿中における観能の折、観世大夫に与えている。室町幕府では、下賜する対象に応じて織物加工品の種類やその量数を区別し、適宜運用している様子を読み取ることができよう。そしてなによりも看過することができないのは、織物加工品を贈与する主体がすべて「幕府（公方）」であり、進上品には一例も用いられていない点である。このことは、織物加工品が幕府における家臣への下賜品としていかに重視されていたかを雄弁に物語っている。その象徴的な事例として、表7―㊵の事例は重要である。十二月晦日の対面儀礼では、大名衆や公家衆などが参殿し、細川、畠山などの有力大名たちからは巻数や献上品が届けられた。その返礼として御服が下賜されたが、「其御服を正月朔日にめして御出仕候」と記述される通り、下賜された御服は、正月の出仕の際に着用することが慣例として定着していたのである。公方との対面儀礼は、家臣たちの間にある主従関係を確認し、結束をより強固にしていく機能をもつ。年頭儀礼にあたっては、この性格がより強く意識されていたことは想像に難くない。そのような場で着用される装束は、実は幕府側の意図をもって決定され、支給されていたのである。

これらの事例から明らかなように、室町幕府にとっての織物加工品は、幕府を運営する上で必要不可欠な政治的ツールとして位置付けることができる(82)。そしてこの織物加工品を生み出す主体こそ、大宿直の織手、すなわち北野社大宿禰神人なのである。彼らは幕府の贈与品としてふわしい織物加工品を高等な技術を用いて生産する存在なのであり、その技術は維持・相承・発展させなければならないものであった。この極めて重要な職人集団を把握するために、幕府は北野社神輿の修復・造替に周期性を与え、それまで朝廷の権限の中にあった大宿禰神人を北野社神人として再把握していったものと考えられる。神輿造替が幕府の主導のもと安定化していく時期と、幕府が年中行事を整備していく時期がほぼ重なることは決して偶然ではあるまい(83)。

また十五世紀後半段階から顕著となる日明貿易も幕府と織物との関係を考える上で看過することができない。

既に佐々木銀弥が的確に指摘するように[84]、十五世紀前半までは唐絹・唐綾・唐錦などの既に製品として完成した高級織物が輸入の中心であったが、後半段階になると併せて原料唐糸も輸入されるようになる。氏は、このような輸入品目に変化が生じる理由として、⑴大舎人座・大宿織手・御陵織手らに対する座的拘束が弛緩し、国内最高の技術を駆使して商品生産化の方向を強めていったこと[85]、⑵日明貿易の過程で中国の高度な織物技術を摂取し、唐糸を原料として使用する技術を備えたこと、⑶大量の唐糸を使う絹織物の消費市場が国内で形成されていたこと、の三点を挙げた。本章との関わりを考えるならば、⑵の点が重要であろう。前掲表5を見ると、十四世紀末期において神輿修復を行う大宿禰神人が白唐綾などを用いていたことが見て取れる（表5―①④⑤⑦⑨⑩⑪⑫）。この「白唐綾」を国内において大宿禰神人が調進した織物加工品と考えることは可能であろう[86]。

既述の通り、三年一請会や北野祭礼が幕府の介入によって再編されていくのは、十四世紀後半から十五世紀にかけてのことであり、日明貿易が開始される前段階の時期にあたる。しかし、この段階においてこそ、大宿禰神人は三年一請会を通じて唐綾を積極的に調進する機会に恵まれ、技術的な向上を遂げていったのである。三年一請会や北野祭礼は日明貿易前段階において大宿禰神人の織物技術を洗練させ、のちに輸入の柱となる唐糸を利用した製織活動を活発化させたと考えられる。

おわりに

本章の目的の一つは、中世後期における北野祭礼の具体的な姿を復元し、祭礼の中核性を探り出すことであった。そしてその上で、室町幕府が北野祭礼に極めて積極的であった理由をあらためて考察しようと考えた。

幕府による都市祭礼への関与については、これまで幕府による都市政策、商業統制の一貫として捉えられてきた。その理解は、祇園社と祇園会、あるいは日吉社と日吉小五月会という山門勢力の影響が濃厚に見られる神社祭礼と幕府との枠組みから引き写されて構築されたものである。

もちろん、北野社も一旦強訴が生じれば連動して閉籠が行われ、あるいは北野祭礼の中にも山門八講が盛り込まれるなど、山門末社としての性格を色濃く帯しており、これまでの理解は一面では的を射たものと考える。しかしながら、このことのみをもって画一的に北野社固有の歴史的展開をもつ祭礼の意義を理解してしまうことは避けなければならない。それは祇園社と北野社の立脚する都市基盤を比較した場合、明白であろう。富裕商人層が居住する洛中下辺を信仰圏とする祇園社とは異なり、北野社は西京あるいは大宿直という地域的にはやや非連続な信仰圏を拠点としていたのである。祭礼についても北野社固有の環境条件のもとに整えられていったと考えなければならない。

このような視点に立ち、本章では、北野祭礼の固有のあり方を、「北野天神縁起」等の分析を通して、神輿とその荘厳の祭礼という文脈で捉えた。その上で、荘厳を担う存在として神輿に関わる諸職人を重視し、幕府が儀礼遂行組織の刷新を図りながら、これら職人に対して積極的に関与していったことを明らかにした。

また、これら諸職人の中から、とくに重視される職人として大宿禰神人を抽出した。室町期の北野神輿は織物加工品による荘厳が顕著で、製織工芸の総合的結集として捉えることができる。これらの織物加工品を生成する主体こそが大宿禰神人（大宿直織手）なのである。彼らが織り出す織物加工品には神性が見出され、北野諸神へと接続されながら、餝神供へと象徴化される。

幕府はこのような大宿禰神人の把握を目指し、神輿の造替・修復儀礼を主導し、限定された期間ではあるが、神輿の荘厳を更新する安定的なサイクルを与えた。ちょうどこの頃の室町幕府は、公家とは異なる独自の年中行事の構築を目指しており、そこでは練貫や御服など高品質の絹織物が贈与品として不可欠だったのである。幕府は北野社神輿とその荘厳を更新することで、これらを担う織手と接近を図り、織手の把握を進めていったものと考えられる。また幕府による三年一請会や祭礼の再編をへて、織手の技術は向上・洗練され、日明貿易によってもたらされた輸入唐糸を用いた製織活動を活発化させたと考えられる。

幕府の北野祭礼に対する一連の介入が、京都における織物業の発展、織物技術の向上に大きく寄与したことは評価でき、いわば現在に続く西陣織の基礎は、北野祭礼の神輿を揺籃として育まれたと評価することができる。

このように中世後期の北野祭礼を捉えてみると、本章冒頭で示した現在の瑞饋祭との間にある隔絶が大きく強調される。室町期が北野神輿を中核とした〈荘厳の祭礼〉ならば、現在の瑞饋祭は膝下地域から北野社への運上を中核とした〈神供の祭礼〉といってもいいだろう。このように極めて大きな祭礼の展開は、いったいどのように理解すればよいのだろうか。

このことについて考えるとき、本章では全く触れられなかった大きな問題が浮上してくる。それは北野社に対して行われる神供の実態的な検討である。既に指摘した通り、室町期における北野祭礼に際しても、西京神人・大宿禰神人・大座神人などが折に触れて神供調進を行っていた。実は、これ以外にも北野社には「旬神供」、「麹神供」、「霞御供」、「芋御供」など多種多様な神供がほぼ毎日のように供えられる(87)。本章でとりあげた北野祭礼でさえ、この神供の体系を構成する一部分のように捉えることも可能であろう。

これらの神供の調進主体については、現状では把握できないものが多々あるが、北野社に所属する多様な神人の存在形態と密接に関わるものと想定することができる。神供の全貌を把握し、朝廷・幕府といった為政者、北野社本体、そして神人に代表されるような北野社膝下の都市民、そして全く異質な二つの祭礼。これらの総合的な関係性を捉えることで、北野社の歴史的展開をより豊穣に把握することが可能となり、ひいては他の有力諸社との比較研究の道も大きく拓かれていくものと考えられる。

（1）瑞饋祭の成立に関しては断片的に言及されるものも多いが、実証的なアプローチを試み、祭礼の生成過程を論じたものに吉野亨「北野天満宮瑞饋神輿についての一考察」（『神道研究集録』二四輯、二〇一〇）があげられる。なお氏は、本文で引用した「瑞饋神輿略記」が『北野誌』に載る瑞饋祭の由来と共通点が多いことから、典拠は西京神人末裔の川井菊太郎氏所蔵文書であると推定する。また戦前の聞き取りをもとに北野社祭神の性格を求めた川井銀之助「質屋奉饌」から見た北野神坐考」（『神道史研究』一一巻二号、一九六三）の中には、瑞饋神輿の成立に関する言及がある。専論としては瀬川弥太郎『瑞饋神輿』（私家版、一九八二）があげられる。

（2）岡田荘司「平安京中の祭礼・御旅所祭祀」（『平安時代の国家と祭祀』第三編第二章、続群書類従完成会、一九九四）。

（3）三枝暁子「北野祭と室町幕府」（『比叡山と室町幕府』、東京大学出版会、二〇一一、初出二〇〇七）。

（4）竹内秀雄『（日本歴史叢書）天満宮』（吉川弘文館、一九六八）一一八頁。

（5）前掲注(3)三枝論文。

（6）祇園社における神輿の点検・修復を知らせる史料として、文安四年四月付「祇園社神輿修理諸職注文案」（『増補　八坂神社文書』上、臨川書店、七五三号文書。以下文書番号を示す）、文安四年五月二十九日付「祇園社神輿修理料足請取状」（七五七号）、文安四年五月付「祇園社神輿幕手之組損色注文案」（七五九号）、長禄三年五月四日付「少将井神輿漆修理注文案」（七六九号）、年未詳「祇園社御輿方修理注文」（七七一号）、年未詳「祇園社神輿損色注文」（七七三号）、寛正四年五月日付「祇園社神輿修理諸職注文案」（七七六号）、明応六年五月二日付「祇園社神輿修理大工注文案」（七七九号）、天正十七年四月十四日付「祇園社神輿損色注文目録」（七八五号）などがあがる。

（7）「三年一請会関係史料」として、本文にaからdとして列記した史料の正式名称（表紙に記載された名称）は、たとえばcならば「三年一請会引付条々」、dならば「当宮三年一請会停止記録」と編集段階で付けられた史料名称と一致しない。しかし、正式名称は、「条々引付」、「引付条々」など、共通した語句を用いて表現しており、紛らわしい。混乱を避ける意味で、本章では編集段階に付された史料名称を用いた。

（8）表紙に「禅厳法印・禅尋法眼記録也」と記してあり、この引付が作成されたのは、まさに三枝暁子が指摘する、室町幕府が主導的に北野社の三年一請会、北野祭に関わりだした段階と符合する。北野社にとっても画期ともなる段階の記録であり、幕府との関わりが濃密に窺われることが想定される点も本引付の史料的価値を一層たかめているといえる。

（9）これら内陣役の潔斎の場としては「法華堂」が利用されていたことが、『北野社家日記』（以下、『日記』と表記）二、延徳二年四月二十八日条に見える。

（10）「三年一請会引付」明徳三年五月八日条（『北野天満宮史料　古記録』、以下『古記録』と表記）。

（11）「三年一請会引付」応永四年七月二十日条（『古記録』）。

一、応永四年七月廿日、祭初在レ之、三座師子社家下行物為二少事一、難レ随二神事一之由及二訴訟一、若所レ申社家無二許容一者、廿日祭礼初神事不レ可二参勤一之由、十六日来申レ之間加二問答一云、社家下行物不レ違二往古一、西京大宿禰下行物其又無二子細一云々、以二何篇一可レ及二嗷訴一哉、祭礼儀則毎事朝儀也、宜為レ所レ存且此此（衍カ）分可二注進一、公方厳密可レ被レ誡之由、堅可二申入一之間、加二問答一止返了、赤頭学頭廿日早朝来申云、若者共不レ知二故実一、比興事申上、不レ可レ然候、於二行貞一ハ今日御神事可レ致二参勤一之由歎申之間、以二撫民之儀一、可レ致二沙汰一之由、加二下知一了、残二頭同来申歎申入、如二先々一致二其沙汰一了、師子酒肴等毎事如二恒例一、

（12）「三年一請会引付」明徳三年八月一日条（『古記録』）。

（13）老松殿の神性を物語る史料として長享二年（一四八八）六月に松梅院禅予によって作成された「神記」（『古記録』）があげられる。ここでは、老松殿の性格を「当社御在世ノ牛飼ニテ御坐ス」と記す。同書の中では老松が菅原道真の「笏」を預かり上洛し、天神影向の松の種を蒔く人物としての性格が与えられる。また同時に「当社後見ノ御神」として他の摂末社と比して抜群の神格をもったことが記載されている。老松は、いわば神としての道真を北野に祀る上での根拠を作った主体ともいえよう。本文記載のように北野社の中核神である大御前、三所皇子とともに神供が供えられる背景には、北野社中核神の「後見」として祀られる老松の神性があったのではなかろうか。

（14）中世における北野社御旅所に関して、その位置を明示する直接的な史料は管見の限り見出せていない。しかし近年、五島邦治は、道真の託宣を受けて社殿を草創した多治比奇子の功績の由緒により、神輿を奇子の旧宅に移してその地で祭礼を行う姿を想定し、奇子旧宅の系譜を引く一之保御供所旧跡（現在の安楽寺天満宮）を中世の御旅所と想定した（「北野巫女「あやこ」と多治比奇子」、『藝能史研究』一九六号、二〇一二）。本説は一次史料から導かれた結論ではないものの、祇園社と稲荷社の比較の中で析出された本社と御旅所との関係を北野社へも敷衍したものであり、傾聴すべきアイディアだと考える。本章補論でも触れる。

(15)「祭礼引付」文安二年八月一日条（『古記録』）。
(16)「三年一請会引付」明徳二年八月二日条（『古記録』）。
(17)「三年一請会引付」明徳二年八月四日条（『古記録』）。
(18)「三年一請会引付」明徳三年九月四日条（『古記録』）。
(19)前掲注(3)三枝論文。
(20)『経俊卿記』建長八年八月四日条裏書。
(21)この史料と関わりの深いものとして『経俊卿記』建長八年四月九日条があげられる。本史料からは、本文の「北野宮寺御鉾」が、検非違使下部により破損させられており、それをめぐって北野一社奉幣がもたれているこが確認できる。実は本文で引いた八月四日の記事は、その修理をめぐっての奏事である。この検非違使下部による「御鉾」破損については『百錬抄』同日条にも「北野一社奉幣也〈神宝破損事、被謝申〉」と記載される。ここで重要なのは、破損した「北野宮寺御鉾」が「神宝」と記載されることである。鎌倉期、室町期を通して北野祭礼においては神輿行列の中に「神宝持」が存在する。この点から、「御鉾」と記述されなくとも、祭礼の中にそれが存在する可能性が指摘できる。
(22)「三年一請会引付」明徳三年九月三日条（『古記録』）。
(23)「三年一請会引付」応永四年八月四日条（『古記録』）。
(24)竹内秀雄「天満宮の普及」（前掲注4『(日本歴史叢書)天満宮』第四章）。
(25)この他、道明寺天満宮所蔵「北野天神縁起絵扇面貼交屏風」にも「八月大祭」を描いたものがあり、そのモチーフの比較研究として山本五月「道明寺天満宮蔵「北野天神縁起繪扇面貼交屏風」の特質」（『國華』一一一一号、二〇〇六）、同「室町期の北野天神縁起絵」（『説話文学研究』四一号、二〇〇六）があげられる。また「杉谷本」についての詞書、描写部分は生杉朝子訳『杉谷本　北野天神縁起絵巻』（私家版、一九九四）によった。
(26)梅津次郎「天神縁起絵巻　―津田本と光信本」ほか（『絵巻物叢誌』法蔵館、一九七二）。
(27)『北野誌　地篇　北野文叢　上』十五（國學院大学出版部、一九一〇）。
(28)「北野天神縁起」諸本の比較作業を行うにあたり、須賀みほ氏の行った一連の研究は重要である（須賀みほ『天神縁起の系譜』、中央公論美術出版、二〇〇四）。氏は未だ翻刻史料の出されていない作例に関してこれを作成するとともに、複数作例間の詞書を比較するための手段として、詞文をその意味について吟味しつつ任意の文節に分割し、諸本詞書をこれにしたがい一覧に対照する方法を提示した。これにより、各作例の位置関係をより明確に捉えることが可能となり、ここに歴史史料として本作品群を読み解いていく素地が整えられたといえよう。

(29) 北野社に属する大座神人、あるいは牛飼の象徴性については、第一項でも触れた飯田紀久子「天神信仰における牛の由来」（瀬田勝哉編『変貌する北野天満宮』、平凡社、二〇一五）に詳しい。

(30) 真保亨「縁起絵巻と北野聖廟絵」および「北野天神縁起本文の成立」（『北野聖廟絵の研究』第一章第一節・第三節、中央公論美術出版、一九九四）。また「北野天神縁起」に関する一般的な記述は竹居明男編『北野天神縁起を読む』（吉川弘文館、二〇〇八）によった。

(31) 齋藤拓海「院政期から鎌倉初期の近衛庁頭とその職掌」（『史学研究』二七四号、二〇一二）。

(32) 『明月記』承元元年七月八日条。

(33) 『民経記』寛喜三年八月三日条。なおこの条に関しては、本郷恵子「公事用途の調達」（『中世公家政権の研究』第二部第一章、東京大学出版会、一九九八）、拙稿「中世後期における四府駕輿丁の展開」（『総研大 文化科学研究』三号、二〇〇七、本書第二章）も相論の経緯を追う。

(34) 「北野天神縁起」諸本の叙述のうち、「神馬十列」についても同様のことがいえる。祭礼に際し、一種の競馬的な性質をもった本儀礼は、縁起の叙述においては宝殿を引き回した後、十列に及ぶ構成で描かれている。文献史料においても、少なくとも十二世紀においては「今日北野祭、午刻許立〔神馬十列〕」（『殿暦』康和四年八月四日条）などの史料が散見され、その存在を確認できるが、室町期のものにおいては見出せない。

(35) このうち、道張については、詞書でその存在は確認されないものの、鎌倉期から室町期における北野祭礼の中では共通してその存在を確認できるものであり、絵画部分特有の実態描写として捉えられる。

(36) 相澤正彦「初期狩野派の北野天神縁起絵巻（上・下）」（『神奈川県立博物館研究報告（人文科学）』二四号・一九九八、二七号・二〇〇一）。

(37) 本文の記述と関係し、このことと関連して着目されるのは、第一節で分析した「三年一請会関係史料」の残存期が、先に確認した十四世紀後半に含みこまれることである。このことは、当該期において北野社側にこれらの儀礼に関する情報を意識的に集積しておく必要があったことを示している。

(38) 応安期から見られる日吉神輿造替に関する記述は、下坂守『京を支配する山法師たち』（吉川弘文館、二〇一一）に拠るところが多い。

(39) 『師守記』応安四年三月十二日条。

(40) 『愚管記』応永二十年六月二十日条、『後愚昧記』同日条、『師守記』同日条、『日吉神輿御入洛見聞略記』など。

(41) 『花営三代記』応安五年十月十日条。

(42) 『古記録』所収。

(43) 「神輿造替記録」永徳元年十二月十八日条（『古記録』）。

(44) 「神輿造替記録」永徳元年十二月十三日条（『古記録』）。

(45) 一方の祇園神輿造替について、完遂を示す明確な史料は未だ見出せていないが、瀬田勝哉「中世の祇園御霊会」（『洛中洛外の群像』、平凡社、一九九四、初出一九七二）により、明徳二年（一三九一）に「八大王子神輿銅細工代注文」（『増補　八坂神社文書』上、七四七―七五号文書など）が見られることから、その時期が想定されている。北野神輿の完成からさらに数年間は祇園社神輿の造替は行われなかったのであり、北野・祇園間にある幕府の意識の違いを知ることができる。なお、その他この動向を追ったものとして河内将芳「室町期祇園会に関する一考察」（『中世京都の都市と宗教』第一章、思文閣出版、二〇〇六）などがあげられる。

(46) 本郷恵子「諸官司の再編」（『中世公家政権の研究』第二部第二章「公家政権の経済的変質」所収、東京大学出版会、一九九八）。

(47) 「神輿造替記録」における諸下行書上げは、請取の送受に関する記載があっても、具体的な金額が記されていないものが多々有る。その意味では、本儀礼に際して執行された事業費の全貌を把握するには至らない。しかし、その一覧を作成すると（参考表）、拠出主体がほぼ幕府に限定することが見て取れ、少なくとも三貫九百文が事業経費として算出できる。全貌が把握できないまでも、本事業における運営費に占める幕府財政の割合の多さが見て取れよう。

（参考表）神輿造替記録に見える諸下行一覧

年月日	経費内訳	金額1	金額（疋）	用途	儀礼区分	備考
永徳元年12月18日	幕府下行		五〇〇	大工装束（浄衣）	事始	
永徳3年1月24日	幕府下行	御料足少々		神輿方大工	造替	
永徳3年2月カ	幕府下行		二〇〇	宮仕装束？	造替	但し、一〇〇疋は宮仕酒直料
永徳3年2月10日	幕府下行	料足少々		当社塗師大工	行事所	
永徳3年2月10日	幕府下行	料足少々		当社鍛冶大工	行事所	
永徳3年7月4日	幕府下行	要脚銭		金銅師	造替	
永徳3年7月			二〇〇	仮神輿遷座役人単価（二〇〇）	神輿遷座	但し、一人別の代金
永徳3年8月24日	幕府下行		二〇〇〇	仮神輿役人襌浄衣	神輿遷座	
永徳3年8月24日	幕府下行		一〇〇〇	神輿御供・御神楽料足	神輿遷座	
合計			三九〇〇			

(48)「神輿造替記録」永徳元年十二月（『古記録』）。

(49)至徳三年「神輿中門回廊等造替記録」（『古記録』）。

(50)永徳三年三月二十四日付「松田貞秀書状」（「神輿造替記録」所収、『古記録』）。

(51)永徳三年二月十日付「禅厳書状」（「神輿造替記録」所収、『古記録』）。

(52)永徳三年正月二十四日付「松田貞秀書状」（「神輿造替記録」所収、『古記録』）。

(53)櫻井芳昭『ものと人間の文化史一五六　輿』（法政大学出版局、二〇一一）。

(54)本文で用いた「祭礼御教書」とは、当該名称で「三年一請会停止記録」（『古記録』）に引かれる応永五年（一三九八）八月十三日から宝徳元年（一四四九）十二月十一日までの六通の文書を典型とする。様式的に言うならば、これらは室町幕府御判御教書（義満御判・応永五年八月十三日付、義持御判・応永三十二年八月九日付）、室町幕府管領奉書

（畠山基国在判・応永十年七月二十日付、畠山満家在判・正長元年十二月三日付、細川持之在判・嘉吉元年八月十六日付、畠山持国在判・宝徳元年十二月十一日付）と分類すべきもので、古文書学的には同一視することはできない。しかし延引された北野祭礼の再開を命じる機能をもつ文書という意味では共通点を見出せ、本文では機能を重視した「祭礼御教書」という名称を用いた。

(55)　明徳三年八月七日付「細川頼元祭礼御教書」（「三年一請会引付」所収、『古記録』）。

(56)　「三年一請会停止記録」中には、「祭礼御教書六通」として足利義満、足利義持、畠山基国、畠山満家、細川持之、畠山持国の祭礼御教書が見える。

(57)　神輿の造替・修復を介して、職人たちと幕府が密接に関わる事例は、北野社のみに限ったものではないと考える。現に、祇園社には、文安四年（一四四七）四月付「祇園社神輿修理諸職注文案」（『増補　八坂神社文書』上、七五三号文書）が残されている。本史料は、轅の代金や番匠料・漆師料など、神輿修理に関して必要な部材とその経費をまとめた注文であるが、宛所は室町幕府奉行人の飯尾為種である。神輿修理費用は幕府拠出であると考えたほうが妥当であり、神輿に関わる職人たちとの密接な関係も否定することはできない。しかしながら本文でも強調したように、北野社の場合は、神輿の造替・修復に関して、大蔵省沙汰（朝廷権限）から武家沙汰（幕府権限）に差配の主体が切り替えられ、社家指南（北野社の主体性）が獲得された事例が存在する。このことこそ幕府が北野社神輿に積極的に介入したことを示し、幕府と北野社との協働を物語るものであり、本論で最も重視する部分である。

(58)　「北野宮三年一請会条々記録」のうち、(A)の注文には「修理」として「両神輿舁柄幷雁歯板御榻四脚皆悉塗之」など四件の修理項目を列挙する。本注文の冒頭には、本文で引用した(C)の注文と共通して、神輿を構成する諸製品を書き上げていることを加味するならば、(A)～(C)の注文の共通した構成として、冒頭書上げ部分が製品の全体、後半の修理部分がそのうちの修理項目、という構成区分であるとおさえることが妥当であり、応永五年は修理項目が加筆されないまま残されたものではなかろうか。

(59)　至徳元年「祇園社三社神輿御装束注文案」（七四六号文書。以下文書番号を示す）、寛正四年十二月二十五日付「祇園社神輿装束注文」（七七七号）、文明四年六月一日付「祇園社神輿装束注文」（七七八号）、永正八年十二月三十日「八大王子神輿装束目録」（七八二号）、年未詳「三社神輿御装束注文」（七八三号）、弘治二年六月十八日付「大宮神輿御装束注文」（七八四号）、年未詳「祇園社神輿装束注文」（七九三号）。

(60) 寛正四年五月付「祇園社修理諸職注文案」（『増補　八坂神社文書』上、七七六号文書）。

(61) 天正十七年「祇園社神輿損色注文目録」（『増補　八坂神社文書』上、七八五号文書）。

(62) 永享三年「北野宮寺祈祷帳」（『北野天満宮史料　古文書』〔以下、『古文書』と表記〕六四号文書）。

(63) 文安二年七月付「祭礼引付」（『古記録』）。

(64) 「三年一請会引付」応永四年七月二十日条（『古記録』）。

同日、以二両公人一西京大宿禰如二先々一来朔日銹神供早々可二調進一之由大宿禰相触了、一御鉾等早々可レ参之由、同加下知了、若可レ存二其旨一之由申レ之。

(65) 主要なものとして小野晃嗣「北野麴座に就きて」（『日本中世商業史の研究』、法政大学出版局、一九八七、初出一九三二）、網野善彦「造酒司酒麴役の成立について」（竹内理三博士還暦記念会編『続　荘園制と武家社会』、吉川弘文館、一九七八）、同「西の京と北野社」（『網野善彦著作集一三　中世都市論』、岩波書店、二〇〇七、初出一九九〇）ほか。

(66) 豊田武「西陣機業の源流」（『豊田武著作集一　座の研究』、吉川弘文館、一九八二、初出一九四八）。

(67) 高橋康夫「西陣の成立」（『京都中世都市史研究』第四章第二節、思文閣出版、一九八三）。

(68) 前掲注(3)三枝論文において、三枝は「禅盛記録抄」（北野天満宮所蔵、京都国立博物館特別展図録「菅原道真公千百年記念　北野天満宮神宝展」一部翻刻）に注目し、北野祭礼において渡物の役負担を賦課する対象として「大宿直九保内殿守保」が存在することを指摘した。当然、この「大宿直九保」は西京神人の「西京七保」と対比されるような大宿禰神人の神供の調進単位だと考えられる。しかし「西京七保」が西京一之保や西京二三条保といった七保を構成する区分が一定程度見られるのに対し、「大宿直九保」は全く判然としない。おそらくこの「殿守保」が今のところ唯一のものではなかろうか。

既に前掲注(67)高橋論文において、酒屋・織手関連史料を博捜し、大宿直周辺の地理的状況が復元されている。そこには主殿小路を中心軸に東西に展開している様子が知られるが、この「殿守保（とのもりほ）」は地域名「主殿（とのも）」と音が通じており、この地域との関連性がうかがわれる。

(69) 大舎人織手の前身である織部司織手に関して、脇田晴子は「専属の織手として奉仕するとともに、商品生産を一方で営むという二面性を有」する存在と規定した。また万里小路家が織手を配下としていった背景には、織部司としての権限で織手たちに課役賦課が行使し得たことを指摘し、十四世紀後半から十五世紀前半の間に画期をみた（脇田晴子「座と本所」、『日本中世商業発達史の研究』第三章第三節、御茶の水書房、一九六九）。

(70)『実躬卿記』永仁三年八月一日条。

(71)「三年一請会記録」嘉吉三年七月二十一日条（『古記録』）。

(72) 本史料中、②の部分は長櫃の安置場所に関する記述であり、一連の記述の中で重要性があるものの、見せ消ちが施されていること、他の記述では安置されるべき対象が「御長櫃一合」と記述されるのと異なり、「八合長櫃ニ入而御八合請取」などと記述されており、内容があわないこと、これらのことから記主による事実誤認に基づいた訂正表現であると判断し、本文の解釈には採用しなかった。

(73) 関連する事例として明徳三年（一三九二）の足利義詮室・香厳院の死去に伴う天下触穢の一件があげられる。その過程では、「天下触穢候之間穢限中ニハ糸一筋もこしらへ申さぬ事候間、此分織手ニ堅申含候」という記述が確認され（「三年一請会引付」明徳三年七月十三日条）、天下触穢中の最中、織手たちは一切の製織活動が禁忌となる通例があったことが知られる。この禁忌も、神性を帯びる大宿禰神人の織物加工品に穢が及ばぬようにする配慮から発生する意識であり、本文で引用した事例との共通点が浮かび上がる。

(74)『北野社家日記』一、宝徳元年十二月十一日条。実際に紛失していた「神輿御餝」については「神輿御餝紛失、羅網鈴二十五・御幡鈴十二・華慢《(鬘)》十・上巻三以上、皇子殿紛失、羅網鈴十八・御幡鈴十五・上巻二・ツハメノ口玉三以上、」と記載される。

(75)「祭礼引付」（『古記録』）、文安二年八月一日条。

(76)「三年一請会記録」嘉吉三年十一月十八日条（『古記録』）。

(77)『建内記』永享三年十二月二十一日条。

(78) 若干下る事例ではあるが、大宿直織手は応仁・文明の乱後の天文十六年（一五四七）に至り、北野祭が停止されてもなお、将軍との関わりを要求し、座外の者の違乱を防ぐため将軍家内室の被官人となっていることが確認できる（天文十六年閏七月十五日付「大舎人座申状」、『久我家文書』）。室町時代を通じて、織手たちは幕府に特権の根拠を求め、自己の生産・商業活動の正当性を確立しようとしていったことがここから明らかとなる。

(79) 二木謙一「室町幕府年中行事定例化の一考察」(『國學院雑誌』六六巻八号、一九六五)・「室町幕府歳首の御成と垸飯」(『中世武家儀礼の研究』第一編第一章、吉川弘文館、一九八五)。

(80) 関周一「唐物の流通と消費」(『国立歴史民俗博物館研究報告』九二集、二〇〇二)。氏は『満済准后日記』の八朔贈答儀礼を検討しながら、唐織物など唐物の受容の過程を追う。

(81) 『年中定例記』(『群書類従』二二、武家部)。

(82) このことと関連し、『教言卿記』応永十三年(一四〇六)十月三日条の「自二裏松殿《(日野重光)》一絹《小袖》四十、錦ハ上ハカリ、下ハアワセ、錦十疋ツ、二貫・ワタ八十疋・練アシ四十・糸アシ三百二十疋送賜也、ムシリ足ハカヘシ云々、折帋如レ此、北野御経結願之時、法師共御布施料歟」という記述は着目できる。本史料は、北野万部経会に際し、山科教言のもとに日野資光から絹・錦・綿など、小袖の材料となる品々が到来したことを伝えている(臼井信義「北野社一切経と経王堂」、『日本佛教』三号、一九五九)。これらの材料は、山科家が所管する内蔵寮織手たちに渡り、最終的に小袖に仕立てられるものであろう。この小袖が万部経会に出仕する僧侶への布施として利用されたと考えられる。北野万部経会は義満が発願として開始されたもので、以後、幕府儀礼として継続される。応永期において幕府が小袖をいかに贈与品として活用したかを知る上で重要な史料である。

(83) 表4において、応永十一年(一四〇四)の神輿造替以降、儀礼の実施が再び不定期的になっていくのも、それまでの期間で幕府が大宿禰神人を十分に把握し、儀礼実施の意義が薄れていったことによるのではなかろうか。

(84) 佐々木銀弥「中世末期における唐糸輸入の一考察」(『日本中世の流通と対外関係』、吉川弘文館、一九九四、初出一九七七)。

(85) 十五世紀における「大舎人座・大宿織手・御陵織手らに対する座的拘束が弛緩」したとする佐々木銀弥の評価はやや抽象的か。管見の史料で見ると、嘉吉元年(一四四一)には、山科家が所管する内蔵寮織手に不足が生じ、万里小路家に大宿直織手で補塡したいと願い出るが、これを断られた事例を見出すことができ(『建内記』嘉吉元年三月三日条)、また永正十年(一五一三)から翌十一年においては、大舎人座と練貫座が製織方法をめぐって激しく対立していることが見て取れる(山岡景命編纂「西陣織物沿革提要」、本庄栄治郎編『西陣史料』所収、一九七二)。これらの事例から明らかなように、十五世紀に至ってもなお大舎人座・大宿直織手・御陵織手らは一定の座的拘束を受けており、これら諸座の組織的拘束に積極的な弛緩を見出すことはできない。

(86)　河上繁樹は既に、平安から鎌倉において国内生産される「唐綾」の存在を指摘しつつ、唐織物の唐という意味が、中国製あるいは中国風という意味から離れ、平安時代以来の貴族に好まれた織物の伝統を引く高貴な織物というイメージに転換したことを指摘した（「「唐織物」の受容と変様」、『人文論究』五二巻三号、二〇〇二）。

(87)　『北野天満宮史料　目代記録』。

第三章補論　北野祭礼神輿と禁裏駕輿丁

第一節　北野祭礼の変遷とその性格

前章でも述べたように、北野祭礼において神輿渡御を担うのは、禁裏駕輿丁である。本来、朝廷に所属し主に行幸に勤仕していた彼らは、どのような回路で北野社、北野祭礼に結びつくのであろうか。この点を述べ、第三章の補論としたい。

(一)　北野祭礼の変遷

まずはこれまでの成果に依拠しつつ、北野祭礼の変遷を概観しておくこととする。

A北野祭礼の成立（十世紀後半）

岡田荘司によれば、十世紀後半の一条朝において北野社は公家・摂関家から特別の崇敬をうける神社となったという。それを裏付けるように、一条天皇が即位した年である寛和二年（九八六）八月に天皇御願の臨時祭が北野社で開催されたことが知られ、その翌年の永延元年（九八七）から公的性格を帯びた北野祭礼が行われることとなった。同時にこの時に「天満天神」という勅号も定まり、朝廷との密接な関係が確立されていく。しかし北野祭礼の場合、上卿・弁・外記らの参向する勅祭とは異なり、内蔵寮官人の奉幣が行われるのみであったことは重要で、これは祇園会・稲荷祭・今宮祭など御霊会系統の祭礼との共通点であった。(1) なお北野祭礼の式日は当初八月五日であったが、永承元年（一〇四六）に後冷泉天皇母の藤原嬉子の国忌と重なるため四日へと変更された。このことも、北野祭礼と朝廷との関わりの密接さを示す点であるといえる。

B北野祭礼の展開（十三世紀～十四世紀後半）

成立期に見られた北野祭礼の公的性格はその後も維持された。祭礼の運営体制や経費など、儀式の遂行基盤が明確になってくるのは十三世紀にまで下らなければならないが、この頃においては蔵人が祭礼奉行をつとめ、率分所と大蔵省が費用を調達して運営される体制であり、(2) 朝廷が主催する祭礼であったことがわかる。

しかし、十四世紀後半に入ると、この体制が大きく転換していくこととなる。室町幕府が京都市中に政権を確立するに伴い、祭礼の費用は幕府が寄進した料所から拠出される形に切り替わり、祭礼の中核である神輿の造替も幕府の資金拠出と運営組織の刷新によって安定的に行われるようになった。(3) つまりこの段階において、北野祭礼は朝廷が主催する祭礼から室町幕府が主催する祭礼へと性格を変化させたということができる。

C北野祭礼の神輿

神事としての北野祭礼の中核は、祭神を乗せた神輿が神幸・還幸を行うことであった。それは天神信仰の普及教化を目指して作成された各種の北野天神縁起の最終部が北野祭礼であり、八月四日の本社への還幸が叙述されていることからも裏付けられる。また祭礼に利用された神輿も特徴的なものであった。

北野社に所属する神人として酒麴を扱う西京神人はよく知られているが、実は彼らと対をなす存在として中世北野社には大宿禰神人（大宿直神人とも）が存在した。彼らは、西京神人とともに祭礼においては鉾を渡すのを役目としていたが、同時に神前に餝神供を供える主体でもあった。この神供の実態を明確に把握することは現段階では困難だが、彼らが帯した職能と深い関わりがあったことは想定できる。実は彼らは大宿直（壬生東・土御門北に位置）を拠点に製織を行う職能民なのであり、祭礼に際しては神輿に着せつける神服を調進する主体であった。餝神供は、まさにこのような神服が神供として象徴化されたものであったと考えられる。

大宿禰神人はのちの西陣の織工につながっていく職能集団であり、彼らが織り出す神服は高い技術をもった高級製織品であったといえる。つまり、北野祭礼の神輿は屈指の技術で製作された染織工芸品で飾り立てられ、荘厳されたものであったのだ。

D北野祭礼の停止（十五世紀半ば）

室町幕府による祭礼の実態的な把握は、足利義満による政権下に顕著に進み、以後それが踏襲されていく。しかしながら文安元年（一四四四）の文安麴騒動（麴商売における特権確保を求める西京神人の閉籠行為）に際する社頭炎上の後、祭礼をめぐる状況は一変する。寛正二年（一四六一）八月四日、神殿内における西京神人の自害事件の後、祭礼の実施を伝える史料が見られなくなるのである。[4] さらに応仁・文明の乱では、北野社は西軍の勢力圏となり、神輿も本殿から引き出され、西大路にあった仮社殿へ遷されることとなった。[5] この神輿は一年あまり当該地に安置されたが、文明七年（一四七五）二月十日に至り、仮社殿に隣接する安楽光院境内在家から出火類焼し、累代の轅と三年一請会御輿一基が焼失してしまう事態となった。[6] 文明十年に至り、焼け残った轅を用いて神輿一基が復興されたが、[7] この頃、北野社祠官の多くは京都を離れて各地に下向していたようで、神事を実施することが困難であった。戦乱による幕府勢力の衰退をも勘案すれば、神輿渡御を伴った神幸祭としての北野祭礼はこの段階で停止したと考えることができよう。

（二）　駕輿丁と北野祭礼はいかに結びつくか

このような特徴をもつ北野祭礼であるが、繰り返し述べてきたように、祭礼に際して神輿を舁く主体は朝廷に所属する禁裏駕輿丁（以下、とくに断らない限り単に「駕輿丁」と表記する）であった。ではなぜ、駕輿丁たちは北野社神輿を舁くようになったのだろうか。

実は、この問題に言及した研究が存在する。久米舞子「平安京「西京」の形成」がそれだ(8)。久米は、平安京における地域社会としての「西京」がいかなる経緯で成立してくるかを追究する中で、北野神輿と禁裏駕輿丁との関わりに触れ、次のように述べている。

北野祭において神輿を舁く役を務めたのは、近衛府の駕輿丁であった（中略）、近衛府の駕輿丁は、西京神人との代替が可能であり、北野社の神人に近い存在として認識されていたと考えられる。（略）近衛府の駕輿丁は北野社領、とりわけ西京に居住したために、北野祭に神輿の舁き手として奉仕したのではないか。ゆえに北野社の神人と共に訴訟を起こし、西京神人との代替もまた可能であったのではないか。

確かに左右近衛府・左右兵衛府のうち、右近衛府の官司厨町は、平安京における右京土御門南・堀川西に所在しており(9)、当該地は、のちに北野社領として定着する地域である。右近衛府に編成される駕輿丁も当該地に定着していたことは十分に考えられ、北野社領民として把握されていた可能性は高い。また文安三年（一四四六）の北野祭礼の際、駕輿丁内部が分裂し相論に展開したことがあったが、当時、機能不全に陥った駕輿丁の代わりに神輿神幸を行ったのは、「西京鉾衆」（西京神人）であった(10)。この事例はまさに西京神人が駕輿丁に代替している事例であり、久米の指摘は一面では的を射たものであるといえる。いわばこの理解は、北野祭礼の神輿渡御が稲

表1　北野祭礼に勤仕する駕輿丁の名称一覧(十三世紀〜十五世紀半ば)

	年月日	駕輿丁の名称	内容	出典
1	寛喜3年(一二三一)8月4日	左右近御輿長・駕輿丁	率分所年預が白布のまま下行をすることを不服として訴訟。	民経記
2	康応元年(一三八九)7月	加与丁	祭礼に参勤するにあたり駕輿丁の武装が停止される。	三年一請会引付
3	明徳3年(一三九二)9月1日	大御前加与丁	駕輿丁が無人であり神幸に違乱が生じる。	三年一請会引付
4	応永元年(一三九四)7月28日	右近府加輿丁等	幕府、右近衛府駕輿丁等の申請によって米酒以下の課役を免除する。	三年一請会引付
5	応永3年(一三九六)7月29日	右近府駕輿丁事等	幕府、右近衛府駕輿丁の紺持売の諸役を免除する。	三年一請会引付
6	応永4年(一三九七)7月23日	右近府加輿丁	祭礼へ参勤すべき時刻を問い合わせる。	三年一請会引付
7	嘉吉3年(一四四三)7月28日	四符駕与丁	北野祭、触穢により延引する。	三年一請会記録
8	文安2年(一四四五)7月28日	四府駕輿丁	北野祭礼において喧嘩に及ぶ。	祭礼引付
9	文安3年(一四四六)8月1日	駕輿丁(四府駕輿丁)	駕輿丁のうち惣衆と十五人が相論をする。それに従って神幸に支障が出る。先立って獅子田楽と西京鉾等が進められる。	北野社家日記
10	享徳2年(一四五三)8月4日	四府駕輿丁・左近付加輿丁	三府と一府に別れて内部分裂。	康富記
11	享徳4年(一四五五)5月2日	四府駕与丁	四府駕輿丁が北野祭礼に際して訴訟を行う。	三年一請会停止記録
12	長禄2年(一四五八)8月4日	駕輿丁四府	駕輿丁の根本勤仕は御輿宿への勤仕、八幡・北野祭礼そのほか三節会であると主張する。	『京都御所東山御文庫所蔵　地下文書』77号文書
13	寛正5年(一四六四)5月日	駕輿丁左近府左兵衛府輩	駕輿丁の根本勤仕は御輿宿への勤仕、八幡・北野祭礼そのほか三節会であると主張する。	『京都御所東山御文庫所蔵　地下文書』32号文書

荷祭や松尾祭など他の都市祭礼と同様、神社膝下あるいは関連地域の領民を主体として行われていたものであったことを主張しているものと考えられる。

しかしながら、この点についてさらに考えなければならない問題が存在する。ここで表1を示す。本表は北野祭礼に参勤する駕輿丁の名称に着目し一覧化したものである。本表を一見して明らかなように、「北野祭礼関係史料」に見える駕輿丁は左右近衛府に所属するもの、あるいは四府（左右近衛府・左右兵衛府）に所属するものが大半を占め、右近衛府単独で記載される事例は十三例中三例にとどまるのである[11]。つまり北野祭礼には右近衛府にとどまらない駕輿丁の参加が中世を通じて確認されるのであり、北野祭礼と駕輿丁の結びつきを地域的な密接性にのみ求めることはできないのである。それでは、北野祭礼と駕輿丁の接点はどのようなところに求められるのであろうか。節を改めて検討したい。

第二節　北野祭礼と禁裏駕輿丁の接点

（一）十三世紀における駕輿丁の祭礼参加

北野祭礼が成立したのが永延元年（九八七）であったことは先述したが、北野祭礼への駕輿丁の参加が認められる最も早い事例は、祭礼が成立してから二百二十年余を経た十三世紀前半を俟たなければならない[12]。まずは本事例を検討し、当該期において駕輿丁がいかなる形で北野祭礼と関係を取り結ぶかを確認したい。

廿三日、丁未、天晴、今日関白家氏院参賀云々、家司右少弁忠高奉行云々、未刻許参二殿下一、先レ之権右中弁光俊朝臣祗候、以二右少弁信盛一申条々事、（略）北野祭大蔵省切下文諸国散状所二内覧一也、有二御点一、任二近例一可レ引二付御輿長・駕輿丁一之旨可レ被二仰下一歟之由所レ申也、仰云、任二此御点一猶可レ加二催促一、申二子細一者可レ引二御輿長一之由可レ載二御教書一、散状頗遅々如何之由有レ仰、先々此事頗沙汰、近々有二其沙汰一前一両日之

間、引㆓御輿長已下㆒譴㆓責諸国㆒定事也、（略）(13)　（傍線筆者注）

本史料は、寛喜三年（一二三一）七月における祭礼の費用調達に関する記述である。そもそもこの年は、前年から続く異常気象によって列島規模で凶作が生じ、大飢饉に陥っていた。このような中、国家の平安を維持し早急に事態を打開するためには、御霊会の性格をもつ北野祭礼を実施することは為政者にとって喫緊の課題であり、なんとしても運営費用（饗料）を確保しておく必要があった。しかしながら、いくつかの地域は蔵人所への進納が遅れ、ここでは関白・九条教実を中心にその対応について相談を重ねている様子を知ることができる。

一連の記述のうちここでは傍線部に着目したい。すなわち、饗料催促の御教書を発給する際、もし各国が納入を難渋することがあれば御輿長・駕輿丁に命じて譴責を加える、と記載させる決定をしたのである。「譴責」とは時代により、あるいは文脈により解釈に幅がある文言であるが、ここでは「厳しく責め立て不足分を取り立てること」という意味であろう。すなわち北野祭礼と駕輿丁との最初期の関わりは、神輿渡御に関する文脈ではなく、祭礼費用の調達の文脈で見られるのである。もっともこの年の祭礼において神輿渡御を担ったのは駕輿丁であることは明白だが(14)、神輿の関わりを超え費用徴収主体の一員として姿を見せることは重視しなければならない。

中世前期における北野祭礼が、平安期以来の運営体制が維持され、大蔵省および率分所によって費用が徴収され執行される朝廷の祭礼であったことは先述した。駕輿丁が費用徴収の文脈で史料に姿を見せることは、彼らが主催者側である朝廷の一員として編成され、機能を果たしていたことを物語るものであるといえよう。

では、中世後期に至り、祭礼の実態的な主催者が室町幕府に移行した後、この関係はどのように変化するのであろうか。次の史料に着目したい。

一、西京神人幷大宿禰神人等長具足停止事、以㆓雑色㆒自㆓侍所㆒相触了、同加与（駕輿）丁兵士事年預（堀川時弘）許へ同停止事相触候、(15)

康応元年（一三八九）七月の末、数日後にせまった北野祭礼に際して、これに勤仕する西京神人、大宿禰神人、駕輿丁らに兵具の停止命令が出た。この頃の北野祭礼は安全な渡御を維持するため行列の警固は幕府侍所が担い、それ以外の勤仕の面々に対しては不要な武力が停止されるのが慣習だった。ここで着目したいのは、兵具停止命令が西京神人・大宿禰神人に対しては雑色を通じて侍所が命じ、駕輿丁に対しては年預を通じて命じられている事実である。

この年預とは大蔵省年預のことで、ここでは堀川時弘を指す(16)。他にも時弘は、三年一請会料足の請取の発行とその差配(17)、同会の内陣「御戸開」への立ち会い(18)、また北野祭礼料足の請取をも発行している(19)。管見の史料から見れば大蔵省年預・堀川氏は、料足徴収を中心とした三年一請会や北野祭礼の事務取扱い担当者としての役割を担っていたものと考えられる。また大蔵省年預と北野祭礼との関わりが確認できた事例は、管見の限り享徳四年（一四五五）にまで及ぶ(20)。つまり、北野祭礼において大蔵省年預が役割を果たすあり方は、主催者が幕府に移行した室町時代に至っても継続するのである。幕府は運営権限の全てを朝廷側から摂取するのではなく、前代に成立した運営体制を温存・活用しながら祭礼の実態的な主催者になっていくものと考えられる。

とはいえ大蔵省年預の祭礼参加は、前代から温存された運営方式の一部であり、年預を通じて命令が発せられた駕輿丁も、やはり前代からの遺制の中で運用されていた存在である可能性が高い。寛喜三年の事例において、彼らが祭礼用途を難渋する者に対して、譴責を行う主体として位置付けられたことを想起したい。本来の輿舁としての職能と離れたこの行為は、むしろ武力をもって違乱を取り締まる近衛府・兵衛府の下級官人としてのものではなかろうか。つまり、駕輿丁の北野祭礼への参加は、これまで指摘されてきたような地域的な特質というよりも、朝廷儀礼としての北野祭礼に駕輿丁たちが下級官人として動員されたことによって生じたものだと考えられるのである。

(二) 北野祭礼の性格

北野祭礼と駕輿丁との関わりは、祭礼自体が朝廷の主催儀礼という性格によるものと考えられる。このことを勘案し、本節ではあらためて祭礼の性格について考えてみたい。

岡田荘司は、梅宮祭・吉田祭が外戚祭祀によって十世紀後半に公祭化を遂げたことと異なり、北野祭礼は、「天満天神に対する特別の信仰が藤原一族の間に存在」したからこそ公祭化された、と指摘した。これは具体的には、永延元年（九八七）七月に生じた北野社宝殿破損と、それに伴う皇太后周辺における託宣と殿守司の変死事件を契機として具体化されていったという[21]。御霊としての菅公への恐れが未だ濃厚に残存している中で成立してきたのが北野祭礼なのであり、藤原摂関家とすれば、この御霊を適切に鎮魂し、災厄を抑え込む必要があった。北野祭礼を公祭に取り立て、朝廷が直接的に実施する理由はこの点にこそ求められる。

また近年、五島邦治は北野社におけるアヤコ信仰を検討する中で、古代中世段階に遡る北野社御旅所の位置を、かつての文子天満宮旧跡（西京北町・安楽寺天満宮東側）と比定した[22]。この文子天満宮は、天満宮草創縁起に登場する多治比文子に由来する。西京七条二坊に住んだ文子は、右近馬場に自らを祀れという菅原道真の託宣を最も早く受けながら「身の程のいやしさ」故に住まいの傍に水垣をもって祀った人物である。文子の住宅こそ原初的な天神信仰の在所であるといえ、のちに天満宮として祀られることとなった。その文子住宅由来の天満宮が移転した場所こそ、五島が北野社御旅所と比定した文子天満宮旧跡なのである。これらのことを勘案すれば、北野祭礼固有の性格も見えてくる。

すなわち北野祭礼は、荒ぶる御霊である菅公を朝廷が慰撫・鎮魂するものであり、神輿は天皇の輿昇であった禁裏駕輿丁に昇かせて抜群の格式を表明する必要があったのである。そして神輿は天神信仰の発生源である西京御旅所（文子天満宮旧跡）に渡り、数日間の駐輦の後、本社に還幸される。文子の聖地から右近馬場にある本社に還幸するこの様子は、祭神・菅原道真の神霊が降臨する様子を再現しているのであり、北野祭礼はまさに「みあれ」の神事そのものであると考えられよう。

第三節　その後の北野祭礼

第一章第一節で触れたように、北野祭礼は、十五世紀半ばの戦災や幕府権力の衰退の影響で中断されることとなった。その後、明応六年（一四九七）に至り、室町幕府は北野祭礼の復興を企図するが実現されず(23)、祭礼は長い間途絶したと考えられる。もっとも十六世紀においては、「てんまのみやまつり」(24)や「北野祭」(25)として幾ばくかの芸能が奉納された様子を知ることができるが、前代に見られるような、幕府や朝廷が主催する大規模な祭礼のあり方を想定させる記事を見つけることはできない。おそらく神輿渡御を行わない形で祭礼が開催されていたのではなかろうか。

近世に至っても神輿渡御は行われることはなく、かわって次のような史料が散見されるようになる。

一、四日晴、御祭連歌於二学堂一興行、今朝之御神供三寸各頭載也、晩ニ年預宅ニ而夕飯有レ之、料理遣帳ニ有レ之(26)、

本史料は元禄二年（一六八九）八月四日、学堂における「御祭連歌」の開催を知らせる史料である。学堂とは別名北野学堂といい、延宝五年（一六七七）十一月に、宮仕能養の屋敷を北野社衆中が買い上げ設置したもので、連歌・神道・和歌・儒教などの研究機関であった(27)。つまり十七世紀になると、北野社では八月四日の祭礼式日に連歌を奉納することで「御祭」とし、祭神を慰撫していたのである。

北野社内で完結する形でもたれた祭礼は、神輿渡御の熱狂とは程遠い性質のものとなり、当然駕輿丁の姿も祭

礼の文脈では見ることができなくなる。このような動きの一方で隆盛を迎えるのが、現在につながる西京神人を主体とした祭礼で、次のような史料がその様子を伝えている。

一、頃日風聞ニ西京ニ祭礼ヲ催ス旨也、少キ御輿ヲ拵等之事也、此旨松梅院へも内意申入候処、其沙汰不レ承旨也、

一、三日、経堂之前迄太鼓ヲかたけさせ、此所にて打也、此所ニ而即刻ノ造花居台下知之者上下大小にて、竹杖ニ而十人斗相添小大鼓鐘ヲすり候、役人ハ小児笛吹等神庭上へ来リそれヨリ東ノ鳥井ヲ出、松梅院ノ玄関ハ戸ヲ閉被レ置、左近・善右衛門等護摩堂ノ縁ヨリ立のひ見レ之由也、松梅院護摩堂ニ被レ居事未ニ委シ、寄進物ニ付テ也、扨何事無レ之下大将軍へ帰也、其外弐ツ三ツ夜半過マテニ来ル、ねり物有レ之、桜之外ハ松梅院門内へ不レ入ラ也、[28]

宝永三年（一七〇六）九月、西京神人が「少キ御輿ヲ拵」え、三日に至って経堂前で大鼓を叩き、作物の練行を行ったことを伝えている。本祭では、御旅所において神供もあり、「天神御作木造」、「定家卿自筆詩歌」、「神様御筆之詩」までもが供えられたという[29]。

当然ながら、北野祭礼として為政者を主体とする古代・中世の祭礼と、この西京の祭礼とでは性質が全く異なり、駕輿丁も参勤することはなかった。しかし、この段階に至り、北野社周辺に再び活況をもった祭礼が流行してくることは忘れてはならない。

先述したように、北野祭礼は、荒ぶる御霊である菅公を朝廷が主体となって慰撫・鎮魂し、北野社草創縁起を毎年具現化していく性質をもつものであった。しかしこの一方で当該祭礼は、周辺住民が神威に触れて神とともに楽しみ、住民の紐帯を確認する場としての役割もやはり備えていたものと考えられる。西京を主体とした新たな祭礼は、後者の側面を希求し、あらためて北野社への愛着と帰属を獲得していこうとする西京の人々の強い願

いがあったからこそ生じてきたものであるといえる。北野社を舞台に展開する祭礼は、朝廷の祭礼、室町幕府の祭礼、北野社内における連歌の祭礼、そして西京という膝下地域の祭礼、など様々な姿を見せる。これらの姿は、人が神と結縁をする方法の変化を象徴的に表しているものと考えられる。この多様な結縁および祭礼形態を生み出した母体こそ、多様な願いを受け止めつつ肥大化を続けた北野社とそこに根付いた天神信仰なのである。

（1）岡田荘司「二十二社の成立と公祭制」（『平安時代の国家と祭祀』第二編第六章、続群書類従完成会、一九九四）。
（2）三枝暁子「北野祭と室町幕府」（『比叡山と室町幕府』、東京大学出版会、二〇一一、初出二〇〇七）。
（3）本書第三章参照。
（4）『大乗院寺社雑事記』。
（5）『大乗院寺社雑事記』文明六年七月二十六日条。
（6）『長興宿禰記』文明七年二月二十日条。
（7）『長興宿禰記』文明十年六月二十八日条。
（8）久米舞子「平安京「西京」の形成」（『古代文化』六四巻三号、二〇一二）。
（9）『拾芥抄』（西京図）。
（10）「嘉吉三年之記」文安三年八月一日条（『北野社家日記』七）。
（11）試みに、駕輿丁が所属する四府の官司厨町を列記すると、右近衛町として「右京　土御門南・堀川西　一町」（『拾芥抄』）、右兵衛町として「右京　近衛南・大宮西　一町」（『拾芥抄』）、左近衛町として「左京　土御門南・近衛北・西洞院西・堀川東　四町」（『拾芥抄』［宮城部］）、左兵衛府町として「左京　近衛南・堀川東　一町」（『拾芥抄』）、「左京　上御門南・近衛北・西洞院西・堀川東　四町」（『拾芥抄』［東京図］）、「右京　二条南・万里小路西・京極東　二町」（『拾芥抄』［西京図］）となる。『拾芥抄』が成立したのは十三世紀頃であり、必ずしも平安期の状況を示しているとはいえないが、一町程度に限定される府、四町という広域を充当される府、左右京を問わず散在的に町を持つ府などあって多様であることがわかる。
(12) もっとも文正元年（一四六六）六月に成立した「旧古引付書抜」（『北野天満宮史料　古記録』所収）では神輿の点検・修復儀礼である三年一請会に関して触れた記述の中、当該会式が天暦年中（九四七～九五七）に成立し、ここに「公家之御輿長加輿丁」が出仕したことが記されているが、本史料が書抜という二次史料であること、また十五世紀後半段階における由緒の書上げであることを勘案し、実態的な史実を伝えたものとは看做さず参考史料としてとどめておきたい。
(13) 『民経記』寛喜三年七月二十三日条。
(14) 『民経記』寛喜三年八月一日条。
(15) 「三年一請会引付」康応元年七月条。本条一書には日付が記されていないが、直前の記述が七月三十日のものであり、これとほぼ同時に記された記事であると考えられる（『北野天満宮史料　古記録』）。
(16) 大蔵省年預を担う堀川氏に関しては、既に中原俊章が考察を加えており、堀川氏が年預を世襲するようになるのは十四世紀末期から建武新政にかけてのことであること、従来から担っていた諸家の下家司、検非違使との連携によって世襲に及んだことを明らかにしている（「年預と検非違使」、『日本歴史』六〇五号、一九九八）。
(17) 康応元年七月十七日・十八日付「大蔵省年預堀川時弘請取写」（『北野天満宮史料　古記録』）など。
(18) 「三年一請会引付」康応元年五月八日条（『北野天満宮史料　古記録』）。
(19) 「三年一請会引付」明徳二年七月二十九日条（『北野天満宮史料　古記録』）。
(20) 享徳四年五月二日付「祐建書状案」（「三年一請会停止記録」、『北野天満宮史料　古記録』）。
(21) 前掲注(1)岡田論文。
(22) 五島邦治「北野巫女「あやこ」と多治比奇子」（『藝能史研究』一九六号、二〇一二）。
(23) 「北野社松梅院引付」明応六年四月二十八日条（『北野社家日記』八）。
(24) たとえば『御湯殿上日記』永禄六年八月十六日条、永禄七年八月十一日条、永禄九年八月十六日条など。
(25) 『言継卿記』天正四年九月四日条。
(26) 『北野天満宮史料　宮仕記録』続一所収。

（27）竹内秀雄「北野学堂」（『（日本歴史叢書）天満宮』第九章、吉川弘文館、一九六八）。
（28）『北野天満宮史料　宮仕記録』続三。
（29）西京を主体とする瑞饋祭の成立過程は、三枝暁子「ずいきみこしと西之京」（『京都　天神をまつる人びと』、岩波書店、二〇一四）に詳しく、本祭が中世にまで遡りうることを指摘し、その淵源を西京神人が調進した甲御供に求めている。

第四章　禁裏駕輿丁の近世的展開

はじめに

本章では、前章を受けて主に近世、とくに十七世紀から十八世紀における禁裏駕輿丁の存在形態を追究したい。近世における禁裏駕輿丁は、官方（小槻氏）・外記方（押小路氏）・蔵人方（平田氏）の三催に編成される地下官人のうちの一つとして理解されてきた(1)。身分的周縁論等の議論が活発化する中で注目が集まった近世地下官人であるが(2)、彼らは具体的には三催を頂点とする朝廷諸儀礼の実質的な運営を担う末端下級官人のことであり(3)、催官人（小槻氏、押小路氏、平田氏）・並官人（世襲地下官人）・下官人（通常、別の生業をもち朝儀に際して出仕する形態）の三階層の構成を成す。このうち、駕輿丁は官方の下官人として編成された。

しかし、中世における禁裏駕輿丁は、天皇の行幸に勤仕し、その反対給付として獲得された課役免除特権を梃子として商業活動を行う特権的商業者集団であった。このような駕輿丁たちはいかなる展開過程を経て、近世の地下官人に編成されたのであろうか。本章では引き続き、組織の内的な動向を追いつつ、当該期における禁裏駕輿丁の実態把握を行いたい。すなわち、中近世移行期から近世前中期における禁裏駕輿丁には、どのような構成員が存在し、それらの人物はどのような経緯で駕輿丁の身分を有するに至ったのであろうか。またその過程では、先行する時代の史実はどのように継承され位置付けられたのであろうか。これら諸問題を検討することで、近世における地下官人成立過程の一端を提示することとしたい。

第一節　左近衛府駕輿丁猪熊座の拡大

（一）四つの交名から見る近世初頭の禁裏駕輿丁構成員

近世初頭（十六世紀末～十七世紀初頭）の禁裏駕輿丁の組織編成を知る史料として、本節では以下の四つの交名（名簿）に着目したい。これら四つを年代順に列記し、構成員人数を示すと次のようになる。

Ⓐ天正六年（一五七八）十二月付「猪熊座無役人数注文」　七十一名(4)
Ⓑ天正十六年四月十四日付「聚楽第行幸供奉猪熊座駕輿丁交名」　三十名(5)
Ⓒ慶長十八年（一六一三）九月五日付「駕輿丁左近府猪熊座中次第」　三十三名(6)
Ⓓ元和六年（一六二〇）「諸役人名書」　四十名(7)

Ⓐは、関白に就任した九条兼孝が殿下渡領である魚棚公事の円滑な徴収を企図し作成させたものである。『九条家文書』には、京都商人の名簿として「魚棚公事衆交名」がほぼ同時期に存在し、「丹波座」、「粟津座」、「猪熊座」の三座を中心に約百六十名の商人が書き上げられている(8)。このような上京魚商人の総合的な商人名簿とは別に左近衛府駕輿丁猪熊座（以下、猪熊座）単独の名簿が作成されたことは、当該期における京都商業界での猪熊座の重要性を如実に物語っているといえよう(9)。

Ⓑは豊臣秀吉が実施した後陽成天皇の聚楽第行幸に出仕した猪熊座の名簿であり、三十名の出仕者が記されている（聚楽第行幸における駕輿丁については後述）。

Ⓒは、慶長十八年に譲位した後陽成天皇の譲位儀礼に際して作成されたものと考えられ、三十三名の構成員が記される。Ⓑ・Ⓒは特定の儀礼に際して作成された名簿であるが、Ⓐは魚棚公事など課役賦課をめぐって作成さ

れたものであり、この点において、Ⓐと Ⓑ・Ⓒとでは史料の性格を異にする。

以上のⒶ〜Ⓒは、左近衛府駕輿丁内部における固有座である猪熊座単独の名簿であるのに対し、Ⓓは徳川和子入内に伴う諸儀礼を担う両局（官方・外記方）所属地下官人の総体を記した名簿であり、そこに記される駕輿丁も四府全体の構成を反映していると考えられる。このⒹこそここで最も注目したい史料である。Ⓓに記された駕輿丁構成員を核としてⒶ〜Ⓒに記載された猪熊座構成員を対照させ、**表1**として次に示す。

この表において最も注目したいのは、禁裏駕輿丁の総体が反映されているはずのⒹの交名においても、その内部構成は、四十名中三十二名が猪熊座で占められている事実である。このような傾向は元和五年（一六一九）頃に作成された、「両局地下官人交名」[10]においても認められ、当該期の禁裏駕輿丁構成員は、猪熊座の占める割合が極めて高い組織であったことが判明する。

これまでの近世駕輿丁の分析においては、このような禁裏駕輿丁内部における組織編成の偏りは看過され、「四府駕輿丁」の名のもとに、あたかも一つの組織体のように理解されてきた。猪熊座とは、十五世紀半ばに禁裏駕輿丁内部の分裂相論を一つの契機として左近衛府駕輿丁内部に成立したものであり、丹波、丹後、若狭などの京都北方地域とのパイプをもちながら遠隔地商業を行った組織である[11]。近世初頭における禁裏駕輿丁の組織編成を分析するためには、中世後期における猪熊座の成立を踏まえた上でいかなるプロセスで猪熊座が肥大し、近世へと展開していくのか、という視角で分析を行う必要があろう。

（二）　猪熊座構成員の出自と組織の特徴

表1では天正六年段階から元和六年段階と長期にわたって、⑪八原氏や⑫山方氏など特定の一族が連続して存在していることが明らかとなる。中世最末期から近世初頭における禁裏駕輿丁の構成員の実態を摑むため、ここ

©駕輿丁左近府猪熊座中次第 (慶長18年〔1613〕9月5日付)	Ⓓ官方駕輿丁一覧「諸役人名書」 (元和6年〔1620〕)	
	虫鹿覚次	右兵衛府駕輿丁兄部
	近松正次	左兵衛府駕輿丁兄部
	舟木正直	右近衛府駕輿丁兄部
	小畑	左近衛府駕輿丁兄部
	神田与三右衛門秀仲	右近衛府駕輿丁沙汰人
	神田前板三右衛門尉秀仲	(右近衛府駕輿丁沙汰人)
	神田与三	(右近衛府駕輿丁沙汰人)
赤尾与三左衛門重次	赤尾与三右衛門重次	左近衛府駕輿丁猪熊座
赤尾孝兵衛盛家	赤尾喜兵衛盛家	
あしたや三右衛門宗清	蘆田三郎左衛門宗勝	
あしたや孫左衛門宗政	蘆田弥左衛門宗政	
岡村与四郎長友	岡村吉右衛門長友	
岡村聞衛門安信	岡村四郎右衛門清次	
岡村新兵衛成家	岡村新兵衛成家	
岡村二蔵政家	岡村仁右衛門政家	
岡村久次郎吉久	岡村久次郎吉久	
岡村善兵衛久次	岡村藤兵衛久次	
奥西太郎左衛門法家	奥西太郎左衛門徳吉	
栗本与三衛門末次	栗木(本?)四郎兵衛家延	
小嶋与兵衛吉次	小嶋与兵衛吉直	
小嶋嘉兵衛吉次	小嶋五左衛門吉次	
小嶋次郎兵衛重信	小嶋次郎右衛門重次	
久松与五郎喜次	久松忠衛門喜次	
桧五郎兵衛久景	檜五郎左衛門久景	
桧太郎左衛門信清	檜太郎左衛門信清	
桧蔵左衛門	檜他左衛門尉重吉	
藤本左近衛門清久	藤本五郎右衛門清久	
藤本五郎左衛門長秀	藤本五郎左衛門長秀	
藤本五郎助吉	藤本四郎兵衛吉勝	

表1　禁裏駕輿丁構成員対応表（天正6年～元和6年）

共通氏名・屋号	Ⓐ猪熊座無役人数注文（天正6年〔1578〕12月付）	Ⓑ聚楽第行幸供奉猪熊座駕輿丁交名（天正16年4月14日付）
①赤尾氏		
②蘆田氏（あしたや）		あしたや□兵衛
	あしたや道家	あしたや三郎左衛門
③岡村氏		岡村又二郎
④奥西氏		おくにし大郎左衛門
⑤栗木（栗本）氏		
⑥小嶋氏		
⑦久松氏		
⑧檜氏	ひの木与三五郎	ひの木五郎兵衛
	ひの木四郎右衛門尉	
⑨藤本氏	藤本五郎左衛門尉	藤本五郎左衛門
		藤本五郎四郎
		ふしもと三郎左衛門

ではこのような特定の人物の出自に着目したい。その際、注目しなければならないのは、最も早く猪熊座構成員を書き上げた史料、Ⓐ天正六年（一五七八）十二月付「猪熊座無役人数注文」である。所在地ごとに整理したものは第二章表5として示した。

藤本助蔵　浄長	藤本大介浄長	左近衛府駕輿丁猪熊座
三宅勘左衛門氏家	三宅喜十郎氏久	
三宅新介氏吉	三宅新蔵兼家	
三宅新蔵■家	三宅土佐氏家	
三宅新兵衛清次	三宅弥右衛門清次	
三宅彦五郎氏次	三宅喜五郎氏次	
八原又左衛門重次	八原又左衛門重次	
八原与吉重家	八原与兵衛重家	
	山形五郎左衛門兼重	
山中次郎左衛門	山中次郎左衛門有兼	

この史料に記載される人物は、ⓐ無姓の人物、ⓑ有姓（または屋号）を有する人物、ⓒ有姓（有屋号）で、かつ同姓の人物が複数記載される人物、の三つに分類することができる。このうち、ⓒが猪熊座の中で勢力を保持する者たちと考えることができよう。これらの人物は天正年間に至るまでに家が拡大し、洛中において複数の地域に分かれ、ネットワークをもちつつ商業活動を展開していたことを想定できる。

このⓒに分類される構成員としては、山方氏三名（⑥(52)(53)、以下四氏の丸付番号は第二章表5参照）、八原氏四名（⑩㉙(69)(70)）、三宅氏三名（⑨㉒(58)）、ひの木氏二名（(51)(55)）の四氏があげられるが、このうち八原氏、三宅氏は下る寛永十一年（一六三四）の史料で猪熊座を代表して請文を作成する主体として確認することができ、十七世紀前半において猪熊座の主幹を担う人物であったと考えられる(12)。

では、これらの人物は、いかなる出自をもっているのだろうか。このことを知る上で、永禄十一年（一五六八）七月付

⑨藤本氏		藤本四郎衛門
⑩三宅氏	三宅浄三	三宅新九郎
	三宅新九郎	みやけ新四郎
	三宅新兵衛尉	
⑪八原氏	八原孫五郎	八原五郎二郎
	八原七郎左衛門尉	八原源七郎
	八原五郎二郎	
	八原道意	
⑫山方氏	山方彦左衛門尉	山かた五郎左衛門
	山方与五郎	
	山方七郎右衛門尉	
⑬山中氏		

「幕府政所公人人数注文」は重要である。[13]室町幕府政所の中核たる奉行人層の下に組織されたこれらの政所公人は、将軍妻室の御産に際する役（着帯時の御葛調進、吉方の水調進）、将軍御出に際する役（御物への付従、参内御出に際する松明勤仕）などの様々な雑役を担っていた。[14]

近年松井直人は、この幕府公人の実態を解明し、十五世紀から十六世紀初頭頃を境に、商工業者としての側面を明確化させていった点を明らかにしつつ、幕府公人が自らの「家」経営の安定化をめざす京都住人によって形成された社会的結合の一類型であることを明らかにした。[15]室町幕府政所代をつとめた蜷川家に伝来した「幕府政所公人人数注文」は、このような幕府政所公人の名簿であり、二十八名の人物を列記する（**表2**）。

「八原孫太郎」（表2―⑧）にまず着目したい。この人物は、第二章表5で示した天正六年「猪熊座無役人数注文」に複数記載される八原氏と一族関係にあると考えられる。両者が武者小路を拠点としている点や、「八原孫五郎」（第二章表5―⑳）など名前に「孫」を共通して用いている点は、このことを裏付けるものと考える。

表2　永禄11年7月付　幕府政所公人交名

	所在地	人名
①	つき山ノ町	久冨三郎右衛門尉
②	同	下村源四郎
③	同	横田弥五郎
④	同	田中六郎左衛門
⑤	室町頭	国忝与三左衛門尉
⑥	柳原町	木幡彦四朗
⑦	御領(霊)ノツシ	市川与介
⑧	無車(武者)ノ小路	八原孫太郎
⑨	北舟橋町	埋只与三次郎
⑩	芝薬師町	木世新四郎
⑪	阿弥陀寺町	埋只四郎右衛門
⑫	大宮観世町	金山宗久
⑬	尾上町	岡村孫七郎
⑭	同	嶋田又兵衛
⑮	はなたて茶屋町	高屋孫左衛門
⑯	藤木下町	角弥二郎
	下京	
⑰	高辻子町	小山四郎三郎
⑱	綾小路町	井川二郎左衛門
⑲	五条油小路町	八田与介
⑳	四条西洞院町	埋只新左衛門尉
㉑	矢田ノ町	林小左衛門
㉒	四条町	田中太郎左衛門
㉓	四条扇座町	山崎満介
㉔	五条坊門町	高畠宗林
㉕	三条高棚町	井川与右衛門
㉖		余田善右衛門
㉗		秋田又二郎
㉘	三条場町	福冨又三郎

また「田中六郎左衛門」（表2―④）についてみると、第二章表5において「田中十郎左衛門尉」（表2―㉞）が見出され、両者とも築山町を根拠地としていることが判明する。さらに「岡村孫七郎」（表2―⑬）については、第二章表5の中で共通する姓の人物は見出せないが、先に引いたⒷ天正十六年「聚楽第行幸供奉猪熊座駕輿丁交名」には「岡村又二郎」として共通の姓をもった人物の存在を確認できる。この岡村氏もまた、八原氏と同様、近世に入ると猪熊座の主幹を担う一族として史料上に姿を現す[16]。

このように姓や根拠地が一致する複数の者を指摘できることから、幕府政所公人の一部が猪熊座へと参入していく状況を知ることができる。では、この関係性はどのような点から生じるのであろうか。このことを考えるとき、次に示す史料は重要である。

政所之役者公人事、公方之第一として、御成・御物ニ付申、其上諸商買ニ付而役人之事不レ及レ申、異レ于レ他儀候、然間、不レ致ニ諸公事一、諸商買お自由ニ仕事、惣中幷宛レ身、暦（歴）々御下知頂戴、不レ珍題目候、然処、今

度遠江茜染之座中号二十六人相定一、公人新四郎茜染之儀、可レ令二停止一之由申、無二覚語(悟)一申分也、右ニ如二申入一、於二公人一者、諸商買不レ可レ有二異論一之段、無レ紛、爰茜之座人之内之娘茜染可レ仕之旨、慥被レ成二奉書一訖、彼座人之娘公人新四郎妻候、彼是以二新四郎茜染之事一、理運条被二披レ聞一、可レ奉二忝存一候、

(永禄)永十　正月　日　公人(17)

本史料は、遠江国茜染座と幕府政所公人との相論を伝えるものである。茜染座が座中の構成員を十六人と定め、公人新四郎が行う茜染商売を停止しようとした。このことに反発し、公人が総体として新四郎の商売の継続を求め、蜷川家に対し言上したのである(18)。

この史料の中で、「公方之第一として、御成・御物ニ付申、其上諸商買ニ付而役人之事不レ及レ申、異レ于レ他儀候」と主張する点には注目しなければならない。政所公人は、御成・御物への役負担を行いながら商業活動をも行っている事実をあげ、比類なき役者として自らの集団の特権性を昂然と主張したのである。さらに「諸商買ぉ自由ニ仕事、惣中弁宛レ身、暦(歴)々御下知頂戴」として自由な商業活動を保証する下知を単独、あるいは公人総体として獲得していたことをもあわせて主張した。

また、公人新四郎が茜座人の娘との縁組みを通じて商売に参入したと主張した点にも注目すべきである。この部分は、他の既得権益の中に介入し、積極的に商業活動を拡大していこうとする政所公人の志向性を如実に物語っているとものといえよう(19)。

先に猪熊座が京都の商業において重要な位置を占める商人集団であったことを述べたが、右の史料から明らかなように、幕府政所公人も室町期において上位権力からの特権を保持しながら商業活動を行っていたことが確認できるのである。

「幕府政所公人人数注文」が作成された永禄十一年七月からわずか二か月後、織田信長は足利義昭を奉じて入

京し、幕府権力の一時的な復興とともに間接的な京都支配を展開するようになる。その際、京都運営の実権を握った村井貞勝は所領安堵等を発給し、旧来権益の保護を図った。このような信長政権による政策は天正元年の義昭追放後にも継続され、天正九年（一五八一）二月十一日には、猪熊座藤本三郎左衛門尉に対しても諸役免除特権を追認したことが確認される[20]。

しかし、義昭追放に伴う室町幕府瓦解後、政所公人などの室町幕府庇護下の特権商人に対して、継続的に特権が安堵されたとは考え難い。

政所公人など幕府由来の特権商人たちが、自らの商業権益を守るために取り得た方法が、旧来の権益が認められた集団への参入ではなかったか。禁裏駕輿丁の内部における猪熊座は、他出自商人の加入を許す拡張的な組織原理をもっていた。先に見た「猪熊座無役人数注文」には供御人の出自と思われる人物をも見出すことができる[21]。「幕府政所公人人数注文」と「猪熊座無役人数注文」に見られる構成員の近似性は、このような室町幕府解体に伴う政所公人の特権喪失、そして依然として特権を所持していた猪熊座への参入という一連の動きの中で現出したものと考えたい。

第二節　近世行幸の復興と猪熊座の増員

（一）近世行幸・御幸の遂行と猪熊座

聚楽第行幸

前節では、室町幕府解体に伴い政所公人等が猪熊座に参入したことを推定したが、その後、禁裏駕輿丁の再編成はどのような契機で行われたのだろうか。この点を考える上で重要なのが天正十六年（一五八八）に秀吉が主催した聚楽第行幸である。前年に完成した自らの居城に後陽成天皇を迎えたこの儀礼は、行幸の先例を形式的に

表3　天正16年4月14日付「聚楽第行幸供奉猪熊座駕輿丁交名」

		千本衆	下京衆
座人名	そりや十郎左衛門尉 三宅新九郎 八原五郎二郎 八原源七郎 たんこや孫左衛門尉 みやけ新四郎 といや理右衛門 くり本与二郎 しらめ又左衛門 なはや孫四郎 ぬりや又二郎 さのみ源二郎 のりの与三左衛門 岡村又二郎 たかやま又五郎 渡辺与三左衛門 おくにし大郎左衛門 めかう与三左衛門 久春与作 原田	山かた五郎左衛門 ひの木五郎兵衛 藤本四郎衛門 あしたや三郎左衛門 あしたや□兵衛	ふしもと三郎左衛門 藤本五郎左衛門 藤本五郎四郎 山田孫七郎 かんまつ源左衛門

踏襲しながら長大な武家行列を編成し、事実上の国王という立場に関白秀吉を位置付け、秀吉とその政権の権威を強力に表象した儀礼であった(22)。

しかし、天皇が御所を離れ、大規模な行列を編成し武家邸宅へ行幸することは久しく途絶えていたので(23)、「鳳輦、牛車そのほかの諸役以下、事も久しくすたれたる事なれば、おぼつかなし(24)」という具合であった。そのため行幸実施の準備として諸家や寺社がそれぞれ蓄積していた行幸に関する諸記録を集積し、検討する必要があった(25)。

このような聚楽第行幸の準備過程について検討した北堀光信は、聚楽第行幸を実質的に整備し実現させた主体として前田玄以と三伝奏（今出川晴季・勧修寺晴豊・中山親綱）をあげ、これらの人物が「談合」を行いながら行幸に関する知を集積し、武家側と朝廷側の意思統一をはかりつつ実施に向けて準備を進めていったことを指摘している(26)。

先にあげた「聚楽第行幸供奉猪熊座駕輿丁交名」によれば、猪熊座は聚楽第行幸にあたり、三十名の出仕者を出したとしている（表3）。これによると、猪熊座からの出仕者は千本衆、下京衆などと、地縁で集団を作り行幸へ供奉したことが確認できる。朝廷側の記録でも三十名の駕輿丁が出仕したと伝えることを考慮するならば(27)、「聚楽第行幸供奉猪熊座駕輿丁交名」に記された人数は、実数に近い人数として捉えることができよう。とするならば、聚楽第行幸において、その中核ともいえる鳳輦に勤仕した駕輿丁は、ほぼ全てが猪熊座の構成員だったということになる。

このような猪熊座重用の背景において、壬生小槻家の果たした役割は重要であった。この家は古代以来、官務を世襲する小槻氏の系譜に位置付き、官庫に所蔵された朝廷運営に関する膨大な文書を基に、太政官の知を掌握していた一族である。天文二十年（一五五一）九月、同じ小槻氏である大宮伊治が周防で討死をし、大宮家が断絶すると、官務は壬生小槻氏の独占となり、その重要性はさらに増していった。途絶していた行幸に関する知を集積する段階において、小槻家に蓄積された知識・記録は極めて重要なものであり、同家は公家・武家双方にとって欠くことのできない実務官人だったのである。

禁裏駕輿丁が、この小槻家を本所として仰ぎ、諸活動を営んでいたことはよく知られている。猪熊座も小槻家を通して行幸へ動員され、鳳輦に勤仕したと考えられる。しかしながら、聚楽第行幸が実施される十六世紀後半段階において、猪熊座と小槻家との交渉を示す具体的な史料は管見の限りでは見出せず、むしろ元和六年（一六二〇）六月に実施された徳川和子入内御幸の形成過程において、その実態が明らかとなる。

徳川和子入内御幸

徳川秀忠の五女、和子は元和六年六月十八日に入内した。その行列は長櫃百六十竿、四方行器十荷、御屏風箱三十双などの御道具に始まり、女房衆の長柄輿、殿上人、京都所司代板倉重宗と随身の武家、さらには関白・摂政をはじめとした諸公家衆とその従者で構成された長大なものであった[28]。

このような大行列が二条城を出発し、郁芳門から内裏へと進み、新造の女御御殿へと到着する。この長大な行列は京都内外の関心を集め、行列を一目見るために人々は様々な出で立ちで群集し、堀川のほとりに桟敷をならべて見物した[29]。

公武双方の権威を表象し、かつ徳川幕府の朝廷統制政策の側面もあるこの儀礼において、聚楽第行幸と同様に駕輿丁猪熊座は重用される。

元和六年四月十日、小槻孝亮は関白九条忠栄の邸宅へ参り、両伝奏（広橋兼勝・三条西実條）とともに和子入内供奉について会合をもった(30)。これは、武家伝奏と関白が行う談合に実務官人である小槻氏が加わり行幸実施に関する諸事の調整にあたったものと考えられる。

このときに孝亮が担った役は「書立」であり、ここでは積極的に供奉の内実の検討に参加する姿勢は見出されないが、同年五月二十日には、孝亮は女御入内に用いる牛車・宣旨に関する旧記の調査を命じられており(31)、御幸行列の形成過程において朝廷の先例を記録・保存する家としての役割を期待されていたことは明らかである。

この側面とは別に、孝亮には担うべき重要な役割があった。四月十三日、入内御幸への供奉を願う諸司を連れ、武家伝奏広橋兼勝のもとに孝亮が参上していることが確認される(32)。公武の権威が目に見える形で表出する政治儀礼に参加することは、諸司の官人にとって極めて名誉なことであり、今後の官人たちの活動の上でも重要な意味をもった。このような諸司官人の要求を受け止め、実際に儀礼を作り上げる主体に働きかける窓口となったのが、小槻孝亮なのである。

その結果は、次の史料から明らかとなる。

今度就二女御入内一、駕輿丁之輩供奉之事、内々従二彼輩一令二訴訟一之故、此間令レ言二上武家伝奏〔広橋前内府〕一之処、今日可レ令二供奉一之由被二仰付一訖、依レ之駕輿丁之輩卅四人、右之趣令二下知一了、（略）(33)

和子入内御幸について駕輿丁から内々に供奉の訴えがあり、それを武家伝奏に言上したところ、今日（五月八日）になって供奉するよう仰せが下った。それを駕輿丁達三十四名に下知した、というのが史料の内容である。先に述べた直訴ともいえる諸司の請願と孝亮の行動が、十分に効力を発揮したことを示している。この裁定を受けて、同日に猪熊座の岡村吉右衛門、三宅土佐が小槻家へ礼物を持参し、諸司を統轄する孝亮と大外記押小路師生は、官人をひき連れて両伝奏へ礼参した(34)。

礼参に向かう駕輿丁が猪熊座であったこと、実際に供奉へ勤仕した駕輿丁のほとんどが猪熊座に限られていたこと（表1—Ⓓ参照）を考えるならば、聚楽第行幸と同じように、禁裏駕輿丁総体の中で、とくに猪熊座が重用されていたことが明らかとなる。猪熊座は、中世段階で培った小槻家との関係を背景に、伝奏へ御幸儀礼への勤仕要求を訴え、供奉を実現させていったのである(35)。

このような諸司官人と伝奏とをつなぐ小槻孝亮の窓口としての機能が、先述した朝廷の先例を記録・保存する家としての側面によってもたらされたことは明白である。家職として継承してきた朝廷儀礼に関する諸記録は、儀礼再興に際して欠かすことのできないものであったことは先述した通りだが、このことにより小槻氏は、最上層の公家で構成される談合に参入し、重役を担うことができた。このことが小槻氏の発言権を強化し、自らが所管する官人の供奉を実現させることにつながったのである。つまり中世以来断絶していた朝儀の復興がなされる十六世紀後半から十七世紀前半こそ公家社会において小槻氏の家職が評価され、立ち位置が強化された時期と看做すことができよう。

(二)　内蔵寮織手と猪熊座

聚楽第行幸・和子入内御幸の実施に際して、公武の政治儀礼における駕輿丁の必要性も増大したことは想像に難くない。それでは、当該期に駕輿丁として存在したのはいかなる人物であったのだろうか。この点を考察するため、再度前掲表1に着目したい。このうち、慶長十八年九月五日付「駕輿丁左近府猪熊座中次第」（表1—Ⓒ）に見える「久松与五郎喜次」は、慶長八年（一六〇三）三月八日に左近衛府駕輿丁猪熊座補任状が発給されていることが確認され、以後元和年間に至るまで猪熊座構成員として史料に姿を現す。

しかしこの人物は、猪熊座としての身分を有すると同時に、中西氏・階取氏と並び「御寮織手」として、内蔵寮織手集団を統轄する立場にいたことが確認される。(36)ではなぜ、内蔵寮の織手である久松氏が猪熊座へ参入したのであろうか。

内蔵寮織手とは、平安末期から中世前期における織部司の衰退に伴い、宮廷の織物を生産する役割を担った職人集団のことであり、室町後期頃から大舎人座へも参入していることが明らかにされている。(37)近世初頭における活動の様態は内蔵寮長官である山科家の記録の中に詳しく見ることができ、久松氏は徳川頼宣の袍・紫指貫、(38)将軍秀忠の袍の調製(39)など将軍家御用をつとめていたことが知られる。

しかし久松氏が統轄する内蔵寮織手は、室町期にはさらに広範な生産・売買活動を行っていた。このことについて菅原正子は『山科家礼記』文明十三年（一四八一）正月九日条に着目し、応仁・文明の乱によって西陣を離れ、商業の盛んな四条・五条に移住した織手が存在したことを指摘し、これらの織手が乱中においては「天皇家の御服を織らなかったかわりに、京都の住民等を対象に綾等の絹織物を織って商売をし、生計をたて」ていた、と推測したのである。乱後に至っても内蔵寮織手が結成する大舎人座は商業活動を継続しており、とくに十六世紀半ばにおける帯の売買方式をめぐる帯座との相論はよく知られるところである。(40)このような織手の商業活動は、禁裏駕輿丁のそれと密接な関係にあったといえ、それは次のような事例からも窺える。

天文十三年（一五四四）四月、山門から御服方（御服棚に賦課される課役の徴収を担う職）(41)として補任された福田新次郎が、駕輿丁座中へ催促を入れた際、駕輿丁は御服方職が往古から座中の進止であったと主張し、福田の改易を願い出た。(42)

この禁裏駕輿丁側の要求にどのような裁定が下ったかは明らかでないが、天文十七年には、座主宮雑掌が天台座主渡領の小袖役を望み、駕輿丁とその徴収権をめぐり対立した際、室町幕府と朝廷は雑掌側の要求を退け、課役徴収が駕輿丁の進止であることを認めた。(43)このことを考慮すれば、御服方職は駕輿丁側に認められたと考えてもよいだろう。

さらに永禄五年（一五六二）には、四府駕輿丁右近衛府に所属する御服商売座中へ、諸役を免除する旨の綸旨案が残されており、当該期に駕輿丁自体も特権的な御服商売を行っていたことは間違いない。つまり、室町後期段階の御服商売の分野においては、禁裏駕輿丁は課役徴収権限と特権的商売権限を併せもち、御服業界の中で突出した勢力をほこっていたことが想定されるのである。

つまりこのことは、大舎人座（内蔵寮織手）が特権的な御服生産集団であるのに対し、禁裏駕輿丁は特権的な御服売買集団であったことを示している。すなわち御服生産を担う久松氏にとって駕輿丁のもつ御服売買の販路・諸特権は極めて魅力的であり、久松氏が駕輿丁化するメリットはここにこそ見出すことができよう。(44)しかし、このような商業面での関わりのみで、内蔵寮織手が駕輿丁へ参入できたわけではなく、ここにはさらに別の接点があった。

第三章で詳しく見たように、北野社には、三年に一度、祭礼で用いる神輿を修造・点検する会式である三年一請会が存在し、ここには職掌人として、禁裏駕輿丁とともに大宿神人（大舎人座の前身）が勤仕した。たとえば嘉吉三年（一四四三）七月の三年一請会では大宿禰神人が神輿を荘厳する織を担当していたことが確認でき、(45)また鎌倉期の事例であるが、永仁三年（一二九五）八月一日、北野社大宿禰神人が綸旨を請うた際、それが認められないならば神輿の迎えをいたさないと申し立てた事例を確認することができる。(46)北野社の神輿といえば、祭礼において禁裏駕輿丁が担ぐこととされており、(47)中世前期の段階から北野社神輿を媒介として大宿禰神人と駕輿丁が関わりをもっていたと理解される。

また天文十六年閏七月、大舎人の本座は座外の者の違乱を防ぐため将軍家内室の被官人となっており、(48)「御輿副之御供並両季之御礼」をつとめていたことが知られる。将軍家内室と天皇という相違はあるものの、駕輿丁と大舎人は共通して貴人の輿に勤仕する職能を負っていたのである。

つまり、内蔵寮織手が駕輿丁へ参入するには、このような職能の近似性が必要だったのであり、中世段階から見られる職掌の近似性こそが、駕輿丁と内蔵寮織手をつなぐ回路であったと考えられる。

さらに久松氏が駕輿丁の中でも猪熊座に所属したことも看過できない。先にも述べたように、猪熊座は室町末期以来、供御人など他に所属をもった特権商人の参入を許す柔軟な組織を実現させていた。このことは、猪熊座が他の官司や本所に所属する商人の駕輿丁参入に際する受け皿としての役割を果たしたことを物語っており、近世初頭における駕輿丁増員の核として機能していたものと考えられる。十六世紀末から十七世紀前半における朝儀復興（とくに行幸・御幸の復興）とそれに伴う駕輿丁の増員、そしてその増員の核として機能した猪熊座、という一連のプロセスを経て、近世初頭において猪熊座は組織を肥大させることが可能になったのである。

第三節　禁裏駕輿丁の近世的展開と由緒の創出

（一）禁裏駕輿丁における猪熊座勢力の伸張

行幸・御幸が復興し、儀礼勤仕主体としての猪熊座が増員された後、禁裏駕輿丁内部における猪熊座の位置付けに大きな変化が生じた。

慶長十五年（一六一一）から十八年にかけて禁裏駕輿丁と猪熊座との間に相論が行われた。とりわけ慶長十六年における対立は、両者の関係を考える上で重要な示唆を与えてくれるものである。この慶長相論における猪熊座の主要な主張点は、次に掲出する史料に端的に示される。

一四符（府）駕輿丁左近符兄部猪熊座之事、従二先年一数度之御行幸、其後何も諸役勤来ニ、今ハ御不知（扶持）モ無二御座一

候ヘハ、御役ニハ罷出申候、将又御綸旨何モ證文共を、太閤様之御時、徳善院（前田玄以）ニ上申候、然ハ右之一乱ニ、伏見ニてやけ（焼）申候、其刻此由ヲ前之くわんむ（官務）殿へ申レ理候へハ、座中者召出し、前くわんむ殿御ねんころに駕輿丁猪熊座人ヲ御ひき付被レ成、なみやうし（名・名字）を書置候、殊更御綸旨之ひかへもなにも御座候由、慥ニ仰被レ渡候、新義（儀）ニ今、道可とやらん者左近府等申、罷出申義曲者ニテ候、先年之御行幸之時、忝田勝右衛門を憑入、御ほうれん（鳳輦）をかき可レ申と仕候処ヲ当座中として徳善院へ申レ理候へハ、其時ちやうちやく（打擲）いたせと急度被二仰付一候て、彼道可其由聞付一言之事不レ申はしり申候、今又何かと申事、弥々曲者にて御座候、則当座中と申ハ、わかさ丹後何も事多ク御座候、能御聞分被レ成、如二前々一之被二仰付一候者可レ奉二忝存一候、以上

左近符

慶長十六年三月十一日　猪熊座中（黒印）

両伝奏様

井家津守殿御披露(49)

（傍線筆者注）

本相論の背景には、後陽成天皇譲位に際する「御役」勤仕をめぐる対立が存在しており、これに際して作成されたのがこの猪熊座申状である。ここで猪熊座は、朝儀勤仕に関わる證文を焼失した際、前官務小槻朝芳がこれを保証したこと（傍線部）を根拠として、自らの集団と職務の正当性を主張した。その上で「道可」という人物が後陽成天皇の聚楽第行幸の際に「忝田勝右衛門」なる人物を通して不当に鳳輦勤仕に介入したことを主張し、「曲者」と断じているのである。

このような猪熊座の主張を受け、駕輿丁側は「昔より今ニ至迠四府駕輿丁兄部四人の頭内壱人左近座者小畑彦七と申、今者道可と申、往古已来傍輩ニ而、禁中様御行幸・御譲位・御即位・御節会御役つとめ申候(50)」と述べ、

猪熊座が曲者と断じた道可なる人物が、左近衛府駕輿丁兄部《このこうべ》（左近衛府駕輿丁の統率者）の「小畑彦七」であると反論する。

この慶長相論の結果は、譲位儀礼に四府駕輿丁と猪熊座の両方が出仕することで調停されたが、「今度御役ニ随申候儀を、重而の例ニハ一切」[51]しないことを互いに言上し、以後継続して裁決を求める姿勢を残した。

この一連の対立過程で最も重視しなければならないことは、当該期における猪熊座は自らが所属する左近衛府駕輿丁兄部と相論を行うほど、その勢力が拡大していた点である。さらに次のような言上も見られる。

一猪熊座と申仁者左近座小畑彦七下方にて、御役儀之時者何も罷出申候ニ付、諸事小畑彦七下知仕候、只今彦七を猪熊座より下方と申ニ付、右之通申上候、偽と思召候ハヽ、日本国中大小神祇神罰名罰可レ蒙候者也、此上にも御このみ御座候ハヽ、重而書付上可レ申候、仍状如レ件、[52]

（傍線筆者注）

本来左近衛府駕輿丁兄部の配下であった猪熊座が、この段階においては、逆に小畑彦七が配下である、と主張していたことがわかる（傍線部）。これを裏付けるように駕輿丁の本所である官務小槻孝亮は「駕輿丁猪熊座」と「小畑彦七入道」が兄部職をめぐって相論を行っている事実を伝えており[53]、猪熊座の勢力は、慶長十六年段階に至る間に組織統括者である小畑彦七と兄部職（組織統轄権限）をめぐって対立しうるほど強化されていたことがわかる。

また、この一連の対立の中では、慶長十六年三月十一日付の申状で見たように、猪熊座は官務小槻家との関わりを、自らの集団を正当化するために位置付けていたことに注目する必要がある。やや下る史料であるが、慶長十八年十二月十三日に駕輿丁兄部職を再び争った際には、前田玄以の折紙で小畑彦七に補任が下されたことを不服とした猪熊座は、前々の通りに「昔之筋目ニ官務御補任にまかせ被二仰付一候」と請願している[54]。この事例からも猪熊座が官務へ自らの集団および職務の正当性を求めていたことが指摘できる[55]。

このような慶長段階における猪熊座と官務との緊密な主従関係は、官務による猪熊座の重用によって形成されていったと考えられる。朝廷儀礼の再興に際して、駕輿丁増員の必要性が高まったとき、官務が既に雑多な商人で構成されていた猪熊座に着眼するのは自然なことであろう。先述したような猪熊座の柔軟な組織性を重視し、官務が増員の核として猪熊座を位置付けることによって初めて、猪熊座は行幸・御幸に供奉することができたのであり、このことが駕輿丁総体の中でも猪熊座が抜きんでた勢力を保持するようになった要因であったと考えられる。

(二)　寛永期における変質　―近世禁裏駕輿丁の成立

ここまで見てきたように、十六世紀後半から十七世紀前半における朝廷諸儀礼の復興により、猪熊座は他の本所に所属する商人を参入させながら大きく肥大することとなった。ではその後、猪熊座、および禁裏駕輿丁はいかなる経過をたどるのであろうか。

このことを考えるとき、寛永十一年（一六三四）において小槻孝亮と平田職忠との間に発生した相論は重要な意義をもつ。この相論は、官人の所属争いや、下行米の支給額の決定過程を問題として勃発したものであったが、その後駕輿丁による「役」の売買が問題化し、配下の官人の管理不行きを理由に、最終的には孝亮の洛中追放、家督の改易によって決着をみた。相論が行われている最中の寛永十一年六月二十二日には、左右近衛府・左右兵衛府・猪熊座の駕輿丁は、決して駕輿丁役を売買していない旨の誓詞を小槻氏に宛てて提出している(56)。

すでにこの相論については、西村慎太郎、吉田洋子によって論じられており、とくにここでその詳細については立ち入らない(57)。しかし、この相論が禁裏駕輿丁の組織編制に大きな影響を与えたことは容易に想像がつき、その影響をここで確認したい。

駕輿丁の売官行為は、吉田が指摘するように、駕輿丁役が諸役免除などの諸特権と密接不可分な役であるために生じる行為であり、駕輿丁が特権商人として姿を現す室町段階から行われていたと考えられる。とくに組織が他の駕輿丁と比べて柔軟であった猪熊座においては売官が盛んに行われていたと推察され、むしろ猪熊座の勢力伸張を支えた行為であったとも考えられる。とするならば、売官の停止は、それまで行われてきた猪熊座を核とした増員行為を大きく抑制することにつながったはずである。

そして、相論の結果、小槻孝亮は失脚し、洛中追放に処せられることとなった。それまでの期間で密接な関係を構築していた猪熊座にとって、大きな後楯の喪失であったことは間違いない。寛永十一年相論によって、それ

表４　享保元年改訂「寄宿御免許事」所載駕輿丁名一覧

免許対象者	駕輿丁職分	個別業種	業種大別
木原十右衛門		質屋	金融
片岡甚右衛門		両替屋	
赤尾又兵衛	猪熊座	両替屋	
田邊七兵衛		両替屋	
神田与三	右近衛府（沙汰人）	薬種屋	薬
神田五郎作	右近衛府（沙汰人）	白粉屋	化粧
伊藤権之丞		家具屋	工芸
山形平三郎	猪熊座	下絵書	
中瀬利左衛門		下絵書	
熊谷佐兵衛		扇子屋	
熊谷市兵衛		蒔絵師	
吉川忠兵衛		蒔絵師	
茨木彦兵衛		魚屋	食料品
岡村勘左衛門	猪熊座	素麵屋	
片岡半右衛門		たばこや	
奥野六兵衛		糸屋	繊維
樋口理右衛門		糸屋	
長野仁右衛門		撰糸屋	
岩井求馬		帯織屋	
久松織部	猪熊座	織物師	
久松善兵衛	猪熊座	織物屋	
松井市兵衛		織物屋	
木瀬九左衛門		絹布屋	
三宅三郎左衛門	猪熊座	絹布屋	
三宅与右衛門	猪熊座	絹屋	
中瀬五郎左衛門		絹屋	
水谷九兵衛	左兵衛府（元兄部）	絹屋	
岡村勘右衛門	猪熊座	呉服屋	
深井幸右衛門		呉服屋	
西嶋吉兵衛		紺屋	
小嶋勘右衛門	猪熊座	茶染屋	
山中四郎右衛門	猪熊座	茶染屋	
八木五郎左衛門		縫物屋	
稲見伊織		組屋	特定豪商
八原平左衛門	猪熊座	組屋	
渡邊平八	猪熊座	組屋	
近松齎	左兵衛府兄部		無
小畑数馬	左近衛府（兄部）		
渡邊六右衛門	猪熊座		
近松彦兵衛	左兵衛府（兄部）		
下村権三郎			
降川庄兵衛			

（注）『京都御役所向大概覚書』所収

まで増大し続けた猪熊座の勢力は抑制され、停滞していったものと考えられる。享保元年（一七一六）改訂の「寄宿免許之事」はそのことを実際に物語る（**表4**）。そこには、総勢四十三名の駕輿丁の名前が記載されているが、このうち猪熊座と判明するものは十三名にとどまり、天正、慶長、元和の各時代においては名簿に記載される猪熊座構成員が三十名前後に固定されていたことからすると、半数以下に減少していることが認められるのである。

寛永十一年相論の結果、三催による地下官人支配体制の整備が進められ、三者の勢力のバランスは整えられていった(57)。これに伴い補任などの諸手続きも三催に一元的に掌握された。猪熊座構成員の減少も、この動きの中で起こったと考えられよう。おそらく享保元年に見られる駕輿丁のうち、猪熊座以外の者は左右近衛府・左右兵衛府に所属する者たちであり、享保期に至るまでの過程でこれらの四府の駕輿丁も復興され、駕輿丁内部でも勢力の均衡が図られていったものと思われる。

（三）　小槻氏による文書収集活動と由緒の成立

ここまで近世初頭における禁裏駕輿丁の組織展開を、主に猪熊座に即して検討してきたが、当該期は駕輿丁自身の歴史認識においても大きな変化が認められる時代である。

管見の禁裏駕輿丁関連史料の中には、端裏書が認められる写しが複数ある。それらのうちには、写しが作成されるまでの経緯が記述されており、これらを**表5**として次に示す。全体で七例と総数は多くないものの、七例中四例（①②④⑦）が駕輿丁の商業特権を認める内容をもつ史料であり、また四例（②④⑤⑥）は左近衛府駕輿丁兄部小畑彦七が持参していたことが知られる。小畑彦七の活動が慶長十六年頃から見えだすことを考えると(58)、②、④〜⑥の文書収集活動はこの近辺の時期に比定されよう。とするならば、ここであげた文書の収集が行われる時期は全て十六世紀末から十七世紀初頭段階に収斂し、この行為がまさに中近世移行期の特徴的な動向として理解することができるのである。

一見するとこの文書収集活動は商業特権について記載される史料、あるいは座内の重要な事件に関わる史料を蓄積するために行われたようだが、禁裏駕輿丁の近世における展開を考えると、さらに重要な役割を果たしたといえる。時期は大きく下るが、ここで近世末に作成された史料に目を転じたい。

元治二年（一八六五）作成の「駕輿丁記事」(59)と慶応期（一八六五〜六八年）に作成された「駕輿丁由記」(60)は、両方とも禁裏駕輿丁の諸史料を綴り、引付としての機能をもつ文書である。この二つの史料の冒頭部分は、五つの文書によって定型的に構成されており、いわば幕末における禁裏駕輿丁の歴史認識として位置付けることができよう。

(1)正応五年（一二九二）十一月二十六日　伏見天皇綸旨案
(2)文明三年（一四七一）四月九日　後土御門天皇綸旨案
(3)貞享四年（一六八七）　菊一文字因縁（ただし、天正十六年の出来事として）
(4)天正十七年（一五八九）五月十一日　前田玄以書状
(5)無年号　四府駕輿丁申状（「返答当四府駕輿丁謹而言上」）

(1)、(2)は先に述べた一連の文書収集活動において小畑彦七が持参し、小槻孝亮が筆写した史料である（表5の②、④に該当）(61)。ここで注目したいのは次に示す(3)の部分である。

菊一文字因縁
于時天正十六歳九月紅葉宴
後陽成院朝観（覲）行幸之節、左右近衛府・四府上卿・殿上人・瀧口御随身等供奉、近衛左右大将御下知、駕輿丁神妙ニ供奉仕候、為御褒美菊之花枝被下候、駕輿丁長是ヲ辞退ス、無勿躰恐入候申せしかは、重而大

文書内容	本文書名	所収
四府駕輿丁左近府諸国諸商売役公事・臨時課役等を免除する綸旨。	永禄三年十月二十六日正親町天皇綸旨案	壬生
四府駕輿丁への諸商売幷諸公事役の免除、また御服商売の独占を認める（但し、偽文書）。	正応五年十一月二十六日伏見天皇綸旨	狩野
猪熊座が諸国諸商売における諸役免除を主張し、松尾寺の違乱を停止するよう請願。	無年号　猪熊座申状	狩野
左近衛府駕輿丁の諸売買幷諸役を免除することを認める。	文明三年四月九日後土御門天皇綸旨写	壬生
吉村藤衛門・富田助二郎に対する役銭の取得の停止。	天文十七年十二月二十二日室町幕府奉行人奉書	狩野
吉村藤衛門尉直吉・富田助次郎盛吉に対して番料の停止と、四府駕輿丁左近府兄部の進止継続の確認。	天文十八年五月十七日室町幕府奉行人連署奉書	狩野
禁裏御料所米座の補任と諸公事免許・米商売独占の追認。	天文二十三年五月十五日禁裏御料所米座補任状	狩野

将筆ヲ取て此菊之花両之先迄墨ニテ塗消たる事之様ニテ此験重而被レ下、恐不レ顧于今非常之節用レ之也、

貞享四年十一月　左右近衛府長

菊一文字縁起如レ此

近世における禁裏駕輿丁は菊一文字を役儀の紋として用いており、この史料はその成立伝承を物語る。天正十六年段階では、後陽成天皇は未だ在位しており、朝観行幸も行っておらず、明らかに情報の混乱が認められる。しかしながらこの天正十六年における後陽成院の朝観行幸という伝承の背景に、秀吉が実施した聚楽第行幸を見出すことは可能であろう。近世における自らのシンボルがいかに成立したかの伝承を後陽成天皇、あるいは行幸と関わらせ語ること自体が、近世初頭における朝儀復興が、駕輿丁というアイデンティティーを確立する上で大きな画期であったことを示している(62)。

近世初頭になされた文書収集の結果、集積された文書を元に(1)・(2)、聚楽第行幸の主体であった後

表5　禁裏駕輿丁関連端裏書記載文書一覧

	端裏記載年月日	持参者	筆記者	端裏記述
①	天正3年(1575)12月24日	今藤九郎左衛門尉		今藤九郎左衛門尉持参　天正三年十二月廿四日　到来
②		小畑彦七	壬生孝亮	小畑彦七入道道可　綸旨写持参之間、又写置者也　孝亮
③	慶長18年(1613)8月13日		壬生孝亮	猪熊座中持参申間写置者也　于時慶長十八　八　十三　孝亮
④		小畑彦七		小畑彦七入道道可可持参之間写置者也
⑤		小畑彦七		小畑彦七持参写置者也
⑥		小畑彦七		小畑彦七入道道可写ヲ持参□□写置者也
⑦	寛永3年(1623)8月12日	米屋宗永		京手水ノ町米屋宗永持参　衛士土佐令同心則写之　寛永三　八　十二

(注)狩野…『狩野亨吉氏蒐集古文書』、壬生…『壬生文書』

陽成天皇に接続する伝承を語りながら(3)、十七世紀初頭の史料を入れ込んでいる(4)・(5)のが、この「駕輿丁記事」、「駕輿丁由記」冒頭部分の構成なのであり、その共通した定型性を考えると、駕輿丁の確固たる歴史を語る由緒書のような機能をもつ部分であると考えられる。

前節まで見てきたように、近世初頭は行幸・御幸が新たに再編され、それに伴う駕輿丁の増員が猪熊座を核としながら展開した時代である。このような組織編成を行う一方で、小槻氏は駕輿丁に関わる文書を収集し、證文の集積を行った。そして、この時期に集積された文書をもとに、それ以後、駕輿丁は自らの歴史を編纂していったのだ。

ここで目を向けなければならないのは、この一連の経過を経て成立した駕輿丁の由緒の中には、近世以前における彼らの職務であり、様々な特権の獲得・維持の重要な根拠ともなっていた祭礼での輿勤仕が全く含まれていない点である。近世を通じて見られた禁裏駕輿丁の由緒は、行幸と神社祭礼の二面によって保証されていた旧来の駕輿丁から離れ、特権商人としての伝統を天皇との関係のみで強調する形で変成されたといえる。この点にこそ、中世駕輿丁と近世駕輿丁との大きな相違を見出すことができる。

おわりに

近世初頭における禁裏駕輿丁の組織構成は、左近衛府駕輿丁猪熊座が強く存在感を示し、組織として相当程度肥大していたことが認められる。本章はこのような猪熊座の構成がいかなる経過で成立したのかを三節に分け考察した。最後にここまで述べてきたことをまとめたい。

まず室町幕府政所公人と猪熊座の共通性を指摘し、この共通性が室町幕府解体に伴う政所公人の特権喪失、そして依然として特権を所持していた猪熊座への参入という一連の動きの中で現出したものと考え、猪熊座が既に室町末期の段階で他に所属をもつ商人の参入を許す柔軟な組織原理を保持していたことを指摘した。その後、豊臣秀吉・秀次の二度にわたる聚楽第行幸、徳川政権初期における和子入内御幸などの大規模な行列儀礼が復興・実施されるに至ると、行列の中核を担う駕輿丁の必要性が増し、構成員の増員が求められる事態が現出したと考えられる。これに際し、既に柔軟な組織原理を実現していた猪熊座が核となることによって、円滑に増員が果たされていったと推定した。

この背景には駕輿丁の本所である小槻氏の公家社会における立場の強化があった。和子入内御幸を具体的に検討した結果、小槻孝亮が「記録の家」という家職を生かし、最上層の公家で構成される談合に参入し、自らの役割を果たしていたことが判明した。これにより、孝亮は駕輿丁などの諸司官人と伝奏（儀礼再興の主体）とをつなぐ窓口としての機能を十分に発揮することができ、自らが所管する官人の供奉を実現させることが可能となった。

このように強化された官務の立場を通して、猪熊座は自らの集団の強化を図っていった。つまり、官務の政治的位置の向上と猪熊座の勢力の増大はパラレルな関係にあり、上昇する官務の政治力を背景にして猪熊座は各種儀礼へ供奉し、中世段階の職掌の近似性を回路としながら他の官司や本所に属する商人を猪熊座へと参入させ、慶長期においては禁裏駕輿丁総体と組織の主幹である兄部をめぐって対立しうるほど猪熊座は大きな勢力となったのである。

この一連の関係は、十六世紀後半から十七世紀前半に集中して現出する事態であり、当該期こそが禁裏駕輿丁における猪熊座肥大の時期として位置付けることができる。

その後、このような室町末から近世初頭にかけての猪熊座勢力の増大が、寛永十一年段階における相論で抑制され、三催体制の成立に伴い、段階的に人員面で四府の均衡が図られていくこととなった。つまり近世前期における禁裏駕輿丁の展開過程は、著しく猪熊座が肥大していく慶長・元和段階と、それを抑制し、禁裏駕輿丁全体の均衡を図りながら整理・統御していく寛永段階の、二つの段階を経て果たされていったと考えられる。

また禁裏駕輿丁の由緒面においては、小槻家が当該期において禁裏駕輿丁に関わる諸記録を収集し、商業活動に関する證文の集積を図っていた事実を重視した。この段階で集積された諸記録をもとに近世以前の駕輿丁の歴史が整理され、同時に由緒も創出されるに至った。組織編成と記録の集積、由緒の創出が同時並行的に進行する中、小槻家や禁裏駕輿丁は中世段階で見られた神社祭礼との関わりを希薄化させ、逆に天皇との関わりを強調しながら特権商人としての側面を強く打ち出す由緒を成立させたと考えられる。そして、この由緒こそが、禁裏駕輿丁が近世的展開を遂げていく中で、なにを重視し、どのような組織を打ち出していくのか、というビジョンを如実に物語るものであったといえよう。

（1）西村慎太郎「近世地下官人組織の成立について」（『近世朝廷社会と地下官人』、吉川弘文館、二〇〇八、初出二〇〇三）。
（2）塚田孝「身分的周縁論」（『日本歴史』七〇〇号、二〇〇六）。
（3）梅田康夫「地下官人考」（大竹秀男・服藤弘司編『高橋真一先生頌寿記念　幕藩国家の法と支配』、有斐閣、一九八四）。地下官人の議論のうち、徳川期以前の時代からの変遷を追うものに前掲注1西村論文、北堀光信「聚楽亭行幸の形成過程」（『日本歴史』六七〇号、二〇〇四、北堀A論文）・「近世行幸と装束料」（『風俗史学』三五号、二〇〇七、北堀B論文）・「近世成立期の並官人」（『日本歴史』七二八号、二〇〇九、北堀C論文）、吉田洋子「江戸幕府の成立と地下官人」（『ヒストリア』二〇三号、二〇〇六）などがあげられる。
（4）宮内庁書陵部編『図書寮叢刊　九条家文書』五、一三七四号文書（一九七五）。
（5）「駕輿丁文書」所収（『壬生文書』十、京都大学総合博物館所蔵）。
（6）前掲注(5)史料。
（7）『狩野亨吉氏蒐集古文書』一。なお、翻刻として『大日本史料』一二編―三三を参考にした。
（8）『九条家文書』五、一三七〇号文書。
（9）猪熊座の単独名簿が作られる要因として、天正六年十二月二十八日付「等松坊秀憲・横川存勝連署書状」（『九条家文書』五、一三七三号文書）は重要な示唆を与えてくれる。本史料において「今度猪熊座魚公事之儀、九条殿様より雖下被二仰付一候上、座中御理申付而相果候」と記されるように、当該期においては猪熊座へ賦課される魚公事の徴収は滞っていたことが明らかとなる。関白就任に伴い、適切な徴収を行うためにも猪熊座の魚棚を把握しておく必要があったと考えられる。
（10）『狩野亨吉氏蒐集古文書』九。当該史料では四十名の駕輿丁が書き上げられるが、このうち三十五名が左近衛府駕輿丁猪熊座の構成員である。
（11）本書第二章参照。
（12）寛永十一年六月二十二日付「三宅氏慶・岡村安信・八原重家連署請文」（『狩野亨吉氏蒐集古文書』八）など。
（13）永禄十一年七月日付「幕府役者公人人数注文」（『蜷川家文書』三、八一三号文書）。

(14) この他の諸役として、闕所屋再給付に際する役（含、借銭方催促）、土一揆蜂起・徳政張行の風聞の際、禁制の下知を各所に送付する役、将軍および禁裏への美物献納に際して公家衆・御伴衆へ触れ知らせる役、その他「日月蝕御」・「五月五日御菖蒲」に関する諸事を担う役、「御的」の際の金剣持参の役、酒屋・土倉役徴収に際して役銭納入を伝達し、奉行人と酒屋・土倉との取次を図る役などがあげられる（丹生谷哲一「室町幕府の下級官人」、『検非違使』第六章、平凡社、一九八六）。

(15) 松井直人「京都住人としての室町幕府公人」（『都市史研究』五号、二〇一八）。

(16) 前掲注(13)史料。

(17) 永禄十年正月日付「幕府政所公人等申状案」（『蜷川家文書』三、八一〇号文書）。

(18) 関連する事例として、十五世紀前半における押小路氏との米穀課役相論がある。永享十二年（一四四〇）九月二十二日付「室町幕府管領奉書」には押小路氏が懸けた米穀課役を難渋するものとして、八幡・春日神人・四府駕輿丁・雑色・小舎人・政所下部があげられている（『史料纂集　京都御所東山御文庫所蔵　地下文書』〈以下『地下文書』と表記〉一六号文書ほか）。本史料は禁裏駕輿丁と政所公人の双方が米穀商売を行っていることを示しており、政所公人と猪熊座の近似性を補強する史料ということができる。

(19) 遡る史料であるが、文明十一年（一四七九）七月十一日、禁裏駕輿丁が自らの茜商売を他人に違乱されていることを不服とし、後土御門天皇の日野政資邸への行幸に際して訴訟に及び、天皇の輿を抑留したことが知られる（『晴富宿禰記』文明十一年七月九日条、十一日条）。この禁裏駕輿丁の茜商売と、本文で引いた遠江国茜染座との関係を明らかにすることはできないが、少なくとも十五世紀後半段階で禁裏駕輿丁の商業活動の中に茜商売があり、権益を保護するために輿の抑留という極めて重い訴訟手段をとるほどに、重要な商業品目として認識していたことは看過できない。

(20) 天正九年二月十一日付「村井春長軒書状」（『狩野亨吉氏蒐集古文書』十）。

(21) 本書第二章。

(22) 池享「聚楽第行幸における行列の意味」（『日本歴史』五四三号、一九九三）。

(23) 『多聞院日記』天正十六年四月十七日条には、「昔日野殿へ行幸、百六十二年ニ成云々、其後ハ無之事也」と記される。

(24) 『聚楽第行幸記』（『群書類従』三、帝王部）。

(25) 天正十五年には前田玄以が諸公家に対し、旧記を所持するならば持参するよう命じる書状を発給したことが確認される（『時慶記』天正十五年正月二十七日条）。
(26) 前掲注(3)北堀A論文。
(27) 前掲注(3)北堀C論文。
(28) 久保貴子『(人物叢書) 徳川和子』（吉川弘文館、二〇〇八）。
(29) 『女御御入内記』（『(内閣文庫史籍叢刊) 視聴草』、汲古書院、一九八四）。
(30) 『孝亮宿禰日次記』元和六年四月十日条。
(31) 『孝亮宿禰日次記』元和六年五月二十日条。
(32) 『孝亮宿禰日次記』元和六年四月十三日条。
(33) 『元和六年私記』元和六年五月八日条。
(34) 『孝亮宿禰日次記』元和六年五月八日条。
(35) 実際の行列において駕輿丁が担うべき役割は、天皇の輿への勤仕ではなく、関白九条忠栄・左大臣近衛信尋・一条兼遐が乗る輿への勤仕であったと考えられる。彼らは天皇が参加しないこの行列の中における最も上層の公家であり、それぞれに十人の駕輿丁が勤仕したという史料上の所見からも推定することができる（『女御御入内記』）。
(36) 菅原正子「内蔵寮の織手について」（『中世公家の経済と文化』第三部第二章、吉川弘文館、一九九八）。
(37) 豊田武「西陣機業の源流」（『豊田武著作集一　座の研究』、吉川弘文館、一九八三、初出一九四八）。
(38) 『言緒卿記』元和四年十二月十五日条。
(39) 『言経卿記』元和五年十一月二十九日条。
(40) 前掲注(36)菅原論文、注(37)豊田論文。
(41) 御服方については、次の史料が重要である。

一御服公事補任事仰候間遣レ之

座主領洛中御服公事御代官職事被二仰付一訖、任二請文一御公用無二不法懈怠一者不レ可レ有二御改易一候也、仍補任如レ件、

天文十三年二月廿二日　　判奉

福田新次郎殿

『華頂要略』に掲載されるこの補任状で明らかなように、福田新次郎は「御服公事御代官職」に任じられた。この御服公事代官職を禁裏駕輿丁は「御服方」と呼称し、旧来から駕輿丁の職であったことを主張したのであり、御服公事代官＝御服方の関係がこのことから確認される。また近似した名称の御服代官については、保内商人の相論事例を検討した杉村豊が「山門系の御服調達機関」であり、「在地段階での零細商人間の紛争調停の機能をもったもの」と性格規定を行っているが（「保内商人の市場活動形態」、『国史学』一一二号、一九八〇）、御服方（御服公事代官）と御服代官は異なる職であったと考えられる。

(42)　天文十三年四月日付「駕輿丁座中申状」（『地下文書』八四号文書）。

(43)　「四府駕輿丁座御服方文書案」（『地下文書』九二号文書）。

(44)　内蔵寮織手の猪熊座への加入は久松氏だけではない。久松氏の事例からやや下る延享四年（一七四七）二月、「御寮御織物師」である錦屋右兵衛が「左近府猪熊座駕輿丁役」をつとめる代わりに「住宅・諸役御免除」を要求する願書が存在する（「西陣大北小路町年寄清兵衛願書」、『三上正之助家文書』四二八二―二〇四号文書、京都市歴史資料館写真帳）。同史料の中では、錦屋が「今度御用御無人」のため、猪熊座を仰せつけられたことが確認され、猪熊座構成員の減少に伴う人員補塡に際しても、御寮織手（内蔵寮所属の織手）から選出していたことを窺い知ることができる。近似的職掌に基づいた猪熊座組織再編成は十八世紀段階に至ってもなお継続されていたのである。

(45)　「三年一請会記録」嘉吉三年七月二十一日条（『北野天満宮史料　古記録』）。

(46)　『実躬卿記』。

(47)　本書第一章および第二章参照。

(48)　天文十六年閏七月一五日付「大舎人座申状」（『久我家文書』）。

(49)　慶長十六年三月十一日付「左近衛府駕輿丁猪熊座申状」（『狩野亨吉氏蒐集古文書』二）。

(50)　慶長十六年三月十六日付「右近衛府・左右兵衛府駕輿丁兄部申状」（『狩野亨吉氏蒐集古文書』二）。

(51)　慶長十六年三月二十六日付「猪熊座左近府連署申状」、同付「壬生孝亮書状」、同付「左近衛府駕輿丁兄部小畑彦七申

状」（いずれも『狩野亨吉氏蒐集古文書』二）。

(52) 前掲注(50)史料。

(53) 『孝亮宿禰記』慶長十六年三月十五日条。

(54) 慶長十八年十二月十三日付「左近衛府駕輿丁猪熊座中小島与兵衛吉次言上状」（『狩野亨吉氏蒐集古文書』二）。

(55) この事例とは逆に、左近衛府駕輿丁兄部小畑と官務との主従性は、猪熊座ほど強固ではなかった事実を示す史料がある。やや時代は下るが寛永十一年（一六三四）における駕輿丁役補任に関する相論では、小畑は自らの配下の座人を改易するよう官務に求められた際、「所詮此者共ハ、御補任も不レ申請、人躰之義も前より我等私として申付候」（『忠利宿禰記』寛永十一年十月二十六日条）と主張し、要請を拒否したのである。なお寛永十一年相論の検討は、前掲注(3)吉田論文において詳細に検討されている。

(56) 寛永十一年六月二十二日付「四府駕輿丁誓詞・猪熊座誓詞」（『狩野亨吉氏蒐集古文書』八）。

(57) 前掲注(1)西村論文、前掲注(3)吉田論文。

(58) 本文で見たように、慶長十六年段階で猪熊座が小畑道可を新儀の曲者として理解している点からも、慶長十六年近辺こそが、小畑が駕輿丁の中で重要な役割を担いだす時期としてふさわしいと考えられよう。

(59) 「駕輿丁記事」（国文学研究資料館所蔵『山城国京都駕輿丁文書』）。

(60) 「駕輿丁由記」（国文学研究資料館所蔵『山城国京都駕輿丁文書』）。

(61) (1)の正応五年十一月二十六日の伏見天皇綸旨案は、文言の不安定さから偽文書とされるものであるが（三浦周行「座の研究（其二）」『法制史の研究』下、岩波書店、一九四四、初出一九一八）、その内容は駕輿丁に御服商売の独占を認めるものであり、偽作年代として駕輿丁の商業活動の中で御服商売の比重が大きくなる室町後期頃を想定したい。

(62) 後陽成天皇に関する伝承は、他にも享保元年（一七一六）に改訂された『京都御役所向大概覚書』に「諸役寄宿御免許之義」として見え、「諸役免許之初ハ後陽成院御治世ヨリ初り、夫ヨリ以前ハ寄宿免除計被レ下候」と記述される。諸役免許特権はいうまでもなく中世段階から確認することができ、史実と乖離した明らかな伝承として機能していることがわかるが、諸役免除特権の創始をあえて時代を下らせてまで後陽成天皇に結びつけることは、当該天皇と禁裏駕輿丁を含む地下官人の繋がりの強固さを示していると考えられる。

第四章補論　千切屋をめぐる創業伝承と史実

はじめに　―「西村氏系図」が語る創業伝承

京友禅の老舗・千總《ちそう》は、創業以来、今なお京都で脈々と商売を続けている。その成立と歴史的展開は、単に一企業の社史としてだけでなく、拠点とする三条室町界隈の地域史と強く深く結びつき、京都都市史としての魅力を放つ。実はこの千總（正式名称・千切屋《ちきりや》惣左衛門、以下「千總」と記す）は、近世において禁裏駕輿丁をつとめていた歴史をもつ。本章では千總に伝わる史料およびその関連史料を通し、近世における駕輿丁構成員の具体像について検討したい。

千總の正式な名称は、「千切屋惣左衛門」であり創業四百七十年余という歴史は、初代・西村貞喜が京都に居を構え、法衣商人として活動をはじめる室町時代後期の弘治年中（一五五五～五八）を起点とする[1]。以下、「西村氏系図」（株式会社 千總ホールディングス所蔵）冒頭部分を引きながら千切屋の創業に関する経緯をおさえたい。

「西村氏系図」冒頭部分（A）

西村貞喜者、元近江国甲賀郡西村之住人也、姓藤原淡海公之末裔也云々或曰宇田源氏佐佐木之後胤也云々、幼名与八、後改二与次一、巧匠為レ業、号二越前出自一、自二江州一于二京都一宅在レ于二建仁寺町一、未詳、後宅レ于二三条室町之西一、而名改二千切屋与三右衛門一、製二法衣一為レ業、本嶋氏之女為レ妻法名妙福、慶長十二年丁未六月廿九日死、本嶌氏家称二大舛屋一、法衣商人也、因二其外舅之縁一改二家業一云々

「西村氏系図」冒頭部分(B)

或曰始為二巧匠一時先住レ於二南都一、然春日社若宮御祭之節、興福寺衆徒等奉二神戸一、称二御児一貴レ之、聊供二種々珍膳一、就レ中有二千切花一者、其製恰如二今布簾之紋一、大方四寸許之如二角切折敷一並レ於二鱗形一、左右各二行以レ板連二続之一、下如レ鼎有レ定、其台上立二数種作花一、橘・梅及藤・松・竹等凡花木之類、以二紙帛一造レ之、盛二諸果於其根一間、是号二千切花一焉、此千切花台、毎歳貞喜製レ之、於レ是出レ于二京都一改二家業一之砌、家称号二千切屋一、而模二布簾於其形一者乎（略）

現在、千總に残される本系図は、その奥書から寛保三年（一七四三）の成立であることがわかる。この冒頭の叙述は、それ以後に続く一族の系図に歴史的な解説を試み、由緒を与える機能をもつ。

引用した部分は、その内容から大きく二つに分けることができる。一つは、西村家の出自を述べ、商業活動を始める経緯を述べる部分（A）、いま一つは、千切屋一門の象徴である「千切紋」および屋号についての来歴を記す部分である（B）。以下に内容を要約したい。

A出自と商業活動に至る経緯

西村家は近江国甲賀郡西村を根本の出自とし、藤原淡海の末裔（別説には、宇多源氏佐々木氏の末裔とも）である。千切屋初代である貞喜の幼名は与八、のちに与次に改める。越前の巧匠（技術の優れた大工）を出自とし、ある段階で近江から京都へ転居する。そのときの住居は建仁寺町にあったと伝えるが詳細は不明である。のちに「三条室町之西」に転居し、千切屋与三右衛門と改名し、法衣業を営んだ。これは法衣商であった本嶋氏（大升屋）の息女（妙福・慶長十二年〔一六〇七〕六月二十九日死去）を妻とした縁によっての家業継承である。

B千切屋・千切紋の創始伝承

西村家は巧匠を営んでいたとき、奈良に居住した伝承ももつ。春日社若宮御祭のとき、興福寺衆徒が神戸（神の寄代）を「御兒」として信仰した。このとき様々な膳が供えられ、その中には千切花というものがあった。これは四寸程度の角切折敷を鱗形に並べ、左右はそれぞれ二行の板をもって連結される。また下部には鼎のように足が付けられ、その台の上に数種の作花（紙製花木類）が設えられる。また、その根元には諸果実を盛り、これを千切花と称する。毎年この製造にあたっていたのが初代の貞喜であり、このことにより京都に出て、家業を改めるときに「千切屋」と称し、布簾の意匠に千切台を用いた。

本要約で明らかなように、千切屋創業伝承を語るAおよびBの各部分では、実は若干の齟齬がみとめられる。西村貞喜の根拠地に関する叙述がそれにあたるが、Aでは越前を出自とし、工匠を営みながら近江を経て京都に至ったと説明されるのに対し、Bでは工匠を営みながら奈良に居住し、春日若宮御祭と関わりを有していたことを強調する。居住地や人物名、妻の名前や没年等を記載するなど、具体的な情報を入れ込んで文章を構築するAと違い、Bではそのような出自や来歴に関する具体的な内容は記載されず、春日若宮御祭における千切花にのみ描写の力点が置かれていることが明らかであり、またその叙述は現在伝来する千切花の図像と特徴が一致するほど丹念に描写されている。前半部分と区別される文章をあえて付け足し強調しているBの部分にこそ、最も語りたい内容が込められていると考えられよう。それではこのBの部分からは千切屋のどのような歴史的背景が読み取れるのだろうか。当該部分で語られる春日若宮御祭を中心に、検討したい。

第一節　春日若宮御祭における千切台の存在

春日若宮御祭の創始は、保延二年（一一三六）九月十七日、興福寺大衆（衆徒）が春日祭に準じて主宰し、官幣を拝しながら祭礼を行ったことによる。初度の祭礼では、興福寺別当・皇太后宮・大殿下（藤原忠実）・中宮・関白殿下（藤原忠通）・北政所の奉幣があり、風流としては楽人・日使・巫女・細男・猿楽・競馬・流鏑馬・田楽が演ぜられたが、これが伝統化して今日に至っている(2)。

前出系図中Bでは、千切花の概説を「春日社若宮御祭之節、興福寺衆徒等奉二神尸一、称二御兒一貴レ之、聊供二種々珍膳一、就レ中有二千切花一者」と語るが、では千切花は、春日若宮御祭を構成する諸儀礼の中で、どのような場面に登場するのであろうか。

このことに関し、これまでは次のように説明されてきた。すなわち、「千切台は、おん祭に先立って行われる「装束賜《しょうぞくたばり》」の威儀物として用いられる調度品」である、と。また、その儀礼の性格は「おん祭に参勤する人々が十一月下旬から十二月のはじめ祭礼の装束と参勤辞令を授与される儀式で、その昔田楽頭役の学侶が田楽学頭に授与したのにちなむ(3)」と説明される。

この装束賜という儀式がいつ頃から始められ、定着していったのかについては本論では立ち入らないが、十四世紀前半に成立した『延慶三年記』（興福寺一乗院所蔵）の中に、田楽学頭の顕昭上人が宝積院の御前において、御祭で田楽を担う猿楽者たちに装束を与えていることが記載されており、少なくとも鎌倉時代後期には当該儀礼が実施されていたことが確認される(4)。

ここで具体的な祭礼の様子を絵入で解説した版本『春日大宮若宮御祭礼図』（享保十五年〔一七三〇〕版行）に着目したい。本史料中、装束賜の部分を引用する。

> 廿六日、未明より田楽頭屋御幣、客殿へ出る児二人、満寺の僧出二対屋へ一、衆徒中門へ、白衣着僧庭上へ、仕丁列座、其後楽頭幣持之僧四人、新座・本座の田楽法師廿六人庭上に二行に床机へ参集し、客殿より田楽法師壱人づゝよび出し、装束を給はる（略）

本史料では満寺の僧侶が対屋へ、衆徒が中門へ、白衣の僧が庭上へとそれぞれの場に参集し、その中で田楽法師が一人ずつ呼びだされ、着用する装束が下賜されていく様子を叙述している。旧来、この装束賜は、多くの人が招かれ饗宴が催される儀礼であったことが指摘されており、酒食費や空間を設える仮作事なども含めると多額の準備費用を必要とするものであった(5)。そのような祝祭的な空気に満ちた空間の中で、祭礼に出仕する田楽法師に豪壮な装束が下賜されたのである。御祭の威儀を表出させる儀礼がこの装束賜の主要な機能の一つといえよう。

このことを踏まえ、引用史料中、「客殿へ出る児二人」に着目してみたい。

この児《ちご》の性格は、所載される図版部分を参照すると明確に理解することができる（図1）。本図では全体に田楽頭屋の坊を描いており、庭上に集う楽人や舞人の様子と客殿の内部に集う役僧たちの様子を対比的に捉えている。また庭上と殿中の間に描かれる廊には、「笛笠」など様々に飾られた折敷が描かれており、まさしく種々の珍膳が設えられている様子を見て取ることができる。

このような中、図上部左に描かれる描写に着目したい（図2）。便宜的にトレース図を付載したが、ここからは、二人の垂髪姿の児の姿がみとめられ、そこに「頭屋の児」と注記されていることが見て取れる。これこそ詞書部分の「客殿へ出る児」と看做すことができよう。そしてなによりも着目しなければならないのが、描かれた児のすぐ前に、植物をあしらった三基の連結された折敷が見えることである。これは、簡略化はされているが先に指摘した千切花の造形と共通しており、両者を同一のものと判断することができる。

祭礼における児の役割は重い。華麗な装束を身につけ、神聖さをまとい神の依代としての役割を担う場合も多い。頭屋の児の場合も同様で、彼らは影向の松のもと行列検分を行うつとめをもった。

ここで想起しなければならないのは、先の引用部Bの「興福寺衆徒等奉㆓神戸㆒、称㆓御児㆒貴㆑之」という表現である。興福寺衆徒が神戸《かんし》（神の依代）として児を尊び、この児に対してこそ供えられるのが千切花なのである。これまで千切花が「威儀物」や「調度」として一般的に捉えられてきたことは先に紹介した通りである。しかし

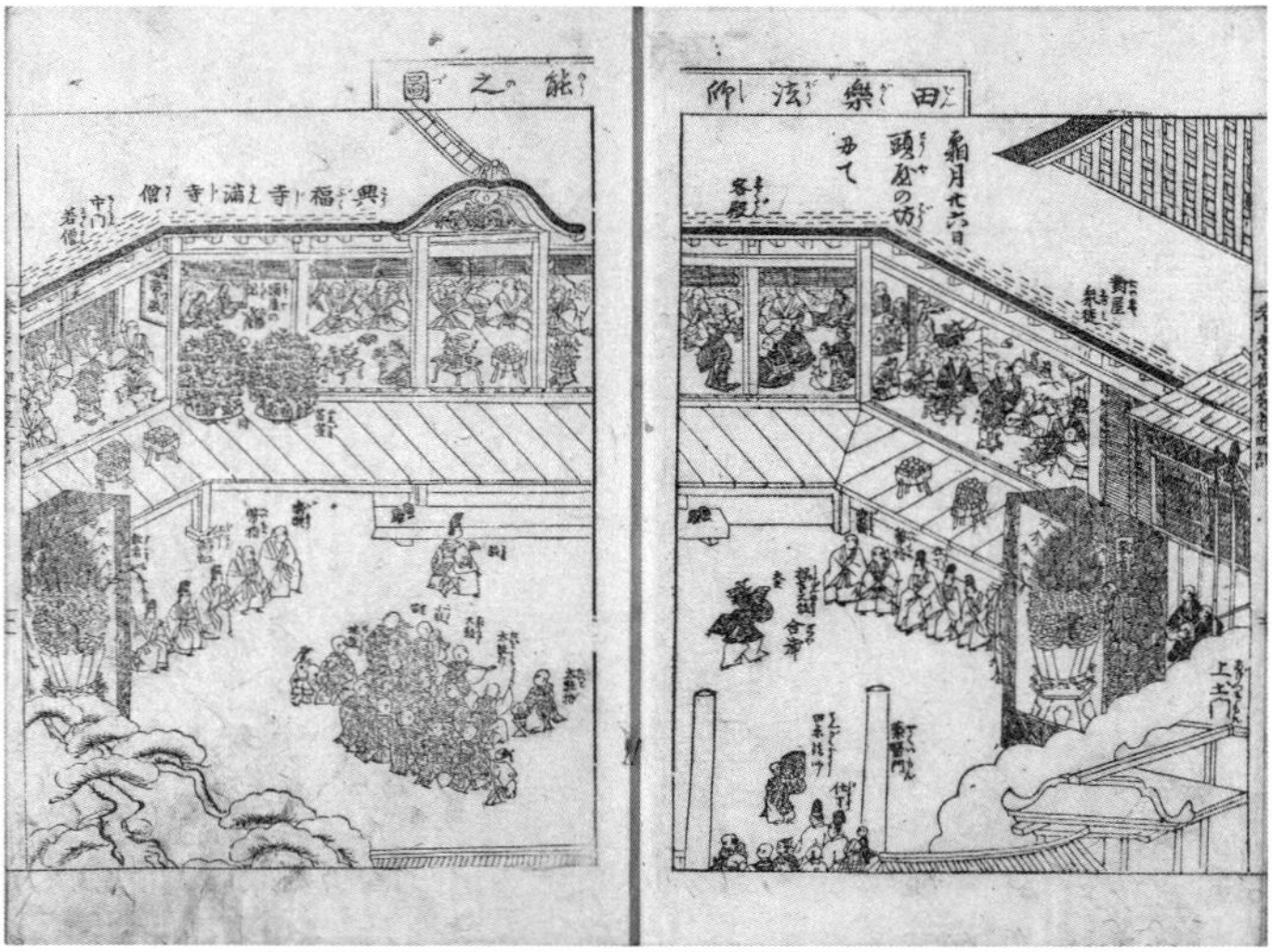

図1　『春日大宮若宮御祭礼図』下のうち、「田楽法師能之図」
（奈良県立図書情報館所蔵）

図2　「田楽法師能之図」拡大図およびトレース図

これまでの考察を踏まえるならば、千切花には、より積極的に神供としての性格を見出すべきであろう。引用部Bで示されるように、千切花の根元に諸果が盛り付けられることも、献饌の文脈で捉えるとその性格がよく理解できよう。

この意味で、千切屋の系譜を春日神人として捉えた旧来の研究は妥当であろう(6)。神人の役を負いながら若宮御祭において供御を行い、様々な物品を調進する姿こそ、当該商人の初期の存在形態であったのではなかろうか。無年号ながら、近世初頭のものと思われる十二月十九日付「千切屋五郎兵衛請取状」が『春日神社文書』の中に残されている。本史料には千切屋五郎兵衛が「錦金襴」、「幢」、「具足錦」、「紫甲御袈裟」、「段(緞)子」、「ほそ引」、「幢箱」を春日社に納品し、その代として「三貫七拾八匁八分」を受け取ったことが記載されている(7)。江戸時代前期において春日社と千切屋との関わりは明確に見出せるのであり、千切屋が春日社御用の装束商人として活動していたこともあわせて推察させる。このようなあり方の背景に、それまでの段階で構築された春日神人としての千切屋の姿を想定することは無謀な推論ではなかろう。

第二節　室町期の諸史料に見える千切屋

前節まで、主に系図を用いて、西村家の出自について考えてきたが、それでは西村家が法衣商をはじめたとされる室町時代後期、屋号としての千切屋はどのような形で諸史料に姿を現すのであろうか。同時代史料を用いながらその特徴を見たい。

千切屋の名前を載せる史料の中で、次に掲げる史料は注目に値する。

南御所様御料所摂州有馬郡内上津畑御代官職之事、斎藤又三郎ニ被㆑仰候、然ニ年中御公用百貫文并夫銭、若彼御代官就㆓無沙汰㆒者、為㆑私弁可㆓進上㆒申者也、仍為㆓後日㆒、請文状如㆑件、

在所六角町ちきり屋
水谷帯刀左衛門尉
定吉（花押）

永正弐年
七月十日

御奉行所参(8)

南御所（宝鏡寺）は足利義満、義持、義教、義政と歴代将軍の娘が入室する寺院であり、室町幕府と密接な関係にある尼門跡寺院である。[9] 本史料は、永正二年（一五〇五）水谷帯刀左衛門尉定吉が宝鏡寺に提出した請文であり、当該寺院の料所である摂津国有馬郡上津畑の年貢納入に関して、水谷が責任をもってこれを保証する旨を誓約している。本来、この荘園の代官は「斎藤又三郎」なる人物であり、原則的には斎藤が「年中御公用百貫文并夫銭」を貢納しなければならなかった。しかし彼に無沙汰が生じ、年貢納入が果たされない場合、これを代替するのが保証人の水谷なのである。実際に宝鏡寺には斎藤又三郎元高が提出した「代官職請文」が伝来している。[10] 本文書は引用史料と同日付のものであり、これら二通は作成当初からセットで機能していたことがわかる。

　引用史料中、なによりも着目しなければならないのが、文書作成者が「在所六角町ちきり屋　水谷帯刀左衛門尉定吉」であったことである。先に確認したように、本史料は荘園代官が年貢納入不履行を起こした場合、その保証を行うと誓約したものであった。つまり、ちきり屋・水谷定吉には年貢の肩代わりを果たすだけの経済的資本、あるいは資金獲得の能力があり、それをもって畿内荘官との関わりを結んでいたことが知られるのである。この人物については、既に高橋康夫が複数の史料をあげて言及しているが、[11] その中でも『実隆公記』永正七年四月八日条は重要である。ここでは、三条西家の代官として山城国西岡において塩合物公事を徴収する「六角チキリ屋　水谷帯刀左衛門」の存在を知ることができ、公家の家政機関の中に身をおき、公事徴収権限を行使する人物として確認することができる。[12]

　また、当該人物の性格を一層明確に示すのが、次の史料である。

（端裏）「駕輿丁左兵衛府座人　天文十（一五四二）　十廿四」

　左兵衛府座人謹言□

右子細者駕輿丁左兵衛職事、数年水谷存知仕事無㆑紛儀候、然処号㆓引田跡目㆒近松与申仁躰兄部職之事申㆑掠

之段、無レ謂次第候、此等之趣可レ然之様預ニ御披露一、如ニ先々一水谷ニ被ニ仰付一候者忝可レ存候、猶御不審之儀在レ之者座中江尋承可ニ申明一者也、仍粗言上如レ件、

拾月廿四日

ちきりや　定得（花押）
大もんし屋　太盛（花押）
きんや　宗久（花押）(13)

本史料は、行幸にあたり天皇の乗る輿を舁くことを職務とした四府駕輿丁のうち、左兵衛府駕輿丁の兄部職（集団の統率者）をめぐって起こった相論に際し作成された文書である。引田氏の跡目と号して兄部職の獲得を目指す近松氏と、数年来兄部職に就いていたと主張する水谷氏が対立軸として見てとれる。本史料に連署する三名の人物のうち「ちきりや　定得」は、先の引用史料を勘案すると、水谷姓を名乗る者と推察される。

四府駕輿丁は、鎌倉時代以来朝廷からの各種特権のもと、米、生魚、御服など多様な営業品目を商い、商業活動を展開する特権商人集団なのであり、その統率者たる兄部も有力な特権商人として位置付けることができる。

つまり本史料からは、ちきりや・水谷氏が、公家の代官としての役割を担う一方、朝廷由来の特権を行使しながら活動する富裕商人として把握することが可能なのである。また既に高橋が指摘した通り、明応期頃（一四九二～一五〇一）、水谷氏は酒屋として活動していたことが知られる(14)。先に見た荘官の年貢納入を肩代わりできるのほどの経済的資本を有する背景には、京都市中で根を張りながらこれらの活発な商業活動を行い、富裕化を遂げた水谷氏の姿があったのである。

第三節　二つの千切屋　―水谷氏と西村氏

以上の整理のように、実は室町後期における千切屋の事例は、例外なく水谷氏の活動を示すものなのである。西村氏と水谷氏を全く異なる系統の商人であったと断じることはできない。水谷氏の拠点地域として諸史料に書き上げられる六角（あるいは六角町）が、西村氏が拠点とした三条室町とあまりに近接していること、そしてなにより「ちきり（千切）屋」という同一の屋号を用いている事がその理由である。両者はどのような関係にあるのだろうか。

この疑問に明快な解答を与えることは現状では困難である。しかし、次に掲げる史料は、重要な示唆を与えてくれる。

大外記師勝（中原）申洛中幷河東西郊米屋課役事、訴状如レ此、八幡春日神人・四府駕輿丁・雑色・小舎人・政所下部以下輩難渋之間、先度成敗之処、不二事行一云々、早任二酒麹売役傍例一、厳密相二触之一、若於レ不二叙用一者、就レ令レ註二申交名一、可レ有二殊沙汰一之由所レ被二仰下一也、仍執達如レ件、

応永廿九年三月十七日　沙弥（畠山満家）判

佐々木加賀守殿（京極高数）（15）

本史料は、京極高数に宛てた室町幕府管領奉書である。本来、洛中において米商売を行う商人たちは大外記中原氏に対して「米屋課役」を支払わなければならなかった。しかし、この課役徴収に対して「雑色・小舎人・政所下部」などの幕府傘下の特権商人や、朝廷所属の「四府駕輿丁」たちは課役免許特権を主張しながら難渋し、支払いを行わなかったのである。室町幕府はこれら商人に課役徴収を果たさせるため、侍所頭人である京極高数に商人の管理を厳命していることが見て取れる。

史料中、四府駕輿丁とともに春日神人が米商売を行う集団として列挙されていることは注目に値する。これら二つの商人集団は、特権を背景に米商売を行うという点で極めて近似した商業形態を実現していた。またさらに重要なのは、この米穀をめぐる商業活動が、永正六〜七年（一五〇九〜一〇）頃に至ると段階的に四府駕輿丁に一本化されていくことである(16)。駕輿丁は、上京米座・下京米座に分化し、洛中米商業を独占して他の商人を圧倒する(17)。室町期流通史上、極めて大きなこの再編の過程では、それまで米商売を担っていた商人を糾合する駕輿丁の動きを想定するべきであり、春日神人と駕輿丁とがより密接化するなによりの契機となったと考えられる(18)。

西村氏が京都において商業活動をはじめたとされる弘治年間は、まさにこのような京都における流通構造が再編され、水谷氏が属する四府駕輿丁がそれまでとは比較にならないほどの大きな勢力をもって台頭してきた時代なのである。こうした京都商業界をめぐる大きな展開過程の中で、西村氏は既存権益と結びつきながら京都で地歩を固めていったはずである。現在に見られる創業伝承を獲得していくのもこの動きの延長線上で捉えなければならない。千切屋という屋号が検出される早い事例が水谷氏との関わりの中で見られることが確認された今、少なくとも史料の上では、屋号に関する伝承生成も西村氏の活動とは一定程度切り分けて考えるべきであろう。むしろ水谷氏段階で語られた当該伝承が、西村氏の代になって言説化し固定化されていったという流れで理解するほうが合理的なのではなかろうか(19)。

いずれにしても千切屋・西村家の創業の経緯は、冒頭で引用した系図に載せられる創業伝承のように単線的な文脈では決して理解されない複雑なものであったことは確実であろう。

第四節　千切屋・西村家の近世の姿

千切屋・西村家の活動は、織豊期を経て近世に入ると次第にはっきりとしてくる。それは『町人考見録』が示す「三千貫目余の分限」者としての姿でもあるが、(20)前代との系譜を考える上では、次に示す史料に着目できる。

廿九日、庚子、晴、晩有二夕立一、

右件男、宜為二駕輿丁左近府内猪熊座一、故下之状如レ件、

岡村新兵衛成家

元和七年正月廿日

左大夫小槻宿禰判

右補任自二成家一譲中貞次（三条衣棚、ちきりや、岡村四郎兵衛、貞次、西村、役岡村）駕輿丁小島友甫所二執沙汰一也、

貞次可レ成二補任一

岡村四郎兵衛貞次

右件男宜為二駕輿丁左近府内猪熊座一、故下之状如件、

寛永三年五月廿八日

左大夫小槻宿禰判(21)

本史料は駕輿丁を管掌する小槻孝亮が寛永三年（一六二六）五月二十九日に記した日記の一部である。引用部分では、駕輿丁役交替に伴い発給された補任状が書写されており、ここから、岡村新兵衛成家なる人物から西村貞次（役名・岡村）へ駕輿丁役が譲られ、左近衛府駕輿丁猪熊座の構成員となったことがわかる。同記では、この時期断続的に駕輿丁役の新規設定を知らせる記述が見られるが、これは同年九月に実施される後水尾天皇の二条城行幸に合わせてのことである。近世初頭は徳川和子入内行列や二条城行幸など大掛かりな行列儀礼が実施される時期であり、それに伴って輿を担う駕輿丁が新たに必要とされることとなった。(22)引用史料中、「駕輿丁小島友甫」がとりなしをすることで貞次の駕輿丁役就任が果たされているように、この時代、地縁や血縁などによって

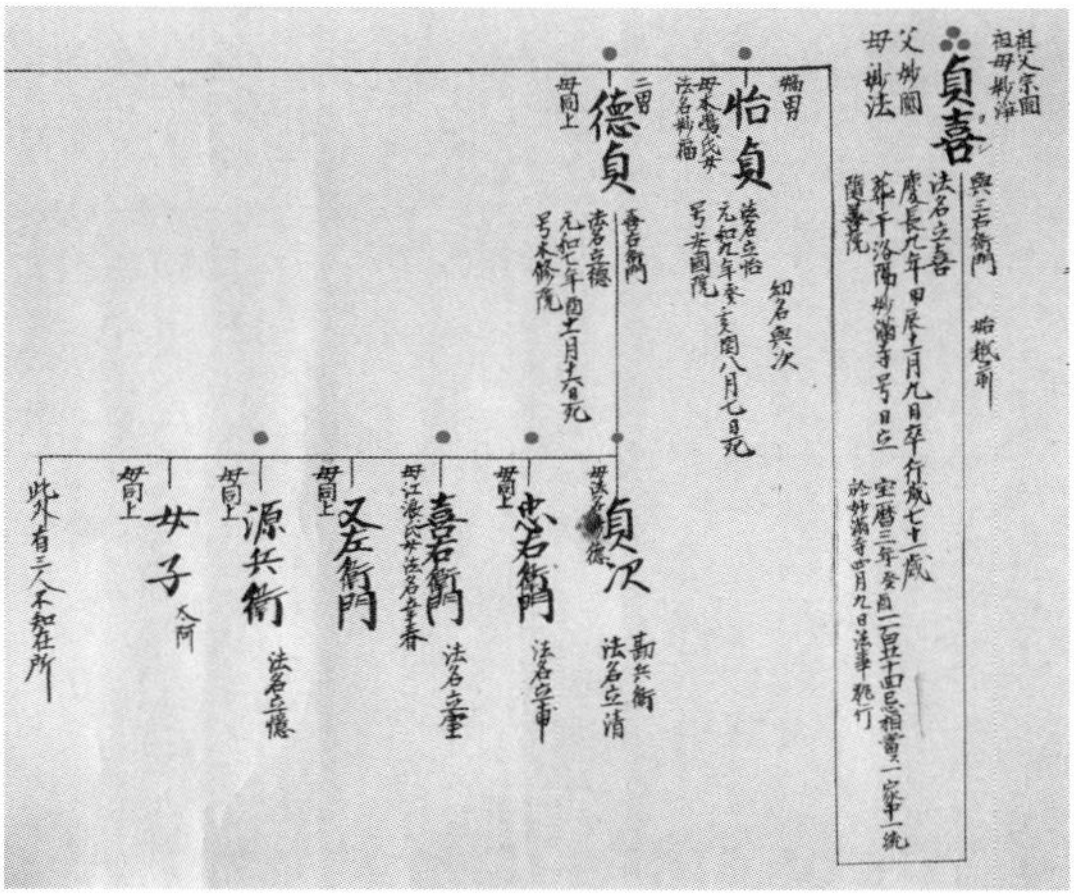

図3　「西村氏系図」部分
（株式会社 千總ホールディングス所蔵）

身元確かな京都富裕町人を選び、駕輿丁の新規設定が行われるのが通例であった(23)。

ここで駕輿丁役を担うことになった西村貞次こそ、徳貞流を継承しながら法衣・金箔・上澄（厚手の金箔）商売を行った千切屋・西村家の三代当主である（図3）。この事跡をたどるように、系図では貞次の後継である猶貞、永貞も同じく駕輿丁として活動したことが記載され、また同様に一族には内舎人の職に就く人物も散見する（系図・雄貞系統、則貞、貞宣、静貞）。近世初頭の千切屋一族では、朝廷とのつながりを確保しながら商業活動を行う一流が存在したことをここで確認しておきたい。

おわりに

千切屋の諸活動は、時代を経るにしたがってさらに多様に展開し、とくに芸能分野では特筆される活動が見出される。たとえば立花の分野では、『立花正道集』を著す木屋権左衛門を弟子とする「チキリ屋三左衛門」が検出されるし(24)、蹴鞠の分野では、飛鳥井家、難波家両家元から免許状を獲得する西村惣左衛門貞恒（五代）の姿を見出すことできる。これらはどちらも公家社会を土壌としながら上層町衆に普及した文化であるが、千切屋の場合、単に上層町衆の教養行為としてのみ捉えることは適当ではない。京都において装束調進を行うことは、分厚く蓄積された公家の慣習や規範を熟知し、そこに新味を加えながら新たな価値をもった装束を提供していくことを意味する。このような公家社会を覆う規範を体得するためには、貴顕の交わりの中で展開される立花や蹴鞠などの諸芸能はまさに最適な場であった。この意味では、これらの諸芸能に対する千切屋の精通は家職を充実させるための文化的な実践活動と位置付けることができるだろう。

このような動きの一方、千切屋が三条御倉町や衣棚町において年寄役として町政運営を担ったこともまた看過することはできない。六代・西村惣左衛門の手による「当町年寄役ニ付町儀控」（京都府所蔵〔京都文化博物館管理〕『大橋家文書』所収）には、洛中に布達された触書の写し、六角堂に関する諸事、祇園会において遵守すべき規範などが記され、極めて精緻な記録として評価できる。西村家は上層町衆として自らが立脚する足場に対しても強く存在感を示したのである。

先述した通り、千切屋・西村家の創業をめぐる一連の動きは、系図やその他伝承が示すような単純なものではない。本論で述べてきたように、旧来の伝統的な価値観に基づき特権や名誉を再生産しながらそれに相応しい教養を獲得し、かつ町役人として拠点地域に地歩を固めてきたのが千切屋・西村家の姿である。数百年にわたる千切屋の長大な歴史は、商業主義的な営利行為のみによって紡がれるものでは決してない。朝廷や町というような京都に蓄積された伝統的な都市秩序とそこで生成される様々な現象を有機的に連関させてこそ、初めて可能となるのである。

（1）「西村家一門祈誓文」（『家訓に学ぶ』、西村大治郎、一九七一）。
（2）永島福太郎執筆「春日若宮祭」（『国史大辞典』第三巻、吉川弘文館、一九八三）。
（3）清水健「千切台」解説（『おん祭と春日信仰の美術』、奈良国立博物館、二〇一二）。
（4）松岡心平「田楽法師「其駒」をめぐって」（『中世文学』二八号、一九八三）。

（5）安田次郎「祭礼をめぐる負担と贈与」（『歴史学研究』六五二号、一九九三）。

（6）「三条衣棚と千切屋一門」（『明倫誌』、京都市明倫尋常小学校、一九三九）。

（7）（年未詳）十二月十九日付「ちきりや五郎兵衛注文」（『春日神社文書』三六八号文書）。

（8）永正二年七月十日付「摂津国上津畑代官職請人請文」（『宝鏡寺文書』所収、翻刻『兵庫県史　資料編　中世八』二六号文書）。

（9）岡村喜史「中近世文書にみる尼門跡寺院」（『佛教文化研究所紀要』四三号、二〇〇四）。

（10）永正二年七月十日付「摂津国上津畑代官職請文」（『宝鏡寺文書』所収、翻刻『兵庫県史　資料編　中世八』二五号文書）。

（11）高橋康夫「戦国時代の京の都市構造」（『京都中世都市史研究』第四章第三節、思文閣出版、一九八三）。

（12）室町後期に作成された「六角町屋地文書案」（『大徳寺文書別集　真珠庵文書之四』四三二号文書）は水谷氏の性格を考える上で重要である。六角町屋地は、十五世紀後半において、「山門東塔東谷旦那院不断護摩供料」であった。このことにより、山門は六角町に住む住民から一定額の地子銭を徴収していたが、延徳四年（一四九二）六月二十日に至り「六角町西頬御地子事、もと〱のことく、三百九文さた可ㇾ申候へとも、いまハ町しやうはい《（商売）》なく候之間、百七十めされ候て給候へく候、何時も先〻のことく、しやうはい候ハ、、もとのことくさた可ㇾ申候」との要求が住民側から提出された。この言上の主体こそ、「チキリ屋九郎左衛門吉継」なる人物である。かつてあった商業活動が行われていないため地子銭徴収額を減額するよう求めたものだが、所役そのものを拒否するような動きではないことから、駕輿丁などの特権身分には未だ就いていなかったことが知られる。

（13）天文十年左兵衛府駕輿丁座人申状（『壬生文書』一、京都大学総合博物館所蔵）。

（14）前掲注(11)高橋論文、三四六頁。

（15）応永二十九年三月十七日付「室町幕府管領畠山満家奉書案」（『史料纂集　京都御所東山御文庫所蔵　地下文書』一四―（一）号文書）。

（16）萩原大輔「戦国期京都「米座」の成立と展開」（日本史研究会中世史部会報告、二〇〇九年三月二十四日）。

（17）瀬田勝哉「荘園解体期の京の流通」（『洛中洛外の群像』、平凡社、一九九四）。

(18) 春日神人は米穀にとどまらず、畿内において多様な商業活動を展開したことは様々に指摘される（たとえば丹生谷哲一「春日社神人小考」、『日本中世の身分と社会』、塙書房、一九九三、初出一九八五）。ここで確認しておきたいことは、すでに文安四年（一四四七）の段階で、帯商売に従事する春日神人が存在したことである（『建内記』文安四年十一月七日条）。

（略）大宿織手以二織物一出二諸棚一、於レ町沽二却之一、町人買レ之成レ帯又沽二却之一、仍於二帯公事一者、（代々座主）於二町之其棚一、取来者也、雖二春日神人一・八幡神人・日吉神人、皆無二異議一沙汰来者也、而今度始而於二路頭一欲二沽却一之間、力者ニ見二付之一、為二質物一取二件織物一了、今依證文其時相尋之処、古来於二路次一不レ沽云々、必出二町棚一也、今始而彼使者於二路次一欲レ沽レ之、本人不二存知一、不二申付一事也、本人又春日神人也、（以下略）

天台座主渡領として帯を没収された春日神人がこれを訴えた内容であるが、座主側は本来ならば町棚に織物を売却し、帯を仕立てた上で販売することが正規の方法であるのに、春日神人は直接に織物製品を町売りしており、没収の対象となったと主張する。

(19) 水谷氏が千切屋という屋号を名乗りだす前に酒屋として活動していたことを想起したい。室町期における酒屋の中には春日神人が多く含まれていたことはよく知られており、水谷氏自身が春日神人であった可能性も存在する。より積極的に捉えるならば、水谷氏が生成した屋号の成立伝承を西村氏側が引き継いだ、という文脈も成立するものと考える。

(20) 「千切屋宗左衛門」（「町人考見録　中」所収、『徳川時代商業叢書』一、国書刊行会、一九一四）。

(21) 『孝亮宿禰記』寛永三年五月二十九日条。

(22) 本書第四章参照。

(23) 西村慎太郎「近世の駕輿丁について」（『学習院大学文学部研究年報』五二集、二〇〇六）。

(24) 守屋毅・赤井達郎執筆「町人の生活文化」（京都市編『京都の歴史五　近世の展開』第三章第四節、学芸書林、一九七二）。

Ⅱ

力者と輿舁――御輿・棺・神輿を舁く人びと――

第五章　職能民としての八瀬童子

はじめに

京都市左京区に所在する洛北・八瀬は、若狭街道に沿って散在する山間集落で、高野川の上流八瀬川が中央を貫流する。越前に通ずる若狭街道筋にあり、比叡山延暦寺の京都側からの登山口でもあった。このような政治的、経済的な重要拠点地であった八瀬地域に居住する人々で構成された職能集団が八瀬童子である。

十一世紀頃には彼らは既に宮座を形成していたことが史料から裏付けられ、これは史上屈指の古さをもつ宮座の事例としてこれまで多くの注目をあつめてきた。さらに、「童子」の呼称があるように、その容姿は、成人男性でも髪を伸ばして丸く結んだ童形であったと伝えられ、古くから人類学・民俗学の対象となり、当該集団への関心は一個の社会集団に対するものとしては極めて大きなものであった(1)。とりわけ、猪瀬直樹『天皇の影法師』(中央公論新社、二〇一二)は現在まで流布する八瀬童子の言説を考えると、大きな影響力をもった書籍であるといえる(2)。

このような多様な言説の一方で、八瀬童子に対して歴史学的アプローチを試み、社会集団としての八瀬童子像を実証レベルで明らかにしたのが山本英二である。氏は、八瀬童子が中世以来一貫して天皇の柩舁として勤仕していたという説を否定し、この言説が近代になってから創始されてきたものであることを明らかにした。また、八瀬童子研究の根本史料として認識されていた『八瀬記』を、近世における「比叡山延暦寺による寺域回復運動に対抗するため、自己の由緒を後醍醐天皇にむすびつけ」、後世に伝えようとした歴史書であると理解し、彼らの真の姿は、一貫して朝廷に奉仕した輿舁集団ではなく、延暦寺、青蓮院、室町幕府など、各時代における諸権力の編成を受けた存在であったことを明らかにしたのである(3)。

山本英二が前述の研究で述べたように、中世における八瀬童子は、青蓮院門跡に従属しながら輿舁として奉仕し、課役免除の特権が認められていた存在であり、また、その特権を梃子として、豊かな山林資源を背景に、薪炭を生産・販売することを生業としていた職能集団であった。私見でも、氏のこの見解は大枠としては妥当であり、大きな訂正の必要はないものと考える。しかしながら、当該研究における氏の叙述の中心は十七世紀以降にあり、鎌倉期・室町期における八瀬童子のあり方については、未だ語りつくされていないものと考える。そこで本章では、当該期における八瀬童子の存在形態について、その実態的な身分・集団のあり方・生業等に着目し、その存在形態を追究したい(4)。

第一節　八瀬童子の職能　―輿舁として

(一)　八瀬童子の職能と所属

八瀬童子の性格を考えたとき、第一に踏まえなければならない点は、彼らが山の民であった、ということである。八瀬童子に関する初出史料と考えられている寛治六年(一〇九二)九月三日付「青蓮院吉水蔵菩薩釈義紙背文書」(「八瀬刀禰乙犬丸解」)の中において、既に八瀬刀禰の乙犬丸は、にわかに「杣伐夫役」を懸けられた際、「只寺家下部等上下之間、供給等勤□仕之□」と述べ、延暦寺の寺家・下部が比叡山を登山・下山するとき、必要な供給を行うことこそ、自らの課役免除を保証する行為であると主張している(5)。具体的にいかなる行為が「供

表１　『華頂要略』に見る八瀬童子の活動（13～15世紀）

	年月日	目的	八瀬童子の人数	牛車からの乗換地点
①	寛元３年（1245）１月19日	西山宮からの下山補助	20	—
②	弘安７年（1284）11月19日	三条御房より、御授戒のため登山	12	坂口
③	徳治２年（1306）10月18日	門主、御登山	18	鷺森
④	延文３年（1358）６月29日	十楽院より、拝堂のため登山	14	—
⑤	永和元年（1375）３月晦日	門主、御登山	14	—
⑥	至徳元年（1384）４月23日	十楽院より、拝堂のため登山	—	西坂本観音院前
⑦	応永18年（1411）７月19日	門主、授戒のため登山	—	鷺森

給」にあたるのかは本史料から明らかにすることができないが、青蓮院の寺史『華頂要略』に散見される八瀬童子の活動を見ると、その詳細を知ることができる。ここで、その一覧を**表1**として掲出する。

本表を一見して明らかなように、基本的に八瀬童子は、上級僧侶の登山に関する記事の中に限定して登場していることがわかる。また「今日御登山、従㆓三条坊㆒御出、八葉御車〈切物、見〉、牛三頭〈一頭従㆓仙洞㆒、被㆑下㆑之〉、牛童二人各着㆓狩衣㆒、（略）於㆓鷺森㆒儲㆓手輿㆒、八瀬童子十八人参役」（表1—③）という記述から明らかなように、その職能は輿舁であったことがわかる。なかでも本表の中に牛車から輿への乗換え地点として鷺森が二回、坂口と西坂本観音院前がそれぞれ一回ずつ記述されることは、現在の修学院あたりにおいて乗り物の切り替えが行われたことが通例であったことを意味している。また次に示す史料（表1—①）は、中世前期における八瀬童子の職能を知る上で示唆に富むものである。

同（寛元）三年乙巳正月十九日入㆓西山道覚親王室㆒◎房全僧正記云、正月十八日戌刻俄召㆓参十楽院（最守）㆒、今日自㆓西山宮㆒被㆑進㆓御書㆒、其間事被㆓仰合㆒之間、当初御因縁不㆑浅定有㆓子細㆒歟、尤可㆑有㆓御参㆒之由言上畢、即有㆓御出立㆒、寅刻御参、御供僧綱〈予、参〉、其外房官二人〈重基、泰意〉、午刻御参㆓西山殿㆒、以㆓長源阿闍梨㆒被㆓申入㆒之処、則入㆓御御寝所㆒、御対面之後以㆓長源阿闍梨㆒被㆓仰出㆒者、御長櫃三合可㆑有㆓御随身㆒、人夫六人可㆓

用意一之由有二其沙汰一、雖レ為二卒爾一申二領状一畢、仍定賢法眼私力者六人被二召加一、御輿之間彼法師六人可レ舁二長櫃一之由下知畢、仍房全私力者六人召二進御輿一畢、以二法師六人一令レ舁二私輿一、路次之間令二乗馬一畢、次以二雲仙律師一自二御所一被レ出二御聖教塗小箱一合〈如二袈裟筥一〉、十文字結レ之、又御経袋一、又御文箱一、□命結之後可レ被レ開之由被レ書二付之一、仍予請二取之一、倩案此事交二替他人一不レ可レ然、只直可レ入二御輿一之由心中存定畢、又路次之間可レ有二怖畏一之由長源内々申レ之、而間先御輿、次御聖教長櫃三合、次予参、中山之辺八瀬童子二十人許参会頗付レ力畢、仍御力者満足之間、私力者返賜、乗レ輿訖云々、(6)

（傍線筆者注）

寛元三年（一二四五）正月十八日の夜、俄かに最守から召があり、房全は東山・大谷の地に所在する十楽院を訪れたところ、西山宮道覚親王から御書が届いたと告げられた。この御書の真意がどこにあるのか、最守と房全ははかりかねたが深い関わりをもっている道覚親王のことであり、何か問題が起こっているのだろうかと考え、すぐに準備を整え、深夜、西山宮と称された善峯寺へ向かった。

到着したのは翌十九日の昼程のことであった。さっそく最守と房全は長源阿闍梨を通して道覚親王に面謁を依頼し、無事対面を果たすことができた。しかし問題は、対面を終えた後に起こった。長源阿闍梨が「御長櫃三合」を二人に持ち帰ってほしい、と伝えてきたのである。人夫六人を附けるというが、何分突然のことであったので二人は逡巡する。既に時刻は昼を大きく過ぎ、帰洛の途中では日暮れを迎えるだろう。とくに路次は冬の山道である。託されようとする二合の長櫃は、二人にとって大きな負担であったはずだ。しかしながら二人は最終的にはこれを承諾し、「御聖教塗小箱一合」、「御経袋一」、「御文箱一」を持ち帰ることとなった。このうちの文箱には「□命結之後可レ被レ開之」という書付けがなされ、このことは容れられた文書類が秘匿性を帯び、厳重に管理されるべきものであったことを示している。これを裏付けるように、これを受け取った房全は、他人を介さず、自らの手で御輿の中に安置させた。そして、最守の乗る御輿、長櫃三合、房前の順番で行列を編成し、帰路につくこととなった(7)。なによりこの編成が、帰路の怖畏を少しでも減少させるためになされていたことは重視しておきたい。

そのような不安な道行きを一気に解消させたのが、傍線部で示した八瀬童子の登場であった。とくに注目されるのは、八瀬童子二十人と出会った房全が「頗付レ力」けて「御力者満足」し、西山宮で附けられた「私力者」を返してしまったことだ。この事実からは、房全が抱く八瀬童子への絶大なる信頼を知ることができる。

これらの事例から明らかなように、十三世紀から十四世紀における八瀬童子は、比叡山をはじめとする複数の山々の登山・下山の輿舁として寺院社会の中で大きな位置付けを与えられた存在であった。山道の輿舁として彼らが役割を果たす前提となるのは、強靫な身体能力とともに、季節や天候に応じた山、あるいは山道に関する知識であったと考えられる。これらの諸条件を果たすことが可能であったのは、やはり八瀬童子が本質的に山人であったからだろう。杣人として山々に分け入り、山林資源を獲得する生業は山に関する総合的な技能と知識を八瀬の人々に与え、八瀬童子は山の生業を輿舁という職能に連動させることで、山の輿舁の職能集団としての確固たる立場を固めたものと考えられる。

(二)　輿舁としての飛躍

八瀬童子の山の輿舁としての職能は、室町期に至り新たな展開を果たすこととなる。史料を引用したい。

応永三年九月十七日、壬申、天晴、蒼々而風静也、今日入道准后大相国殿御登山也、是依二講堂供養御受戒一也、可レ為二京晴之儀一之由、先日俄沙汰、下官可レ令二供奉一之由、蒙二厳命一、（略）到二不動坂一、公卿等大略乗二手輿一、先行可レ登二山殿上人等一面々於二便所一改二装束一、著二直垂一登山云々、予御下車ヲ相待、暫不二登山一、頃之御車近々也、予下馬、御車過レ前之間、公卿殿上人等蹲二居地上一、其後入道太（ママ）相国殿令レ移二于輿一給八瀬童子昇レ之、令ㇾ指二唐人笠一給、仍予乗二于輿一力者舁ㇾ之、参二御供一（略）入道右大臣殿、今日同自二東坂本一御登山也、香御付衣文梧桐丸、同五帖、御袈裟、乗二手輿一給、八瀬童子十人計舁ㇾ之、(8)

いうまでもなく室町時代には足利氏が京都市中の諸権限を手中にし、政治を行う上で、延暦寺といかなる関係を構築するかが政権運営上の極めて重要なネックであった。室町幕府は足利義満が将軍であったとき、延暦寺との交渉を担うパイプとして山門使節を設置し、有力な衆徒をもってこれの成員とし、延暦寺の統制を図った(9)。また洛中の山徒の土倉が日吉社の祭礼である「小五月会」の費用を日吉神人から徴収するシステムである馬上方一衆制度を整え、室町幕府は延暦寺との間に安定的な関係を取り結ぶことを可能とした。そして結び合う山門と幕府の関係を象徴する行事として応永元年（一三九四）、応永三年に義満自らの比叡登山が実施され、また後者の事例では、義満は延暦寺戒壇において授戒をも受けた。実は、この一連の動きの中に八瀬童子と義満とが関係を結ぶ契機が潜んでいるのである。

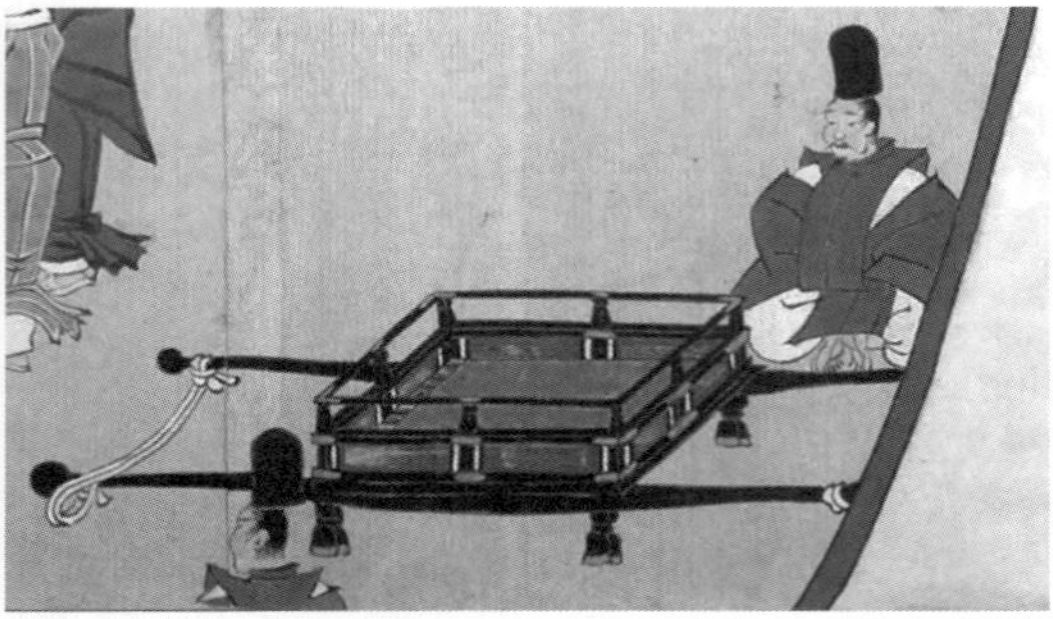
図1　手輿（『春日権現験記』、国立国会図書館所蔵）

応永三年九月十七日、三日後に迫った延暦寺大講堂供養の儀に出席するため、義満は比叡山に向けて出発した。右に引いた史料はその様子の詳細を伝える花山院忠定が著した『入道准后大相国登山之記』の一部である。

本史料によると不動坂（雲母坂とも。修学院から比叡山へ登る坂）に至り、義満はそれまで乗っていた牛車から輿に乗り換え、いよいよ山へ登る準備をした。ここで用いられた輿が「手輿」であったことに注意を払いたい。この手輿とは、**図1**のように通常の輿と異なり四隅の柱とそれをめぐる覆いを取り払った形態の輿のことであり、塗輿、板輿よりも軽量で、かつ山道に繁茂する木々の枝々の影響を受けにくいタイプの輿である。ここに見られる牛車から輿への乗り換えは、行列の威儀に関わる変更というより、安全に山道を進むための実利的な変更と理解すべきであろう。そして義満が乗ったこの手輿に勤仕したのが「八瀬童子十人計」であったことは見過ごせない事実である。

また義満の登山というだけあって、関白や左右大臣等の公卿も同道しており、これらの人々もこの坂から輿を用いるのだが、その輿舁の任にあたる人々については記載が見られず、「力者」と一般名称を記すにとどまっている。つまりここに至るまでの間で、前項で見た八瀬童子の輿舁に関する特別な職能は室町幕府の中でも十分に認識されるようになっており、八瀬童子は室町殿の輿を任せ得るものとして位置付けられていたと考えることができる。

この事例の後、八瀬童子が比叡登山の際、室町殿の輿に勤仕したことを伝える史料が散見される。たとえば応永二十二年七月、日吉社に向かう足利義持の輿に八瀬童子が勤仕したこと(10)、また嘉吉元年（一四四一）三月、足利義教が伊勢参宮から帰洛する際、「八瀬童子十二人」が御輿に勤仕したことがそれぞれ確認される(11)。

このうち広橋兼宣『義持公日吉社参記』で、「一、八瀬童子事」として「鹿苑院御登山之時、自二梶井殿（義承）一被二召進一云々、今度又申入畢、仍十二人幷長一人所被二召進一也」という記述を載せていることは重要な意味をもつ。本史料では、鹿苑院（義満）が登山した際に梶井義承が八瀬童子を召集し、これにあたらせたことを先例とし、義持の登山に際しても将軍の輿への勤仕のため八瀬童子を召集したと知ることができるのである。つまり、十五世紀前半段階においては、応永三年の義満比叡登山を先例としつつ、室町殿の輿には八瀬童子をあたらせるということが通例として定着していたのだ。

室町期の八瀬童子については、その組織のあり方がおぼろげながら見えてくる。文明三年（一四七一）五月九日付の「八瀬童子長職補任状」の写しが残されていることは重要である。[12] 宛所とされるのは、「播磨丞」。中近世、八瀬童子を構成する人々が国名をもっていたことを勘案するならば、ここで長職を補任された「播磨丞」とは八瀬童子集団の構成員と考えることが妥当であろう。戦国期においては、八瀬童子集団の統率者は、集団内の一人を選任し青蓮院から補任される存在だったのである。とすると、先に引いた「青蓮院吉水蔵菩薩釈義紙背文書」（「八瀬刀禰乙犬丸解」）を考え合わせても、中世を通じて八瀬童子は、青蓮院門跡に所属しながら輿舁として勤仕し、その反対給付として「杣伐夫役」免除などの諸特権を与えられた職能集団であった、とするこれまでの見解は一定の妥当性をもつといえる。[13]

（三）　八瀬童子長をめぐって

しかしながら、中山定親の日記『薩戒記』永享十二年（一四四〇）十一月十五日条には、このことに関し興味深い記述が見られる。本条は、足利義教の石清水参詣に伴う諸手続きの詳細を書き記した部分であるが、その一部には「八瀬童子之中、長有二二人一、一人者梶井門跡、一人者青蓮院門跡奉公也」と記される。これは、今度の石清水参詣においては、どちらの長を通じて八瀬童子を勤仕させるべきか、という幕府からの諮問につながる一文であるが、この問いに対し記主の中山定親は、「今度不レ申二梶井門跡一、尤為二失錯一、所詮事即火急、再往不レ可レ然、共可レ随二御成敗一之上者、任レ例可レ被レ召二進梶井殿長以下一歟、追可レ申二此由於彼門跡一也」と梶井門跡に所属する長を通じて動員させるべき旨を回答した。既に十五世紀前半においては、八瀬童子長は青蓮院門跡と梶井門跡の双方に存在し、八瀬童子の構成員はそれぞれの長を通じて動員される形態になっていたことが知られる。また同日条には、儀礼勤仕に際する下行請取も記述されており、それによれば、八瀬童子長として「竹若」なる人物の名前を載せる。

残念ながら八瀬童子長が両門跡に所属する体制がいつ頃から成立したかを明らかにすることは現段階ではできず、また八瀬童子が梶井門跡系統への勤仕に際し反対給付として、いかなる権限が安堵されていたのかも詳らかではない。

しかしながら、第二項で引用した二件の事例（義満、義持の登山）とこの義教の石清水参詣がいずれも幕府儀礼であったことを勘案するならば、山門関係寺院の儀礼には青蓮院門跡系統、幕府儀礼においては梶井門跡系統という区別が成立していた可能性が考えられる。とするならば、室町段階における八瀬童子は、貴顕の輿舁として各種権門の中に位置付けられ、運用される職能民として存在していたことになろう。

第二節　八瀬童子の訴訟と後楯

（一）　八瀬童子の職能と訴訟手段の獲得

前節で見た通り、少なくとも十四世紀において、八瀬童子は輿舁の分野では比類なき職能民として各種権門のシステムの中に位置付けられていた。そして、このことは八瀬童子が自らの生業の維持・拡大を図る上でも重要なものとなったと考えられる。史料を引用する。

八瀬と大原霍論事、良禅法印状成二集会一事、如レ此子細見レ状候歟、為二使節口状一属二無為一様、可レ被二計略一候也、室町殿御登山之時、八瀬童子坂御輿可二参勤一候、定而可レ及二違乱一候歟、其已前早令二落居一候様、可レ被二計沙汰一之由、被二仰下一候也、恐々謹言、

応永廿二年

六月廿四日　　承厳

使節中(14)

本史料は、先に引用した『八瀬記』に掲載された「当村証文写」として列挙されたものの一つである。引用部冒頭に「山門座主・青蓮院御門主、八瀬童子へ被レ下状」と記されているものの、山門使節に宛てられていること、本状の内容が室町殿登山という幕府儀礼を滞りなく遂行することに目的が置かれていることを勘案すると、山門・青蓮院からの発給というよりも、幕府中枢部から発給された奉書と考えたほうが妥当であろう。

内容は、八瀬と大原が衝突しており、この段階になっても争いは収束していない。そのため、はやく山門使節を通して裁決を下し、現状を打開せよ、というのが大意である。(15)

引用した史料の中でとくに重要なのは、「室町殿御登山之時、八瀬童子坂御輿可二参勤一候、定而可レ及二違乱一候歟」（将軍が比叡山を登るとき、八瀬童子は御輿につとめることになっている。このまま裁決が下されないならば、彼らはその勤めに支障を来す行為をとるだろう）という記述である。この史料は、八瀬童子が違乱に及ぶ前に彼らの主張を認め、大原と八瀬の衝突を解決せよ、と通達する機能をもつものと判断できる。この記述からは、八瀬童子に対する上位権力側の強い配慮が読み取れると同時に、何としても八瀬童子に輿への勤仕を行わせたい、という幕府側の強い姿勢を看取することができる。この文書によって事態がどのように収束されたのか、今はその詳細を知ることができないが、山門使節に宛てられた文書が『八瀬記』に載せられていることから考えても、八瀬童子側に利のある裁決が下されたことを想定できる。

この史料が作成されたのは応永二十二年（一四一五）のことであり、先に見た、八瀬童子が室町殿の輿を担ぐことが通例として定着してきた段階とまさに符合する。(16)また、先に引用した、応永二十二年七月における足利義持の日吉社参、同じく永享十二年（一四四〇）における石清水参詣、嘉吉元年（一四四一）三月における足利義教の伊勢参宮に八瀬童子が勤仕したことを想起したい。これらはいずれも遠方・山道の道行であり、またいずれの事例も比叡山以外の道行への勤仕である。八瀬童子は難所を行く場合の輿舁として幕府儀礼に召集される専門的な輿舁として重用されたのである。つまり八瀬童子は、十五世紀段階において室町殿の輿に勤仕する職能集団となることによって、為政者の行列儀礼の核である輿の進止を左右できる特殊な立場を獲得したといえる。そしてこのことによって八瀬童子は、事によっては輿を停止させ自身の意見を主張する有益な訴訟手段を獲得し、室町社会における屈指の特権的職能集団としての立場を固めていくことが可能となったのである。それを物語るように、八瀬童子の課役免除特権は、室町幕府以後、三好政権[17]、織田政権[18]においても追認されていった。

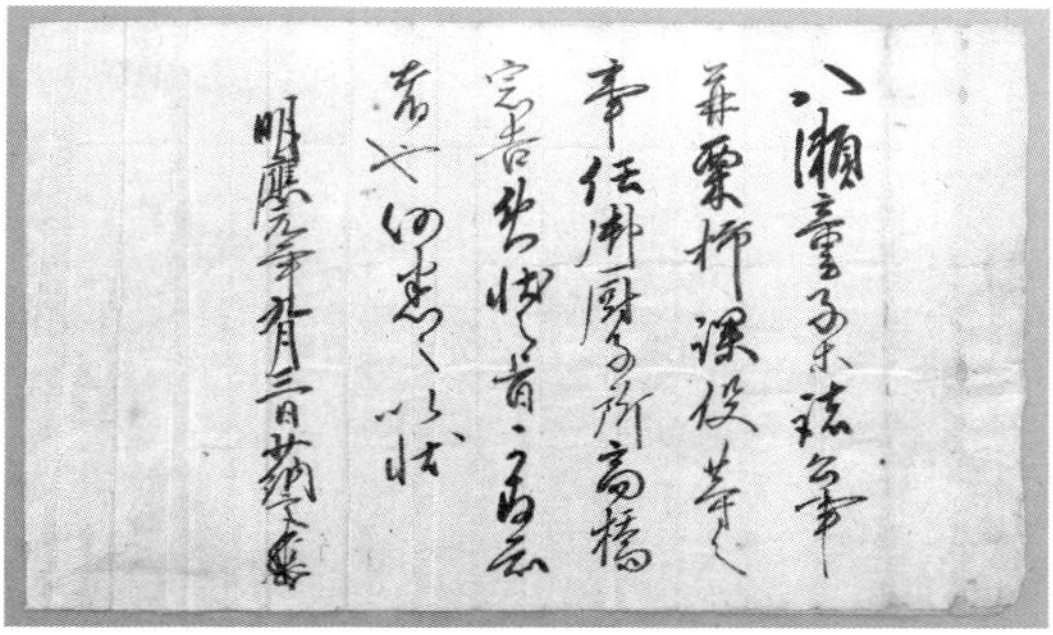

図２　「伝　後土御門天皇綸旨」（八瀬童子会文書所収）
（八瀬童子会所蔵、京都市歴史資料館寄託）

（二）八瀬童子の後楯

八瀬童子に宛てられた綸旨群から

八瀬童子が自らの共同体の由緒を語るとき、天皇の代替わりごとに連綿と下されてきた一連の綸旨に着目されることが多い。実際に現在も伝えられる「八瀬童子会文書」には、合計二十五通の綸旨が残され、そのうちの二十三通については翻刻・紹介がなされている。この綸旨群は、先に引用した『八瀬記』、またこの後の時代を補った『八瀬記　続』に引用され、「村の歴史」の語りの中に組み込まれている。次にここで、現存する綸旨と『八瀬記』『八瀬記　続』に引用された綸旨写の対応表を掲出する（表２）。各種の権門ではなく一村落でこれほどまでに歴代天皇からの綸旨が残されることは他に例を見ず、八瀬童子がいかに特異な存在であったかがわかる。また、十六世紀初頭から十七世紀半ばまでは、一度に二通の綸旨が発給され、一方は年号を書くが、宛所を書かず発給し、いま一つは無年号だが奉者・宛所を明確にし、山門に対して発給することが通例であった。当該期においての綸旨発給がいかなる形でなされていたのかを知る上でも本文書群はまさに格好の素材といえる。[19]

　しかし一見すると、八瀬に残された綸旨は、後醍醐天皇から明治天皇に至る五百五十年間にわたる群をなしているかのように見えるが、実は時代ごとに大きな偏差がある。山本英二は、このことを「綸旨がほぼ天皇の代替わりごとに発給されるようになるのは、明応元年（一四九二）の後土御門天皇の時から」として指摘するが、実はこの伝「後土御門天皇綸旨」（表2―②）に対しても検討を入れる必要があろう。史料写真（図2）およびその翻刻を掲出したい。

　八瀬童子等諸公事幷栗柿課役等之事、任二御厨子所高橋定吉免状之旨一、可二存知一者也、仍悉レ之以状、

　　明応元年九月三日　少納言（花押）

八瀬童子がもつ諸公事と栗柿課役の免除特権を御厨子所預・高橋定吉なる人物の免状に任せて認める内容を伝える。これまで「後土御門天皇綸旨」として紹介されてきた本史料であるが、料紙に薄墨紙を用いないこと、書止文言に「天気」「綸言」「御気色」などが用いられないことを勘案すれば、綸旨の様式とは一致しないことがわかる。[20]

記録有無	資料集番号
八	1
八	2
八	3
八	4
八	5
八	6
八	7
八	8
八	9
八	10
八	11
八	12
八	13
八	14
八	15
八続	16
八続	17
—	18
—	19
—	20
—	21
—	22
—	23

表2　「八瀬童子会文書」所収の綸旨と『八瀬記』『八瀬記　続』

	年月日	文書名	記載権利文言	奉者	宛所
1	建武3年(1336)1月24日	後醍醐天皇綸旨案	年貢以下公事課役	左少弁	—
2	明応元年(1492)9月3日	後土御門天皇綸旨	諸公事幷栗柿課役	少納言	—
3	永正6年(1509)7月22日	後柏原天皇綸旨	諸役免除	右中将	—
4	(永正6年)7月22日	後柏原天皇綸旨	諸役免除	右中将実胤	大蔵卿殿
5	慶長8年(1603)12月7日	後陽成天皇綸旨	諸役免除	左少弁	—
6	(慶長8年)12月7日	後陽成天皇綸旨	諸役免除	左少弁俊昌	右大弁宰相殿
7	寛永元年(1624)12月22日	後水尾天皇綸旨	課役一向所被免除	権左少弁	—
8	(寛永元年)12月22日	後水尾天皇綸旨	所被免年貢	権左少弁経広	大納言僧都御房
9	寛永21年(1644)7月2日	後光明天皇綸旨	課役一向所被免除	右中将	—
10	(寛永21年)7月2日	後光明天皇綸旨	所被免年貢	右中将実豊	大納言僧都御房
11	明暦2年(1655)7月3日	後西天皇綸旨	諸役免除	権右少弁	—
12	(明暦2年)7月3日	後西天皇綸旨	諸役免除	権右少弁昭房	大納言僧都御房
13	延宝元年(1673)11月13日	霊元天皇綸旨	課役一向所被免除	右中弁	—
14	元禄元年(1688)12月25日	東山天皇綸旨	諸役免除	右大弁	—
15	正徳元年(1711)10月15日	中御門天皇綸旨	諸役免除	右大弁	—
16	元文元年(1736)7月24日	桜町天皇綸旨	諸役免除	左中弁	—
17	寛延元年(1748)10月1日	桃園天皇綸旨	諸役免除	左少弁	—
18	宝暦13年(1763)10月8日	後桜町天皇綸旨	諸役免除	左少弁	—
19	明和8年(1771)3月29日	後桃園天皇綸旨	諸役免除	左大弁	—
20	安永9年(1780)6月14日	光格天皇綸旨	課役一向所被免除	右大弁	—
21	文化14年(1817)5月4日	仁孝天皇綸旨	課役一向所被免除	権右中弁	—
22	弘化3年(1846)6月20日	孝明天皇綸旨	課役一向所被免除	権右中弁	—
23	慶応4年(1868)3月20日	明治天皇綸旨	課役一向所被免除	左少弁	—

(注)・「記録有無」項目は、『八瀬記』『八瀬記　続』の引用の有無を示し、それぞれ「八」「八続」と表した。また「資料番号」は、『(叢書京都の史料四)八瀬童子会文書』に掲載された文書番号と符合する。

・資料1の原文書の日付は「二月廿四日」。

図3　『御注文選表解』跋文より（国立国会図書館所蔵）

明応元年に「少納言」と呼称された人物は、唐橋在数、東坊城和長、高辻章長など複数を数えるが、引用史料の花押に着目すれば、東坊城和長である可能性が高く（図3）、本史料は和長から八瀬童子に宛てて発給された、課役免除特権追認の書下文として理解することができるのである。それでは、和長と八瀬童子との間にはどのような関わりが見られるのだろうか。

『和長卿記』にみえる八瀬童子

ここで東坊城和長の日記『和長卿記』に着目し、八瀬童子との関わりを探りたい(21)。

五日　癸巳　晩天雨下、例年之菖蒲御輿調二進之一、左衛門府之役也、当府衛士材木沙汰進レ之、立二内侍所前一、材木当府領内自二八瀬・大原一沙二汰之一、檜柱二本近代皆枚也、枚木二束、杖八本、檜葉二把、已上一所之分也、両所同前同当府内花園ヨリ埒銭百疋到来畢、

文亀元年（一五〇一）五月五日、例年の通り和長は菖蒲御輿を内侍所に立てた。これは左衛門府役であるといい、衛士が杉材をもってこれにあたったという。この史料のうち「材木当府領内自二八瀬・大原一沙二汰之一」という記述は看過できない。ここに端的に示されるように、八瀬は大原とならび左衛門府領であり、同府の年預職をもっていた東坊城家の管掌下にあったのである(22)。また文亀三年にも菖蒲御輿調進の記事が見られるが、そこには「右柴持来之日昼食代二匹廿文沙汰定例也、大原分同前不二相替一也、但八瀬者厳重也、大原者率爾也、仍以二八瀬分一為二得分一可レ随レ時歟」とあり、八瀬と大原の調進の態度を厳重、卒爾と対比しながら、八瀬側に優位性を認めている。また賀茂祭の際に、八瀬住人が和長のもとに献料を持参し勧盃を受ける事例も知られ(23)、八瀬の人々と和長

の関係は密接なものであったことがわかる。

このことを踏まえ、先に引用した和長の書下文を注視したい。先述した通り、本史料の大意は、八瀬童子に諸公事・栗柿課役の免除を認めたものである。この史料が発給された背景に、八瀬童子と他の栗柿を扱う供御人や犀鉾神人などとの対立があったことが想定される(24)。おそらく、課役徴収をめぐって軋轢が生じた八瀬童子は、左衛門府領のルートから東坊城家を頼ったのではなかったか。東坊城家としては、この依頼を受け御厨子所との調整をはかり、課役免許状を確認した。これを八瀬童子に通達するために発給されたのが、先の文書だと考えたい(25)。

とするならば、当該期における八瀬童子は、東坊城家という先に見た青蓮院門跡・梶井門跡とは異なる後楯をもち、時に応じてこれらを選択しつつ、自らの権益の維持・拡大を図ることが可能な、卓越した組織力をもった職能集団であったと位置付けることができる。

おわりに

本章では、主に鎌倉期・室町期における八瀬童子の職能とその存在形態について考察してきた。ここでその論旨をまとめておきたい。

まず本章では彼らの職能に着目し、八瀬童子が比叡山をはじめとした山々で輿舁として活躍する姿を重視した。彼らの生業は洛北地域の山々から薪炭を産出し、それを洛中において販売することであった。このような日常の生活の中で培われた身体能力、あるいは山々に関する深い見識が、輿舁として活動する上での資本となり、八瀬童子は屈指の職能集団へと成長していったものと考えられる。彼らの活躍の場が、主に山道に限定されていることはこのことを如実に物語っていよう。

このような輿舁に関する技術は、八瀬童子を管掌する青蓮院門跡・梶井門跡だけでなく室町幕府の中でも極めて重視され、足利義満を先例としながら室町殿の山道における輿舁として重用されるようになった。このことは同時に彼らが幕府儀礼の中核を左右する特異な立場を獲得することと同義であり、ここにおいて八瀬童子は有力な訴訟手段（輿の停止、儀礼への不出仕など）を行使することが可能となったものと考えられる。現に八瀬童子の権益は、織豊政権を通じて江戸時代まで維持されたことが明らかで、特権的職能集団としての位置付けが与えられ続けた。

また一方で、彼らが左衛門府領の住人という立場から東坊城家とのつながりをもち、課役免除特権を獲得したことを想定した。このことが事実であれば、八瀬童子は異なる権門の後楯をもち、これを巧みに利用しながら自らの権益の維持・拡大を図る卓越した組織力を有した職能民であったことになる。すなわち中世の八瀬童子は山々における生業を基礎としつつ、山道の輿舁として高度な技術を発揮しながら幕府儀礼に食い込み、複数の権門を後楯としながら様々な軋轢に対峙していった職能集団としてこそ理解されるべきであろう。「八瀬童子会文書」に収められた歴代天皇綸旨の量的中心が十七世紀以降でありながら、和長の書下文が綸旨として位置付けられ、一貫して朝廷との関わりを強調されていたように、八瀬童子の歴史はとくに朝廷権威に結びつけられながら語られている。確かに八瀬童子と朝廷との関わりは濃密であり、それを否定する必要はないが、時代ごとの彼らの営為にもう一度目を向け、各時代における特有の姿が発掘されてこそ、八瀬童子がもつ近代以降の歴史を正当に評価できるものと考えられる。

（1）　代表的なものは、柳田国男「鬼の子孫」（『郷土研究』四巻三号、一九一六。のちに『柳田国男全集』一一所収、筑摩書房、一九九〇）、宝永年間における八瀬童子と比叡山側の境界相論に関して把握を行った平山敏治郎「山城八瀬村赦免地一件〔宝永年間〕（一・二）」（『大阪市立大学文学部紀要　人文研究』二三・二四号、一九七四・七五）・「山城八瀬

村赦免地一件　補遺」（『成城文藝』一〇一、一九八二）。また童子という存在形態について他の童子とも合わせて八瀬童子に言及した研究として、田辺美和子「中世の「童子」について」（『年報中世史研究』九号、一九八四）などがある。また中世社会において八瀬童子と他の童子が混同されやすい状況を鑑み、童子の検証・分類を行った土谷恵「中世寺院の童と兒」（『史学雑誌』一〇一巻一二号、一九九二）も重要な研究である。さらに八瀬童子の通史的叙述のものとして宗教人類学の立場から池田昭『天皇制と八瀬童子』（東方出版、一九九一）、宇野日出生『八瀬童子　―歴史と文化』（思文閣出版、二〇〇七）があげられる。

（2）初刊は朝日新聞社、一九八三。

（3）山本英二「八瀬童子の虚像と実像」（『列島の文化史』八、日本エディタースクール、一九九二）。

（4）八瀬童子については拙稿「輿を舁く八瀬童子」（『八瀬童子　―天皇と里人』、京都文化博物館、二〇一二）においてまとめたことがあるが、図録掲載論文であり紙幅に限界があったこと、新出史料が豊富に紹介されたことなどを勘案し、本章で再考を試みることとした。

（5）「八瀬刀禰乙犬丸解」（『青蓮院吉水蔵菩薩釈義紙背文書』『平安遺文』四六五五号文書）。

（6）『大日本佛教全書　華頂要略門主伝　第二』。

（7）本史料中、とくに御輿と力者の関係は入り組んでおり、ここで整理しておきたい。本史料中には、①長源阿闍梨が用意した「人夫六人」、②定賢法眼の「私力者六人」、③房全が御輿に勤仕させた「私力者六人」、④房全の私輿を舁いたと考えられる「法師六人」の四種の力者が登場する。これらは、文脈から判断し、同一表記であっても異なる集団を指し示していていることが明らかであり、これらの力者を本文では次のように理解した。

まず①と②を同一の集団として捉えた。すなわち長源が用意した人夫が定賢の私力者六人であり、これらが長櫃三合を担う存在として理解した。次に、③は、文字通り房全が管掌する力者で、これを最守の乗る御輿に附けたと考えられる。その理由は、本文中「仍予請二取之一、倩案此事交二替他人一不レ可レ然、只直可レ入二御輿一之由心中存定畢」という表記と関わるものと思われ、文箱を直に御輿に納めた房全が、運送まで自らの責任の中で行おうとしたことによるものと考えられる。最後の④であるが、おそらく当初からの力者である十楽院所属の者たちと考えられる。

（8）『入道准后大相国登山之記』（東京大学史料編纂所所蔵）、なお翻刻は『大日本史料』七編一一を参照した。

（9）下坂守「山門使節制度の成立と展開」（『史林』五八巻一号、一九七五）、福田榮次郎「山門領近江国富永荘の研究」（『駿台史学』三六号、一九七五）、小風真理子「山門・室町幕府関係における山門使節の調停機能」（『史学雑誌』一一三巻八号、二〇〇四）など。

（10）『義持公日吉社参記』（原本は東洋文庫所蔵。翻刻は『大日本史料』七編―二二を参照した）。

（11）『建内記』嘉吉元年（一四四一）三月二十七日条。

（12）『大日本佛教全書　華頂要略門主伝　第一』。

（13）先行研究では、八瀬童子の手になる正徳年間（一七一一～一六）に成立した歴史書『八瀬記』（『叢書京都の史料四）八瀬童子会文書』一三四号文書）の中で、自らの由緒を門跡が閻魔王宮から帰る時の輿舁を勤めた鬼の子孫である、と語る点が重視されてきた。実際、この伝承は十五世紀頃に成立した『依正秘記』（天台密教十三流の一つ、穴太流の周辺で成立した雑纂的記録）の中に「八瀬人ノ因縁」として「西方院院源座主渡二ラ利国一、有二御説法一御帰朝之時、鬼童御供申シ来ル、本朝其余流則今ノ八瀬人也、其形童子形ニテ来ル故ニ今モ彼里ノ者ハ不レ切レ髪如二童子一、ヤセトハ八瀬トモ書レ之常ハ如レ此、又夜叉ト書テヤセトヨムト云説モ在レ之」と見えており、数百年にわたり伝承されてきた言説であったことがわかる（松田宣史『比叡山仏教説話研究　序説』、三弥井書店、二〇〇三。本史料の存在については藤原重雄氏のご教示による）。

この伝承の意味に関して池田昭は、柳田国男・折口信夫・喜田貞吉・吉野裕子・林屋辰三郎らの諸説を検証した上で、自説を展開する（池田前掲注1書）。氏は、先に引いた『八瀬記』の記述に着目し、「彼ら（八瀬童子：筆者注）は、たんに宗教的首長に対する従者であったばかりでなく、矜羯羅童子のもつ随順さと制吒迦童子のもつ浄めの二つの意味ないしは機能を備えた従者」とし、その上で彼らが「悪魔はらい、ないしは魔除けという宗教的機能を果たす」と、その性格を規定した。

ここで、さらに鬼の子孫伝承の来由について考察を深めると、着目をしなければならないのは彼らが閻魔王宮（あるいは羅刹国）から現世へ戻る際の輿舁を勤めた鬼の子孫と自称することである。実は先に引いた、『依正秘記』の中では、「西方院院源座主渡二ラ利国一、有二御説法一御帰朝之時、鬼童御供」した、と語られるのみで、輿舁として勤めたという言説はみられない。これは「八瀬記」の記述として固定されるまでの間に、御供が輿舁として具体化されていった可能性があることを示していよう。また、池田が、鬼の子孫たる八瀬童子の宗教的機能であったとした悪魔はらいの勤仕事例として「八瀬記」に書き上げられるのも、天皇、天台座主、あるいは北野社御神体遷宮の行列に供奉し、輿舁をつとめた者に限定される。すなわち、輿を舁くという行為こそ、八瀬童子と鬼の子孫伝承を結びつける要素と考えられるのである。

八瀬童子は山道を把握し、強靱な身体能力で貴人の登山・下山につき従う。その姿の中に、人々は超人的な職能の力を見、またその職能こそが八瀬童子の矜持であったとも考えられる。この点に鬼の子孫伝承の成立の一端が潜んでいるのではなかろうか。

(14)『(叢書京都の史料四) 八瀬童子会文書』一三四号文書。なお本史料は、原本においては訓点・ルビが施されているが、一部改めた。

(15) この史料に関連し、同年六月二日付「八瀬人等言上状」(『(叢書京都の史料四) 八瀬童子会文書』七七号文書)が残されている。

目安　　八瀬人等謹言上

右おうみ山は、往古より甲乙人買請候て、木をこる在所候間、当所の村人等も数十代におよひ買請木をこり候、然は彼山は大原をへたてたる奥にて候処に、大原領内ニおきては通路かなふましきよし申上候、此あひた道をと〻め候間、なんかんの次第候、大方路次等は自他の領内互ニ通用仕事に候上、いわうより立つけたる道にて候ハ〻、めて違乱ニおよひ候、我等のことときのいやしき身は、一日の薪をとりやみ候へハ、半日のせいろもかなわさる事候、八瀬人と申候は、御所中之譜代御株持の事候へハ、御憐憫の儀をもて理に任せて如元道をとほり、山に入候やうに御成敗ニあつかり候ハ〻、畏入候へく候、もし又公方の御下知をそむき、猶も異儀を申候ハ〻、大原人におき候ては、又当初の道をも通たてまして、所詮昔よりとり付候山木道をと〻められ候てハ、庄家の住宅も不レ可レ叶候、速ニ無為御成敗をかうふり、安堵のおもひをなすへきよし、目安状粗謹言上、

応永廿二年六月二日　　八瀬人等

（傍線筆者注）

この文書では、杣場であった「近江山」に至る道を大原の人々が封鎖し、八瀬の人々が通行を妨げられていることを述べ、元の通り通行ができるよう裁決を願っている。本文書は、一面では本文で引用した史料と密接に関連し、補強する

内容を伝えているように見える。しかしながら、傍線部の表現、とくに「株持」なる用語は当該期には確認されず、本文書には研究の余地があるものと考える。とはいえ本文書の存在は、『八瀬記』に写される本文引用史料がいかに八瀬童子の歴史語りの中で影響力をもったものかは、端的に示しているといえる。

(16) このことと関連し、現在も八瀬の妙伝寺に「大般若波羅蜜多経」六百巻が伝えられている点は看過できない。本経は、応永八年の年紀をもち、その奥書から八瀬村における宮座が調進・奉納したことが明らかである（前掲注4図録、出品番号二五）。膨大な量の大般若経を完備・調進する背景には、相当な人的・金銭的な資本が必要であったことは想像に難くない。一大事業ともいえる大般若経の完備・調進を可能としたのも、当該期に幕府儀礼の重要な一員として八瀬童子が位置付けられ、彼らのもとに相当の資本の蓄積が果たされたからではなかろうか。

(17) 永禄八年六月六日付「三好氏奉行人奉書」（『叢書京都の史料四』八瀬童子会文書』八二号文書）。

(18) 永禄十二年四月五日付「織田信長朱印状」（『叢書京都の史料四』八瀬童子会文書』八四号文書）、天正十六年二月二日付「前田玄以判物」（『同書』八六号文書）など。

(19) この点、前掲注(4)図録、八〇頁参照。

(20) 後土御門天皇綸旨の奉者は、明応期（一四九二〜一五〇一）では、左少弁中御門宣秀、右少弁勧修寺尚顕、左少弁甘露寺伊長、右中弁為顕に限定され（近藤成一研究代表『文部省科学研究費補助金研究成果報告書　綸旨・院宣の網羅的収集による帰納的研究』、一九九九）、この点でも本文引用史料を綸旨と理解することはできない。

(21) 内閣文庫所蔵。検索・翻刻に関しては、東京大学史料編纂所所蔵謄写本を参照した。

(22) 奥野高廣「戦国時代の諸司領」（『戦国時代の宮廷生活』第六章第二節、続群書類従完成会、二〇〇四）。

(23) 『和長卿記』文亀元年四月十九日条。

(24) 西山剛「中世後期における鳥獣類をめぐる人々」（世界人権問題研究センター編『中近世の被差別民像』、世界人権問題研究センター、二〇一八）。

(25) 本文書に見られる諸役免除特権という文書の機能は、他の綸旨群と共通しており、長い伝来過程の中で混同された可能性は高い。

第六章　朝廷葬送儀礼における力者の活動　――大雲寺力者と天皇葬送

はじめに

洛北・岩倉の地に在る実相院は、門跡としての寺格を誇り、近世においては「六百拾弐石余」[1]の寺領を持った。現在の本堂は享保五年（一七二〇）に東山天皇が中宮承秋門院の旧殿を下賜して成ったもので、朝廷との極めて密接な関係を今に伝えている。

この実相院に伝来した文書群が『実相院文書』で、二〇一五年に京都市指定文化財に登録され、洛北地域の歴史を復元する上で欠く事のできない史料となった。当該文書の中には、南北朝期以来、当該寺院と密接な関係をもった大雲寺に関わる史料（以下、便宜的に「大雲寺旧蔵文書」と称す）も含まれており、『実相院文書』と並行して利用することで、さらに重層的に洛北の地域史を知ることができる。

『実相院文書』の中に含まれる「大雲寺旧蔵文書」の中、とりわけ特徴的な史料群が力者関係史料である。そもそも力者の定義を辞書に求めると、次のような解説がなされる。すなわち「中世、公家・寺社・武家などに仕え、剃髪して駕輿、馬の口取り、長刀を持った警固・使者など、力役を中心とした奉仕に従ったもの」[2]と。このような力者の実態については、現在までいくつかの研究蓄積がなされており、実相院と同じ門跡寺院である大乗院や延暦寺、室町幕府と密接な関係にある五山寺院などにおいて、寺院社会の実態を明らかにしつつ、その具体的な職能と社会的位置が明確にされている。(3) しかしながら、これらの研究は主に中世における力者の姿に焦点があてられており、近世の力者を実証的に追究して歴史像を復元したものは皆無であるといえる。このような現状を踏まえた上で、本章ではこの「大雲寺旧蔵文書」に見える力者に着目し、近世における彼らの特徴的な職能について考察を加えたい。

なお本章では、天皇等を指し示す場合、とくに葬送儀礼を中心に検討を加えるため便宜的に院号表記とした。

第一節　大雲寺力者の史料

まず別掲の**表1**に着目したい。本表は『実相院文書』の中に見られる大雲寺力者に関する史料の一覧である。総数は一九三点。『実相院文書』の総数は四二九〇点であるため、全体の約四パーセント弱にあたる。伝来の状況として「力者」と記された箱にこれらの史料が分置されていたという報告がなされており、(4) 寺院内においてはこの力者関係史料を、まとまった文書群として保存してきたことがわかる。

本表を一見して明らかなように、大雲寺力者が諸史料の中に主体的に出現してくる時期は、十七世紀末期のことであり、以後幕末までその

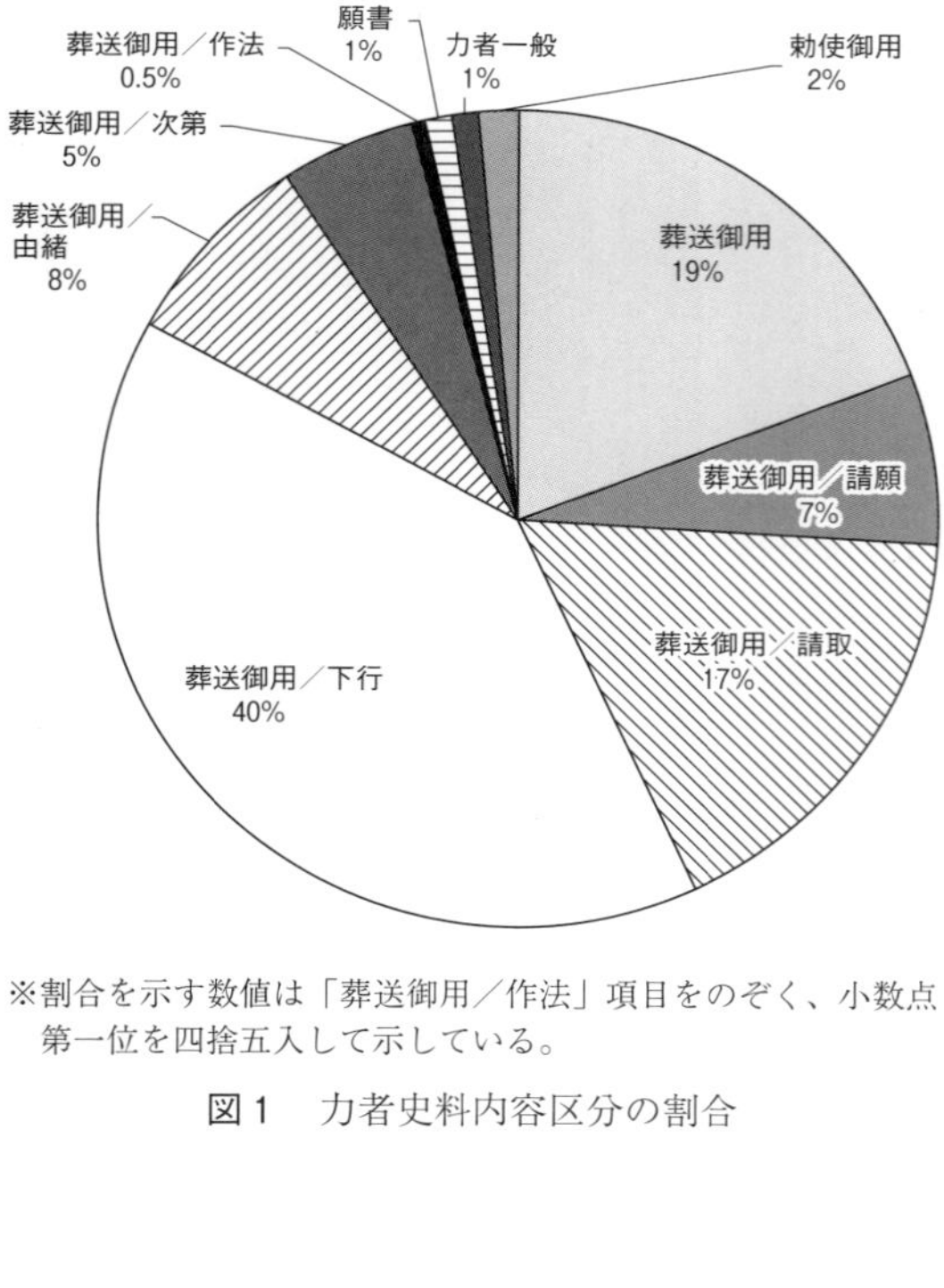

※割合を示す数値は「葬送御用／作法」項目をのぞく、小数点第一位を四捨五入して示している。

図1　力者史料内容区分の割合

存在を見て取ることができる。ここで表中、史料内容を端的に示した「内容区分」項目に着目し、その類似性を検討するため、図1を示したい。

本図においてまず着目できることは、一見すると雑多な史料群に見えるこれら力者関係史料が、実はそのほとんどが上皇、天皇、女院など皇族の葬送に関わるものである点だ。部分的に勅使御用に関する史料（一パーセント）、帯刀申請など一般的な身分に関わる史料（一パーセント）が含まれているものの、少数でしかない。大雲寺力者が皇族の葬送と深く関わるという特質は、これまでいくつかの研究で指摘されているが、(5)当該集団の史料のほぼ全てが皇族の葬送に関するものであるという事実は、彼らの近世におけるあり方が天皇・皇族の葬儀を専門的に担う職能集団であったことを如実に伝えるものである。では、このような特徴をもつ大雲寺力者の具体的な活動はいかなるものであったのだろうか。

第二節　大雲寺力者の活動　―御龕力者として

大雲寺力者の具体的な活動を見るにあたり、彼らが自らの立場を表明するために作成した由緒書に着目する必要がある。以下、長文を厭わず、史料全文を引用したい。

　　後光明院崩御之節
　　　力者相勤来候近例

①一承応三年日記曰　十月十二日御法㕝伝　奏清閑寺殿家来藤木源兵衛ゟ当寺覚乗坊　江書札

　一筆啓上候、然者力者之儀、四拾人相極申候間、三井寺江茂被仰遣候而罷出候様ニ可レ被レ成候、両方之人数御書分候而明日持セ可レ被レ下候、其節時節之儀可二申聞一候、先日初テ得二御意一忝存候、恐惶謹言、

　十月十二日　　清閑寺内藤木源兵衛

覚乗坊様

一清閑寺殿江力者之書付遣ス覚

力者　四拾人内岩倉ヨリ廿五人 三井寺ヨリ十五人

承応三年十月十四日

力者頭　竹王　判

竹徳　判

清閑寺中納言御内

藤木源兵衛殿

一右力者之内五人ハ長谷ヨリ二人、三宝ヨリ三人出申候、是ヲ後々之例ニ成度思食候とて清閑寺中納言江書付被レ遣候御方茂御座候得者、長谷・三宝ハ新成事ニ候故成不レ申候間、先々ヨリ出付之岩倉・三井寺両寺之力者、竹王・竹徳ニ吟味仕事付、判形仕上ケ可レ申由申来ルニ付如レ右之認遣ス由見ユ　長谷・三宝力者出之儀ハ下々之入魂之様ニ相見エ申候

②一東福門院崩御之節

延宝六年日記曰、六月廿日御法事奉行清閑寺殿江竹徳参候而如二先例一役儀被二仰付一被レ下候様ニ申上候処、早如二先例一四拾人被二仰付一候　内岩倉力者廿七人 三井寺力者十三人

右人数竹徳ニ相触候様ニ申付候由見ユ

八月十一日　東福門院御葬送御龕之力者下行米

八拾石　力者四拾人内岩倉力者廿七人 三井寺力者十三人

但壱人ニ付二石宛也

延宝六戊午年　月日

名判

万里小路大納言殿
清閑寺弁殿
　　御雑掌中
右之通書認坊官中判形被㆑致精進候様申来ル
霜月七日　力者御下行米
八拾石　代官酒井七郎衛門ヨリ請取
　　但シ戸田越前守殿御裏判有之

③一後水尾院崩御之節
延宝八年日記曰　八月廿一日御法吏伝　奏清閑寺大納言殿
御奉行小川坊城弁殿右之両所ヨリ先年之通力者四拾人可㆓申付㆒旨申来ル、
一同月晦日御法吏伝奏清閑寺大納言ヨリ力者之儀、此度ハ六拾人可㆓申付㆒旨申来リ後例ニハ成間敷旨被㆓申渡㆒
候也、
右之通竹徳ニ申付ル由也、
　　三井寺ヨリ十人内円満院様三人、別所力者七人
御龕之力者　六拾人
　　長谷力者一人
　　岩倉力者四拾九人

④一後西院崩御之節

貞享二年御法事伝　奏日野中納言殿、

同御奉行烏丸弁殿ゟ被二仰渡一如二先々一相勤申候也、

但シ此時ハ三井寺長吏之御当職　聖護院御門主也、実相院殿長吏非職ニ候得共、如二先々一竹徳被二仰付一候

故[redacted]被二申付一候也、由二御座候、

以上

元禄九年丙子年十一月　　大雲寺衆徒 法浄坊〔6〕

（一書冒頭に載せた数字は筆者による）

以上の史料は、元禄九年（一六九六）十一月に大雲寺衆徒・法浄坊によって記されたもので、近世前期における大雲寺力者の葬送儀礼への勤仕状況が書き上げられている。ちょうどこの年、明正院の葬儀がもたれており、大雲寺側は当該儀礼に力者を参勤させる必要があった。このため関連する儀礼の旧記を調べ、まとめあげたのが本史料だと考えられよう。

これによると、大雲寺力者は元禄九年段階で、既に①後光明院、②東福門院、③後水尾院、④後西院の葬送に勤仕したと述べ、皇族葬送と密接な関わりにあることを強く主張している。また、本史料では叙述を行う上で定型的な表現がとられており、①～③では儀礼差配を担当する公家の名前と出仕した力者の人数を記述する。この史料が伝える内容の中で、いまここでとくに注目したいのは、後者の情報、すなわち出仕した力者人数の書上げについてである。記述された人数を**表2**として掲出する。

本表からは、力者出仕人数が、①四十人（岩倉：二十五人／三井寺：十五人）、②四十人（岩倉：二十七人／三井寺十三人）、③六十人（岩倉：四十九人／三井寺十人／長谷一人）と推移していることが明らかとなる。そしてなにより

表2　天皇・女院の葬送に出仕した力者の人数割合

被葬送対象	儀礼担当公家	人数	内訳		備考
①後光明院	御法事伝奏　清閑寺	40	25	岩倉	
			15	三井寺	
②東福門院	御法事伝奏　清閑寺	40	27	岩倉	
			13	三井寺	
③後水尾院	御法事伝奏　清閑寺	60	49	岩倉	
			10	三井寺	内、円満院　3人 別所　7人
			1	長谷	
④後西院	御法事伝奏　日野 烏丸	—	—		

重要なのは人数内訳で、書き上げられるすべての人数のうち、岩倉力者の人数が他を上回っていることがわかる。引用史料には記述されないが、④の後西院葬儀においても、力者総数四十人のうち、岩倉力者が三十人存在したことが明らかであり、[7]皇族葬儀における大雲寺力者の優位性は他の史料からも確認される。おそらくここで引用した史料を大雲寺側が作成した意図も、直近に迫った葬儀に備え、これまでの大雲寺力者の優位性を書き上げ、明示するところにあったものと思われる。

それでは実際に出仕した大雲寺力者は、天皇の葬儀においていかなる具体的な勤仕を果たしていたのだろうか。次節では彼らが由緒書きの冒頭に書き上げた葬儀事例である後光明院の例に即して、具体像を提示したい。

第三節　後光明院葬儀の具体像

天皇葬儀の実証的な研究は、これまで豊富な蓄積を見せているといえる。[8]近世に限っていえば、比較的まとまってその詳細を紹介したのは『泉涌寺史』の記述である。いまこの成果に基づき、後光明院葬儀の具体像を追究したい。

承応三年（一六五四）九月二十日、二十二歳の若さで後光明院は死去した。死因は疱瘡の悪化によるものと伝えられている。寛永二十年（一六四三）に即位し、その在位は十一年にわたっていたが、帝位にあるままの死去となった。これは弘治三年（一五五七）の後奈良院以来のことであり、極めて異例の事態と公武双方に受け止められた。

同年十一月十五日の夜、葬儀が開始された。公武関係が比較的安定し、かつ徳川家と極めて密接な東福門院を養母に持つ天皇のため、幕府から高額な葬礼費用が拠出され、儀礼は大規模化したという。このような葬儀儀礼は次のような経緯で実施された。ここでその概略を示す。

A牛車御行

酉刻に至り、二頭の牛が牽く牛車が棺を乗せて禁裏を出た。この車には導師をつとめる泉涌寺住持・三室覚宥が同乗し、灯明、焼香を行った。車の前には、京都所司代である板倉重宗が騎馬し、多くの武士を連れて供奉した。車の後ろには御簾役をつとめる西園寺実相を先頭に三十四人の公卿が列をなし、輿あるいは歩行で随った。次いでその後ろには殿上人二十九人が整然と随い、両脇には挑灯を持った人々が行列を照らした。

B泉涌寺到着　―龕前堂における法事

戌刻に至り、牛車は泉涌寺に到着した。車を牽いていた牛はすぐに外され、棺は泉涌寺の僧侶たちによって宝龕と呼ばれる装飾された輿に乗せられた。この宝龕を中心に焼香・読経がなされ、泉涌寺僧侶、末寺、法縁の僧侶たちによって法事が行われた。

この法事が終わると、宝龕は舁かれ、引導師以下三百人の僧侶たちの行列とともに山頭に設えられた荒垣の中に進められた。また、龕前堂から荒垣（埋葬所）の道筋には東西本願寺や五山禅宗寺院など洛中洛外と近隣の諸宗諸山の僧が立ち並び、諷経が勤められた。

C埋葬

運ばれた宝龕は、幕が引かれた荒垣の中央にすえられ、龕の前に御位牌や三具足が置かれた。三室和尚の焼香読経の後、宮門跡、公家、御女中、幕府使者の吉良義冬、松平勝隆、所司代・板倉重宗らの焼香が続き、宝龕は御廟所へ運ばれて石の唐櫃の中に埋葬された。

　このような一連の流れの中で、大雲寺力者はいかなる役務を担ったのだろうか。このことを考えるために、次の史料に着目したい。

一戌之刻御車龕前堂ニ至テ牛ヲ放チ手引ニシテ龕前堂ニ入、牛二疋共ニ傍ニ扣ル、於是幕ヲ引、屛風ヲ立、泉涌寺之衆僧御車ヨリ御棺ヲ宝龕ヱ移シ奉リ車ハ外エ逆ニ押出ス、公卿殿上人龕前堂之傍ニ候ス、於是法事ヲ始ム、住持焼香読経叓畢テ龕前堂ヨリ荒垣マテ御龕ヲ移ス其行烈（ママ）ニ行、

行燈豊前　行燈宗林　幡長永　幡宗竹
行燈越後　行燈久武　幡清安　幡善斉
洒水忠性　鈴空淵　鈸正海　鐃素光
洒水春沢　鈴拮山　鈸如休　鐃湛恵
燭筌外　香炉玉周　湯真海　当官蔵主
花瓶孤雲　香合　茶恵林　本願寺源龍西堂
焼香多聞院忠覚
安楽院大衆二百二十八口　焼香宝蔵坊玄盛　当官維那悲田院

宣疏 戒光寺 天至西堂　　尊湯 南都菩提寺 湯屋和尚　　葬主照岳西堂 法金剛院
挙経 東菩院 宣亮西堂　　奠茶 南都西大寺 二聖和尚
提灯 英玉　　　泉涌寺 三室和尚　　持香 覚雲
提灯 意三　　引導　　持衣 唯尊
御位牌　　遍照心院 惟運　　行者　　宝龕 力者四十人
立安
天蓋　　法音院 元昌西堂　　音清
西念　洞庵

右龕前堂ヨリ荒垣マテ宝龕ヲ移タテマツル行列也、（以下略）

この史料は、後光明院の葬儀にあたりその儀礼の具体的な内容を書き記した書物の一部である。(9) 奥付の年紀は「承応三年甲午年十二月日」であり、実際の葬儀と極めて近接した時期に成ったものといえ、その記録性は高い。引用したのは、一連の葬儀儀礼にあたり龕前堂から荒垣（天皇の埋葬地である廟所）への道筋の記録、すなわち先述したAからCの部分のうち、Bに該当する。

本史料のうち重視したい箇所は、荒垣にいたる鹵簿の記述のうち、「宝龕」に付された「力者四十人」なる記述である。具体的に大雲寺の名称は記されないものの、この人数は先に引用した大雲寺力者の由緒書①の部分と合致する。すなわち、大雲寺力者は、天皇の棺が乗る宝龕が埋葬空間である荒垣に移されるときに具体的な勤仕を行う集団であることがここに確認されるのである。実は、これまでの指摘では、この宝龕の移動は「三井寺の力者四〇人が舁」いたと考えられてきた。(10) 実際に、この勤仕を果たした力者の中には三井寺に直属する者は存在したと考えられる。しかし今ここで強調しておきたいのは、力者の選定および人数の多寡を勘案した場合、大雲寺力者の優位性が強く認められる点である。このことは、由緒書①に記述される「力者之内五人ハ長谷ヨリ二人、三宝ヨリ二人出申候、是ヲ後々之例ニ成度思食候とて清閑寺中納言江書付被レ遣候御方茂御座候得者、長谷・三宝ハ新成事ニ候故成不レ申候間、先々ヨリ出付之岩倉・三井寺両寺之力者、竹王・竹徳ニ吟味仕事」(11)という表現においても見出されるだろう。すなわち、力者の選定にあたっては、大雲寺力者の総代である竹王役と竹徳役に吟味を加えさせ、実際の儀礼を行ったのである。そして、この力者選定方法は以後の葬送儀礼でも踏襲されたことが他の記録からも窺える。(12)つまり天皇葬儀にあたる力者選定の実務的な差配権限は、三井寺ではなく大雲寺力者の側にあったことをこの史料は強く物語るのである。

すでに先行研究で明確に示されている通り、天皇葬儀において埋葬者の身体が龕に入れられることは、死者を仏として扱うことに対応している。(13)つまり宝龕を舁く大雲寺力者は、被葬者である天皇に仏性が付与され、聖別された存在となったときに初めて関わりを結ぶのである。いわば、大雲寺力者は、葬儀の中核の動静を担う役割をもつ者たちであったと理解することができよう。

第四節　後光明院葬儀の意義

前節までで述べてきたように、天皇の葬儀において大雲寺力者は儀式の中核である宝龕の渡御を職務としていた。それでは、大雲寺力者と葬送儀礼はどの段階で結びつくのであろうか。このことを考えるとき、次の史料が参考となる。

一禁裏御所ゟ遠州手紙到来如レ左、

後陽成院様御葬送前後之時宜、委書付可二指出一旨、又ゝ凶事伝　奏・御奉行被レ仰候、早ゝ申入候也、

八月十六日　　藤野井遠江

実相院御門跡
坊官中
一後陽成院様御時之義相考候処、旧記紛失之子細有レ之、相知不レ申候、後光明院様巳後力者被二仰付一候義者
書付指上候通御座候以上、
午八月六日
大雲寺衆徒
宝塔院
正教院
実相院御門跡御内
三ーーー
松ーーー
小ーーー

本史料は、宝暦十二年（一七六二）八月に成立した『桃園院様御葬送之時寺門力者争論一件』[14]の一部で、桃園院葬送にあたり、力者の出仕人数をめぐり大雲寺と三井寺との間で勃発した相論の顛末をまとめたものである。本史料の中には、それまでの力者出仕数の実態を提示するため、あらためて大雲寺力者の職務経歴がまとめられているが、引用箇所は、朝廷が大雲寺に対し、後陽成院段階における力者の出仕の状況を問うた部分である。

ここでは、朝廷側の「後陽成院様御葬送前後之時宜、委書付可二指出一旨」という要求に対し、大雲寺は「後陽成院様御時之義相考候処、旧記紛失之子細有レ之、相知不レ申候」と応じている。つまり、後陽成段階の旧記を紛失したためこたえられない、というのである。果たしてこの主張は記述通りに受け取るべきなのだろうか。後陽

成院の葬儀を比較的詳細に記した『元和三年文月之記』(15)において当該部分は次のように記される。

泉涌寺につかせ給ひ、涅般堂に御車入たてまつり、御輿にうつし奉る、其程は堂のまへに、誦経の作法過るあいた待奉る、御輿かきたてまつり、ちかつかせ給ふに、各平伏して、其後次第に葬場殿までまいり付て、東上南面に一列に候す、

泉涌寺に牛車が入れられ、その後、後陽成院の棺が宝龕へ移される。次いで誦経がもたれいよいよ葬場への宝龕の移動となるが、その担い手に関する記述は、本史料では一切見られない。後陽成院の葬儀に関する史料は、『中院通村日記』、『泰重卿記』、『孝亮宿禰記』、『義演准后日記』、『続史愚抄』など比較的めぐまれているが、いずれの史料も宝龕移動の力者に関する記述を欠落させているのである。このことは、断定はできないものの後陽成院葬儀においては、宝龕移動の力者として、特定の職能集団を想定することができないことを意味しているものと考えられる(16)。つまり、大雲寺力者の宝龕勤仕は後光明院葬儀にいたって初めて設定された可能性が高いと考えられるのである。

この後光明院葬儀は、葬列・式場・式の規模がともに従来に比して大規模・盛大であり、かつ遺体は火葬ではなく土葬され、泉涌寺境内に埋葬された。とくに後者が実現されるに際し、幕府はそれまでの龕前堂・山頭の他に、新たに廟所という施設を作り、埋葬に関する新儀を加えたのである。これらの変更は、既に野村玄が的確に指摘したように、江戸幕府が後陽成院葬儀に際して生じた課題を克服し、幕府が天皇の遺体を適切に管理するために行われたものと考えられている。幕府の主体的な関与によって即位した後光明院葬送に際し、一連の葬送儀礼に積極的に関与することで幕府統制化の天皇の死のあり方を内外に明示したのである(17)。

このような後光明段階の葬儀刷新の中で新たに位置付けられたのが、大雲寺力者たちではなかったか。では、なぜ天皇葬儀刷新の段階で、大雲寺力者が宝龕勤仕の主体となったか、という問いが残るが、残念ながら現在の

ところその直接的な理由は見出せていない。だが次に示す史料は、残された問題を考える上で参考となろう。

一大雲寺力者之義、御凶事御用不ㇾ限大徳寺・妙（心脱カ）寺且亦知恩院等、御勅使御用力者毎度相勤来候、前〻ゟ他門御下知随候義従二往古一曽テ無二御座一候ニ付力者共相歎申候、右之趣宜御沙汰奉ㇾ願候　以上

八月三日

大雲寺衆徒
宝塔院
正教院

実相院御門跡御内
三好大蔵卿
松尾治部卿
小竹原式部卿

庭田大納言様
中御門右中弁様
御雑掌中

本史料は先に引用した『桃園院様御葬送之時寺門力者争論一件』の一部である。引用部分の力点は、大雲寺力者が大徳寺、妙心寺、知恩院などの他、いかなる権門からも命を受けない格別の力者であることを主張する点にある。しかし、ここでなによりも重視したいのは、彼らが「御凶事御用」とは別に「御勅使御用力者」をつとめていた点である。この主張を物語るように、『実相院文書』には勅使御用の事実を示す「勅使御用之力者禄配当事」（元禄十年）や「妙心寺・大徳寺入院勅使力者覚」（嘉永二年）が残されており、近世前期から後期にわたる「勅使御用力者」としての活動を知ることができる。

行幸の実施回数が減少し、朝廷の輿舁である禁裏駕輿丁がすでにこの頃、京都の有力商人の名誉職となり実態的な輿勤仕の技能が低下していたことを考えると、貴人の輿勤仕を行える職能集団として大雲寺力者たちは軽視できない能力をもった者たちであったと考えられる。先に指摘した通り、天皇・上皇・女院の葬送儀礼における宝龕勤仕は、儀礼の中核として極めて重視される厳儀であった。この担い手として大雲寺力者が選択される理由は、彼らに宿る貴人の輿舁としての格式と技能にあったのではなかろうか。そしてここにこそ、大雲寺力者の輿舁としての根本的な職能があったものと考える。

おわりに

以上四節に分けて、大雲寺力者の存在とその職能について考察を加えてきた。ここで、その論旨をまとめておきたい。大雲寺力者は、天皇、上皇、女院など極めて高位の人物の葬送儀礼において宝龕勤仕を行う職能集団であった。とくに彼らは、龕前堂において棺が入れられた宝龕を舁き、移動させる段階で職能を果たしていた。宝龕とは、被葬者である天皇に仏性が付与され、聖別された存在となったことを意味し、宝龕の移動は葬送儀礼全体の中でもとりわけ中核的な儀礼として位置付けられる。本論ではとくにこの点を重視し、彼らの職能の中心をこの部分に求めた。

また、近世を通じて大雲寺力者は大徳寺、妙心寺、知恩院など京中の名刹に勅使がたてられた場合、その力者として活動する側面ももっていた。行幸停止など、既に大規模な行列儀礼が行われなくなった段階で、未だ実態的な職能を帯していたのが大雲寺力者たちなのである。そして、この点に着眼した公武が、新体制として刷新する後光明院の葬送儀礼に際し、彼らの動員をはかったのではないかと考えた。

これらの指摘は、いずれも仮説の域を出ず、今後さらに精緻に検討されるべきものである。大雲寺がなぜ実相院の中に包含されながらも、持続的に寺院としての機能を存続できたのか、その中で大雲寺力者の存在はいかなるものだったのか、この点は中近世を通じて一貫的な分析を通して獲得されなければならない歴史像である。

（1）「山城国中御朱印寺院之事」『京都御役所向大概覚書』下巻。
（2）菊池紳一執筆「力者」項目（『国史大辞典』第十四巻、吉川弘文館、一九九三）。
（3）大乗院の力者については、瀧口学「中世興福寺の「力者」について⑴」（『鹿児島県中世史研究会報』四八号、一九九三）、五山禅院の力者については、竹田和夫「五山寺院の力者」（『五山と中世の社会』、同成社、二〇〇七、初出二〇〇六）、近代に至り、天皇葬送に勤仕する八瀬童子の研究としては山本英二「八瀬童子の虚像と実像」（『列島の文化史』八、日本エディタースクール、一九九二）がある。なお輿舁も含めた広義の力者として拙稿「中世後期における輿舁の存在形態と特徴」（世界人権問題研究センター編『職能民のまなざし』、世界人権問題研究センター、二〇一五、本書第八章）。
（4）菅宗次『京都岩倉実相院日記』（講談社、二〇〇三）。
（5）前掲注(4)、菅宗次著書のうち、第三章「日記にみる貴賤の人々」。宇野日出生「龕を担ぐ人々」（佐藤孝之編『古文書の語る地方史』、天野出版、二〇一〇）。とくに菅は元禄段階の岩倉地域の本百姓に「侍分中間」、「明神宮中間」、「公人中間」があり、全体で「惣百姓」をなしていたこと、その「公人中間」の預置が力者たちであったと述べている。
（6）「大雲寺衆徒法浄坊力者勤方先例書上」（『実相院文書』、実相院所蔵）。
（7）「御龕御用大雲寺力者旧記書抜」（『実相院文書』、整理番号〇二三―一）には、貞享二年（一六八五）の日記が引かれており、後西院葬儀に岩倉力者三十人、三井寺力者十人（内、円満院力者三人、聖護院力者一人）との記載がある。
（8）本論の関心から言えば、山本尚友「平安時代の天皇葬儀に関する基礎的研究」（『世界人権問題研究センター紀要』一〇号、二〇〇五）、久水俊和「中近世移行期から近世初期における天皇家葬礼の変遷」（『立正史学』一一六号、二〇一四）、勝田至「中世後期の葬送儀礼」（『日本中世の墓と葬送』第二部第一章、吉川弘文館、二〇〇六年）、野村玄「近世天皇葬送儀礼の確立と皇位」（『日本近世国家の確立と天皇』、清文堂出版、二〇〇六、初出二〇〇三）などがあげられる。

（9）『後光明院葬儀次第』（整理番号G―8-1、泉涌寺所蔵）。

（10）「近世の泉涌寺」（『泉涌寺史　本文編』第二章、総本山御寺泉涌寺、一九八四）。この記述の根拠となる史料は本文中に記されていないが、関連する史料として泉涌寺が所蔵する『後光明院御葬礼記』（整理番号F―8-4）がある。しかし本史料にも「舁二宝龕一力者四十人任二先例一出、自二三井寺一凶事伝奏被レ下知一云々」という記述があるばかりで、力者を担う主体として三井寺力者をあてはめる解釈には無理がある。

（11）本記述は実相院に伝わる記録を抜き書きした『御日記抜書一』（寛永十三年〜元禄十年、実相院所蔵、整理番号〇二一）とも符合する。この事実は本文引用史料が、実相院の古記録に基づき、作成されていることを示す。

（12）宝永六年十二月付「御龕御用大雲寺力者旧記書抜」（京都市歴史資料館寄託、箱番号〇二三―一）には「右御両所様（御法事伝奏、御奉行）ゟ大雲寺力者頭竹王竹徳被二仰付一相勤申候」なる記述が歴代葬儀の中で散見される。

（13）前掲注（8）勝田論文および西谷功「天皇の葬送儀礼と泉涌寺」（『大法輪』十二月号、二〇一二）。

（14）『桃園院様御葬送之時寺門力者争論一件』（『実相院文書』、整理番号〇二三―一）。

（15）本文の記述は『大日本史料』一二編―二八に基づく。

（16）このことは、さらに遡る史料においても想定できる。『明応凶事記』（『続群書類従』三三）は、後土御門天皇葬儀の詳細を東坊城和長が記述したものである。この史料において当該箇所は「僧衆行事奉レ舁、出二仏殿一至二葬場殿一」と記される。本史料は後代には天皇葬儀のマニュアルとして機能することを勘案するならば、僧衆の宝龕勤仕が中世後期における規範であったと考えられよう。なお本史料に関する詳細な分析は、久水俊和「東坊城和長の『明応凶事記』」（『文化継承学論集』五号、明治大学大学院文学研究科、二〇〇八）によって行われている。

（17）前掲注（8）野村論文。

〈付記〉近年、佐藤一希によって近世朝廷の葬儀儀礼は多面的かつ詳細に実態解明が進んでいる。本論考発表後、大雲寺力者および宝龕についても「近世天皇・女院の葬送儀礼と門跡寺院　―「宝龕御用」をめぐる天台宗寺門派門跡の動向を中心に」（『歴史学研究』一〇三一号、二〇二三）が出され、本章よりも長いスパンで考察を加え、宝龕御用の変遷についても言及する。あわせて参照されたい。

差出	充所	員数	縦・高cm	横・幅cm	文書の備考
		1冊	28.2	20.7	虫損甚大
徳善他2名	大雲寺政書竹徳他1名	1通	29	40.9	
聖護院下長谷村福蔵他1名	大雲寺力者頭竹王他1名	1通	23.3	34.3	包紙ウハ書「上 奉願竹徳殿、岩倉村公人法師之内福蔵」
大雲寺衆徒法浄坊		1通	29.6	125	
藤徳他18名	粟津治部丞他1名	1通	28	190	
力者頭竹徳他3名	今城中納言他2名	1冊	41	22.3	
粟津治部・宝浄坊	公人惣中	1通	28	126.3	力者下行米配分の件
福永他9名		1冊	28.7	20.3	
蔵徳他10名	粟津治部正・法乗坊	1通	24.2	123.3	知恩院御用力者下行米のこと等
竹徳他1名	西与市左衛門	1通	23.6	19.9	包紙ウハ書「仮手形三通、三井寺・大津・長谷」一括23-2-6・23-2-33・23-2-164
福永他2名	粟津治部丞殿・宝浄坊殿	1通	24.4	34.5	包紙ウハ書「公人共一札」
		1冊	12.5	34.5	
竹徳他1名	粟津治部・宝津坊	1通	27.9	26.9	包紙ウハ書「元禄十丑年、御明正院様御時三井寺力者へ相渡下行米銀受取證文」
三井寺力者福円他5名	柴田源左衛門	1冊	30.9	21.8	
行事(印)・承仕(印)他13名	粟津治部丞・法浄坊	1通	28	43	前欠、虫損、「蔵福公人座外之儀」
		1冊	31.9	21.7	虫損
		1通	28.7	41.1	
		1通	35.8	450.3	糊はがれ
大雲寺衆徒正教院他3名	日野中納言・烏丸弁 雑掌中	1通	28.2	159.3	

表1　『実相院文書』における大雲寺力者史料一覧

	年月日	内容区分	名　　称
1	元禄9年(1696)11月10日	葬送御用	明正院昇霞以後凶事雑記並力者役義相論之事
2	元禄9年(1696)11月23日	葬送御用／請取	円満院御下力者御用請状写
3	元禄9年(1696)11月24日	葬送御用／請取	明正院葬送御用力者請状
4	元禄9年(1696)11月	葬送御用	大雲寺衆徒法浄坊力者勤方先例書上
5	元禄9年(1696)12月19日	葬送御用／下行	力者下行米先例返答書
6	元禄9年(1696)12月	葬送御用／下行	明正院様御葬送之力者御下行米注進帳
7	元禄9年(1696)12月	葬送御用／下行	大雲寺衆徒惣代達書写
8	元禄10年(1697)1月18日	勅使御用	勅使御用之力者禄配当事
9	元禄10年(1697)2月10日	勅使御用	力者仲間連署訴状
10	丑(元禄10ヵ)年4月31日	葬送御用／下行	明正院葬送下行米代銀請取状
11	元禄10年(1697)5月17日	葬送御用	公人・力者頭詫一札写
12	元禄10年(1697)6月	葬送御用／下行	力者下行米配分算用帳
13	元禄10年(1697)9月4日	葬送御用／下行	明正院葬送御用力者下行米代銀請取証人
14	丑(元禄10ヵ)年	葬送御用／下行	明正院様御葬送御用之力者御下行米相渡請取連判帳
15	元禄11年(1698)4月2日	葬送御用	力者願書
16	元禄10～宝永2年	葬送御用	大雲寺力者一件
17	宝永3年(1706)11月2日	葬送御用	十如院義延親王御葬送差定写
18	宝永3年(1706)11月2日	葬送御用	十如院義延親王御葬送差定
19	宝永6年(1709)12月	葬送御用／由緒	御龕御用大雲寺力者旧記書抜

差出	充所	員数	縦・高cm	横・幅cm	文書の備考
大雲寺衆徒正教院他３名	日野中納言･烏丸弁 雑掌中	１通	15.2	97.8	
円満院下力者大津徳善他２名	大雲寺力者頭竹王他１名	１通	28	43.6	包紙ウハ書「聖護院様御下力者一札手紙」
聖護院様御下力者長谷村福善他１名	大雲寺力者頭竹王他１名	１通	28.4	34.4	
力者頭竹王他５名	日野中納言・烏丸右少弁雑掌中	１冊	28.9	22	
竹王他１名		１通	24.3	34.3	「東山院葬送力者下行米之儀」
竹王役財福他２名	実相院門跡御内松尾式部卿他４名	１冊	14	42.7	
公人一老惣代常徳	実相院門跡御内松尾式部卿他４名	１冊	27.4	21.2	
大雲寺力者頭竹徳他１名	平岡彦兵衛他１名	１冊	28.2	21.3	
竹徳他１名	平岡彦兵衛他１名	１通	25.7	38	
財福他１名		１冊	24.6	17.3	中破
岩倉力者頭竹王他１名	油小路大納言・烏丸左少弁雑掌中	１通	24.1	97.2	
力者頭竹王他４名	油小路前大納言・烏丸左少弁雑掌中	１冊	24.3	17.1	
公人一老惣代福蔵	実相院門跡御内松尾刑部卿他３名	１冊	27.4	21.3	正徳２年５月４日付貼付文書あり、新上西門院葬送につき請状、差出円満院様御下力者大津徳善他２名、宛所大雲寺力者頭竹王他１名
公人一老福蔵	実相院門跡御内松尾刑部卿他２名	１冊	24.7	17	
公人一老惣代福蔵	実相院門跡御内松尾刑部卿他２名	１冊	24.7	17.4	
福永他12名	正教院御扣中衆	１通	28.6	41	包紙ウハ書「上、力者仲間竹徳役願書一通、財福願書一通」一括31-249～31-250

	年月日	内容区分	名　称
20	宝永６年(1709)12月	葬送御用／由緒	御龕御用大雲寺力者相勤来候近例書上写
21	宝永７年(1710)１月９日	葬送御用／請取	新院御所葬送ニ付円満院下力者御用請状
22	宝永７年(1710)１月９日	葬送御用／請取	聖護院様御下力者御用請状
23	宝永７年(1710)２月	葬送御用／下行	東山院様葬送之力者御下行米注進状
24	宝永７年(1710)２月	葬送御用／下行	力者頭竹徳願書写
25	宝永７年(1710)３月16日	葬送御用／下行	東山院様御葬送御下行米配分帳
26	宝永７年(1710)３月	葬送御用／下行	東山院様葬送下行米配分帳
27	宝永７年(1710)３月	葬送御用／下行	東山院様葬送力者下行米請取帳写
28	宝永７年(1710)３月	葬送御用／下行	東山院葬送御用力者下行米代金請取証文写
29	宝永７年(1710)３月	葬送御用／下行	東山院様御葬送之力者御下行米請取帳・配分帳
30	正徳２年(1712)４月22日	葬送御用／由緒	御龕力者先例書上
31	正徳２年(1712)５月	葬送御用／下行	新上西門院様御葬送之力者御下行米注進帳
32	正徳２年(1712)７月６日	葬送御用／下行	新上西門院様御葬送御下行米配分帳
33	正徳２年(1712)７月６日	葬送御用／下行	新上西門院様葬送下行米配分帳写
34	正徳２年(1712)７月６日	葬送御用／下行	新上西門院様葬送下行米配分帳認
35	正徳３年(1713)２月22日	願書	竹徳役につき力者仲間願書

差出	充所	員数	縦・高cm	横・幅cm	文書の備考
実相院宮御内北河原伊織他２名	伏見宮諸大夫衆中	１通	33.6	302.4	
円満院御下力者大津徳善他２名	竹王他１名	１通	28.4	43.2	
園城寺別所力者惣代常福他１名	実相院宮役人中	１通	32.7	45.9	包紙ウハ書「園城寺力者惣中」
園城寺別所力者惣代常福他１名	実相院宮役人中	１通	29.5	41.2	虫損、包紙ウハ書「上奉願承仕役、常福・公人仲間」
園城寺別所力者惣代常福他１名	実相院宮役人中	１通	32.8	46.8	包紙ウハ書「寺門力者願書写弐通 余三通ハ力者例書ニ記」一括23-3-16・23-3-23・23-3-42
園城寺別所力者惣代常福他１名	実相院宮役人中	１通	16.6	66.2	
三井寺学頭代実祥院他１名	実相院宮坊官中	１通	45.8	32.8	包紙ウハ書「享保五年子二月承秋門院様御葬送、力者願書、園城寺」一括23-2-17・23-2-23・23-2-53
円満院御下力者大津徳善他２名	大雲寺力者頭竹王他１名	１通	28.4	43.1	包紙ウハ書「御焼香願書三井寺」、包紙中破
円満院御下力者大津徳善他２名	大雲寺力者頭竹王他１名	１通	29.4	41.3	「承秋門院様葬送ニ付」
力者頭竹王他５名	坊城前大納言御内中村主水他２名	１冊	27.7	21.4	宛先に抹消あり
大雲寺力者頭竹王他１名	角倉与一他１名	１冊	24	16.3	中破
大雲寺力者頭竹王代財福他２名		１冊	28.6	20.8	
大雲寺行事常福他２名		１冊	28.5	20.8	挟込文書享保５年５月23日付「請取申銀子之事」
力者惣代徳春	政所	１通	31	44.3	法皇様葬送御用力者の儀

	年月日	内容区分	名　　称
36	申(享保元)年(1716) 2月	願書	福蔵力者仲間御暇之訳言上書
37	享保5年(1720) 2月4日	葬送御用／請取	円満院御下力者御用請状
38	享保5年(1720) 2月晦日	葬送御用／請取	承秋門院葬送ニ付園城寺別所力者惣代御用請状
39	享保5年(1720) 2月晦日	葬送御用／請取	承秋門院葬送ニ付園城寺別所力者惣代常福請状写
40	享保5年(1720) 2月晦日	葬送御用／請取	承秋門院葬送ニ付園城寺別所力者惣代常福請状写
41	享保5年(1720) 2月晦日	葬送御用／請取	承秋門院葬送ニ付園城寺別所力者惣代常福請状写
42	子(享保5)年(1720) 2月	葬送御用	承秋門院葬送御用之儀ニ付三井寺学頭代願書
43	享保5年(1720) 3月2日	葬送御用／請取	承秋門院葬送ニ付円満院方力者御用請状
44	享保5年(1720) 3月2日	葬送御用／請取	承秋門院葬送ニ付円満院方力者御用請状写
45	享保5年(1720) 3月	葬送御用／下行	承秋門院様御葬送之力者御下行米注進帳
46	享保5年(1720) 3月	葬送御用／下行	新中和明院様御葬送之力者御下行米請取帳
47	享保5年(1720) 4月12日	葬送御用／下行	新中和門院様御葬送力者下行米配当帳
48	享保5年(1720) 5月20日	葬送御用／下行	承秋門院様御葬送力者御下行米配当帳
49	享保17年(1732) 9月9日	葬送御用	園城寺力者惣代願書写

差出	充所	員数	縦・高cm	横・幅cm	文書の備考
寺門学頭代覚林坊他１名	実相院宮坊官中	１通	32.9	46.4	端裏書「霊元院様」、包紙ウハ書「享保五年子二月承秋門院様御葬送、力者願書、園城寺」一括23-2-17・23-2-23・23-2-53
三井寺力者福乗他６名	大雲寺政所力者頭竹王他１名	１通	30.8	44.3	
力者徳善他２名	大雲寺政所力者頭竹王他１名	１通	27.8	40.1	包紙ウハ書「法皇御所御追号霊元院尊儀 御葬送御龕力者円満院御門跡御下力者三人連判之一札享保十七年子八月」、「霊元院葬送ニ付」
園城寺力者惣代正満	政所	１通	28.3	41	包紙一括23-2-25～23-2-28・23-2-30・23-2-43
三井寺学頭代実祥院他１名	実相院宮坊官中	１通	32.7	46.3	包紙一括23-2-25～23-2-28・23-2-30・23-2-43
		１冊	24	17.5	
大雲寺力者頭竹王代徳泉他２名		１冊	28.2	21.6	
大雲寺力者頭竹王代徳泉他２名		１冊	29	20.8	
園城寺力者浄光他12名	三井寺政所	１通	29.1	40.3	包紙一括23-2-25～23-2-28・23-2-30・23-2-43
三井寺力者正万他６名	大雲寺政所力者頭竹王他１名	１通	28	42.8	包紙一括23-2-25～23-2-28・23-2-30・23-2-43
三井寺力者正万他６名	大雲寺政所力者頭竹王他１名	１通	32.7	56.9	包紙ウハ書「寺門力者願書写弐通 余三通ハ力者例書ニ記」一括23-3-16・23-3-23・23-3-42、「中御門院葬送ニ付」
円満院門跡力者徳善他２名	大雲寺政所力者頭竹王他１名	１通	28.1	42.8	「中御門院葬送ニ付」
力者頭竹王他５名	中山中納言・甘露寺右中弁雑掌中	１冊	28.3	21.1	

	年月日	内容区分	名　　称
50	子(享保17)年８月11日	葬送御用	霊元院葬送御用之儀ニ付寺門学頭代願書
51	享保17年(1732)８月18日	葬送御用／請取	霊元院葬送ニ付三井寺力者御用請状
52	享保17年(1732)８月19日	葬送御用／請取	円満院門跡御下力者御用請状
53	子(享保17)年９月14日	葬送御用	敬法門院葬送御用之儀ニ付園城寺力者惣代願書
54	子(享保17)年９月15日	葬送御用	敬法門院葬送御用之儀ニ付三井寺学頭代願書
55	享保17年(1732)10月	葬送御用／下行	敬法門院葬送力者下行米注進帳
56	享保17年(1732)11月21日	葬送御用／下行	霊元院葬送力者下行米配分帳
57	享保17年(1732)11月31日	葬送御用／下行	敬法門院葬送力者下行配分帳
58	元文２年(1737)４月	葬送御用	中御門院葬送御用ニ付園城寺力者願書
59	元文２年(1737)５月２日	葬送御用／請取	中御門院葬送ニ付三井寺力者御用請状
60	元文２年(1737)５月２日	葬送御用／請取	三井寺力者御用請状写
61	元文２年(1737)５月２日	葬送御用／請取	御用力者請状
62	元文２年(1737)５月	葬送御用／下行	中御門院葬送力者下行米注進帳写

差出	充所	員数	縦・高cm	横・幅cm	文書の備考
		1冊	30.6	22.4	
円満院門跡下力者徳善他2名	大雲寺力者頭竹王他1名	1通	28.4	34.7	
三井寺力者正満他6名	大雲寺力者頭竹王他1名	1通	28.4	42.6	
大雲寺力者頭竹王他1名	久下藤十郎	1冊	24.7	17.3	「中御門院葬送ニ付」
行列奉行山本右近府生他1名		1冊	12.4	17.2	包紙ウハ書「御葬送一会　十如院二品義延親王　中陰之次第等」一括31-481～31-483、「義延親王御葬送ニ付」
正教院		1通	14.2	301.2	包紙ウハ書「十如院宮御葬送行烈次第」、糊はがれ、包紙一括31-481～31-483、「十如院宮葬送ニ付」
行列奉行山本右近府生他1名		1冊	12.5	17.2	包紙一括31-481～31-483、「義延親王御葬送ニ付」
力者頭竹王他1名	御殿役人中・大雲寺衆徒中	1通	28.4	42.9	包紙ウハ書「口上書　力者頭竹王・竹徳」、寺門力者下知の件
正満他19名	大雲寺政所・竹王他1名	1通	28.3	96.2	
道喜他1名	長吏内役人中	1通	24.5	33.5	包紙ウハ書「仮手形三通、三井寺・大津・長谷」一括23-2-6・23-2-33・23-2-164、「仙洞御所崩御ニ付」
力者頭竹王他6名	甘露寺中納言他1名	1冊	27.7	21.6	
力者頭竹王他6名	甘露寺中納言他1名	1冊	28	21.6	
竹王他6名	甘露寺中納言他1名・雑掌中	1冊	27.6	21.6	
竹王他1名	石原清左衛門	1冊	27.8	21.5	
竹徳役才栄・竹王役代蔵徳	御役人中・正教院	1通	28.1	51.1	

	年月日	内容区分	名　　称
63	元文２年(1737)７月14日	葬送御用／下行	中御門院葬送力者下行米配分帳
64	元文２年(1737)７月14日	葬送御用／下行	力者下行米代銀請取証文
65	元文２年(1737)７月14日	葬送御用／下行	力者下行米代銀請取証文
66	元文２年(1737)７月	葬送御用／請取	三井寺力者御用請状
67	元文５年(1740)６月10日	葬送御用／次第	葬送行列次第
68	(元文５)年11月２日	葬送御用／次第	葬送行列次第
69	(元文５)年	葬送御用／次第	葬送行列次第
70	寛延３年(1750)５月５日	葬送御用／請願	力者頭竹王・竹徳願書
71	寛延３年(1750)５月	葬送御用／請取	桜町院葬送ニ付三井寺力者御用請状
72	寛延３年(1750)５月	葬送御用／請取	力者惣代道喜他御用請状
73	寛延３年(1750)６月	葬送御用／下行	桜町院様御葬送力者御下行米注進帳
74	寛延３年(1750)６月	葬送御用／下行	桜町院様御葬送力者御下行米注進帳
75	寛延３年(1750)６月	葬送御用／下行	桜町院様御葬送力者御下行米注進帳
76	寛延３年(1750)10月	葬送御用／下行	桜町院様御葬送力者御下行米請取帳
77	寛延３年(1750)11月６日	葬送御用／下行	力者下行米請取状

差出	充所	員数	縦・高cm	横・幅cm	文書の備考
円満院門主内本田右膳	実相院門室内片岡丈左衛門	1通	28.3	23.2	包紙ウハ書「寛延三年午十一月七日片岡丈左衛門取次相渡候竹主・竹徳立会、桜町院様御龕御用力者御下行米代請取一通、円満院御門跡御使本多右膳」
正満他14名	三井寺政所	1通	31	72.6	包紙あり
道喜他4名	円満院門跡賄中	1通	30.8	42.3	
力者頭竹王他2名	実相院宮内北河原式部卿他4名	1冊	27.8	20.4	
力者頭竹王他2名	実相院宮内北河原式部卿他4名	1冊	28.5	19.7	
蔵徳他1名	北河原法眼他3名	1冊	27.9	21.5	
蔵徳	北河原法眼他3名	1冊	27.8	21.7	
		1冊	24	17.2	
		1冊	24	17.1	
	竹王他1名	1通	23.8	26.3	「桜町院葬送ニ付」
		1冊	24.9	17.2	
三井寺力者惣代元秀他2名	大雲寺政所力者頭竹王他1名	1通	31.4	45.6	端裏銘「桃園院様」
松井常善(印)他29名	大雲寺政所力者頭竹王他1名	1通	28.2	115.7	端裏銘「桃園院様」
		1冊	28.4	21	
大雲寺力者竹徳他1名	実相院坊官衆中他1名	1通	31.3	45.6	包紙ウハ書「上　竹王・竹徳」、桃園院葬送
		1冊	24	17	
再栄他1名	北河原式部卿他4名	1冊	27.1	21.1	
片岡丈左衛門		1冊	27.2	21.1	
		1冊	24	16.9	
竹王他6名	庭田前大納言他1名・雑掌中	1冊	27.8	21.4	
		1通	27.7	39.7	包紙、「桃園院葬送ニ付」

	年月日	内容区分	名　　称
78	寛延３年(1750)11月８日	葬送御用／下行	桜町院葬送御用力者下行銀請取覚
79	寛延３年(1750)11月９日	葬送御用／下行	力者長円他下行米請取状
80	寛延３年(1750)11月９日	葬送御用／下行	力者下行米請取状
81	寛延３年(1750)11月	葬送御用／下行	桜町院様御葬送御用力者御下行米請払勘定帳
82	寛延３年(1750)11月	葬送御用／下行	桜町院様御葬送御用力者御下行米請払勘定帳写
83	寛延３年(1750)11月	葬送御用／下行	桜町院様御葬送御用力者御下行米配分明細帳
84	寛延３年(1750)11月	葬送御用／下行	桜町院様御葬送御下行米配分帳
85	寛延３年(1750)11月	葬送御用／下行	桜町院様御葬送御下行米配分帳
86	寛延３年(1750)11月	葬送御用／下行	桜町院様御葬送御用力者御下行米配分明細帳
87	寛延３年(1750)	葬送御用／請取	三井寺力者御用請状案
88	(寛延３)年	葬送御用／下行	桜町院御葬送御用力者御下行米配分明細帳
89	宝暦12年(1762)８月11日	葬送御用／請取	桃園院葬送ニ付三井寺力者惣代御用請状
90	宝暦12年(1762)８月21日	葬送御用／請取	桃園院葬送ニ付力者仲間御用請状
91	宝暦12年(1762)８月	葬送御用／請願	桃園院様御葬送之時寺門力者争論之一件留帳
92	午(宝暦12ヵ)年８月	葬送御用／請取	大雲寺力者頭御用請状
93	宝暦12年(1762)８月	葬送御用	桃園院様御葬送一件
94	宝暦12年(1762)12月	葬送御用／下行	桃園院様御葬送御用力者御者下行米配分明細帳
95	宝暦12年(1762)12月	葬送御用／下行	桃園院様葬送前力者出入諸入用帳
96	宝暦12年(1762)12月	葬送御用／下行	桃園院様御葬送御用力者御下行米配分明細帳
97	宝暦12年(1762)	葬送御用／下行	桃園院様御葬送御用力者御下行米注進帳
98	(宝暦12)年	葬送御用／請取	三井寺力者御用請状案

差出	充所	員数	縦・高cm	横・幅cm	文書の備考
古守法橋	北河原式部卿他２名	１通	33.8	40.5	
学頭惣代玉蔵院他１名	長吏坊官中	１通	33.9	46.2	
円心他２名	政所	１通	33.1	46.1	
道喜他１名	円満院門跡賄方中	１通	33.7	45.8	
三井寺学頭代東南院他１名	実相院宮坊官中	１通	33.1	46.5	端裏書「後桃園院様」、包紙ウハ書「一札」、包紙ウハ書「享保五年子二月承秋門院様御葬送、力者願書、園城寺」一括23-2-17・23-2-23・23-2-53
力者須見常徳他29名	政所	１通	33	139	
神足村庄屋半左衛門他15名	実相院宮・役人中	１通	28.4	83.8	
三井寺力者	大雲寺政所力者頭	１通	16.9	38	
三井寺力者須見浄徳他12名	竹王他１名	１通	28.2	68.6	
大雲寺力者竹王代他１名	石原清左衛門	１冊	27.7	21.1	
大雲寺力者頭竹徳他１名	石原清左衛門	１冊	30	21.7	
竹王他１名	実相院内	１冊	24.2	17.3	
公人惣代徳万他１名	実相院門跡内松尾治部卿他５名	１冊	28.4	21.5	
		１冊	23.8	17	
竹王他１名		１冊	23.9	16.6	
三井寺力者須見浄徳他10名	竹王他１名	１通	28.7	86.3	包紙ウハ書「後桃園院様御葬送御用、外ニ来順印形改之一札壱通、三井寺座力者下行受取連印一札壱通」
園城寺力者惣代常徳他１名	政所	１通	32.7	45.3	
力者頭〆役露本丹下他２名		１冊	29.4	21	
三井寺力者菅井常徳他５名	竹王他１名	１通	34.2	50.1	

	年月日	内容区分	名　　称
99	宝暦13年(1763) 1月18日	葬送御用／下行	御用力者下行米請取証文
100	宝暦13年(1763) 1月19日	葬送御用／下行	力者下行米請取状写
101	宝暦13年(1763) 1月19日	葬送御用／下行	御用力者御下行米代銀請取証文写
102	宝暦13年(1763) 1月19日	葬送御用／下行	御用力者下行米請取証文
103	亥(安永8)年1月	葬送御用／請願	後桃園院葬送御用之儀ニ付三井寺学頭代願書
104	安永8年(1779)11月	葬送御用／請願	後桃園院葬送御用ニ付寺門力者願書
105	安永8年(1779)12月2日	葬送御用／請取	後桃園院葬送御用ニ付神足村庄屋百姓中請状
106	安永8年(1779)12月9日	葬送御用／請取	三井寺力者御用請状写
107	安永8年(1779)12月	葬送御用／請取	後桃園院葬送ニ付三井寺力者御用請状
108	安永9年(1780) 5月22日	葬送御用／下行	後桃園院様御葬送力者御下行米請取帳写
109	安永9年(1780) 5月	葬送御用／下行	後桃園院様御葬送力者下行米請取帳
110	安永9年(1780) 5月	葬送御用／下行	後桃園院様御葬送御用力者下行米配分明細帳写
111	安永9年(1780) 5月	葬送御用／下行	後桃園院様御葬送御用力者御下行米配分明細帳
112	安永9年(1780) 5月	葬送御用／下行	後桃園院様御葬送御用力者御下行米配分明細帳
113	安永9年(1780)10月	葬送御用／下行	後桃園院様御葬送力者御下行米請取帳
114	安永9年(1780)12月	葬送御用／下行	後桃園葬送下行米請取状
115	天明3年(1783)10月	葬送御用／請願	盛化門院葬送御用之儀ニ付園城寺力者惣代願書
116	天明3年(1783)11月	葬送御用	新女院様御葬送力者の儀ニ付泉涌寺役者江丹下応対一件
117	天明3年(1783)11月	葬送御用／請取	盛化門院葬送ニ付三井寺力者御用請状

差出	充所	員数	縦・高cm	横・幅cm	文書の備考
	大雲寺政所力者頭竹王他１名	１通	28.3	41	
竹王他５名	坊城弁他１名・雑掌中	１冊	28.4	20.9	
学頭代北林院他１名	実相院門跡坊官中	１通	32.7	45.3	
		１通	18.1	49.6	
竹王他１名	石原清三郎	１冊	28.5	20.3	
		１通	15.1	78.2	
菅井常徳他５名	竹王他１名	１通	28.9	68.5	包紙ウハ書「盛化門院様御葬送御用寺門力者御下行米請取連印一札、一札、天明四辰年五月」
		１冊	24.3	17.3	
公人惣代福万他１名	北河原蔵井坊法印他２名	１冊	28.6	21.5	
		１冊	27.5	20.2	「開明門院薨去ニ付」
学頭代称讃院	実相院門跡坊官中	１通	32.8	40	
園城寺力者惣代川辺道喜印他１名	政所	１通	28	34	
三井寺力者川辺道喜(印)他５名	大雲寺政所力者頭竹王他１名	１通	28	42.9	
力者頭竹王印他１名・大雲寺衆徒王教院大僧都印・実相院門跡内芝之坊法印他１名	万里小路前大納言内山本式部他１名・久我右大将内辻信濃守他１名	１冊	27.6	20.7	
大雲寺力者頭竹王代財福(印)他１名、大雲寺行事同承仕		１冊	27.6	20.3	
		１冊	28.3	20.1	
公人惣代福万他１名	実相院門跡内蔵井坊法印他１名	１冊	27.7	21.1	
公人惣代福万他１名	実相院門跡内北河原蔵井坊法印他１名	１冊	24	17	
財福他１名	正口院	１通	28.1	29	「開明門院葬送力者下行米之儀」

	年月日	内容区分	名　　称
118	天明３年(1783)11月	葬送御用／請取	盛化門院葬送御用力者請状写
119	天明３年(1783)11月	葬送御用／下行	盛化門院様御葬送之力者御下行米注進帳写
120	卯(天明３)年11月	葬送御用／請願	盛化門院葬送御用之儀ニ付学頭代願書
121	卯(天明３)年11月	葬送御用	新女院葬送御用力者之儀ニ付某達書写
122	天明４年(1784)５月	葬送御用／下行	盛化門院様御葬送力者御下行米請取帳
123	天明４年(1784)５月	葬送御用／下行	盛化門院様御葬送下行米力者配分覚
124	天明４年(1784)５月	葬送御用／下行	盛化門院葬送御用力者御下行米請取証文
125	天明４年(1784)５月	葬送御用／下行	盛化門院様御葬送力者御下行米配分明細帳写
126	天明４年(1784)５月	葬送御用／下行	盛化門院様御葬送力者御下行米配分明細帳
127	寛政元年(1789)	葬送御用	開明門院様力者一件
128	戌(寛政２)年２月	葬送御用／請願	青綺門院葬送御用之儀ニ付学頭代願書
129	寛政２年(1790)２月	葬送御用／請願	青綺門院葬送御用之儀ニ付園城寺力者惣代願書
130	寛政２年(1790)２月	葬送御用／請取	青綺門院葬送ニ付三井寺力者御用請状
131	寛政２年(1790)４月	葬送御用／下行	開明門院様葬送力者下行米注進帳控
132	寛政２年(1790)６月	葬送御用／下行	開明門院様葬送力者下行米配分帳
133	寛政２年(1790)	葬送御用	力者御用ニ付書抜
134	寛政３年(1791)３月	葬送御用／下行	青綺門院様御葬送力者御下行米配分明細帳
135	寛政３年(1791)３月	葬送御用／下行	青綺門院様御葬送力者御下行米配分明細帳
136	寛政３年(1791)３月	葬送御用／請願	力者惣代財福他願書

差出	充所	員数	縦・高cm	横・幅cm	文書の備考
財福他１名	役人中	１通	27.9	36.8	「開明門院葬送御用力者下行米之儀」
川辺道喜他５名	竹王他１名	１通	28	65.5	
竹王他１名	門宮・坊官中	１通	30.9	160.1	
	園城寺政所役人中	１通	28.1	40.7	「後桜町院葬送ニ付」
	園城寺政所役人中	１通	17.6	37.2	「後桃町院葬送ニ付」
		１冊	27	19.9	
		１冊	20.2	8.8	
		１冊	9.8	20.4	
		１冊	30.9	24.4	
		１冊	24.5	17.4	享保６年～嘉永２年、表紙書外題「享保六年丑五月日妙心寺大徳寺入院勅使力者覚」、23-2-22-1へ挟込一括23-2-22-2～23-2-22-4
		１冊	26.3	20	117丁
竹王(印)他28名	実相院門跡内粟津治部丞・寺中惣代法浄坊	１通	28.6	83.4	
聖護院下力者徳善他１名		１通	28.7	42	
三井寺力頭徳善他１名	実相院門跡内柴田源左衛門	１通	28.8	42.1	
長乗他２名	三井寺政所	１通	24.5	33.5	「仙洞様葬送ニ付」
惣代正蔵坊・正賢坊	御政所	１通	31.8	45	包紙ウハ書「得不退院宮御施物覚」一括31-493～31-495
玉林院・花光坊		１通	31.7	45	包紙ウハ書「得不退院宮御施物覚」一括31-493～31-495
寺門力者惣代松井円心他１名	大雲寺力者竹王・竹徳	１通	33.6	47.7	包紙ウハ書「戸沢、藤野井遠江殿」、「寺門力者一札ニ付」
両人	冶部卿	１通	14.9	86.7	力者関係

	年月日	内容区分	名　　称
137	寛政３年(1791) ３月	葬送御用／請願	力者惣代願書
138	寛政３年(1791) ４月	葬送御用／下行	青綺門院葬送御用三井寺力者下行米請取証文
139	寛政７年(1795)12月	葬送御用／請願	大雲寺力者葬送御龕御用ニ付願書
140	文化10年(1813)12月	葬送御用／請取	大雲寺御用力者請状写
141	文化10年(1813)12月	葬送御用／請取	大雲寺力者御用請状写
142	文化10年(1813)	葬送御用	御宝龕御用力者一件留帳
143	(天保３)年３月15日	葬送御用／次第	観真明院殿御密葬御列帳
144	天保３年(1832) ３月26日	葬送御用／次第	観真明院殿御葬送御列帳
145	弘化３年(1846) ２月	力者一般	大雲寺力者仲間帯刀御改ニ付年齢順番調帳
146	嘉永2年(1849)閏4月17日	勅使御用	妙心寺・大徳寺入院勅使力者覚
193	安政５年(1858)	葬送御用	法自在院殿御葬送記
147	丑年(慶応元年) ５月１日	葬送御用／下行	大雲寺力者御下行米借り之覚
148	丑年(慶応元年) ５月１日	葬送御用／下行	聖護院御下力者下行米代銀内借証文
149	丑年(慶応元年) ５月１日	葬送御用／下行	三井寺力者頭銀子内借証文
150	午年(1867) ５月	葬送御用／請取	力者仲間惣代御用請状写
151	６月23日	葬送御用／下行	得不退院宮御葬送御施物覚
152	６月23日	葬送御用／下行	得不退院宮御葬送御施物覚
153	８月17日	葬送御用	寺門力者惣代書状
154	８月19日	葬送御用	桜町院様御時急力者連印一札之写

差出	充所	員数	縦・高cm	横・幅cm	文書の備考
寺門力者惣代松井円心他１名	大雲寺力者竹王・竹徳	１通	33.6	48	「葬送日限治定ニ付印形持参候様申達」
清閑寺内藤木源兵衛	覚乗坊	１通	27.8	47.5	後に覚(承応３年10月14日)あり、「明正院崩御の時等力者下知ニ付」
		１通	33.2	45	大雲寺力者寛延度の通り出勤の事
		１通	15.3	31.7	前欠
		１通	46.1	187.3	糊はがれ
		１冊	14.6	41.6	
		１冊	16.3	23.3	
		１冊	34.7	12.4	
		１通	16.4	46.4	
		１冊	27.5	20.3	
		１冊	24.3	17.3	裏表紙に「愛宕郡第三区岩倉村増田吉左衛門」とあり
	大雲寺力者	１通	15.2	57.9	包紙一括23-2-25～23-2-28・23-2-30・23-2-43
松尾治部卿他４名	中山前大納言他１名・雑掌中	１通	15.5	20	
		１通	18	62.5	後光明印から青綺門院迄
北河原他２名		１通	15.4	78.6	包紙・紙縒一括23-3-64～23-3-78
		１通	15.9	36.5	包紙・紙縒一括23-3-64～23-3-78
		１通	18.4	49.2	包紙・紙縒一括23-3-64～23-3-78
		１通	16.9	79.4	力者増人数の件
		１通	15.1	67.9	
		１通	15.3	22.4	包紙・紙縒一括23-3-64～23-3-78
		１通	15.4	28.4	

	年月日	内容区分	名　　称
155	8月19日	葬送御用	寺門力者惣代松井円心他書状
156	10月12日	葬送御用／由緒	御龕御用力者先例書上
157		葬送御用	御葬送ニ付達書
158		葬送御用／作法	葬儀作法書付
159		葬送御用／次第	得不退院義周親王御葬送次第
160		葬送御用／次第	義延親王龕前堂葬儀次第
161		葬送御用／次第	葬儀式次第
162		葬送御用／次第	葬儀行列次第
163		葬送御用／次第	葬式次第断簡
164		葬送御用／由緒	大雲寺御用力者旧例書抜
165		葬送御用／由緒	御葬送御龕之力者旧規帳
166		葬送御用	桜町院御龕御用力者之儀ニ付達書案
167		葬送御用／下行	後桃園院御葬送力者下行米注進状写
168		葬送御用／由緒	大雲寺力者御葬送御龕御用勤方先例書上
169		葬送御用	力者一件治定ニ付実相院門跡内北河原等書状案
170		葬送御用	御用力者仰付之儀ニ付某書状
171		葬送御用	力者一件ニ付某口上覚
172		葬送御用／請願	大雲寺力者頭願書
173		葬送御用	増力者之儀ニ付某書付
174		葬送御用／請願	御用力者之儀ニ付某願書
175		葬送御用／由緒	御龕御用力者先例書上

差出	充所	員数	縦・高cm	横・幅cm	文書の備考
		1通	33.2	45.9	
		1通	15.4	111.3	後光明院崩御より寛政3年迄
		1通	14.8	19.3	後欠カ
		1通	24.8	67.2	
岩坊法印他4名		1通	15.5	158.3	包紙・紙縒一括23-3-64～23-3-78
		1通	15.5	41.5	包紙・紙縒一括23-3-64～23-3-78
		1通	10.8	29.1	
		1通	24	34.1	
		1通	24.5	34.3	
		1通	15.4	93.6	
		1通	33.9	45.9	
		1通	33.3	46	
		1通	15.4	94.4	
		1通	15.2	40.5	包紙一括23-2-110・23-2-140
		1通	15.1	20	前後欠
		1枚	15.8	7.4	
		1鋪	28.2	41.5	包紙ウハ書「顕明印尊儀御石塔絵図二枚幷積り書入」一括 16-83～16-85

	年月日	内容区分	名　　称
176		葬送御用／由緒	御龕御用力者先例覚
177		葬送御用／由緒	力者御用勤方先例書上
178		葬送御用／由緒	力者御用勤方先例覚
179		葬送御用／下行	力者下行米勘定覚
180		葬送御用	力者一件治定ニ付書状案
181		葬送御用	力者一件ニ付某書状案
182		葬送御用	御葬送力者ニ付書付断簡
183		葬送御用	円満院・長谷三井寺力者名書付
184		力者一般	力者人別書上
185		葬送御用／由緒	御龕御用力者人数先例書上
186		葬送御用／由緒	御龕御用力者人数先例書上
187		葬送御用／由緒	御龕御用力者人数先例書上
188		葬送御用／由緒	力者人数先例書上
189		葬送御用	力者人数書上
190		葬送御用	力者勤方人数書上
191		葬送御用	力者一件断簡
192		葬送御用	顕明院尊儀、浄華院寺内ニ而御葬送之図

第七章　中近世における祇園会神輿をめぐる人々
——祇園会神輿駕輿丁をめぐって

はじめに

「神事無レ之共、山ホコ渡シ度」というあまりにも有名なこの一文は、長らく祇園会研究を進める上で強い影響力をもった。当該分野の先駆的研究者であった林屋辰三郎は、この文言の中に「民衆の意欲を反映しつつ専制権力（室町幕府：筆者注）に抵抗して成長した」町衆の姿を見、興隆する都市民の自治意識を読み取ったのである。(1)いわゆる〈山鉾巡行＝町衆の祭礼〉という枠組みがここに提示され、これに合わせるように〈神輿渡御＝神社の祭礼〉という枠組みも同時に見出された。これは祇園会の運営費用である馬上役の発見など、社会経済史的視点から祇園会にメス入れを行った脇田晴子によっても踏襲され、(2)ここに中世祇園会に対する基本的なイメージが形成されたといえる。

近年に至って〈山鉾巡行＝町衆の祭礼〉という枠組みは乗り越えられ、現在では応仁・文明の乱を経た後、室町幕府の強い後楯のもと祇園会の復興がなされたというのが定説となった。(3)しかし後者についてはどうだろうか。

確かに、神輿渡御は祇園社に坐す牛頭天王、婆利采女、八王子の神々をめぐる中核儀礼であり、山鉾巡行に比して神社の差配権限が大きいことは容易に想像がつく。しかしながら、それらの神々が乗る神輿とそれに連なる人々を含めて捉えた場合、先に引用した神社と町の対比的な枠組みは果たして適切なのであろうか。むしろ、あまりに対比的な枠組みゆえ、神輿に関する一連の営みの中から結果的に町に関わる諸事を除外し、かえってその実態を不明確なものにしていることはなかろうか。

本章では、このような問題意識のもと、祇園会神輿とそこに連なる人々、さらにいうと神輿を舁く駕輿丁たちに分析を加えたい。もちろん、これまでの研究においても、祇園会のうち神輿渡御に焦点をあてた研究は数多く存在する。(4)しかしながら、それらの研究で取り扱われる町は、ともすれば祭礼用途を徴収される客体として捉えられることが多く、都市に生きた人々が具体的にどのような形で神輿と関係を取り結んでいたのかについて言及した研究は少ない。本章はこのような現状に鑑み、中近世の神輿と都市民との具体的な接触の様子について考察を加えるものである。(5)

第一節　少将井駕輿丁・八王子駕輿丁の担い手

（一）永享三年「馬上料足惣支配帳」から見えること

祇園社には三基の神輿がある。一つが主祭神である牛頭天王を乗せる大宮神輿、二つ目が八柱の子神である八王子を乗せる八王子神輿、三つ目が妻である婆利采女を乗せる少将井神輿である。中世（豊臣秀吉の御旅所移転の前）における祇園会の際には、これらの神輿はそれぞれ異なる駕輿丁たちによって二か所ある御旅所（大政所御旅所・少将井御旅所）に渡御される。

祇園会神輿駕輿丁の実態を考えるとき、まず参照しなければならないのは、河内将芳「祇園会神輿駕輿丁と今宮神人」(6)である。祇園会神輿駕輿丁の唯一の専論ともいえる同研究では、とくに大宮神輿を舁く駕輿丁たちの実態を実証的に追究し、以下の諸点を明らかにした。

・大宮駕輿丁は、摂津国今宮村から祇園会の期間に上洛する今宮神人と同一であること。

・朝廷の御厨子所（食料調進等の機構）所属の供御人として諸役免除特権を有し、蛤など魚介類の商業活動を展開していたこと。

・この特権は近世に至っても継続され、京都所司代の交代ごとに特権承認の下知状が与えられたこと。

氏の論考では、応仁・文明の乱後、蛤売から「魚物商売」へと拡大を模索する商人としての当該集団が「至二祇園会両日四日二」という特定条件に限定されながらも、それを実現していくプロセスを詳細に追っている。つまり、氏の研究は中世祇園会の総体的な変容過程をおさえながら、その流れの中に大宮駕輿丁の展開過程を位置付け、室町期における大宮駕輿丁のトータルなイメージを提出しているものといえよう。そしてここで明らかにされた大宮駕輿丁のあり方は、近世に至っても基本的には継続している。慶応四年（一八六八）まで彼らが大宮駕輿丁役、あるいは諸役免除を獲得し続けるあり方がそれを物語っていよう。それでは、このような大宮駕輿丁のあり方に比して、他の二基神輿の駕輿丁はいかなる実態をもつのであろうか。この点を検討するため、ここで**表1**を掲出する。

本表は、永享三年（一四三一）に成立した「馬上料足惣支配帳」を一覧化したものである。この文書は、神輿渡御および馬上鉾等に要する費用の内訳等を記したものであり、中世祇園会の運営構造を考える上で欠かすことのできない根本史料である。いわば永享三年における祇園会の構成が帳簿の形で伝来しており、当該年の祇園会の構成要素の詳細を把握することができる。

これによると、この年の祇園会では、神輿渡御の行列に一鉾から十三鉾までの馬上鉾（表1―①〜⑫）が随い、競馬（表1―⑭）、獅子舞（表1―⑱）、立神楽（表1―⑲）、本座・新座による田楽（表1―⑳㉑）、王の舞（表1―㉕）などの諸芸能が勤仕していた。また社家の上使（表1―㉙）や神子男（表1―㉛）、警固の衆として「下部以下」（表1―㉞）が付き随っていることが同時に明らかとなる。

表1　永享三年(1431)祇園会の用途一覧

	費目	内訳1	内訳2	額(文)
①	別当	一鉾 神馬 見参料	懸物12 2疋	7200 2600 5000
②	社家分	二鉾 神馬	懸物11 1疋	6600 1300
③	一公文分	三鉾 見参料	懸物9	5400 1500
④	権長吏分	四鉾	懸物9	5400
⑤	六月番仕	五鉾 神馬	懸物6 1疋	3600 1300
⑥	左方神主	六鉾	懸物5	3000
⑦	右方神主	七鉾	懸物5	3000
⑧	末公文(二人)	八鉾	懸物4	1400 1000
⑨	目代	九鉾 十鉾 神馬 見参料 下居神供　大鉾頭	懸物4 懸物3 1疋	2400 1800 1300 3000 25000
⑩	社家之分	十一鉾	懸物3	1800
⑪	此内半分　大門	十二鉾	懸物3	1800
⑫	此内半分　金仙坊	十三鉾	懸物2	1200
⑬	社家分下居神供			3000
⑭	馬上乗尻			4000
⑮	専頭酒肴			8500
⑯	宮仕酒肴			6500
⑰	宝蔵預			1000
⑱	獅子舞			2000
⑲	御立神楽			2000
⑳	本座田楽			1500
㉑	新座田楽			1500
㉒	寮公人			2000
㉓	寮櫃四合			400
㉔	今宮駕輿丁酒肴			1000
㉕	王舞(三人)			300
㉖	長講(三人)			300
㉗	承事(三人)			300
㉘	乳母得分条々			5000
㉙	社家之上使			3000
㉚	致斎御榊下行物			500
㉛	片羽屋神子男中			500
㉜	神主絲　2具			500
㉝	下行等奉行中			1000
㉞	下部以下			300
㉟	神主装束			
	合計			131700

(注)「馬上料足惣支配帳」(『増補　八坂神社文書』410号文書)

この一連の構成要素のうち、ここでとくに注目しておきたいのは、表1の一覧中、駕輿丁に関係する項目が「今宮駕輿丁酒肴」（表1―㉔）のみにとどまることである。この特徴は、同じく馬上役の役者下行分配に関する各種の史料にも共通して見て取れる。(7) すなわちこのことは、祇園社からの下行対象として八王子駕輿丁、少将井駕輿丁（以下、便宜的に「二基神輿駕輿丁」と表記）は除外される存在であったことを示しているものといえよう。

実際、祇園社に伝わる関係史料の中でも、大宮駕輿丁と二基神輿駕輿丁の史料残存の差は歴然としている。祇園社研究の根本的な史料集である『増補　八坂神社文書』（全三巻）(8) を見ても、大宮駕輿丁に関する史料二十五通がまとめられて伝来していることに比して、(9) 少将井駕輿丁はわずか一通のみ、八王子駕輿丁にいたっては皆無である。[10] これらの事実は、二基神輿駕輿丁が祇園社からは一定程度離れた条件の中で維持・運営されていたことを思わせる。

それでは二基神輿駕輿丁の具体像はいかなる形で考察すればよいのだろうか。この課題に取り組むため、本章では残された数少ない室町期の史料を検討するとともに、大きく時代が下がった十七世紀段階の史料も積極的に活用していきたい。二基神輿駕輿丁に関する史料は既に指摘されている通り、近世に入ると諸史料にその姿を見出すことができる。次節以降、これらの史料を用いながら中世段階からの連続面を意識し、復元的に二基神輿駕輿丁の実態を追究したい。

（二）室町時代の少将井・八王子駕輿丁について

二基神輿駕輿丁を考察する上で、まず注意を向けたい史料が以下にあげるものである。

> 祇園社八王子御輿加与（駕輿）丁申請間事、依二年々無沙汰一及二撰舎之御下知一条、一同歎申上候、於二向後一者、毎事如二先規一可レ成二申神幸一候、寄二事於左右一、或奉レ捨二御輿一、或引二出喧嘩等一候者、堅可レ有二御罪科一候、仍為二後日一十六町加与丁一同請文之状如レ件、　（傍線筆者注）
>
> 応永卅四年六月六日
>
> 御奉行所[11]

本史料は、応永三十四年（一四二七）六月六日付で八王子駕輿丁が「奉行所」（幕府奉行人・松田貞秀[12]）に提出した請文である。年々無沙汰をしていたことによって、「撰舎之御下知」（駕輿丁身分の再指定に関する命令[13]）が下されたことを嘆いた八王子駕輿丁が、安定的に神幸（神輿渡御）を行うこと、またそれにあたって神輿を振り捨て訴訟に及んだり、喧嘩に及んだりしないことを誓っている。

本史料の中で最も着目したいのは傍線部である。この部分からは、本請文の主体が「十六町加与丁一同」であることが確認され、〈八王子駕輿丁＝十六町駕輿丁〉という関係性が成立することが明らかであろう。つまり大宮駕輿丁を都から大きく隔たった摂津国の今宮神人が担っていることに対し、八王子駕輿丁は京都都市住民が町を単位として把握され、駕輿丁を担っていたと考えられるのである。(14)

請文を幕府奉行人・松田貞秀に提出していることから見ても、八王子駕輿丁を把握する主体は室町幕府であったと考えられる。幕府によって特定の町の住民が指定され、駕輿丁という他の住民からは区別された身分を与えられていたのが当該期における八王子駕輿丁の姿といえよう。

また神輿の振捨てを行わない旨を言上してでも、駕輿丁という役割（身分）に固執する町人の姿も看過することはできない。神輿（あるいは御輿）を振り捨てる行為は、駕輿丁が特権的に行い得る訴訟手段なのであり、表面上でもこれを行わないと誓うことは、駕輿丁身分に付属する有益な性質を放棄することにつながろう。(15)そこまでしても、十六町の人々は他の都市民と区別された八王子駕輿丁という身分を欲したのである。

しかし、十五世紀段階に見られる町人と駕輿丁との関係は、十六世紀に至ると大きく変容していることが知られる。

六日
一今朝四座公人来、子細者、当年御祭礼神輿ヲハ不レ可二供奉一、世間余之狼藉人在レ之間、打二散諸町一可レ致二成敗一由、昨夕以二闔閤（開闔）一被二仰出一候間、執行江伺申、返事可レ申由申候、可レ有二如何一候哉由注進候条、無二先規一儀、能々可レ申由申聞返候訖

公人名　新右衛門　新次郎　五郎左衛門　孫右衛門云々

一就二此儀一申状案文

今朝四座公人中不レ供二奉　神輿一、可レ致二諸町警固一由、昨夕被レ仰之旨注進候、此趣役者中申聞処、近年者

就二諸町無力一、駕輿丁無二人数一候さへ迷惑存候処、剰如レ此儀就レ被レ仰者、神輿不二立申一由申候、殊自二先規一か様子細被二仰出一候無レ例レ之候、旁以社家迷惑此事候、可レ然様被二御披露一、如二先々一被二仰付一候者、可二目出度一候、

六月六日

此中状則披露処、如二先規一被レ仰訖、珍重〻〻、[16]

永正元年（一五〇四）六月六日、祇園会において警固を担う四座公人（新右衛門、新次郎、五郎左衛門、孫右衛門）が当年の祇園会には勤仕しない旨、祇園社に言上してきた。「世間余之狼藉人」の存在がその理由のようだが、彼らの上役である開闔に至っては、狼藉をする諸町に成敗を加えるよう命令を出したともいう。これを受けた担当役者は、執行へ注進し、対応を求めた。着目すべきは、その応答にあたる申状に記載された「近年者就二諸町無力一、駕輿丁無二人数一候さへ迷惑存候処、剰如レ此儀就レ被レ仰者、神輿不二立申一由申候」という部分である。諸町が無力なため、駕輿丁が揃えられない状況があると主張するこの表現は、町が主体となって駕輿丁を出すことが通常のあり方であることを示している。しかし本史料では同時に、当該期に至ると既に町の側も駕輿丁を十分に担えるほどの人員が確保できていない状況をも語っている。この町の「無力」の背景に、応仁・文明の乱の影響を想定することも可能であろう。

室町期における八王子駕輿丁、少将井駕輿丁の担い手に関する史料は管見の限りではここにあげた二点にとどまる。今、ここでこれら史料の要点をあらためて整理すると以下の通りである。

①二基神輿は、町を単位とした住民によって担われていた。

②二基神輿の駕輿丁に対する差定は主に室町幕府がその権限を有した。

③十五世紀段階では、有益な訴訟手段（神輿の振り捨て）を放棄してでも駕輿丁身分を欲する町側の姿勢を見出

すことができる。

④十六世紀に至ると町の力が減退し、駕輿丁を担う人々を十分に確保できなくなった。

以上のように、室町期においては、二基神輿の駕輿丁は町と密接な関係を構築していることが明らかとなったが、それでは具体的にどの町がどのような原理のもとに駕輿丁を担う町に設定されたのか、ということについては詳らかではない。しかしこのような状況は、近世に至ると一変する。十七世紀以降の史料の中からは、これら二つの駕輿丁の姿がさらに具体的に立ち現れてくるのだ。節を改めてその実態を検討し、あわせて室町段階との連続面を析出したい。

(三)　近世における轅町の分布から

近世に入り、二基神輿駕輿丁の担い手について伝える最も早い史料は、寛文十年（一六七〇）頃に成立した「祇園本縁雑実記」[17]に載せられる記述である。そこには寛永二年（一六二五）六月七日の出来事として、「駕与(輿)町烏丸二條半敷(帖)町之組町」と「橋掛ル役人」が喧嘩に及んだことが記載されており、駕輿丁を担う町として「二條半敷町」という固有の町名が記されている。

この後、同様の史料が断続的に確認されるようになり、管見の限りでは次にあげる史料で、駕輿丁を担う町々を確認することができる。

A天和三年（一六八三）六月付「一札」[18]
B元禄八年（一六九五）五月十八日付「社務執行宝寿院口上書」[19]
C享保十六年（一七三一）「祇園御霊会細記」[20]
D宝暦七年（一七五七）「祇園御霊会細記」[21]

E寛政元年（一七八九）春「雑色要録(22)」

およそ十七世紀後半から十八世紀後半にかけて成立したこれらの史料では、轅町として駕輿丁役を担う町を把握する。それまで「両神輿駕輿丁」、「十六町駕輿丁」、などと記載されていた当該町が、轅町という一般名詞で把握されるようになるのは、この段階で町々が一体的な集団性をもって上位権力によって把握されていたことを意味していよう。

次にこれらA～Eの史料で検出される轅町をまとめ、表2として掲出する。少将井・八王子のそれぞれの神輿を担う町が判明する場合はそれを明記し、どちらとも判別できない町は、「不詳」という項目を立てて区別した。

総じて二十三か町に及ぶ一覧となったが、本表で第一におさえたい点は、轅町として連綿と姿を見せる町と、限られた史料でしか見られない町があるということだ。表中「重複数」項目に着目すると、少将井神輿の轅町としては③「綾西洞院町」、⑤「車屋町」、⑥「御倉町」、八王子神輿の轅町として⑦「二帖半敷町」、⑧「釘隠町」、⑨「松本町（白楽天山町）」、⑩「山王町」が最も多くの史料に散見され、連綿と駕輿丁役を担っていたことがわかる。またそれに次いで、①「薬師町（蛸薬師町）」、②「御池町」、④「石井筒町」（以上、少将井）、⑮「大政所町」（不詳）が四種の史料に名前を見せ、比較的安定して轅町をつとめていたことがわかる。しかし、それ以外の町々は、史料の散見状況が限定的であり、あるいは一時的な設定であった可能性がある。その時々の状況にあわせ、連綿と轅町を担う町々に補填する形で複数の町が設定されていたのが、当該期の状況だったのではなかろうか。

次にここで、これら轅町の観察をより詳細に行うため、概念図を掲出する（図1）。本図は、下京を中心とした洛中の街区の上に、表2で検出された轅町を落とし込んだものである。前代との連続面を考察するため、ベースマップは江戸時代以前のものを用い、あわせて下京惣構《そうがまえ》を点線で表示している。

表2　諸史料に見る轅町一覧

	町名		所在地	A	B	C	D	E-1	E-2	E-3	重複数
①	薬師町（蛸薬師町）	少将井	室町通二条下ル	○	○	○				○	4
②	御池町		室町通押小路下ル	○	○	○				○	4
③	綾西洞院町		西洞院通綾小路下ル	○	○	○	○			○	5
④	石井筒町		油小路通四条下ル	○	○	○				○	4
⑤	車屋町		姉小路通東洞院西入	○	○	○	○			○	5
⑥	御倉町		三条通烏丸西入	○		○	○	○		○	5
⑦	二帖半敷町	八王子	烏丸通綾小路下ル		○	○	○	○	○		5
⑧	釘隠町		仏光寺通烏丸西入		○	○	○	○	○		5
⑨	松本町（白楽天山町）		室町通綾小路下ル		○	○	○	○	○		5
⑩	山王町		室町通仏光寺下ル		○	○	○	○	○		5
⑪	松木町		—		○						1
⑫	手洗水町	不詳	烏丸通蛸薬師下ル				○	○			2
⑬	悪王子町		烏丸通五条上ル				○	○			2
⑭	冷泉町		室町通夷川下ル				○	○			2
⑮	大政所町		烏丸通仏光寺下ル			○	○	○	○		4
⑯	竹屋町		綾小路通烏丸東入						○		1
⑰	高橋町		東洞院通仏光寺下ル			○			○		2
⑱	童侍者町		綾小路烏丸西入						○		1
⑲	上柳町		仏光寺通烏丸東入			○			○		2
⑳	扇師屋町		（東洞院佛光寺上ル）						○		1
㉑	骨屋町		高辻通烏丸西入			○			○		2
㉒	隨音寺図子町（匂天神町）		高辻通烏丸東入						○		1
㉓	佛光寺東前之町（東前町）		仏光寺通柳馬場西入			○					1

（注）⑳の所在地表記は、「雑色要録」記載の表記に依った。

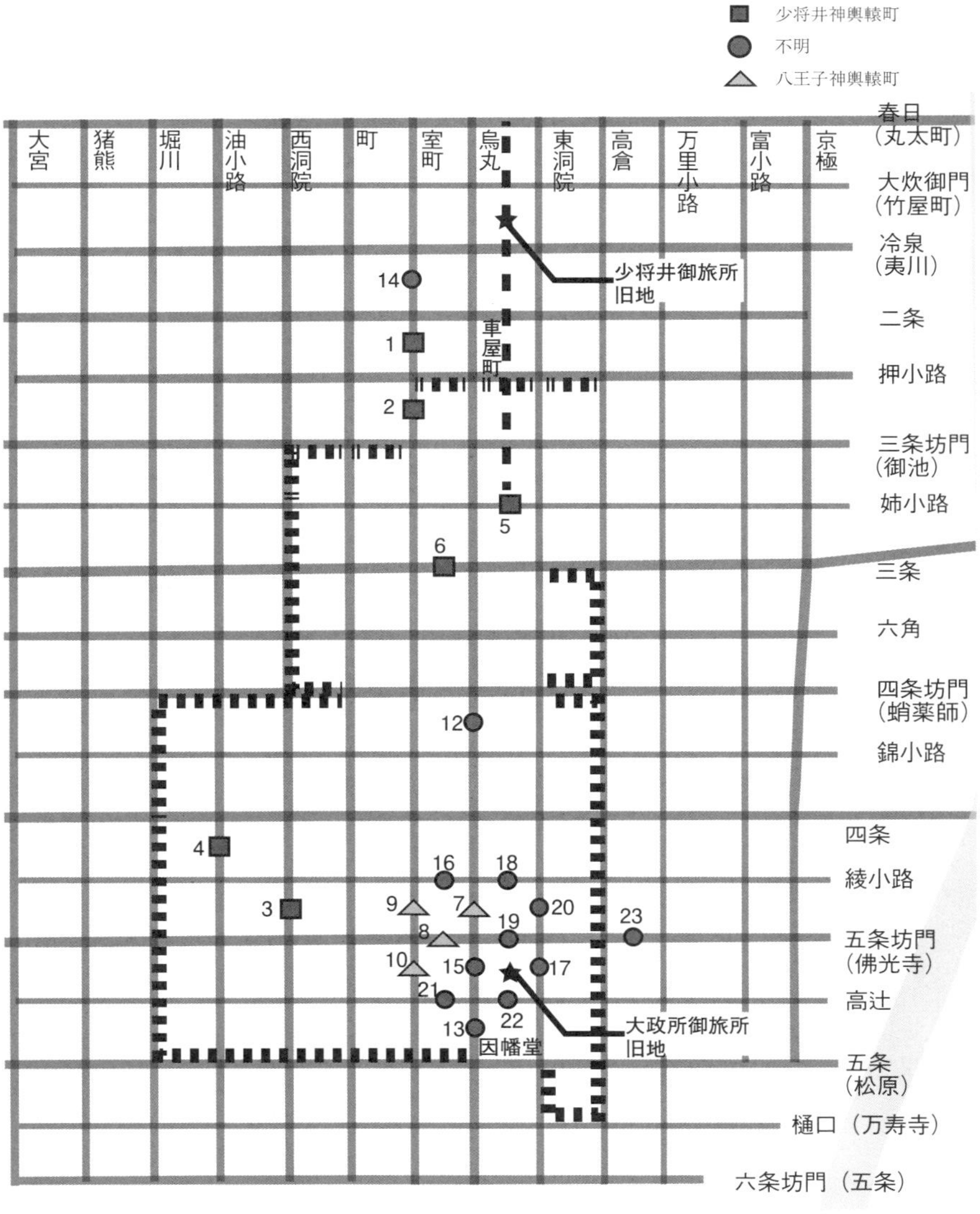

図１　市中における轅町配置図

本図を一見して明らかなように、ここで示された轅町は、大半が下京惣構の内部に位置し、かつ当時の基幹街路であった室町通にも展開している。

また、神輿の区分に着目すると、少将井神輿の轅町と八王子神輿の轅町では、分布状況に大きな差が認められる。すなわち、少将井神輿の轅町が、下京各地に散在的に設定されていることに比べ、八王子神輿の轅町は東西が室町―烏丸間、南北が綾小路―高辻間に設定され、一定の集中性が見られるのである（図中7～10）。

このような傾向は、「不詳」項目の町々を合わせて考察するとより明確に見出すことができる。図中、丸印に着目すると、その大半が東西は万里小路―室町間、南北は綾小路―五条間に所在し、先に見た八王子神輿の轅町の近接地に集中的に所在しているのである。

ここでなによりも重要なのが、八王子神輿の轅町と「不詳」の轅町が、大政所御旅所旧地を囲繞するように配置されていることだ（図中13、15、16～22）。豊臣秀吉によって移転される前には、祇園会の際、この御旅所に八王子神輿が渡御されていたことを勘案するならば、御旅所周囲に展開する「不詳」の轅町も八王子神輿を担う町々であると理解することができよう。祇園会における在地側のセンターである祇園会御旅所周辺には宮座的祭祀組織が存在した可能性が既に指摘されており、特権有徳者集団である都市住民が大政所御旅所、少将井御旅所に積極的・主体的に関わっていく状況も想定されているからだ。[23] 御旅所の存在こそ、町人が駕輿丁役を担える一つの根拠になっていたと考えられる。

応仁・文明の乱、天文法華の乱、豊臣秀吉の京都改造など、度重なる京都の都市改変が、二基神輿を担う町々に激烈な影響を与えたことは想像に難くない。現に、少将井神輿の轅町は、それを担う町が一定しながらも地理的な集合性が乏しく、中世段階との接続を想定することは困難である。[24] しかしながら、秀吉により御旅所が移転・一元化がなされてもなお、中世段階の地縁に基づき八王子神輿の轅町が設定されていたことは重視しなければばならない。室町段階から二基神輿の駕輿丁が町人、あるいは町を単位として設定されていたことが判明した今、御旅所周辺が駕輿丁を担う人々の根拠地であったあり方は、少なくとも江戸時代以前までは遡らせうるものと考えられる(25)。

第二節　町と神輿

(一)　神輿を迎える町の営為

前節では、十五世紀から十八世紀にわたる史料を用いて、長期的なスパンで二基神輿駕輿丁の担い手について検討を加え、駕輿丁が町を主体として設定されることを明らかにした。これを受け、ここではより具体的に町の内部の動静に着目し、祇園会期間における轅町の営為について分析を加えたい。この作業を経て、当初の課題とした神輿と町と人の三者の有機的な関わりに迫れるものと考える。

祇園会期間における轅町内部の動静を伝える史料として、『祇園会定』(個人所蔵)(26)の存在は重要である。享保十年(一七二五)における祇園会の運営を詳細に記述した本史料は、少将井神輿の轅町である石井筒町に伝来したもので、祭礼期間の日程、供物の種類、寄町から集められる地之口米の徴収方法と分量、必要物品の調達とその経費など、多様な記述に及ぶ。

本史料中、まず着目できるのは表紙裏に描かれた「神前之図」である(図2)。六月一日になって町内に設置されるこの神供は、中央に安置される三つの三宝を中核として、神酒・粽・餅・洗米・麩焼が供され、神供が下げられるときの分配についても規定されている。ここでなによりも着目すべきは、神前に轅が安置され、神に準じた供物が捧げられることだ。轅町という言葉が示すように、駕輿丁役を担う人々にとって、神輿を支え渡御を行う部材である轅は、神輿を舁く人々と祇園の神を結びつける結縁道具であり、彼らにとっての神事の中核とも

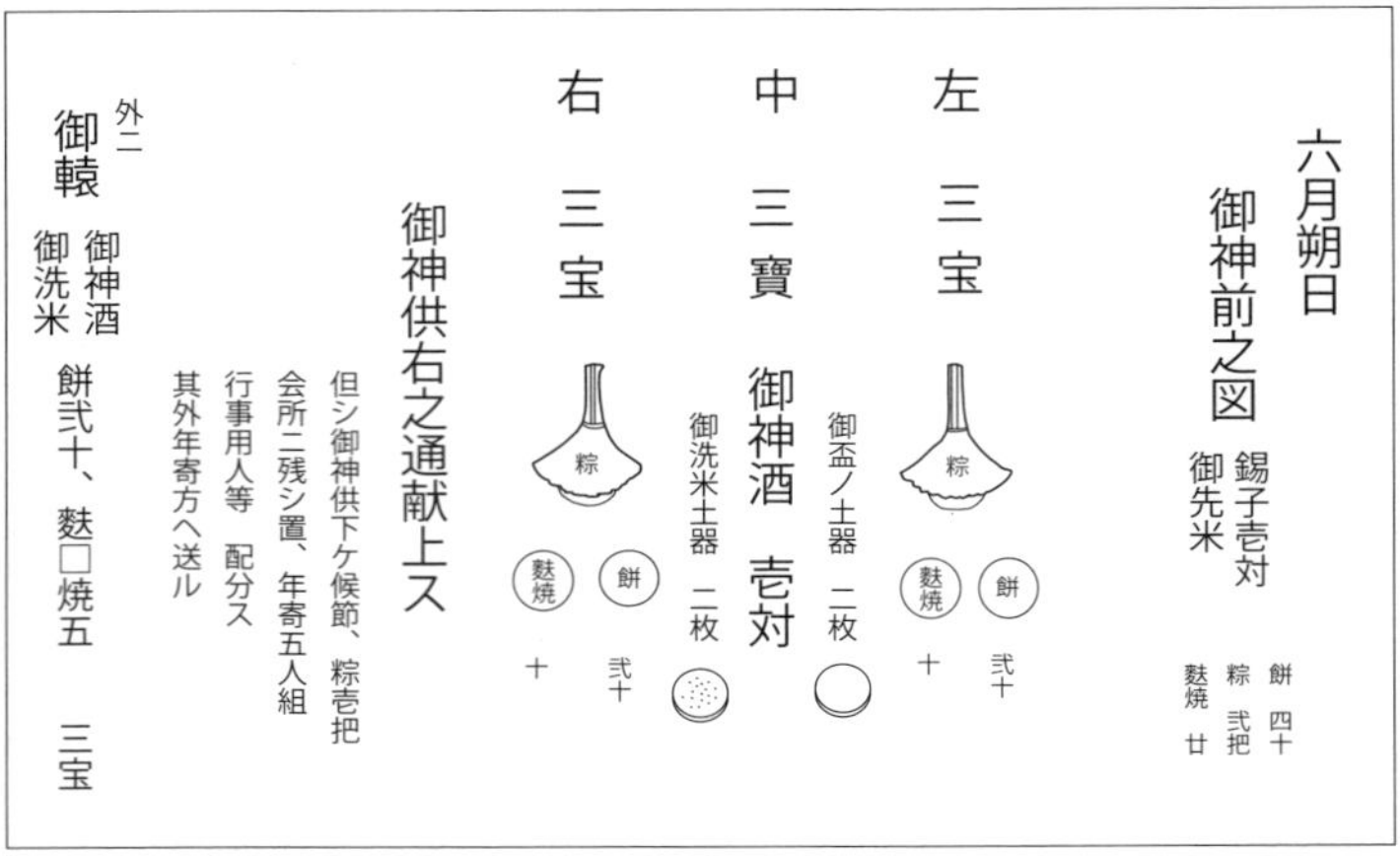

図2　『祇園会定』「神前之図」トレース

いえるものであった。本図で示された神供はこのことを端的に示し、駕輿丁役を担う彼らにとっての轅の存在感の大きさを雄弁に物語るものといえる。

次に内容に入りたい。大部に及ぶ史料のため、その概略を**表3**として掲出する。

石井筒町における祇園会は、五月二十日、山鉾町の切符入りに合わせ「祇園会之帳」を五人の行事衆へ渡すことから始まる（表3―①）。この「祇園会之帳」がどのようなものか明確にすることはできないが、まさにここで検討を加えている『祇園会定』そのものの可能性がある。本史料巻末に寛政四年（一七九二）の「祇園会式相改」が添付されている事実が示すように、本史料は当番に引き継がれながら、内容に増補・校訂が加えられつつ伝来されてきた。いわば本史料は、祇園会の引付として町人が立脚すべき〝知の事典〟なのであり、町の祇園会を幕開けするにふさわしい象徴的な書物といえよう。

五月二十日の後、六月一日に至り町の年寄へ御膳を渡し（表3―②）、雑色から「御祝儀列座之事」が知らされ（表3―③）、神輿渡御に向けた諸事が本格化していくこととなる。先に見た神供の設置も、この日に行われる。

本史料の記述で、複数回にわたり記述されるものの中に、雑色とのやりとりを示すものがある。先に触れた表

表3　享保10年(1725)『祇園会定』に見える轅町の営み

月日		内容	備考
5月20日	①	「祇園会之帳」を五人の行事衆へ渡す	山鉾切符入に準じる
6月1日	②	御膳(天王三宝、御土器高盛)を年寄へ渡す	天王三宝(錫子一対・粽二把) 御土器高盛(餅四十・麩焼二十・洗米)
	③	雑色・与右衛門から町用人へ「御祝儀列座之事」が知らされる	
	④	石井筒町中、寄町へ配符を送る	寄町 四条柏屋町、高野堂町、四条唐津屋町、四条立中町
	⑤	朔日買物	餅、焼麩、味噌、酒、鮓、粽、干鱧、鰹節、焼豆腐、土器、浅瓜、柚山椒、へぎ、箸、紙(くず、半紙、杉原、美濃)
6月3日	⑥	寄町(柏屋町・高野堂町)から行事米が到来 行事衆が会所において請取、接待	四条柏屋町　三斗 高野堂町　三斗五升 四条唐津屋町　米弐斗 四条達中町　米弐斗 西綾小路町東半　米三升 丹後屋和助　七升 合計：一石六斗七升
	⑦	町内からの地口銭徴収	合計：七斗九升八合
	⑧	雑色(松村・津田・小嶋)へ渡す銀子の用意	
	⑨	三日買物	酒、粽、干鱧、鰹、奈良漬、浅瓜
6月5日	⑩	雑色が会所に参る、床の間に「町之掛物三幅」	雑色：与右衛門、甚左衛門 酒肴：すし、干鱧、ならつけ、浅ふり冷やし物
	⑪	五日買物	酒、粽、鮓(わたか、たで)、干鱧、鰹、浅瓜、奈良漬
6月7日	⑫	御轅餝代および傘鉾への扇一本代として銀1匁を用人へ遣わす	
	⑬	傘持　一人、竹引　一人が勤仕	
	⑭	御旅所まで御神楽料(100文)を市介が持参	
	⑮	洗米を町中へ配布	
6月14日	⑯	傘持　一人、竹引　一人が勤仕	
	⑰	二軒茶屋茶屋代の支出(銀2匁)	
6月18日	⑱	御輿舁賃を頭領二人が取りにくる	米相場は、行事町より申し来る 朔日、三日、五日、会所で用いる薪・茶・たばこは行事五人より出す

3―③の他、礼金に関わること（表3―⑧）、会所での饗応に関すること（表3―⑩）がそれだ。祇園会において山鉾巡行の鬮取りを管轄し、また祭礼全体の警備・差配を司る四座雑色は、(27)神輿を担う轅町にとって上位権力と町を結ぶ窓口として機能したと考えられる。町としても雑色の存在は極めて重大であり、細やかな対応が求められたのである。このような一連の記述の中、ここでとりあげたいのは次の部分である。

　五日
一、囃式（雑色）与右衛門（■之進）、甚左衛門（重太）、会所へ被ㇾ参候、年寄与頭出向ひ、座敷へ入、但床ニ町之掛物三幅掛置、
　粽弐ツ宛引　　菊之盃出ス、
　盃出し　　年寄盃取上ケ、始テ囃式へさし申候、
　肴　　すし　　小皿ニ而たてそへ、
　　　干鱧
　　　ならつけ
　　　浅ふり冷し物
　与右衛門・甚左衛門両人え之米代、供之者へ用人渡ス、
　座鋪ニ而其断年寄被ㇾ申候、

表3―⑩にあたる本記述は、町会所を訪れた二名の雑色を町側がいかにもてなしたかを記したものである。粽の配布、菊紋が据えられた盃による一献、さらに米代と呼ばれる金銭の贈与も行われた。この中、「但床ニ町之掛物三幅掛置」という一文は看過することはできない。

　既に五島邦治により石井筒町にかつて保管されていた古記録類が復元的に推定されている。氏は、江戸時代後期において上下京の各町で古記録が互いに書写・参照されていた事実を指摘し、原本が失われた石井筒町の記録

類が、占出山町、小結棚町の各町で書写されていたことを明らかにした(28)。

その書写本の中では、「目録」として石井筒町が持つ累代の威信財が書き上げられている。一連の記述の中には掛物に関するものもあり、（a）天文十八年（一五四九）七月日付「足利義輝禁制（四条油小路宛）」、（b）天正元年（元亀四年〈一五七三〉）四月十九日付「西水・小藤書状（四条油小路石井筒町宛）」、（c）同年六月四日付「坂東久兵衛書状（石井筒之町月行事宛）」の三点をあげる。（a）は、当該町に宛てた室町幕府の安全保障、（b）は、「当町両人」を西水・小藤の旗下に抱えたことの報告、（c）は、「田原新助」なる人物が坂東久兵衛の与力となったことを報告している。西水、小藤、坂東の三者については確実な人物比定を試みることはできないが、文書の年号が織田信長の入京後であること、また石井筒町の由緒が、当町の町人が信長へ取り入ることで下京焼き討ちを未然に防いだと語っている点を勘案するならば、いずれも信長旗下の武将と推察される。

いうまでもなく、ここにあげられる三幅が、「町之掛物三幅」に該当すると考えられよう。また先に触れた神に準じた扱いを受ける轅、雑色の饗応に用いられた菊の盃についても「目録」の中で触れられている。つまり、六月五日に雑色をもてなす会所には、町に蓄積された累代の威信財が効果的に配置され、町の傑出した歴史が演出されていたのである。

このことは、轅町が祇園会と向き合う基本的な姿勢を示していよう。つまり轅町は、祇園の神々への信仰を基にしながら、そこに自らの町のアイデンティティーを重ね、外部に表明しているのである。彼らにとっての神輿渡御とは、神社への単純な奉仕なのではなく、町が独自に祭礼費用を徴収し差配を行いながら祭礼に参加し、その過程で町がもつ比類なき伝統を確認する、町の祭りなのである。

（二）町における意識の変化

前項では、轅町の動静に着目し、祭礼期間において町が主体的に自らの歴史を語りながら「町の祭り」として神輿渡御に臨む姿を指摘した。それでは、実際の神輿渡御は、どのような形で行われたのであろうか。実際に祇園の神輿を舁く人々の姿を追いたい。

このことを考えるとき、着目される史料が次に引用するものである。

一、祇園会神輿三基之内、二基之神輿駕輿丁役之町、於二洛中一烏丸通二帖半敷町、釘隠町、、室町通薬師町、御池町、松町、山王町、、西洞院綾小路下ル町、、三条通松木町、、油小路石井筒町、車屋町、、合拾町、此外寄町御座候、然ルニ駕輿丁之義、尤傭人ニ務させ、其町之面々勝手之所々ニ神輿ヲ待合居申候事ニ御座候、此者共神事之役ヲ勤候儀ヲ自負仕候而、右待合之所々ニ而見世棚ニ高腰ヲ懸ケ、或ハ立並候而、其體無礼ニ見へ申候ニ付、神幸行列前と申義ヲ不レ存レ弁候、但右拾町皆々左様ニハ見へ不レ申候、其内二三町程と相見へ申候由、尤氏子之儀、其上役町にて御座候間、見遁シにも仕置度候得共、諸人見習年々大分猥ニ罷成候而ハ、供奉人之疎略と罷成可レ申候御事、

一、惣而氏子町人大勢之者共、行列之間え込入候段防申候得共、難レ用御座候、行列一番之前、又者行列之終ニ付候得ハ、妨無二御座一候御事、

右両条之旨相弁申候様ニ、被レ為二　仰付下一候様ニ奉レ願候、已上、

祇園社務執行

元禄八年亥五月十八日　宝寿院(29)

本史料は祇園社社務執行宝寿院が、元禄八年（一六九五）五月十八日付で京都町奉行所に提出した口上書である。二基の駕輿丁役（八王子駕輿丁、少将井駕輿丁）を担う町々で、神事に際して無礼な行為が行われている。全ての町で見られることではないが、他者が真似て祭礼の秩序が乱れるようになっては困るため、これをわきまえ

るように仰せ付けてほしい、また氏子町人の大勢が行列の間に入り込み、神幸の妨げが起こっているため、行列の先頭と最後尾に人々をまとめ、行列を維持するよう申し付けてほしい、以上二点の内容を伝えている。

着目すべき記述は前半部分の一書中の「然ルニ駕輿丁之義、尤傭人ニ務させ、其町之面々勝手之所々ニ神輿ヲ待合居申候事」という部分である。ここからは十七世紀最末期の段階で、駕輿丁役を担う町の面々が人々を雇い、ことわりなく所々に神輿を停止させるといった行為が行われていた様子を知ることができる。また、続く「右待合之所々ニ而見世棚ニ高腰ヲ懸ケ、或ハ立並候而、其體無礼ニ見ヘ申候」という部分も看過することができない。町人たちは、雇用した輿舁たちに神輿を停止させ、自らは店棚に腰掛け、あるいは、立ち並んで神輿の見物を行っていたのだ。安定した神幸を望む祇園社としては、これらの行為は無礼にうつり、規制すべき行為と考えたのだろう。

これら町人たちの行為の背景に、神社側が「神事之役ヲ勤候儀」の自負（町人側が抱く神事の役を担うという自負）を見出した点は極めて重要である。この指摘は、役町として自律的に神輿に関する諸事を差配できると考えた町側と、秩序的な神輿渡御を最優先とする祇園社側の決定的な認識の違いにより生じてきたものと考えられる。前項で指摘した神輿渡御の中に「町の祭り」を見出した町人側の意識の淵源には、まさしくこの役町としての自負があったのだ。

祇園社から町奉行所に提出されたこの申入れが、その後、どのように処理されたかは判然としない。しかし、その後の史料においても轅町が輿舁を雇用した様子が見て取れる[30]。すなわち、本来駕輿丁役を担うべき都市住民の差配の中で、その外部で輿を舁く人物を求める状況が定着していたのである。このことこそ、祇園会神輿渡御に新たな局面を開く現象であるといえる。

宝永元年（一七〇四）五月、次のような史料が町に宛てて布達された。

口上

一祇園会御輿かき之儀、従二前々一駕輿丁役出シ来候町々之外、くわんかき（願舁）之もの出候儀御停止之旨、先年被二仰出一候処、近年猥ニ罷出候よし不届ニ思召候、弥前々之通くわんかきとして罷出候義仕間敷之旨、相触候様ニ被二仰付一候、以上、

申五月　町代　誰(31)

祇園会の神輿舁について、それまで駕輿丁役を出してきた町々の他に願舁なる存在があり不届きである。願舁は先年から禁止しているが未だ徹底されていないため、これを取り締まるように、というのが大意である。この願舁とはその文字が示すように、轅町に所属せず、本来ならば神輿を舁く役を負っていない者たちのことで、神輿への結縁を目的に祭礼に参加しようとした存在である。この前年にあたる元禄十六年には(32)、古来より停止されていた願舁が、神幸の最中に曇華院宮御所において神輿を振り当て、庇を破損させた事件があった。このことが示すように、願舁は神幸において秩序を乱す存在として認識され、幕府によって繰り返し禁止され続けたのだ(33)。

しかし、繰り返し発される願舁禁止令は、いくら禁じても止まることがなかった願舁の祭礼参加を逆に物語っている。このような多くの願舁の出現は、先に見た、轅町にあたる役町が外部から輿舁を雇用する状況と通底しよう。すなわちこの段階に至って、本来の駕輿丁たちが付帯していた舁くという職能の専門性（限定性）が希薄化され(34)、より多くの人々に開かれた形で神輿渡御が行われるようになったのだ。これは混乱を含みながらも熱狂的に渡御される近世の神輿の姿を彷彿とさせるものである。

おわりに

本章は、祇園会神輿駕輿丁のうち、大宮駕輿丁以外の二基神輿駕輿丁の姿を中近世にわたって検証したもので

ある。このうち、第一節では、室町期における二基神輿駕輿丁の担い手が町を単位に把握された都市住民であることを明らかにし、かつ十七世紀以後の史料を用いて洛中における担当役町の設定状況を検証した。この結果、大半の轅町が下京惣構の中に所在し、また八王子駕輿丁の轅町の分布状況が、豊臣秀吉による移転前の大政所御旅所旧地周辺に集中的に見られることから、近世における轅町の存在形態が江戸時代以前に遡り得ることを指摘した。

また第二節では、個別の轅町の営為に目を向け、祭礼期間中の営みの中で、町のもつ伝統性・歴史性が誇示される状況を重視した。しかし、実際の神輿渡御は直接的に町居住の住民が担うのではなく、外部で雇用された人々、あるいは願昇によって行われることが明らかとなった。轅町としての歴史的な自負（名誉）を町側でもちながらも、実質的な勤仕は他者に委ねるという勤仕形態の成立は、本来駕輿丁がもっていたはずの舁くという行為における職能的な専門性を希薄化させ、多くの人々に祭礼参加の回路を準備し、それまでの神輿渡御の形に大きな変容をもたらしたと考えられる。

結果的に第一節では中近世の連続面、第二節では断絶面を示すこととなった。しかし筆者がここで重視したいのは、祇園会に際する少将井・八王子神輿の渡御については、一貫して町の存在が極めて大きく、実質的な意味で二基神輿の渡御が「町の祭礼」と捉えられることである。また同時に、二基神輿渡御においてその秩序を守るため様々な規制を加えるのは常に幕府であった。中近世における神輿渡御は幕府と町の緊張関係の中で進展していったと考えられる。そしてこのことはそのまま冒頭部で提示した課題への解答となろう。

いうまでもなく、山鉾（町）―神輿（神社）というかつてのシェーマは、山鉾巡行を担う町衆の姿を浮かび上がらせるための枠組みであったといえる。しかしながら、神輿渡御の担い手としても町と町人が抜きがたく存在していることが明らかとなった今、あらためて都市・京都と祇園社の関係、ひいては祇園会と町（町人）との関係が問われていかなければならない。

（1）林屋辰三郎「郷村制成立期に於ける町衆文化」（『中世文化の基調』、東京大学出版会、一九五三、初出一九五一）。
（2）脇田晴子「中世の祇園会」（『藝能史研究』四号、一九六四）。
（3）河内将芳「戦国期祇園会の神輿渡御について」（『中世京都の都市と宗教』、思文閣出版、二〇〇六、初出二〇〇三）・「室町期祇園会と公武政権」（『史学雑誌』一一九巻六号、二〇一〇）、早島大祐「応仁の乱後の復興過程」（『首都の経済と室町幕府』第三部第一章、吉川弘文館、二〇〇六）、三枝暁子「室町幕府の京都支配」（『比叡山と室町幕府』、東京大学出版会、二〇一一、初出二〇〇九）。
（4）たとえば、瀬田勝哉「中世の祇園御霊会」（『増補　洛中洛外の群像』、平凡社、二〇〇九、初出一九七九）、下坂守「応仁の乱と京都」（『学叢』二四号、京都国立博物館、二〇〇二）、河内将芳「中世の祭礼と都市空間」（『祇園祭の中世』、思文閣出版、二〇一二、初出二〇〇六）など。中世祇園会に関する先行研究は、河内同書「序」部分で丹念にまとめられている。
（5）祇園会の駕輿丁に関して、筆者は既に「近世期における祇園会神輿駕輿丁の変化」（『朱雀』二五集、京都文化博物館、二〇一三）を発表しているが、近年、新たに中近世の祇園社に関する大部の史料集が刊行され、研究環境が大幅に改善されたこと、それに伴い、祇園会に関する知見も改まり、旧稿を修正する必要が出たことなどを勘案し、論旨が重複する部分もあるが、再論を試みるものである。
（6）河内将芳「祇園会神輿駕輿丁と今宮神人」（前掲注4『祇園祭の中世』第二部第四章）。
（7）『増補　八坂神社文書』上（臨川書店、一九九四）、「第三　馬上料足」。
（8）前掲注（7）。
（9）前掲注（7）『増補　八坂神社文書』一一七九号文書から一二〇四号文書まで。なおこれらの文書は一巻に成巻されており、神社内部でまとめて把握されていた可能性が高い。
（10）この駕輿丁に関する史料は、のちに一点だけ八坂神社伝来文書群の中から見出され、新たな史料集『新修　八坂神社

文書　中世編』（臨川書店、二〇〇二）に収録、紹介された。

（11）応永三十四年六月六日付「八大王子駕輿丁請文案」（『新修　八坂神社文書　中世編』五一号文書）。

（12）奉行所宛に提出された文書に関連するものとして永享三年八月二十一日付「社務執行宝寿院顕縁請文案」（『八坂神社文書』八七六号文書）があげられよう。応永二十五年における馬借一揆に際して失われた文書に関する紛失状として理解できるものであるが、重要なのはこの史料の端裏には「正文付松田八郎左衛門尉之」と記されることである。いうまでもなく、この端裏の記述と、史料本体の宛所とは相関関係にあり、明確に「御奉行所＝松田貞秀」という構図を確定することができる。

（13）「撰舎」の「舎」という一文字には「役所、官府」などの意味があり、またそこから拡大してそこに所属する役職を担う人（舎人等）も指す場合がある（諸橋轍次『大漢和辞典』舌部二画）。「下知」という言葉が示すように、八王子駕輿丁は上意権力によって指定されるものであり、「撰舎之御下知」を「上意権力による駕輿丁身分の再指定」を意味すると捉えることは充分可能であろう。

（14）次に掲出する史料も、二基神輿駕輿丁と町人との関わりを暗示しており注目に値する。

両神輿駕与丁事、如二先々一可レ令二下知一候、仍犀鉾神人事承候、町人等申ハ彼神人八人之余にて、其上彼者ハ神人之内にて候、商買仕候上者、町人等申候謂哉、両方令二召寄一対決せさすへく候、其分可二仰付一候也、恐々謹言

六月五日　　　　（多賀）性存　判

（応永十六年）六月五日付「浦上性存書状」（『八坂神社記録』四所収、「祇園社記　雑纂第一」）

応永十六年（一四〇九）の端裏書をもつ本史料は、侍所所司代・多賀性存が「両神輿駕与丁事」に関する相論に際し、その裁定方式を某所に通達した書状である。本相論に関連する史料は他に残されておらず、整合的に相論の主張を整理することは困難だが、大意はおおよそ次のように考えられる。すなわち、「両神輿駕輿丁については、前々の通りに下知することとする。よって、犀鉾神人については承諾した。町人がいうには、この神人は八人程度で、〈彼の者〉は神人に所属しながら商売をしているからには、町人側の主張の通りかもしれないが、今は決することができない。両方を召し寄せ、対決させて理非を判断するように。その旨を両者に通達せよ」、と。

ここでなによりも着目したいのは、神輿駕輿丁の下知をめぐる相論の中で、一方の当事者として「町人」が現れることである。大宮駕輿丁が今宮神人であることを勘案するならば、「町人」と結びつくのは二基神輿駕輿丁である可能性が高い。

ここで見られる「町人」は、訴訟における当事者として姿を現し、かつ室町幕府との往来を重ねられる人物であることから、身分として確立し、一般住民と区別された人々であったと考えられる（五島邦治「〈町人〉の成立」、『京都 町共同体成立史の研究』、岩田書院、二〇〇四、初出一九九七）。

(15) 西山剛「中世後期における四府駕輿丁の展開」（『総研大 文化科学研究』三号、本書第二章）・「禁裏駕輿丁の近世的展開」（『朱雀』二三集、京都文化博物館、本書第四章）・「輿を舁く八瀬童子」（図録『八瀬童子　―天皇と里人』、京都文化博物館、二〇一二）。

(16) 「祇園会馬上料足下行記」（『新編　八坂神社記録』一号文書）。

(17) 「祇園本縁雑実記」（『新編　八坂神社記録』五号文書）。

(18) 天和三年六月付「祇園少将井神輿かきの儀ニ付一札」（『荻野家文書』、京都市歴史資料館所蔵写真帳）。

(19) 元禄八年五月十八日付「社務執行宝寿院口上書」、『祇園社記』二十四所収（『八坂神社記録』三）。

(20) 「祇園御霊会細記」（『神道大系（神社編十） 祇園』）。

(21) 「祇園御霊会細記」、立命館大学アート・リサーチセンター所蔵。

(22) 寛政元年春「雑色要録」（『日本庶民生活史料集成十四　部落』）。本史料の底本は江馬努氏の手による書写本であり、現在は京都府所蔵（京都文化博物館管理）として伝来している。もともと原本は近世において祇園会の統制を担っていた四座雑色・五十嵐家に所蔵されていた。五十嵐家文書が一部をのぞき散逸している現在、原本は確認されておらず、本書が最善本となっている。ここで、当該史料から轅町の書上げ部分を引用する。

轅町左の通

三条通室町東入町　　佛光寺烏丸西入町
烏丸佛光寺下ル町　　同通錦小路上ル町
同通五条上ル町　　同通綾小路下ル町

室町綾小路下ル東側　　　同通佛光寺下ル町
同町二條上ル町　　　　〆九町

（追加に左の如くあり）
烏丸綾小路下ル二帖半敷町　　佛光寺烏丸西入釘隠町
室町佛光寺下ル山王町　　同通佛光寺上ル白楽天山町
綾小路烏丸東へ入竹屋の町　　東洞院佛光寺下ル高橋町
同通烏丸西入童侍者町　　佛光寺烏丸東入上柳町
東洞院佛光寺上ル扇師屋町　　烏丸佛光寺下ル大政所町
高辻烏丸西入骨屋町　　高辻烏丸東入随音寺図子町
〆十二町　　享和二年六月調

又追加に
車屋町　　御倉町　　石井筒町　　綾西洞院町
蛸薬師町室町二条下　　御池の町同通御池上ル町

史料中の町名列挙部分は、「〆九町」としてまとめられるグループ(1)、「〆十二町　享和二年六月調」としてまとめられるグループ(2)、「又追加に」としてまとめられる六町のグループ(3)という三つのまとまりをもって書き上げられている。これらのグループは、相互に重複する町が含まれており、一時期の轅町の書上げというよりも、ある程度の時間の幅の中で叙述され、書き足されていったものと考えられる。そこで、表2として採用する場合、(1)〜(3)を個別の轅町の書上げとみなし、三つの欄を設けて記載した。

(23)　前掲注(4)瀬田論文。

(24)　少将井駕輿丁役をつとめる町が散在している要因として、秀吉が実施した短冊形町割によって少将井御旅所があった場所が車屋通によって分断されてしまったことがあげられる。土本俊和は、秀吉以後の御旅所の景観とその共同体の再設定過程を追いながら、中世以来の祇園御旅所に属する町が、旧町地から共同体が移住して成立したことを明らかにしている（「近世京都における祇園御旅所の成立と変容」、『日本建築学会系論文集』四六五号、一九九四）。

(25)「祇園会記」二（『京都町方文書』、国立歴史民俗博物館所蔵）は、祇園会に関する様々な故実をまとめあげた書物であるが、当該史料には六月十一日付「前田玄以書状」も書写されている。「祇園会駕輿町中」に宛てた本文書は、祇園会神輿渡御に際し、神幸路に「二階作」を設け神輿が振り進むことがないように通達している。ここに写された文書原本は、江戸期に入って少将井神輿轅町をつとめた二帖半敷町の所蔵であることが記載されている。このことは、近世以前からの轅町の存在を物語っており、重要な記述であるといえる。

(26) 本史料は、五島邦治氏のご教示による。記して謝意を表したい。

(27) 木下政雄ら執筆「町組と庶民生活」（京都市編『京都の歴史　第四巻　桃山の開花』第五章第四節、学芸書林、一九六九）、辻ミチ子「京都における四座雑色」（『部落問題研究』四号、一九五九）。

(28) 五島邦治「下京石井筒町記録から」（前掲注14『京都 町共同体成立史の研究』、初出二〇〇〇）。

(29) 前掲注(19)史料。

(30) たとえば、『古久保家文書』（京都府立京都学・歴彩館所蔵〔旧京都府立総合資料館所蔵〕）に所収される「町代日記」宝暦四年（一七五四）六月十五日条には、祇園会の際、八王子神輿が挟箱持の眉間にあたり、担当役者が怪我を負った事件が記載される。これによると、町代は事実関係を精査するため「御輿舁請負人」である庄介と甚兵衛、甚兵、ならびに御輿舁七十五人のうち、「頭立たる者」（統率者）である武兵衛、伊兵衛、予兵衛の身柄を轅町四丁町に預け、事実関係を精査するとともに、怪我を負わせた張本人を判明させるよう命じた。本史料には「請負人」「頭立」などの文言が見られ、輿舁集団を統制する人物が存在していたことがわかる。すなわち、十八世紀半ばには雇用輿舁の内部で組織が営まれ、かつその監督権を轅町がもつ体制が生まれていたのだ。なお、本史料に触れたものとして山田洋一「江戸時代祇園祭の一駒」（『総合資料館だより』一〇四号、京都府立総合資料館、一九九四）があげられる。

(31)『京都町触集成』一、三九二号文書。

(32) 元禄十六年七月十六日付「祇園少将井神輿かきの儀ニ付一札」（『荻野家文書』、京都市歴史資料館所蔵写真帳）、また本史料を扱った先行研究として川嶋將生『祇園祭　―祝祭の京都』（吉川弘文館、二〇一〇）。

(33) 管見の限りでは、願舁に対する禁令は、宝永元年（一七〇四）五月から天保五年（一八三四）六月にわたり、総数二十一例に及ぶ。およそ百三十年間にわたり断続的に禁止し続けられる状況から、近世祇園会においていかに願舁が根強く存在していたかがわかる。また次に引用する史料は重要である。

祇園会祭神輿舁之儀、長柄町之者共ヨリ雇出し候外ニ、願舁之者一切出間敷旨、先年ヨリ度々触置キ候、然ル処去春大変ニ付、当年之義ハ田舎者・日雇ニ登居候もの多人数入込罷在候間、右躰之者共願舁抔申罷出候而ハ、自然ト手荒かさつ成候事共有レ之、猥ニ相成口論等出来可レ申候、前以度々触置キ候通、都而願舁難二相成一候間、右田舎者ニ不レ限、長柄町差出シ候外、神輿ニ付願舁なと申罷出候間義、堅致間敷候、尤神輿願供之義者天明七年未ノ年相触候通可二相心得一候、

右之趣洛中洛外可二申通一旨被二仰渡一候事、

酉ノ六月晦日　　山中与八郎

（傍線筆者注）

本史料は、寛政元年六月晦日に布達された町奉行所触書である。

引用史料中、傍線部に着目したい。いうまでもなく「去春大変ニ付」という一語が物語るのは、天明年間（一七八一〜八九）に生じた全国規模の大飢饉（天明の大飢饉）のことであろう。これにより京都は諸国から上洛する者が絶えず、大量の「田舎者・日雇ニ登居候もの」が存在していた。これらの人々が祇園会神輿に願舁として参入し、問題となったわけである。願舁の存在を考えるとき、このように非駕輿丁たちの中にある、神輿との結縁欲求ともいうべき意識に目を向けなければならないだろう。多量の都市流入を促した天明の大飢饉後の祇園会では、濃厚にその意識が横溢していたことがわかる。

(34) 駕輿丁役を出す町々のことを「轅町」「長柄町」と称することにも関連する意味がある。多くの人々で神輿を渡御させるにあたり、旧来の轅だけでは不十分となり、柱のような白木を神輿に括り付けて舁くようになった。この白木を保存しておく町、という意味でこの呼称が付いたという（「祇園会記」、『京都町方文書』、国立歴史民俗博物館所蔵）。駕輿丁役を出してきた轅町は、いわば拡大する神輿舁を受け止める轅を保存する町として認識されていたのである。

第八章　中近世における輿舁の存在形態と職能

はじめに

中世社会における移動手段として、天皇、将軍などの為政者をはじめとして、公家、武家、僧侶など様々な階層で輿が用いられてきた。これまでその実態は、輿の物質的な諸側面を中心に、おもに有職故実研究の分野から深められ、運用の方法においても同時に追究されてきた。櫻井芳昭『ものと人間の文化史　輿』(1)は、これら先行研究を豊富に取り込みながら前近代社会における輿とその運用方法について端的にまとめている。

しかし、これら多様に深められている輿に関する議論の中で、それを担い移動させる輿舁の議論は十分に尽くされているとは言えない。天皇の輿を舁く禁裏駕輿丁、寺院機構の内部に位置付けられ輿を舁く力者、あるいは有力僧侶や為政者を輿に乗せ比叡登山・下山を担う八瀬童子など、多様な場において存在感を示す彼ら輿舁たちは、当然それぞれ固有の集団のあり方を示し、これらの中には相違点、共通点の両面があった。この点を踏まえ、僅かに蓄積される輿舁に関する専論を省みると違和感を感じざるを得ない部分が多い。

まず戦前期のものとして三好伊平次の研究があげられる。氏は被差別民の活動として「御輿舁きや御輿渡御の先駆けをしてゐた事実」があると述べ、貞治四年（一三六五）六月十四日の祇園会神輿還幸に際し、穢多が少将井神輿に勤仕する事例を紹介した。(2)また網野善彦は、八瀬童子が天皇の葬送において棺を担ぐ職能を中世にまで

遡らせ、彼らの中に天皇の死穢に触れ得る強力なキヨメ能力を見出した。(3)

さらに井原今朝男は、寺院の輿舁の実態について「中世寺院の寺辺在家や散所という境界領域に住む最下層の人々が、僧侶の板輿をかつぐ力者というもっとも苦労の多い、しかも社会的に評価されない仕事をさせられていた」という見解を示し、その存在形態についても「北野宮の寺辺の千本にも六人の駕輿丁がおり、他方で河原者の集団が住んでいた。一方は、天皇の鳳輦輿を担ぎ、他方は不浄として禁裏出入り禁止とされつつあった。しかし、もともと彼らは散所として一体の存在であった」という独特の把握を行った。(4)

しかしながらこれらの見解をもって、統一的に輿舁の実態を理解するわけにはいかない。三好が引く貞永四年の祇園会に関する事例(5)は、「少将井神輿為二武家沙汰一、仰穢多《エンタ》奉レ舁云々、尤有二其恐一者歟、神慮叵レ側（測）」と記述される通り、ここでとられた神輿渡御の方式に対して記主は危惧を表明しており、本来的な祇園神輿渡御の方式とは違う、極めて異例な行為であったことが確認できる。また網野の指摘に関しても、八瀬童子が天皇葬送に恒常的に勤仕するようになるのは近代に入ってからであることが明らかであり、彼らに強力なキヨメ能力を見出すことはできない。

さらに井原の見解は、行幸に勤仕する禁裏駕輿丁と北野社周辺地域を根拠地とする散所民が実態として同一であることを示す史料があげられておらず、実証的なレベルでの見解とはいいがたい。つまりこれら先行研究で構築された輿舁像は、いずれも十分な史料操作を伴って析出されたものではなく、理念的理解の中で構築されたものであることが明らかである。

前近代社会における輿を用いての移動は、単なる移動手段にとどまらず、乗り主の権威を表象する政治的・宗教的な儀礼行為としても位置付けられる。輿を用いた移動と担い手としての輿舁に考察を加えることは、このような儀礼行為と職能集団との連関性を把握することと同義であり、一次史料に立脚した輿舁像を構築しなければ、

図１　『三十二番職人歌合絵巻』に見える渡守と輿舁（サントリー美術館所蔵）

これら諸権力が主催する政治行為の本質的な意義を曲解することになろう。本章ではこのような問題意識のもと、中世社会、とくに史料的な伝来が豊富な室町・戦国期に焦点を絞り輿舁の存在形態と職能の一端を明らかにしていきたいと考える。

第一節　寺院における輿舁　―大乗院の場合

（一）大乗院における輿舁の存在　―門跡配下の輿舁と南都中の輿舁

輿舁の実態を考えた場合、まず考えなければならないのは、どのような人々がそれを担っていたか、ということである。これまで輿舁のイメージを伝える史料としてとくに着目されてきたものに『三十二番職人歌合絵巻』における「輿舁」がある（図１）。十五世紀末期に成立した当該史料で、輿舁は十番の右として「渡守」（左）と対を成す形で配置され、「やすますは　心なからむ茶屋のまへ　花のしたゆく道のこしかき」という歌を載せる。輿舁という行為に付随する労苦を伝える歌とともに、地べたに輿をおろし、いかにも疲れた様子で座り込む輿舁の姿が描かれているのが見て取れる[6]。

既に指摘されている通り、この『三十二番職人歌合絵巻』は「いやしき身しなおなしきものから」という点で総括され、「聖なるものに直属する人々」から「一部に賤視される人々」として定置された職人の姿を描いたものと言われる。[7] しかし、ここにあげられた輿舁を含む多様な職人を一括して賤視の文脈でのみ捉えることはできない。

中世後期における輿舁の活動を知らせる史料として『大乗院寺社雑事記』が重視される。尋尊・政覚執筆部分における多様な記述には、職人・人夫の雇用・徴発の様子、人数・手当・賃金、資材の数量・銘柄・代価などに及ぶ商工業に関する貴重な史料となる部分があり、[8] これら一連の記述の中には、儀礼時や日常時を問わない広範な輿舁の運用に関する記述も多分に含まれている。以下、大乗院における輿舁の運用を示す史料を列記しながらその特徴を示したい。

大乗院の輿舁を考えたとき、次の史料は重要な示唆を与えてくれる。

一、上様来八日御参宮云々、公方御輿舁さ衛門太郎御奉書持来、酒肴事申入間、十疋下二行之一、十人分可レ被二召進一之由、さ衛門太郎以二口状一申二入之一、予仰云、去文正元年三月十七日御参宮之時、被二仰出一之間、輿舁四人分召二進之一、一人被二返下一了、於二粮物等一者、悉以自二公方一御下行者也、至二京都一自二門跡一召進之者也、此旨能々令二覚悟一可二申入一旨入魂了、仍四人分明日可レ上之由仰了、さ衛門太郎畏入旨申入退出、宿所角振也云々、一乗院・東南院殿・東北院・東室・西南院、此方々同被二仰出一只今奉書加判躰、布施下野守ハ奉行也、松波六郎さ衛門尉ハ日野殿内者也、加判不レ得二其意一旨相二尋之一、上様方奉行之間如レ此云々、布施ハ惣奉行之間如レ此云々、布施ハ惣奉行也云々、

上様来八月就二御参宮一、輿舁事被闕□事候間、不日可レ被二召進一候、当門跡幷南都中輿舁等之由被二仰出一候也、仍執達如レ件、

文明十六

四月四日　　　　英基判 布施下野守云々

大乗院門跡雑掌

頼秀判　松波六郎左衛門尉

輿舁御作手召レ之、可ニ罷上一由仰ニ付之一了、[9]

文明十六年（一四八四）四月八日、日野富子は伊勢参宮を行った。別の日の記述で「今度御参宮、兼より不レ及ニ沙汰一事也、不レ知ニ子細一」[10]と記される通り、なぜこの段階で参宮が行われるのかという点については同時代における当事者としても判然とせず困惑を強いられた。しかし、その規模は豪壮を極め、日野富子の輿だけで十二丁、「南御所」のものでも八丁あり、その他の輿として五十丁が行列をともにしたという。[11]総勢千人を超える大行列を構成するため、輿舁の動員にも配慮があったようで、引用史料はその輿舁動員作業の一端を示している。

参宮実施の四日前、「公方御輿舁さ衛門太郎」が、大乗院に対して輿舁動員を命じる奉書を持参した。その奉書の文言が引用史料後半に引き写されるが、それによると、今回の儀礼の遂行にあたり輿舁が不足しており、そのため大乗院に輿舁の補填を命じていることが明らかとなる。はじめ十人分の輿舁を進めるよう申し入れた幕府方の「公方御輿舁さ衛門太郎」であったが、大乗院側は文正元年（一四六六）の例を引き、出仕する輿舁の人数を四人としたい旨を伝えている。

この一連の記述の中でとくに注目したいのは、「当門跡幷南都中輿舁等」の動員命令が大乗院に対して行われていた事実である。つまり、このことからは大乗院の権限によって動員できる輿舁には「当門跡」と「南都中」の二系統が存在していたということがわかる。

「当門跡」の輿舁とは、門跡配下の輿舁として理解されるべきで、寺社内の諸儀礼にあたり、輿を舁く職能集団を意味していると考えられる。現に『大乗院寺社雑事記』には、御風呂、逆修などの寺内儀礼や東大寺など近接寺院への移動の際に使役され、その度に五十文から二百文程度の下行を受ける輿舁の存在を伝えている。おそらくこれらの輿舁は寺院内に組織化され、﨟次制度をもって統制される力者のような存在を想定すべきであろう(12)。では、「南都中」として把握される輿舁集団とはどのような者たちであったと考えるべきなのだろうか。

(二)　南都中輿舁の存在形態と特権

文明十六年の日野富子伊勢参宮に際し、実際に出仕を果たした輿舁について伝える史料がある。

一、御輿舁四人分仰二付御作手衛門三郎一召二進之一、今日昼立之由申、上下向分百八十文下二行之一、御参宮上下向之粮物ハ、人別一貫文御下行云々、此内百文ハ公方御輿舁方ニ渡レ之之由、衛門三郎令レ申レ之、来八月上様御参宮、御所願成就御目出度候、御輿舁四人被二召進一候、去文正元年被二召進一候、任二彼例一毎事可レ被二申沙汰一之由被二仰下一候也、恐々謹言、

卯月六日　　清賢判

布施下野守殿(13)

本史料は、輿舁動員を求める幕府方の要請に対して、大乗院がとった具体的な方策を伝える。ここでも史料終部において実際に提出した清賢の書状が写されており、この記述からは大乗院側が進めた輿舁の人数が先の史料での主張の通り、文正期の例にならって四人であったことが明らかとなる。この四人の輿舁は、「上下向分」として百八十文の経費を受け、さらに参宮行列への出仕として人別一貫文もの下行を受けとることになっていた(14)。同時代の輿舁への下行がせいぜい五十文から数百文程度であったことを考えると、いかに破格の対応をもって勤仕を行っていたかを知ることができる。

本史料の中で着目すべきは、冒頭部の表現、つまり「御輿舁四人分仰二付御作手衛門三郎一召二進之一」という記述である。この記述からは、四人分の輿舁の動員が「御作手衛門三郎」なる人物を通じて果たされていることが

確認できる。実は、この「作手」という語句こそ、先に見た「南都中輿舁」（文明十六年四月四日付文書）の存在を考える上で看過することはできない文言なのである。

当該記録中、「作手」の用例を伝える管見の史料を表1として次に掲出する。事例の総数は九十一件を数え、本表からは極めて多様な作手の活動を伝えるが、ここでなによりも着目しなければならないのは「作手」と「御作手」が明確に区別され、利用されている点である。とくに大きな相違点としては「作手」が維摩会・心経会などの法会に参勤する存在として、あるいは上級僧侶が遠行する際の人夫として登場するのに対して、「御作手」は「檜物座」・「西京火鉢作」など職能集団の構成員として名前を見せることが多く、人夫としての動員対象としては一例も登場しないということだ。

大和国における作手に関して、その実態を追った脇田晴子は、次のようにその存在を規定する。すなわち、作手とは大和国内における商工業者が領主興福寺から給田を与えられて編成され、その反対的奉仕として低額で自らの作物を上納する義務を負った者たちであり、商品流通を行う場合は独占特権が認められ、新座に対して営業税を賦課・徴収する権限も確保していた、と[15]。すなわち作手とは大和国における独占特権をもった商工業者として把握することができるのである。しかしながら従来の研究では「作手」と「御作手」の区別に関してはなんら言及しておらず、その性格の相違点を明確にする必要がある。ここで史料を提示したい。

一彦次郎男逝去昨日子失レ之、
　去廿二日檜物師兄部逝去了、本座者也、於レ于レ今者新座之内可レ為二御作手一歟云々、[16]

明応四年（一四九五）正月二十六日、興福寺所属の檜物座を統率する兄部・彦次郎男が死去した。この人物は檜物座の本座に所属する人物であったが、死去にあたり新たに代替される「御作手」は「新座之内」から選ぶべきか、というのが本史料の伝えるところである。

表1　『大乗院寺社雑事記』における「作手」の用例一覧

	用例	内容	年月日
1	作手方	唐招提寺舎利会に伴う下行	長禄元年9月19日
2	御作手	禅定院殿長禄二年元三節会節句事	長禄元年12月晦日
3	作手	京都南庄役の下行	長禄2年11月12日
4	作手	上林十合、巻数一合を進上のため上洛の人夫	長禄3年12月25日
5	御作手与四郎	年始替物の際に上北面沙汰方分の道具一式を選定し報告する	長禄4年5月12日
6	作手	唐招提寺舎利供養への勤仕	長禄4年9月19日
7	作手	作手幷長谷寺法師下行米の事	寛正2年12月23日
8	作手	作手、会式に際し番屋を用いる	寛正2年12月24日
9	作手	心経会への勤仕	寛正3年1月14日
10	□作手、作手	赤土器衆と山村の相論に際し住人として登場	寛正4年4月5日
11	作手	作手領済恩寺庄年貢の事	寛正4年12月28日、晦日
12	作手	河原勧進猿楽に人夫として動員される	寛正5年4月6日
13	一乗院御作手	康永元年六月二日、符坂御油商人と一乗院御作手が相論	寛正5年7月16日
14	作手	作手料所済恩寺庄当年分年貢事について	寛正5年12月22日、23日、24日
15	作手座	京上人瓜人夫として書き上げられる	寛正6年6月26日
16	御作手	尋尊長谷寺参詣に際し輿舁として勤仕	寛正7年1月28日
17	御作手塗師与四郎	大乗院に年頭挨拶し酒・風情物を下賜される	文正2年1月2日
18	作手	唐招提寺念仏千燈会に勤仕、および下行	文明元年9月19日
19	中御門郷塗師与四郎	用銭を配分し、凡儀にあらずと賞される	文明2年3月29日
20	赤土器御作手	赤土器作手の任を彦九郎に仰せ付ける	文明2年6月19日
21	作手	年始御高供	文明2年12月晦日

22	作手	作手と売手が相論	文明3年2月6日
23	作手	赤土器作手内部において済恩寺庄年貢をめぐる相論	文明3年10月6日、11月10日、17日
24	作手	後夜入堂に際して勤仕	文明3年11月18日
25	作手雑掌	慈恩会方土器事	文明3年11月10日
26	作手事	慈恩会において用意すべきものの列記	文明3年12月10日
27	作手	心経会への参勤	文明5年6月13日
28	一乗院作手	一乗院御作手二人が喧嘩	文明6年8月24日
29	作手	心経会に際し、供養料下行	文明7年1月13日
30	作手兄部	維摩会　講師坊赤土器の事	文明7年9月11日「文明七年維摩会講師方条々」
31	作手座	維摩会　講師坊土器事	文明7年10月5日「文明七年維摩会講師方条々」
32	御作手	維摩会　講師坊一献一具調進注文	文明7年11月14日「文明七年維摩会講師方条々」
33	作手	維摩会に際する高供御	文明7年12月1日「文明七年維摩会講師方条々」
34	作手	方広会に際する講坊料に関して	文明7年12月8日「文明七年維摩会講師方条々」
35	作手	明恩長谷寺参向に際する人夫として	文明8年5月14日
36	御作手与四郎	御恩足の被官人として	文明8年6月19日
37	檜物師作手職	御後見調進	文明9年5月1日
38	作手	唐招提寺千燈会への参勤	文明9年9月19日
39	作手	女房衆上洛に際する人夫として	文明9年12月28日
40	作手	心経会に際する金剛院無沙汰を訴訟する	文明10年1月17日

41	土器作手	五十二燈のため御油を貢納	文明10年2月15日
42	御作手、作手	檜物座御作手職および下行をめぐる相論	文明10年4月2日、8日
43	作手	京上瓜人夫として	文明10年7月2日
44	与四郎 塗師御作手(中御門住)	正月参賀	文明11年1月1日
45	御作手	御器用物の制作に関して	文明11年1月4日 ＊文明10年4月相論と関係
46	作手	心経会における勤仕	文明11年1月13日
47	作手	年始供御の貢納を定められる	文明12年1月10日
48	作手	心会会における勤仕、および下行	文明12年1月13日
49	御作手	西京火鉢作の内部にて特別な給分を獲得する	文明12年7月17日、21日
50	作手	唐招提寺念佛精進への勤仕、および下行	文明12年9月19日
51	檜物御作手	御恩足衆として恪勤交名に書き上げられる	文明13年1月4日
52	前作手雑掌	慈恩会京南庄の配分を受け取る存在として書き上げ	文明13年12月22日
53	作手	心経会　替物定器の料所退転のことにつき、上申	文明15年1月9日
54	作手	心経会　色々雑具の調進主体として	文明15年1月12日
55	作手	京上人夫として	文明15年2月2日
56	作手	京都御八講中上洛の人夫として	文明15年6月18日
57	作手	唐招題寺舎利供養の道中人夫として	文明15年9月19日
58	作手	京南庄下行として三石をうける	文明15年11月24日
59	輿舁御作手・御作手衛門四郎	日野富子伊勢参宮の輿舁を動員する	文明16年4月5日、6日
60	作手	心経会幡として米三斗余の下行をうける	文明16年6月13日
61	作手	耳蓋一荷京上につき、人夫として	文明16年7月22日

62	作手	心経会への勤仕、および下行	文明16年1月14日
63	作手	池普請の人夫として	文明17年3月2日
64	御作手	龍花院座塗師の組織内に存在	文明17日4月29日
65	土器作手兄部	人夫役をめぐる不服の言上	文明17年11月16日
66	作手	唐招提寺念仏への勤仕、および下行	文明18年3月19日
67	作手	唐招提寺念仏への勤仕、および下行	文明18年9月19日
68	作手	心経会への勤仕、および下行	文明19年4月3日
69	上下作手	心経会に際し八木の貢納	文明19年5月3日
70	作手	心経会への勤仕	長享2年1月14日
71	作手	心経会への勤仕	長享2年7月29日
72	作手	唐招提寺舎利供養への勤仕	延徳元年9月19日
73	塗師御作手	紙一帖をうける	延徳2年1月4日
74	作手	慈恩会に際する下行高について	明応元年12月1日、10日、24日
75	作手	幡竹作に際して、食事料下行	明応3年1月12日
76	御作手	檜物師兄部死去に際し、新座からの徴用をはかるか	明応4年1月26日
77	土器作手	慈恩会延引に際し、土器作手の左右を論議する	明応4年10月25日
78	作手	心経会に際し、北面長床に座す	明応5年1月14日
79	御作手	風呂船を売る	明応5年2月16日
80	作手	正燈瓦器の事につき、作手に落度あり	明応5年3月2日
81	作手	唐招提寺念佛始に参向	明応5年9月16日
82	作手	慈恩法楽に出仕、食事料下行	明応6年1月13日
83	作手	舎利講に際して、土器二百調進し、下行をうける	明応6年2月15日

84	作手	唐招提寺から定器の代をうけとる	明応6年9月18日
85	作手	已心寺殿御忌日に際して、油器を持参する	明応6年9月19日
86	御作手	塗師御作手が大乗院に参上し、紙一帖をうける	明応7年1月4日
87	幡作手	心経会につき上下北面衆を幡作手とする	明応7年1月13日
88	作手雑掌	慈恩会に出仕	明応7年3月7日
89	土器作手	様々な雑物を上納	明応8年1月11日
90	檜物御作手	地口銭のことにつき相論	文亀元年5月27日
91	作手	心経会に際し、下行をうける	永正4年1月12日

本史料の記述から「兄部」＝「御作手」という関係性を引き出すことができ、「御作手」とは集団内部にあって、その集団の構成員を統率し、様々な差配をする「兄部」と同義である、と理解することができる。

このような「御作手」のあり方は、檜物座だけにとどまるものではない。文明十二年（一四八〇）七月十七日、奈良において火鉢作を担う職人集団である西京火鉢作に課役が懸けられた際、その来歴についての記録が行われた。その記述の中には、「西京火鉢作ハ当門跡座衆也、公事致其沙汰、政所方自専也、此内ニ又御作手トテ、別而御給分躰二人在レ之、新木庄間田給レ之」という文章が記載される。この文言からは、大乗院に所属し政所方に差配を受けた西京火鉢作内部には、特別な給分を獲得する身分として「御作手」が存在していたことを伝えており、やはり他の構成員とは異なる把握を受けていたと知ることができるのである。先の檜物座の例を勘案するならば、西京火鉢作内部に存在する「御作手」に、他の構成員とは異なる集団統率者としての性格を想定することも無謀な推論ではなかろう。さらに一方の「作手」についても、心経会における幡の調進を担い、下行米を得る存在として[17]、また舎利講に際して二百点に上る土器を調進する存在として確認することができ[18]、門跡の依頼に応じて多様な品物を生産し、納入する手工業者として把握することが可能である。「御作手」とはこれら一般的な「作手」（手工業者）をたばね、統率・把握を行う存在として位置付けることが可能であろう。

とするならば、先の日野富子伊勢参宮に際して輿舁の動員を任された「御作手衛門三郎」が進めた輿舁四人とは、彼の配下にある作手たちであった可能性が高い。既に指摘したように作手とは純粋な手工業者として門跡に使役されるだけでなく、遠行の人夫としての役割も期待されていた。おそらく輿舁も後者の文脈で捉えられ、動員されたのではなかろうか。このことと関連し次の史料は重要である。

奈良中壺銭　郷銭両条加㆓下知㆒畢云々、
両門跡披官御童子・力者等如㆓筒井之時㆒相㆓除之㆒畢、今度又初而免除事仰請仁共在㆑之、新人御童子輿舁御作分（手カ）等[19]也、

本史料からは、大乗院・一条院の被官である御童子、力者が筒井の時と同様に壺銭・郷銭を免除されたことを確認できる。史料中、とくに着目したいのは「今度又初而免除事仰請仁共」として御童子などと並び輿舁があげられることである。ここで論点にあがる壺銭・郷銭とは、前者が室町幕府の賦課する酒壺銭を意味し、後者は大和国人が郷（町）ごとに賦課する臨時課役のことであり、有徳銭とも称される。重要なのは、輿舁はとくに申請をしなければ、これら課役が賦課される対象であったことである。

このことは、輿舁の存在形態を考察する上で極めて重要な意味をもつ。すなわち、大乗院に使役される輿舁は、一方で郷銭や壺銭を懸けられる商工業者や有徳な郷民であったことが明らかになるのである。もちろん、これらの存在の中には、先に指摘した「作手」たちも含まれるであろう。

つまりこうした一連の検討で明らかになる大乗院の輿舁とは、大和諸地域に散在する有徳な郷民の中で、輿舁の職能を帯びた存在が折に触れて動員を図られる者たちであったと理解すべきであろう。この存在こそ、先に提

示した二系統の輿舁のうち、「南都中」と把握される者たちだと考えられる。彼らは、本来的には手工業者として活動し、かつ、輿舁として寺院に勤仕することで課役賦課免除などの特権を得る存在であり、本来的な生業を営む上で極めて大きなメリットを獲得していた人物たちであったと考えることができる。

第二節　公家の輿舁　―西洞院家の場合

(一)　西洞院家における輿舁の運用

前節で分析対象とした『大乗院寺社雑事記』は極めて多様な諸職人の活動を伝える史料を含んでおり、これまで重視されてきたものである。本節では、やはりこのような特徴をもつ公家の日記として西洞院時慶の日記『時慶卿記』をとりあげ分析を試みたい。本記録は、天正十五年（一五八七）から寛永十六年（一六三九）に至る記録が途中欠失をはさみながら断続的に執筆された。特徴としては千利休の最期、鳥居元忠の伏見籠城、関ケ原の戦、西軍諸将の処刑、豊国社の破却など、織豊時代から江戸時代へと向かう転換期の情勢がつぶさに記述される点があげられるが、本節の関心に従うと、むしろ西洞院家における家政構造や家内儀礼について豊富な記事を載せる点こそに着目したい。以下、『時慶卿記』の中に見える輿舁の運用についての事例を検討する。

A雇用の輿舁

西洞院家では、適宜雇用した輿舁（以下、雇用輿舁）を運用していることが知られる。家領である紫竹への年貢催促のために輿舁を雇用した事例[20]、あるいは、「小姫忌明ノ祝」にかけつける老母のため、樽持とあわせて輿舁を雇用した事例などをあげることができる[21]。

これら雇用輿舁の出自・所属を考えるとき、ほとんどの事例ではその詳細を伝えていないが、次の史料はこのことを考える上で重要な示唆を与えてくれる。

十二日　天晴、行水精進、遺言(教)経へ参候、女房衆同心候、於二簾中一聴聞、陽明坊庭一見候、梅継穂所望候、勧喜寺ニ逢候、北野へ乍レ与(余)所一、梅一朶継穂折テ帰宅候、屋(石)屋図子ノ者一人輿舁ニ雇候、[22]

本史料は文禄二年（一五九三）二月十二日、時慶が女房衆をつれて遺教経会に参加したことを伝える。二月九日から十五日までを式日として、京都の大報恩寺（千本釈迦堂）で、東山の智積院の僧が集まって遺教経を訓読し、大念仏を修する法会が遺教経会である。法会を聴聞し、庭を見た後、梅一朶の継穂を手折って帰宅をした時慶だったが、ここで雇用した輿舁が石屋図子の者であったことには注意が必要である。この石屋図子とは現在の西陣・東西石屋町近辺であり、別の史料では時慶もこの地域へ夕食に出かけていることが確認できる。[23]また当該地域は北野社、大報恩寺などが所在する北野・千本地域と近接し、都市的な展開を遂げた場として把握することが可能であろう。時慶はこのような目的地と隣接した場から輿舁を雇い出していたのである。

他の事例であるが、息女忌明に際し、御霊社へ宮参を実施したとき、「トチヨリ一人」の輿舁が徴発された史料も残されており、[24]移動先の輿舁を徴発し、輿を舁かせることは一定程度、普遍化できるものと考える。とするならば、当該期においては、移動の目的地に応じて輿舁を雇用し、適宜使い分けが可能となるほど、多くの輿舁集団が京内に準備されていた状況を想定できる。いわば、都市の一機能として定着した感のある輿舁であるが、『時慶卿記』には、これら雇用輿舁とは異なる集団が散見される。

B紫竹の輿舁

『時慶卿記』より輿舁の史料を求めたとき、最も多くの事例を蒐集できるのが、紫竹地域から出仕する輿舁たち（以下、紫竹輿舁と表記）のものである。当該地域は船岡山北部から展開する大宮郷に含まれ、西洞院家領としてその存在を知ることができ、家領の中で最も大きなものであった[25]。同様に、必要に応じて西洞院家に対して輿舁を進めた地域としても確認することができる。

雇用輿舁との比較を行う上で、とくに注目したいのは、聚楽第連歌、方広寺大仏殿連歌など公武諸家が参加する政治的な性格を帯びた儀礼の場合には紫竹輿舁によって移動が担われていたことである。もちろん、先に雇用輿舁が利用されていた遺教経会聴聞などの場合にも紫竹輿舁が用いられており、当該集団が政治儀礼のみの運用であったということはできないが、厳儀が求められた場面においては、紫竹輿舁が優先された傾向を見出すことは可能であろう。また次の事例は、時慶の紫竹輿舁への意識を考える上で示唆的である。

六日　天晴、民部法印へ高嶋西浜ノ義訴訟ニ、正親町・庭田中納言・駿河三・坊城中段テ同心候、某ハ依二所労一荷輿ニテ行、詣時ハ六条(有広)ニテ一人雇、後ニハ紫竹ヨリ一人来テ六条ノ中間ハ帰リニ返也、(略)[26]

本史料は、文禄二年（一五九三）閏九月六日、近江国高嶋郡西浜[27]について訴えることがあり、正親町季秀・庭田重通・正親町三条公仲・坊城俊昌らと連れ立ち、前田玄以のもとを訪れた状況を伝えるものである。この時、時慶は「依二所労一」って荷輿を用いて駆けつけているが、その輿舁は、往路では六条家で雇用した輿舁、復路では紫竹輿舁を用いていることが知られる。とくに紫竹輿舁が到着したことによって六条の輿舁を返している点からみて、雇用輿舁よりも紫竹輿舁を優先した時慶の意識を知ることができようか。

(二)　輿舁の特権獲得

実は、紫竹の人々は輿舁としてのみ西洞院家との関わりを結ぶのではない。彼らはその他の行為として、後苑の花壇の改装作業[28]や樹木の植替[29]、西洞院家の壁塗や掘普請[30]、時慶父の墓の改葬（新地への移動）[31]などを行っていたことを見て取れる。とくに苑地整備に関しては、伊勢祭主・藤波慶忠の後苑整備のため、紫竹住民が西洞院家から派遣された事例が知られ(32)、彼らがこのことに関する専門技能を有していたことを推察させる。

この点に関連し、紫竹地域を表した特筆すべき絵画資料として、京都地図屏風（四曲一隻、十七世紀前半、図2）があげられる。第一扇中には、大徳寺が描かれ、その北側には「しちく《紫竹》」と注記された描写が確認される。当該箇所に施された点描は、隣接する大徳寺の樹木表現とは異なり藪と解釈することができる。紫竹はまさに木々が生茂る地域として認識され、表象されたのであった(33)。

園芸・苑池整備など植物や土に関する技能はまさにこういった生活地域の中で培われたものではなかったか。実際に大徳寺塔頭の如意庵には、山林管理を行う「三林作人真久」なる紫竹住民がいた(34)。

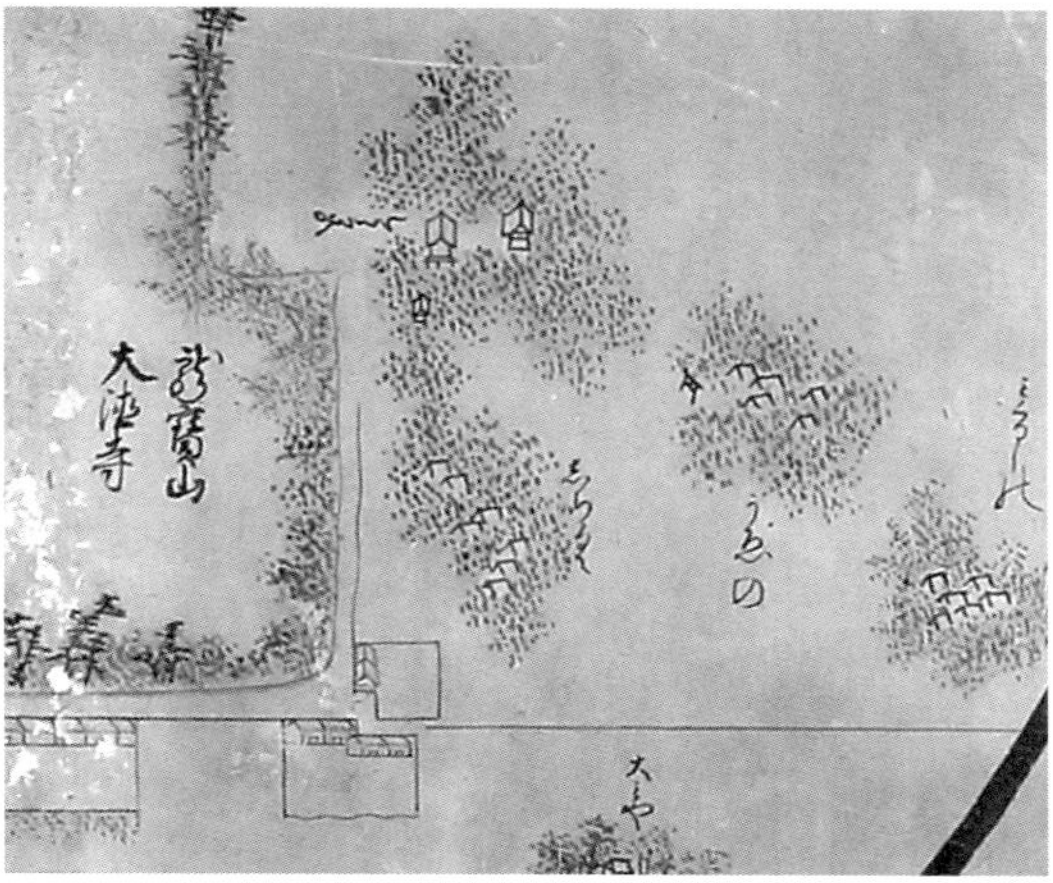
図2　京都地図屏風に見える紫竹地域
（個人所蔵、京都国立博物館寄託）

大徳寺においても樹木・園芸分野における紫竹住民の職能が評価されていたのである。また紫竹周辺地域が船岡山に連なる丘陵上に位置することにも注意をしておきたい。木々が繁茂する丘陵地が紫竹住民の生活地域なのであり、ここからは植物に関する知識とともに、そこに暮らす上での身体技能も獲得されただろう。この点は輿舁としての彼らの活動にも結びついたものと考えられる。

紫竹住民は、土に関する技術での勤仕や植物に関する技能での勤仕を行うなど、西洞院家において日々発生する様々な労役を担う存在として重要な役割が与えられた存在であった。いうまでもなく、前節で確認した輿舁としての勤仕も、これら多様な労役の一つとして考えるべきであろう。当然、このような西洞院家と紫竹住民との日常的な接触によって、両者の間には相互に信頼を伴った親和的関係も醸成されたものと考えることができ、先に見た雇用輿舁よりも優先される紫竹輿舁への意識は、この点にこそ生じるものではないかと考えられる。このことを考える上で、次の史料は重要である。

　廿一日　天晴、（略）鳥飼堤普請ニ山城国中人足罷出由候、紫竹人足御理事、民法へ申遣候処不レ叶、（略）[35]

天正十九年（一五九一）正月二十一日、鳥飼堤の普請のため、山城国中に人足役が賦課された。淀川と安威川に挟まれて展開する鳥養《とりかい》（鳥飼）地域は、古代以来の牧として著名であるが、低湿地という性格上、河川氾濫の頻発地域であった。またそれだけなく、上流からの悪水・内水の流入、下流地区からの悪水の逆流や滞留により、絶えず水災を受けてきた地域でもある。為政者は、これら水災被害の対応を迫られ、常に普請をしながら防水設備の維持を行う必要があった。本史料で見られる人足役動員は、このような背景のもと、盤石な体制を築きつつあった豊臣秀吉政権下で実施されたものである。

本史料から明らかなように、人足役は紫竹住民に対しても例外なく賦課された。しかし当初、西洞院家としては紫竹住民への役負担を拒否する姿勢をもったようで、前田玄以にその旨を図ったがこれは認められなかった。ところが、その七日後に事態は急変する。

「昨日従二孝蔵主一紫竹人足宥免之折帋、普請奉行方へ被レ遣候」（『時慶記』正月二十八日条）という記事が伝える通り、秀吉政権下において奥向の実力者である孝蔵主によって紫竹に対する人足役免除の通達が普請奉行方へ発給されたのである。この動きの中に、時慶の調整・差配を見て取ることは可能だろう。時慶は孝蔵主を通して北政所とも親交があり、豊臣政権への回路として活用することが可能だった。当該記録中にも、孝蔵主との頻繁な書状のやりとりや直接的な往来が散見され、昵懇の関係を結んでいたことを確認できる。また時慶の娘が川勝家（孝蔵主出自）の養子に入るなど、縁戚関係としてもパイプがあった[36]。紫竹輿舁の役負担免除はこのような孝蔵主との関係性を梃子としながら、時慶が特例的に獲得していったものと考えられる。

ここで重視しておきたいのは、まさにこの特例的な特権獲得を時慶が行った点である。一般的に為政者によって賦課される役負担が免除されるためには、それを得る者たちが朝廷・有力寺社など諸権門に所属していることが求められる（供御人、神人、寄人など）。しかし、当該期の西洞院家に、そこまでの本所権力を見出すことは難しい。それにもかかわらず、時慶は、いわば家内的なパイプを生かしながら上層権力との交渉を行い、これを実現していったのである。このことはそのまま、時慶がいかに紫竹住民を重視し、彼らと利害をともにしていたかを物語るものであろう。

第三節　輿舁の姿と職能

（一）絵画史料から見る輿舁の特徴

ここまでの考察の中で、大乗院、西洞院家ともに複数の系統の輿舁を目的に応じて使い分けていることが明らかになった。大乗院においては門跡配下の輿舁と南都中の輿舁、西洞院家の場合では洛中諸地域からの雇用輿舁と膝下荘園（紫竹）から徴発する輿舁がそれにあたる。このことは、室町後期から近世初頭においては、広範に輿舁の存在が広がり、多様な集団が成立していたことを意味している。それでは多様な輿舁の具体的活動はどのようなものであったのだろうか。本項では絵画史料を用いて、この点を確認してみたい。

室町後期の京都の風景を一双の屏風に描いた初期洛中洛外図屏風（歴博甲本、上杉本、歴博乙本、東博模本）の中には様々な輿が描かれる。次にここでそれらを抽出し、その件数を表2として掲出する。

本表を一見して明らかなように、最も多くの輿を描いた作例は、狩野永徳筆『洛中洛外図屏風』（上杉本、米沢市上杉博物館所蔵）であることがわかる。日常の移動に用いる輿から、祇園会・御霊会・ササ神輿など祭礼におい

表2　初期洛中洛外図屛風に見える輿

作品名	腰輿	肩輿	合計
歴博甲本	1	3	4
東博模本	0	4	4
上杉本	7	7	14
歴博乙本	0	7	7

て用いられる輿に至るまで十四種もの輿を描き分けている。この傾向は、上杉本が他の室町期の作例の中で群を抜いて人々を詳細に描写していることによって生じるものだと考えられるが、ここで着目したいのは、これらの輿の舁き方についてである。まず図像を観察したい。

図3は、祇園会神輿渡御の場面である。祇園社から引き出された神輿が、駕輿丁に舁かれ仮橋を渡っている様子を描いている。駕輿丁たちの装束は白衣で統一され、また多くの人々が舁けるように轅には白木が取り付けられた様子までが描かれていることがわかる。次いで、図4は、立売通を進む行列の一コマで、「輿に乗る貴人」として著名な場面である。描かれた輿は塗輿で、乗主は高貴な武士と目され、その人物比定をめぐっ

図3　『洛中洛外図屛風』上杉本（右隻三扇下）
祇園会神輿（米沢市上杉博物館所蔵）

図4　『洛中洛外図屛風』上杉本（左隻四扇下）
輿に乗る貴人（米沢市上杉博物館所蔵）

て複数の説が出されている[37]。これら二種の輿は、それぞれ轅の位置に応じて区別され、前者の形態を肩輿といい、後者を腰輿と称する。

これら二つの図像をその舁かれ方に着目して比較すれば、大きな相違点があることに気づく。すなわち、前者は七人から八人の人物によって轅が肩に乗せられ進められているのに対し、後者は二人の人物が前後に付き、轅を腰の位置で握り進めている。さらに肩には綱がわたされ、これにより輿の安定を図っていることも見て取れる。実は、この舁き方については十五世紀半ばに洞院実熙によって著された故実書『蛙抄』（車輿部）に次のように記述される。

上皇摂関大臣以下公卿僧綱等、遠所之時乗二用之一、（略）
力者一手舁レ之著白直垂、真俗同レ之、一手ト号スルハ六人也、前後各三人舁レ之、三人之内、中央ハ如レ常懸二綱於肩一舁レ之、其左右両人ハ、只取二長柄一也、前後共二同之一、遠所之時ハ二手モ三手モ可二召具一也、一手之外ハ、只輿ノ前後ニ走行也、僧俗同レ之、長途之間相替舁レ之、

力者が六人を一組（一手）とし、輿の前後に三人ずつに分かれ、中央の者が肩に綱をまわす、という本記述は、まさしく引用した図4と符合しよう。ここに記されているように、「遠所之時乗用」に限定されていたかどうかは、今は断定することができないが、輿を用いて移動する方法として一つの指標にはなろう。

実は、この綱をかけて輿を舁く方法（腰輿）こそが、多様な輿舁の存在を許す一つの要因となったと考えられる。先に比較した輿を肩に乗せる舁き方は、祭礼や行幸など乗主の権威を強調する場合に限って用いられるものであり、特殊な舁き方であるといえる。またそれを担う輿舁たちは、身の丈をそろえる必要があり、身体的な面で制限が設定されるほど、輿舁の選択を強く拘束するものであったと考えることができる[38]。

一方、綱を肩にかけて輿を安定させ移動を行う場合では、綱の調節によって輿舁の身長差を相対化することが

でき、身体的な制限を生じさせることはない。どちらが汎用性のある舁き方であったかは明白であろう。

前節までの検討では、臨時的に雇用される輿舁の存在も指摘した。またそれらの事例の中では、輿舁のうち一人だけを他に所属する輿舁に交代させた事例もあった(39)。必ずしも同一の輿舁集団に統一せずとも実際の輿の運用は可能であったのだ。このような汎用性の高い輿舁の利用が可能となった背景には、輿自体がもつ構造上の特性があったということができる。初期洛中洛外図屏風の場合、祭礼で用いられる輿以外では、全て腰輿が用いられている。この腰輿が移動手段として一般化したからこそ、様々な場で輿舁が存在できる素地が整ったということができよう。

(二)　輿舁の能力

前項までの検討では、中近世において輿舁がいかに広く存在し、また利用されてきたかを強調してきた。しかしながら、輿舁が誰しも担えるものであったかというと決してそうではない。それでは、どのような人物が輿舁となったのであろうか。この点を考えることは、輿舁が備えるべき能力がいかなるものであったのかを問うことにつながろう。本項ではこの点に着目し、輿舁の職能について検討を進めたい。まず史料を引用する。

一、早旦東御方美乃国御下向、龍光院御共、赤丸毎月為二御使一令二下向一之間、為二案内一者、万吉・番阿ミ同下向御共、御輿綱以下召上進了、就レ中直志院殿御上洛、至二京都一御同道、御輿舁以下召進了、人夫野田一人・法乗院一人、自二一乗院一一人到来云々、此人夫幷輿舁ハ、明日可レ帰者也、至二美乃一者京都之輿舁人夫等也、至二秋篠頬一北面以下御送ニ参申、自二秋篠一至二下狛一者秋篠ニ仰二付之一、自二下狛一至二京都一者自二下狛一古市陣可レ奉二送之一之由仰二付之一了、無為珍重々々、(40)

文明四年（一四七二）十月二十五日、大乗院門跡尋尊母の東御方が美濃へと下向した。大和から京都を経て美濃に至る経路が取られるが、本史料には、この旅に随行する警固衆の情報も記載される。これによると、秋篠から下狛までを北面が警固し、さらに下狛から京都にいたっては大和国人の古市が交代して担う。おそらく古市の郎党などにその役を担わせたのだろう。当該期は、物理的な戦闘行為は縮小しているものの、未だ応仁・文明の乱の最中であり、遠方への移動は幾重にも慎重を重ねて行われなければならなかった。もちろんこのこと以外にも、無法な山賊・強盗などに対する防衛もしなければならなかったのはいうまでもない。この一連の記述は、以上のような事情を鑑みて、地域勢力に応じて適切な警固を随行させることで、東御方の旅の安全を確保したことを示していると考えられる。

そして同時に、輿舁もまた京都に着いた後に切り替えられていることは看過できない。実は、遠方への移動の場合、輿舁が切り替えられた事例は他にも散見される。たとえば明応五年（一四九六）閏二月十三日、三条西実隆が春日社に参詣した際も、宇治神明社においてそれまで輿を舁いていた輿舁を返し、「南都迎衆輿・馬等」と落ち合って、その後の移動を続けていることが確認され(41)、また帰路においても宇治辺りにおいて輿舁の切り替えを行っている(42)。さらに、永正元年（一五〇四）三月二十九日、大和から上洛した「清円」なる人物が、山崎辺りにおいて宿泊する際、それまでの輿舁を返し、「山崎分ハ其所輿舁ヤトヒ」と、地域での輿舁の雇用を行っていることが知られる(43)。このような輿舁の切り替えが行われる要因はどのような点に求められるのだろうか。

遠方への移動の場合、物理的な警固の他に必要とされるものとして、適切な旅行行程の把握や地域状況に関する知識などがあげられよう。峠や山々の道の通り方や難所、あるいは天候の変化など、あらゆる部分で配慮を重ねなければならないのが前近代における旅のあり方だといえる。具体的な警固手段とともに、これらを的確に把握し、実行することこそがなによりも旅の安全を担保することにつながったものと考えられる。そしてこれを体現するものこそが、直接に輿を舁き移動させる主体としての輿舁たちではなかったか。現に、輿舁がルートの把握を行っていたことを想定させる事例も存在し[44]、遠隔地移動における輿舁の重要性が見て取れる。

　輿舁が単なる移動手段ではないことが、これらの事例から明らかであろう。遠方への移動を支え、安全に旅を遂行する主体として彼らは比類無き能力をもち、この能力に対して乗り主である公家、武家、上級僧侶は信頼を寄せたのである。移動に関するあらゆる知識を把握し安全に移動を担うことが、輿舁のなによりの職能であったと考えたい。

おわりに

　本章の目的は、中世後期から近世初頭をおもな対象として、輿舁の存在形態とその職能を具体的な史料に基づき明らかにすることであった。ここまで述べてきた論旨をまとめたい。

　まず大乗院における輿舁の運用については、門跡配下の輿舁と南都中の輿舁の二系統が存在したことを示し、中でも後者を重視した。この輿舁集団は、大和各地に存在する作手が門跡の要請に応じて輿舁として出仕したものであり、御作手と呼ばれる統率者に率いられていた。また彼らは課役賦課を免除される存在であり、奈良町中に住む都市民としての性格を有していた。

　一方、西洞院家における輿舁の運用についても洛中諸地域から雇用する輿舁と膝下荘園（紫竹）から徴発する輿舁の二系統が存在した。この二者の間には一定程度の使い分けがあり、政治性を帯びる儀式への参加や厳儀が求められる場合などは、後者が優先される傾向にあった。

　大乗院および西洞院家の両者とも複数の輿舁集団を使い分けており、このことは、室町後期から近世初期において、いかに多様な輿舁が各地に存在していたかを物語っている。

　しかし、多様な輿舁が存在する中、誰しもが輿舁として活動できたわけではないことも同時に確認した。輿舁は通行路の把握、地勢状況に関する知識など、移動に関する多種多様な知識を体得していなければならず、このことこそ輿舁の固有の職能として重視した。いうまでもなく、これらの職能は地域ごとに異なる輿舁がそれぞれ蓄積しているもので、このことによって遠方への移動の際は、地域ごとに輿舁を切り替える現象が発生した。

このように特徴をおさえると、これまでの輿舁に対する言説がいかに画一的であったかがあらためて理解されよう。そもそも輿舁は、都市民や荘民などが機会に応じて動員されるものであり、人夫役に近い利用のされ方であった。このような存在形態に対して、輿舁という固有の身分で統一的に把握することは不可能であり、同様の理由で身分そのものに由来する賤視も見出すことはできない。むしろ史料から読み取れるのは、固有の職能を保持し、機会に応じて輿を舁き、勤仕の反対給付として諸役免除が与えられた特権集団としての姿である。輿舁とは単なる移動手段なのではなく、移動を支え、また安全に旅を遂行する主体として欠かすことのできない者たちであり、移動に関しての比類無い能力を備えた職能集団として位置付けることが可能なのである。

（1）櫻井芳昭『ものと人間の文化史一五六　輿』（法政大学出版局、二〇一一）。
（2）三好伊平次「中世の状態」（『同和問題の歴史的研究』、同和奉公会、一九四三）。
（3）網野善彦『日本の歴史をよみなおす』（筑摩書房、一九九一）。
（4）井原今朝男「中世寺院を支えた寺辺の人々」（『史実　中世仏教二』第一章、興山舎、二〇一三）。
（5）『師守記』貞永四年六月十四日条。
十四日、辛丑、壬天陰、卯剋以後甚雨、午剋属晴、（中略）今日祇園御霊会如レ例、作山一両有レ之云々、今年笠鷺鉾無レ之云々、御行西一点無為神妙、少将井神輿為二武家沙汰一、仰二穢多《エンタ》一奉レ舁云々、尤有二其恐一者歟、神慮叵レ側（測）、久世舞車無レ之、大名不二見物一云々、（以下略）

本史料に引用される現象が生じる理由として、丹生谷哲一は、貞治三年六月七日の神輿神幸の際に生じた少将井神輿供奉の宮仕・神人と侍所小舎人の衝突をあげている（「犬神人小考」、『歴史研究』三三号、一九九四）。

(6) 石田尚豊編『日本の美術一三二　職人尽絵』（至文堂、一九八三）。

(7) 網野善彦『岩波セミナーブック一〇六　職人歌合』（岩波書店、一九九二）。

(8) 鈴木良一『（日記・記録による日本歴史叢書　古代・中世編一八）大乗院寺社雑事記　―ある門閥僧侶の没落の記録』（そしえて、一九八三）、同執筆「大乗院寺社雑事記」（『国史大辞典』第八巻、吉川弘文館、一九八七）。

(9) 『大乗院寺社雑事記』文明十六年四月五日条。

(10) 『大乗院寺社雑事記』文明十六年四月六日条。

(11) 『大乗院寺社雑事記』文明十六年四月十九日条。

(12) 瀧口学「中世興福寺の「力者」について」（一）～（三）（『鹿児島中世史研究会報』四八号～五〇号、一九九三～九五）。

(13) 『大乗院寺社雑事記』文明十六年四月六日条。

(14) 『大乗院寺社雑事記』における輿舁の運用とその経費を伝える史料を列記すると次の通りである。若君入室に際する「板輿舁粮物」六六〇文（寛正三年〔一四六二〕十二月七日条）、長谷寺参詣に際する「輿舁四人」八八〇文／人別二二〇文（寛正七年〔一四六六〕一月二十八日条）、慈恩会への出仕　五〇文（文明三年〔一四七一〕十一月二十九日条）、長谷寺参詣　八八〇文／人別二二〇文（応仁二年〔一四六八〕十一月二日条）など。

(15) 脇田晴子「中世商工業座の構造と展開」（『日本中世商業発達史の研究』、御茶の水書房、一九六九、初出一九六四）。

(16) 『大乗院寺社雑事記』明応四年正月二十六日条。

(17) 『大乗院寺社雑事記』文明十六年六月十三日条。

(18) 『大乗院寺社雑事記』明応六年二月十五日条。

(19) 『大乗院寺社雑事記』文明十年二月二日条。

(20) 『時慶卿記』文禄二年正月十四日条。

　十四日　天晴、（略）晩ニ日養一人雇、輿カ、セ候、左近（板屋）丞供ニ雇、又紫竹へ年貢事に遣、

(21) 『時慶卿記』文禄二年五月二日条。

　二日　天晴、小姫忌明ノ祝本願寺北方へ献二強飯一・法界一荷・干雪魚十ケ・指樽二荷、端坊へ強飯・桶樽一・干雪

魚五枚遣、老母御越候、輿舁二人日養也、又樽持一人雇、円内匠へ八飯斗遣也、（略）

(22)『時慶卿記』文禄二年二月十二日条。

(23)『時慶卿記』文禄二年二月七日条。

(24)『時慶卿記』慶長七年四月六日条。

(25)時代がやや下る史料であるが享保十四年（一七二九）の『山城国高八郡村名帳』では、大宮郷全体の村高を一六〇一石四升余とし、内訳は禁裏御料八六石七斗七升余、大徳寺領一二五二石八斗四升余、柳原家領八四石一斗七升余、三条西家領五〇石七斗、北野松梅院領九六石五斗三升余、西洞院家領三〇石とする。このうち西洞院家領の三〇石が紫竹地域にあたるものと考えられる。また、他の西洞院家領としては、上賀茂村の二石六斗二升、二条御城廻に一斗四升余が確認される（『日本歴史地名大系二七　京都市の地名』、平凡社、一九七九）。

(26)『時慶卿記』文禄二年閏九月六日条。

(27)本史料中には「高島西浜」の他、「高島石場」という語句も見える。西浜、石場（石庭）はともに近江国高島郡の中にある現・マキノ町付近にあたる。

(28)『時慶卿記』天正十九年閏正月九日条。

(29)『時慶卿記』天正十九年閏正月二十三日条。

(30)『時慶卿記』天正十九年四月四日条。

(31)『時慶卿記』天正十九年四月十七日条。

(32)『時慶卿記』天正十九年二月六日条。

(33)西山剛「細部への視点　京都地図屛風から」（『京を描く』、京都文化博物館、二〇一五）。

(34)『大徳寺文書』三三八八号。

(35)『時慶卿記』天正十九年正月二十一日条。

(36)熊倉功夫「公家衆の生活と文化」（『寛永文化の研究』第二部第二章、吉川弘文館、一九八八）。

(37)大塚活美「輿に乗る貴人」（『日本史研究』三三二号、一九八九）、瀬田勝哉「公方の構想」（『洛中洛外の群像』第一部第四章、平凡社、一九九四）、黒田日出男『岩波新書　謎解き洛中洛外図』（岩波書店、二〇〇三）。

(38) 時代が大きく下る史料であるが、文久三年（一八六三）石清水行幸に際して、次のような史料が見られる（文久三年『駕輿丁御用控』、国文学研究資料館所蔵）。

　一　三月十八日、壬生家ゟ使入来、直様参殿致候所、被㆓仰付㆒次第

来月四日　石清水社へ行幸御治定ニ相成候ニ付、一同へ相達候様被㆓仰付㆒之事、且此度者遠路之儀ニ付矢（八）瀬之童子、肩相揃候者を弐十人斗駕輿丁と語合相頼候様ニ御内意ニ付、直様一同へ丸太町岡村座人高木東作方ニテ席相立相談儀、此度を仮欠補多人数致候ハレハ□も六ツ敷候、（略）

四月八日の石清水八幡行幸に際し、行幸を担う禁裏駕輿丁は、不慣れな山道を不安視し、八瀬童子への援助を頼む。その時、「肩相揃候者」という限定をかけたことは、いかに天皇の輿を舁く上で、身長が重要だったかを物語っている。行幸では出来る限り水平に輿を推移させることが求められたのであり、輿舁の身長制限はこのことによって生じるものと考えられる。

(39) 前掲注(24)史料。

(40) 『大乗院寺社雑事記』文明四年十月二十五日条。

(41) 『実隆公記』明応五年閏二月十三日条。

(42) 『実隆公記』明応五年閏二月二十三日条。

(43) 『大乗院寺社雑事記』永正元年三月二十九日条。

(44) 輿を用いた移動において、その行程を把握する主体として輿舁が存在したことは『十輪院内府記』文明十四年（一四八二）十月二十七日条より見て取れる。

　廿七日、早旦暁鐘已報之後、晨鶏未鳴之時、向㆓伏見㆒、於㆓六条河原㆒輿丁迷㆑路了、然而自㆑跡伏見殿（邦高親王）御輿打燈《チヤウチン》出来之間、以㆑是為㆑使参入、於㆓竹田辺㆒天漸明、至㆓大通院㆒日出了、（以下略）

伏見に向かう道すがら、六条河原周辺で道に迷ったことを伝える史料であるが、その迷った主体こそ「輿丁」なのである。

終章　前近代社会における駕輿丁・力者・輿舁の存在形態

はじめに

終章にあたり、ここまで述べてきた論点を整理し、第一部、第二部を通じて輿を舁く人々の存在形態とその職能の特徴について考察を加えていきたい。

冒頭で示したように、本研究で向き合うべき課題は、①禁裏駕輿丁という職能集団が時代ごとにいかなる姿（社会的編成のあり方、上位権力のあり方およびそこから生じる特権の特徴）を見せるのか、②禁裏駕輿丁以外の力者や輿舁は具体的にどのような者たちであり、彼らの職能の実態と職能知はどのように把握できるのか、③輿を舁く職能をもつ人々を総体として把握したとき、そこにはどのような共通点・相違点が見られ、輿を舁くという職能の意義と社会的な位置付けはどのようなものか、ということであった。

本章ではこの課題にせまっていくため、まず研究の基本を成す第一部の禁裏駕輿丁（以下、駕輿丁とも表記）の姿を再度通時的に叙述することで、①に関してあらためて把握を試みたい。このとき本論の中では全く触れてこなかった駕輿丁の表象面に関する史料も含めて検討し、また重要史料は再度引用しながら立論していくこととする。

次いで②③へのアプローチとして、駕輿丁以外の他の力者、輿舁に関してもその存在形態を把握しつつ、駕輿丁・力者・輿舁がもつ職能の特徴とその共通点・相違点について比較し考察を行いたい。

第一節　中世における行幸の表象

朝覲行幸（太上天皇・皇太后に新年の礼を行うため実施する行幸）、方違行幸（他行に際し凶方を避け、前夜吉方の家に赴く行幸）、御禊行幸（臨時祭・大嘗祭の潔斎のため河原へ行く行幸）、臨時行幸（火災、武力衝突などの緊急時に居所から避難するための行幸）[1]など様々な目的で実施される行幸は、行列を見る人々に対し天皇や朝廷の権威を示し、その政治力・文化力・経済力を誇示する行為であった。しかしそれと同時に、行列を見る人々にとってはその豪壮で煌びやかな様子に触れ、楽しむ行為（祝祭的性質）でもあったといえる。そのため絵巻や屏風絵など数々のメディアの中に画題としてとり入れられ、多様に表象されてきた。中世において行幸はいかに表され、その表象の中で駕輿丁はいかに位置付けられるのか。本節では絵画史料および文学史料を用いてこの点を見ていきたい。

（一）　絵画史料

中世の行幸の様子が描かれている絵画史料のうち、代表的なものを列挙した。法住寺殿への朝覲行幸の様子を描いた図1（『年中行事絵巻』第一巻、住吉本）、昌泰三年（九〇〇）醍醐天皇の行幸を描いた図2（『北野天神縁起絵巻』承久本）、天正十六年（一五八八）における後陽成天皇の聚楽第行幸を描いた図3（『聚楽第行幸図屏風』）である。

まず図1である。画面右側には紫宸殿が描かれ殿上中央には天皇が描かれている。殿の階下には前庭が広がり、そこには今まさに運び込まれようとしている鳳輦とそれを舁く駕輿丁の姿が捉えられる。総勢二十名を超える駕輿丁は、一様に白袴を履いて退紅《たいこう》の狩衣を着し、黄の裲襠を付けて烏帽子を被る。同巻には法住寺殿に着御した

図１　『年中行事絵巻』（住吉本）巻一「朝覲行幸」
（福山敏男編『新修日本絵巻物全集24　年中行事絵巻』、角川書店、1978）

図２　『北野天神縁起絵巻』（承久本）巻三「朱雀院行幸」（北野天満宮所蔵）

図3　『聚楽第行幸図屛風』（堺市博物館所蔵）

鳳輦の姿も捉えられており、そこでも駕輿丁のスタイルに変化はない。

同様の描写が図2にも見られる。醍醐天皇が宇多法皇の居住する朱雀院を訪れ、政務委任について密儀を行おうとした。(2)その行幸の様子を描いたのが本場面である。御輿は宝珠を付けた葱花輦を描いているが、目測で総勢五十名程度の駕輿丁を描きこんでいる。行列の規模は大きく当該場面がいかに厳儀であったかを知ることができる。一方の駕輿丁の装束は白袴と退紅狩衣を着し、裲襠と烏帽子を備えるというものであり、先の図1の描写と親和性が認められる。

これらの絵画史料で表現される退紅狩衣は、輿舁仕丁など実務的・肉体的勤仕を担う下級官人の装束として規定されているもので、(3)両者の装束表現は当時の実態的な行幸の様子を表しているものと考えられる。では図3ではどうだろうか。

豊臣秀吉が自らの居城として建造したものが聚楽第である。大規模な堀に囲まれ、本丸・北ノ丸・西ノ丸・南二ノ丸などの諸曲輪が築かれ、豪壮な櫓・殿館・城門・塀などが建ち並んだ。また本丸内には五層の天守も設けられ、これら諸施設には金箔が施された瓦が葺かれるなど、聚楽第は豪壮を極めたものであった。この様子は、『聚楽第図屛風』（三井記念美術館所蔵）、『瑞泉寺縁起』（慈舟山瑞泉寺所蔵）、本作例（図3）など複数の絵画史料に残されている。中でも図3は、後陽成天皇がまさに聚楽第に行幸している様子を捉えている。

『聚楽第行幸図屛風』は元六曲屛風であったものが改変され（第一扇・第四扇欠失）、二曲一双屛風として伝来し、(4)現在は堺市博物館の所蔵となっている。とはいえ、現存する屛風の右隻には天皇を乗せた鳳輦の様子が明瞭に捉えられており、注目に値する。

鳳輦は前後四本の轅が備わり、目測で十三名の駕輿丁がこれを舁いている。天頂部に乗る鳳凰が館部分に比して巨大である点、屋根に蕨手が取り付けられている点、華麗な文様を備えた幕が利用されている点などは、天皇の鳳輦というよりもむしろ祭礼で用いられる神輿に近い印象を受ける。

また一見して明らかなように、図1・図2と異なり、本作では、駕輿丁の装束が白張で描かれている。現に聚楽第行幸の際、駕輿丁の装束が白張であったことは文献からも確認され、(5)同テーマを扱った本作以外の絵画史料でも駕輿丁は白張姿で捉えられている。(6)これは退紅とされていた駕輿丁装束の規定がある段階で揺らぎ、白張が用いられるようになったことを反映しているが、(7)十七世紀に至り、駕輿丁装束が再び白張から退紅へと復古した。(8)

これら図1〜図3の図像は、先述した通りいずれも行幸の様子を捉えた絵画史料である。ただここで確認しておきたいのは、行幸が可視化される際には、鳳輦・葱花輦を用いた進輿の様子が捉えられるということであり、当然ながらそこには勤仕する人数、装束の面では相違があるが、駕輿丁が決まって描かれるという点である。いわば駕輿丁は、天皇行幸を表象する上で欠くことのできない存在であると位置付けることができよう。この点を踏まえ、次に文学史料にあらわされる行幸の様子に目を転じたい。

(二) 文学史料

中世の行幸の様子を捉えた文学史料としてまず目を向けたいのは次の史料である。

『紫式部日記』「土御門邸行幸」

その日、あたらしく造られたる船ども、さし寄せさせてご覧ず。龍頭鷁首の生けるかたち思ひやられてあざやかにうるはし。（略）

御輿むかへたてまつる船楽、いとおもしろし。寄するを見れば、駕輿丁の、さる身のほどながら、階よりのぼりて、いと苦しげにうつぶしふせる、なにのことごとなる、高きまじらひも、身のほどかぎりあるに、いとやすげなしかしと見る。（略）(9)

（傍線筆者注）

寛弘五年（一〇〇八）十月十六日、一条天皇が藤原道長の土御門邸へ行幸した。このとき、一条天皇は生まれたばかりの孫・敦成親王（のちの後一条天皇）と初めて対面することとなった。いうまでもなく敦成親王の母は中宮彰子（道長娘）であり、記主・紫式部はこの彰子に侍す女性であった。

史料中、傍線部に着目したい。当該部分は、一条天皇の乗る輿が今まさに土御門邸に到着し、殿上に御輿があげられようとしている場面のものであり、その時、駕輿丁が大変苦しげにうつ伏せになっている様子を的確に捉えている。

記主である紫式部は、駕輿丁の勤仕に付帯する身体的苦痛に自身の心中の苦心を重ね、宮仕における本質的な苦悩に思いを馳せているのだが、なによりここで重視しなければならないのは、駕輿丁の進輿の具体的な所作が明らかになることである。輿をそのまま建物に入れる場合、階段を上り、身を折り曲げて輿の水平を保ち、天皇の居るべき場所に到らせるのが駕輿丁の役割なのである。同様の関心で、次の史料も重要である。

『狭衣物語』巻四

月日ははかなう過ぎて、宮の御果てなどいふ事どもも過ぎて、またの年の秋冬は、大原野・春日・賀茂・平野などの行幸あり。（略）

賀茂の行幸は、九月晦日なれば、野辺の草どもも、皆枯れ枯れになりて、道芝の露ばかりぞ、見しに変わらぬ心地しける。心は行かずながらも、あまたたび行き返りしそのかみは、何事をか思ひけんと、恋しう思い出づるに、例の御心の中をも知らず、川渡らせたまふほどは、駕輿丁の声々も聞きにくきを、身も投げつべき契りを、などこう言ふらんと聞かせたまう。（略）(10)

引用部分は十一世紀後半に成立した『狭衣物語』の最終部、様々な遍歴を重ねてもなお源氏の宮への思いを振り切ることのできない狭衣帝の心中を表現した部分である。傍線部の表現に着目したい。この部分は「いつも斎院（源氏の宮）を恋しく思い悩む御心中も知らず賀茂川をお渡りになる時に聞こえる駕輿丁の声が耳にさわった」と解釈でき、駕輿丁は天皇の恋愛の懊悩に水をさす存在として登場していることがわかる。しかしながら、やはりここでも注目すべきは、進輿の最中には駕輿丁のかけ声があったと表記されることである。場面はちょうど輿が渡川するときを描いており、この駕輿丁のかけ声は進輿をする上で、通常の道よりもさらに注意が必要な際に、輿を慎重に統御するために発されたものだと考えられる。

このように文学史料は、古文書や古記録からは明らかになりづらい駕輿丁の具体的な勤仕の姿を伝えてくれるもので、極めて重要な史料として位置付けることができる。さらに次の二点の史料は、駕輿丁と行幸の関係を考える上で看過することができない。

Ａ『太平記』巻第二「石清水幷南都北嶺行幸事」

（前略）南都の行幸こそ由々しき大儀なりしに、同じき三月二十七日、また比叡山に行幸なつて大講堂供養あり。（中略）たちまちに修造の大功を終へられ、供養の儀式を調へさせ給へば、一山も眉を開き、九院も頭を傾ける。行幸の粧きらきらしく、供奉の百寮ことどとく君主に随ひ奉る。まづ一番には、隼人の歩障百人、先に列をぞ引きたりける。その次に神宝を捧げ奉り、その跡左衛門尉藤原長雄・式部遠藤清有、左右に相双ぶ。（略）この跡は公卿なり。花山院長定卿・実廉・通冬卿・左衛門督隆資卿・権中納言実世卿・別当左衛門督藤房・侍従中納言公明・右大将道教・左大将経通・権大納言公宗卿、已上十二人。この跡は、褐の随身御先を追うて、駕輿丁数百人、鳳輦を捧げ奉る。御綱の次将十七人、兵杖を帯して左右に警蹕を進めたり（略）次第を守って供奉したる有様、前代未聞の行粧なり。

B『太平記』巻第十四「主上山門臨幸の事」

新田義貞・義助、いまだ馳せ参らざる以先に、主上は山門へ落ちさせ玉はんとて、三種神器を玉体へ添へ、鳳輦に召させたれども、駕輿丁もなかりければ、四門を固めたる武士ども、鎧着ながら徒立になつて、舁き進らせけるとかや。吉田内大臣定房公、車を飛ばせて参られたりけるが、御所中を走り廻つて見給うに、能く近侍の人の周章けるにや、明星・日の札・二間の御本尊、皆取り落し奉る。（略）[11]

（傍線筆者注）

ここに引用した史料はいずれも『太平記』に掲載された後醍醐天皇行幸の場面である。Aは元徳二年（一三三〇）三月二十七日に実施された比叡山への行幸であり、修復を終えた大講堂供養への臨幸が目的であった。次いでBも比叡山への行幸であるが各地で朝敵が蜂起する中、これを逃れるための避難の行幸であった。

両者は同じ比叡山への行幸でありながらその政治的意味は全く異なっていることはいうまでもない。前者は後醍醐天皇の即位直後から着工した延暦寺大講堂修復の大功を寿ぐための行幸であり、行列も大規模で、天皇の権勢が強力に表現されていた。しかし一方の後者は、建武政権が揺らぎ諸国に朝敵が武力蜂起している中での出来事である。行幸でありながら駕輿丁を集めることができず、四門警固の武士たちがこれを担って避難していることとがわかる。この場合、到底、行列を構成することはできず、そこに何ら天皇の権勢は見て取れない。実は、駕輿丁のいない行幸は他にもいくつか検出することができる。同じ『太平記』であれば、巻二「主上御出奔師賢卿天子の号の事」における笠置山への後醍醐天皇の出奔、(12)および巻三十一「佐々木秀綱討死の事」における近江国塩津近辺における避難の行幸などがそれである。(13)また『平家物語』には巻八「太宰府落」の場面に、緒方惟義の軍勢からの避難の際、安徳天皇が本来の駕輿丁が舁く輦輿ではなく、簡素な腰輿に乗せられたことが記されている。(14)

以上に見られる駕輿丁の無い天皇行幸（避難行幸）は、天皇の権勢が衰微あるいは失墜している様子を描いている点で共通している。先に、行幸を描いた絵画史料を点検する中で、「駕輿丁は、天皇行幸を表象する上で欠くことのできない存在」と述べたが、文学史料においてもそれは確認できる。しかしさらに着目されるのは、天皇行幸にとって駕輿丁は天皇の権勢・権威を表象する主体として位置付くということである。駕輿丁の有無が行幸の盛儀・非盛儀と対応関係にあることがなによりもこれを物語っているだろう。

第二節　行幸と禁裏駕輿丁の実態

（一）平安・鎌倉期の行幸と禁裏駕輿丁

前節で明らかにしたように、絵画史料や文学史料では駕輿丁は行幸において天皇の権威を表象する役割をもった主体として位置付けられていた。それでは、文献史料の中では、駕輿丁はいかなる存在として現れてくるのであろうか。断続的に検出される、行幸に際した駕輿丁の訴訟事例を素材に検討を加えたい。やや結論の先取りになるが、駕輿丁は実際の行幸においても欠かすことのできない重要な存在であった。彼らはこのことを逆手にとって行幸で訴訟に及ぶこととなる。以下、史料をあげたい。

十七日　天晴、北野行幸、（略）自二東洞院一北行、自二一条一西行、自二大〔西〕宮一北行、経二南大門一道也、自二大路西辺一有二雅楽寮幄一、其北右衛門尉幄、夾レ道有二右衛門幄一、其北有二左右兵衛幄一、於二鳥居下一々馬、上達部幄、道東辺在二西向一、御所廻二幔南頭一也、御所蔀幄西向、其後有二御在所幄一、其廻レ幔夾レ道東頭有二神宝物幄一、其東有二舞人陪従幄一、其東有二殿上人幄一、而皆南向也、（略）

次可レ舁二進御輿一之由、頻加レ催、幷駕輿丁等有二訴申事一不レ荷、右近荷（駕）輿丁男、大外記師道牛飼闘争、輿丁被レ切二損頭一、而兵衛府公男搦二件男一、於二牛飼一者右衛門尉頼則搦レ之云々、而依レ無二過失一被レ搦、可レ有二恩免一之由訴申也、左（右カ）近衛駕輿丁等一同訴申、仍触二申子細於大将定俊一、以二頭弁一奏聞、摂政宣云々、還御後可レ有二沙汰一者、仍仰二此旨一令レ荷、左近府大将又仰二此旨一被レ加レ催、頻被レ催、荷二進御輿一、日没程也、（下略）(15)

天永四年（一一一三）八月十七日、鳥羽天皇は北野社へと行幸した。当該儀式の規模は大きく、境内には御座所が設置され、また周囲は幔幕を廻らせて空間を仕切り、雅楽寮、右衛門府寮、左右兵衛府寮などの諸官衙がここに配置された。このうちの一つには北野社が所蔵する神宝も展示されたようだ。

事件は還幸の段階に至り勃発した。「右近荷輿丁男」（右近衛府駕輿丁）と大外記・中原師道の使役する牛飼の間で喧嘩が勃発したのである。これは「輿丁被レ切二損頭一」という表記から明らかなように、刃傷沙汰にまで展開し両者が鋭く対立する事態へと及んだ。これを打開するため「右近荷輿丁男」が兵衛府公男によって、牛飼は右衛門尉頼則によってそれぞれ拘束されたが、駕輿丁は「依レ無二過失一被レ搦、可レ有二恩免一之由」と主張し、駕輿丁一同で訴訟に及んだのである(16)。当該史料の中でなによりも着目しておきたいのは、訴訟の具体的な方法として、主催者側が幾度も進輿を要求してもこれに応じず、御輿を舁かなかったことである。

同様の事例として、仁治三年（一二四二）八月二十二日に行われた後嵯峨天皇の方違行幸があげられる(17)。この日、天皇は西園寺公経邸へと方違をすることになっており、御輿の奉舁は左近衛府駕輿丁があたることとなっていた。しかし、駕輿丁が宮門へ入ろうとした際、守護する武士がこれを禁じてしまったのだ。駕輿丁は自らを「重役公人」と称して入門を要求したが、守護の武士との間に軋轢が生じ刃傷沙汰に展開した。この喧嘩で駕輿丁は「大略及二死門一」ぶほどの被害を被ることとなったのだ。この時、駕輿丁は一同で訴訟に及び「出二御南殿一之後群訴、不レ進二御輿一」と天皇の直近で群訴し、そして先の史料と同じように御輿を止めるという実力行使を行った。

ここに引用した事例はいずれも駕輿丁が牛飼や武士など他の社会集団との間で喧嘩を行い訴訟に及んだものである。つまり、自らの集団に不名誉な事態が現出し、具体的な被害が生じた場合、彼らは自らが担う輿への勤仕という職能を放棄し、いわばストライキを行使することで上位権力に昂然と対峙し、自身の要求を突きつけていたのである。

（二）室町時代の行幸と禁裏駕輿丁

本項では、前節の問題意識を引継ぎ、室町時代以降の事例を見ていくが、実は、中世前期と後期の駕輿丁の集団的特質を考えたとき、極めて大きな変質が存在する。第一章で掲出した模式図を再度あげ（図4）、中世における駕輿丁の存在形態の変化をみたい(18)。

A上洛勤仕段階

諸国で把握された駕輿丁が上洛し、行幸をはじめとする諸儀礼に出仕する形態である。この段階では京都外部における自律的な駕輿丁の集合性は存在せず、駕輿丁の活動地は天皇が存在し、行幸等の諸儀礼が企図される京都のみであった。九世紀から十二世紀頃にかけて、しだいに官司厨町を拠点に禁裏駕輿丁を含む下級官人が在京

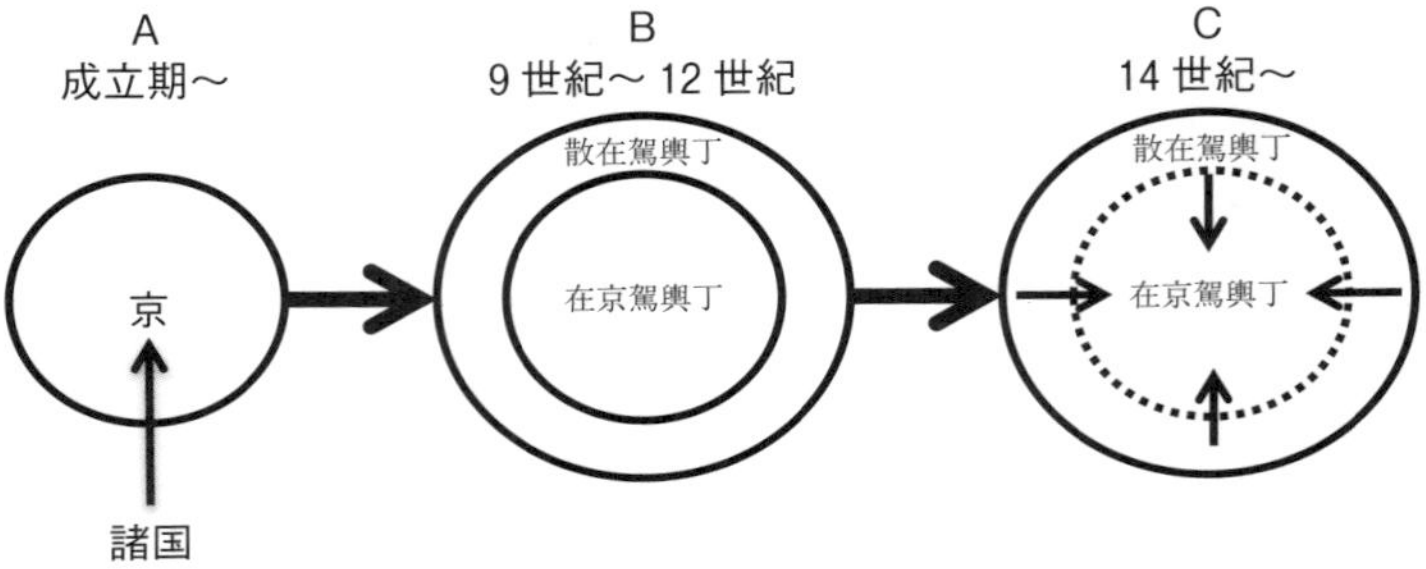

図4　中世における禁裏駕輿丁の存在形態の展開に関する模式図（再掲）

化することに伴い、京外に散在する駕輿丁から分化していくこととなった。

B在京・散在体制段階

在京（主たる勤仕主体）と散在（補完的勤仕主体）の二重構造となった段階（在京・散在体制）。この時、左右近衛府および左右兵衛府が駕輿丁の統括に濃厚に関与しており、なかでも近衛府の庁頭・惟宗氏と駕輿丁は家司的、あるいはそれに準ずる形態で関係を取り結んでいた。

散在駕輿丁は、在京駕輿丁の人数が減少した場合、それを補完する機能をもった。いわば行幸への臨時的勤仕が散在駕輿丁の役務であったが、特権身分であることにかわりはなく、勤仕せずとも特権を享受できたものと考えられる。十四世紀以降、この性格はより顕著となっていき、次第に特権をメリットと考えた外部の商人が散在駕輿丁に参入することとなり、駕輿丁に商業的な性質が備わっていった。すなわち古代・中世移行期における在京・散在体制の成立こそが、駕輿丁の商業者化という現象を胚胎させたといえる。

C在京・散在の融合段階

十三世紀末段階に至り、駕輿丁は旧来の庁頭である惟宗氏との主従関係から離脱し、南北朝期に至っては新たな後楯として小槻家を獲得した。この背景には、内乱期における朝廷側の臨時行幸整備に伴う駕輿丁組織の再編があり、在京駕輿丁の減少克服をきっかけとした散在駕輿丁の京都流入があったものと考えられる。ここで参入した散在駕輿丁はすでに商人として成長した者たちであり、京都における商業活動がその後、活発に展開されるようになった。このとき、山科家などの既得権益者との軋轢が生じ、相論、訴訟などが頻発する。駕輿丁はこうした軋轢を小槻家、幕府など新たな後楯を頼りとしながら打開していき、京内にも商業的地歩を固めていくことに成功し、在京と散在の区別は次第に曖昧になり一体的な駕輿丁組織が現出していった。

如上の整理に照らして考えると、室町時代の駕輿丁は、在京駕輿丁と散在駕輿丁が融合し、商業者集団として確固たる地歩を築いた者たちであったと考えられる。

このことは、彼らが勤仕する行幸の変容とパラレルな現象として発現してきたと考えられる。ここで序章において掲出した中近世の行幸に関するグラフを再度参照されたい（序章表1・図2）。

鎌倉時代後期から南北朝時代および両朝合一の時代（一三〇〇～一四〇〇年）に注目すると、著しく行幸の回数が減少し、かつ行幸の目的地が近郊寺院および内裏内という極めて近接した地点に限定されていることがわかる。回数減少や遠方行幸の停止は、駕輿丁の輿を舁く職能を一定程度希薄化させる要因になったと考えられる。そしてこのことは、職能の専門性という参入に関する敷居を下げ、外部からの参入を容易にさせていき、室町期における駕輿丁の顕著な商業者化の大きな要因になったものと推察される。

それでは、室町期においては、彼らは行幸を通してどのような訴訟を起こしていくのであろうか。このことを考えるとき、次に掲出する史料に着目できる。

十一日、乙丑、晴、今暁寅下剋行幸腰輿、日野侍従政資第、白雲寺狭少之上、(盂脱カ)蘭盆行事等可レ有二沙汰一之処、不慮依二火事一、俄行二幸此寺一今安禅寺殿御座、仍土御門殿修理被レ忩レ之、其間政資家可レ為二皇居一之儀也、駕輿丁条々訴訟、棟別事、打破《葛川》木自二修理職一違乱事、茜商売違乱事等也、依二此事一相支及二訴訟一、各先厳密御

成敗之間、官務致ニ宥下知一、先無為参勤云々、[19]

文明十一年（一四七九）七月十一日、後土御門天皇は火事を受けて避難し身を寄せていた安禅寺から日野侍従政資第へと行幸した。これは輦輿ではなく腰輿での行幸であったが、新たな御座所への天皇の移徙であり、駕輿丁もこれに勤仕した。しかし、駕輿丁は、ここで訴訟に及ぶこととなる。その理由は、土御門内裏造営費用として棟別銭が賦課されてしまったこと、駕輿丁が取り扱っている打破木を修理職が差し押さえてしまったこと、[20]駕輿丁の独占であるはずの茜商売が、他の商人によってその権益が侵されてしまったことの三点であった。

具体的な訴訟の方法が「相支」、すなわち本来つとめるべき御輿の奉舁に支障を来すストライキ行為であったことは先に見た事例と共通する。しかしながらここで注視したいのは、駕輿丁が訴訟に及んだ理由が、他者からの商業特権の侵害であった点である。すなわち駕輿丁は、少なくとも十五世紀後半段階（商業者集団として確固たる立場を確立した段階）では、自らの権益の維持を目的として、行幸において訴訟を展開するようになっていたのである。言い換えれば、著しく商業者化した駕輿丁にとっての行幸は、自らがもつ特権の正当性を主張し、その追認を獲得する場として位置付けられるのである。

（三）　訴訟手段の強化

前項で確認したように、十五世紀段階に至り特権商業者集団としての駕輿丁は主に特権維持の側面で行幸を利用していた。実は当該期においては、さらに強固な訴訟手段が生み出されていた。寛正五年（一四六四）五月日付「左近衛左兵衛両府駕輿丁申状」を見たい。

左近衛府・左兵衛府の両駕輿丁の申状である本史料は、味噌屋課役、酒屋公事、挙銭公事、御服商売、米以下諸商売の五項目にわたって商売特権の追認を求めたものである。本史料中、とくに御服商売に関して、次のような文言が確認されることは重要である。

次御服商売事者、別而駕輿丁輩落中落外（洛中洛外）進退仕事候を、近年散在候て破二大法一、於二路次少路一候て、任二雅意一沽却仕候、以外自由至候、加様ニ成行候者、駕輿丁輩皆々かけ落可レ仕候、可レ致二成敗一旨、被レ成二下案堵（安）一候者、畏存候、[21]

御服に関しては、駕輿丁が洛中洛外における商売権をもつはずであるのを近年各地でこの原則を破り、至るところで勝手に商売をしているのは甚だ問題である、というのが大意であるが、その後に続けて駕輿丁が「加様ニ成行候者、駕輿丁輩皆々かけ落可レ仕」と主張するところは看過することができない。つまり駕輿丁は自らの主張が認められないのならば、駕輿丁の身分を放棄することも辞さない、と強弁したのである。

前項の図4におけるCの段階で、室町時代の駕輿丁は「在京と散在の区別は次第に曖昧になり一体的な駕輿丁組織」を成していったと述べた。実はこのことは十五世紀前半に至るとさらに顕著となり、左右近衛府・左右兵衛府に属するそれぞれの駕輿丁は「四府駕輿丁」という名称のもと一体の組織となっていった[22]。本史料においても前代は個別の組織として活動していた左近衛府・左兵衛府の駕輿丁が同様の利害に結ばれ共闘していることが見て取れ、融合的な駕輿丁組織の存在を知ることができる。

もっとも、当該期において左近衛府駕輿丁の中では内部対立が勃発しており、猪熊座なる組織が分化してきた状況も見て取れる。この時期の駕輿丁は、内部においては矛盾を抱えながらも、外圧に対しては統合的な組織で一体的に訴訟が行い得たのであり、それこそが室町後期における駕輿丁の組織性なのである。

いずれにせよ、統合的な四府駕輿丁という組織性の獲得が駕輿丁の身分放棄の主張を可能にしたといえる。また同様の史料の中で駕輿丁は「駕輿丁輩ハ　禁中日夜朝暮御番、同三節会・行幸役人幷八幡御放生会・北野神事等、毎度大儀の御役を懃仕候へ共、別而不レ被レ下二御訪一、自二往古一諸商売之御公事御免除儀、蒙二　朝恩一候て、大儀之致二奉公一候」とも主張する。ここからは彼らが朝廷儀礼、神社祭礼へと勤仕する比類なき身分であるという強い自負が読み取れ、このような意識と一体的な駕輿丁組織の実現によって、訴訟手段としての身分放棄がより強い有効性をもったといえる。

とはいえ、御輿の停止や身分放棄は、駕輿丁が他の社会集団へと代替がきかないからこそ有効性をもつ。それでは駕輿丁が「代替されない要因」とは彼らのどの部分から生じてくるのであろうか。節を改めて考えたい。

第三節　代替されない要因　―職能の特徴

駕輿丁が代替されない要因は、彼らが帯びる職能にあった。ここで一旦行幸から離れ、祭礼に目を転じたい。既に引用した史料でも明らかなように、駕輿丁は北野社の祭礼（北野祭礼）において神輿に勤仕する存在であった。[23] 祭礼における神輿渡御は行幸と等しく、駕輿丁にとって存立の基盤ともなる極めて重要な儀礼であったといえる。

北野祭礼は、永延元年（九八七）より始められたとされ、十一世紀初頭には、朝廷（内蔵寮）から官幣が奉られる公的な祭礼となった。この祭礼は「北野天神会」「御霊会」とも称され、御霊会としての性格を帯びており、京都の都市祭礼として極めて重視されるものとなった。その後、永承元年（一〇四六）に至り、後冷泉天皇母・藤原嬉子の国忌と重なるため、式日が八月四日に改められ、四日に官幣をたて、五日に御霊会を行う祭礼として定着した。室町時代には、足利政権によって祭礼料所が設定されるなど各種の保護が加えられるが、応仁・文明の乱によって中断し、長く神輿渡御が途絶えることとなった。[24]

そのような中、再び北野社に強く着目し、新たな保護を与えていったのが豊臣政権である。中でも豊臣秀頼は慶長十二年（一六〇七）に至り大規模な社殿修造を行った。この時、祀られている神体を動かす必要が生じ、あたかもかつての祭礼のような神幸・還幸儀礼がもたれることとなった。次に引用する史料はこれに関連したものである。

　北野社出来間有二遷宮一、御輿を松梅院遷せんとせられけれとも、曽て不レ動、然而古例を改、引付を被レ見けるに、西の岡の者昔者御輿を負けるとて彼郷ェ被レ尋に、ゆかりの者無レ之と云々、色々相尋けれは、京に一銭剃刀して渡世の者有レ之、彼者の先祖昔も天神の御輿を負けるとて召出す、さて彼者来て御輿を持けれは、安々とあかりけり、上下成二奇特一、近年北野に舞殿なかりしか、比度悉造営、次に新舞殿被レ建、則右御輿持たりし者、為二禰宜一彼舞殿令二在社一、参詣貴賤最花銭を与レ之、(25)

引用史料は記録風年代記『当代記』に慶長十三年頃のものとして掲載された記事である。修造成った北野社へ当時の筆頭祠官家であった松梅院が神体を遷宮しようとしたところ、神輿が上がらず動かすことができなかった。そこで諸方探し回り、先祖が北野社の神輿を舁いていたという「一銭剃刀して渡世の者」を探し出し、これに神輿を舁かせたところやすやすと上がり、遷宮が完遂されたことを伝えている。

風聞的性格を有する記録であり、そのまま史実と認めることはできないが、一銭剃刀渡世の生業をもつ人物が、神輿駕輿丁の系譜に位置付き、渡御を完遂させる、という説話の構造は、神輿を舁くという能力が駕輿丁という身分に付帯するものではなく、駕輿丁一族という血筋に宿るということを思わせ、極めて興味深い。

また、この点に関係し、次の史料も重要である。

　公方様渡二御右京大夫(京極持光)亭一、祇園会御見物云々、今日祇園会西初云々、夕立最中間、笠山以下悉雨ニ逢了、不便躰云々、公方様渡二御右京大夫亭一遅引故云々、如何、於二河原一(人脱カ)祇園駕輿丁与小舎人雑色喧嘩出来、両方手負数十人在レ之云々。仍御輿一社捨二置河原一間、小舎雑色等下部并当職内者共三四百人奉レ舁レ之、神輿不二上御一、仍祇園大門マテ奉引云々、(26)

祇園会神輿駕輿丁は、社会集団としては禁裏駕輿丁とは異なるが[27]、本史料は輿を舁く行為を考える上で示唆に富むものであるためここに引用した。

永享三年（一四三一）六月十四日、祇園会の神輿還幸にあたり相論が勃発した。鴨川において祇園会神輿駕輿丁と小舎人雑色が喧嘩に及び、両方で数十人の手負いを出したのだ。これに立腹した駕輿丁が鴨川原に神輿一基を捨て置き、そのまま放置してしまった。

相論等で訴訟に及び、進輿に支障をきたすことで自らの主張を表明する行為はこれまで見てきた通りであるが、本史料で重要なのは、放置された神輿を「小舎（人脱カ）雑色等下部幷当職内者共三四百人」で舁こうとしても上がらず、そのまま引きずる形で還幸したことだ。

鳳輦・葱花輦・神輿などの御輿は、金属・染織などで彩られ、また長大で重厚な轅がとり付く極めて大きな重量の構造物である。これを肩に載せて移動させるには複数の舁き手の一体的な力の統制が必要となり、急ごしらえの集団では安定した進輿は不可能なのである。本史料はまさにこのことを裏付けており、同時に駕輿丁のもつ異能としての職能の特徴を物語っている。

第一節において述べた身体を折り曲げ、苦痛を強いられながら鳳輦の勤仕を行う駕輿丁の様子、また声をかけあいながら鳳輦の進行を管理した駕輿丁の姿を想起したい。行幸とともに長大な歴史を生きた駕輿丁は、その間に輿を舁く身体を磨き上げ、進輿に関して比類なき技術と知識をもった職能民としての地歩を固めたのである。

先に指摘した通り、南北朝から室町期においては、行幸の回数減少・遠方行幸の停止に伴い、駕輿丁のもつ職能（異能）は希薄化し、外部商人の参入を許しながら商業者集団の側面が著しく増していった。しかしながら行幸は完全に停止したわけではなく、中世を通じて持続されたのである。このことにより、駕輿丁が朝廷にとって必須の職能民であった事実は揺らぐことはなく、職能も駕輿丁の内部に温存されていたと考えられる。すなわち行幸は、駕輿丁の特権追認の場として有効に機能したのである。

小　括

以上、これまでの論旨を端的に述べると、おおよそ次の諸点にまとめられよう。

①天皇の輿舁である禁裏駕輿丁は、九世紀〜十二世紀段階において、畿内近国を拠点として勤仕に応じて上洛する集団と、洛中において居住し職務勤仕を行う集団とに分化し存在した（在京・散在体制）。

②駕輿丁はこの間長大な時間をかけて進輿に関する知識と技能を獲得し、行幸を成り立たせる上で必須の存在となっていった（天皇行幸の権威を表象する主体）。

③九世紀〜十二世紀、駕輿丁が帯びる特権をメリットと捉えた外部の商人が、勤仕実態の薄い散在駕輿丁に参入することで、駕輿丁に商人的な性質が付与された。

④十四世紀、在京駕輿丁の減少補塡で散在駕輿丁が上洛し、在京・散在が混じりあい一体となった組織が成立した。

⑤十四世紀〜十五世紀にかけて行幸の実施回数の減少および遠方行幸の停止により、駕輿丁たちの輿舁たる専門職能性は一定程度希薄化し外部商人が参入、商業者集団としての駕輿丁に変容した。また同時期に駕輿丁内部において対立が生じ、左近衛府の中から猪熊座が分化した。

⑥中世を通じて行幸は持続されたため、朝廷における駕輿丁の必要性は減じず、温存され続ける。

これらの点により駕輿丁が巧妙に天皇権威を利用しつつ成長を遂げた特異な社会集団であったことが示されたと考える。このような特徴をもつ駕輿丁は、その後近世に至っても持続をみた。

既に山口和夫が端的に示したように近世社会においても行幸は実施された(28)。前代に引き続き遠隔地への大規模行幸は減少するが、宮門内あるいは京都内部においては、なお頻繁に行幸が実施されていたのである。[29]むしろ、十七世紀前半以降においては行幸の予行演習ともいえる「行幸御習礼」があらためて重視され、[30]前代に比べ緻密に準備が行われていたともいえる。当然ながらこのような近世における行幸を成り立たせる上で、駕輿丁が必須の存在であったことは言うまでもない。

万治四年（一六六一）正月十五日、左義長による失火が原因で生じた大規模な火災では、後西天皇は花町殿御殿、八条殿、北川原を経由し最終的には照高院に行幸した。この臨時行幸で出御した鳳輦には「駕輿丁少々」が勤仕したことが確認できる。[31]また寛文十三年（一六七三）五月八日、広橋貞光邸から出火した火災は、女院御所、法皇御所、新院御所、禁裏御所を焼き、霊元天皇は上御霊社へと行幸をした。やはりこの時にも駕輿丁が参集し供奉していたことがわかる。[32]

引用した事例はいずれも臨時行幸の事例であるが、これらの事例は緊急事態に際して即時動員が可能なほど、駕輿丁が十分に朝廷内部に準備され、制度として機能していたことを伝えている。

祇園会神輿轅町によびかけ、駕輿丁減少の補塡を図ろうとしたとはいえ[33]一方で、臨時行幸以外では御所の内部またはごく直近地域に行幸の範囲がさらに縮小されたことも事実である。それに従い、駕輿丁の身体的技能・知識は前代よりもさらに著しく衰退していったものと考えられる。現に文久三年（一八六三）における孝明天皇の石清水行幸に際して、遠所への進輿であることを理由に八瀬童子に助力を求めたことは、あるいはこれを裏づけよう。[34]

この勤仕からの乖離ともいうべき状況の中で、駕輿丁の名誉職化が進み、数々の商人が駕輿丁号を獲得していったと考えられる。勤仕の実態が薄い駕輿丁は、名誉や商業上の特権（諸役免除）を欲しがる商人にとってまさにうってつけの身分であったのだ。これを物語るように、近世に入ると駕輿丁身分は地下官人のうち下官人に序列され、その地位は株化し売買可能となり、富裕町人層に獲得されたのである。[35]法衣・西村惣左衛門、[36]清水焼・清水六兵衛[37]、呉服・髙島屋の初代〜三代飯田新七[38]は駕輿丁として活動した特権的職商人であった。また村和明が明らかにしたように、豪商・三井家の内部序列一位、二位であった北家、伊皿子家では歴代の当主や手代が駕輿丁へ就任し、十八世紀段階においては北家の世襲となっていった[39]。

彼らには、諸役免除特権とともに鑑札の発行、帯刀許可、菊御紋提灯の付与などがあり行幸以外でも駕輿丁として可視化され、町共同体の中の他の構成員とは区別される存在となっていった。

また近世に至ると、中世段階にあったような駕輿丁の激烈な相論や訴訟は影を潜めるのも特徴である。これは行幸自体の頻度や範囲が限定的なものになっていくこと、また先に指摘したように、行幸の縮小に伴い駕輿丁の専門的な職能が希薄化し、もはやその放棄が駕輿丁にとっての交渉の武器にはならなくなったからだと考えられる。つまり、駕輿丁の勤仕実態の低下とそれに伴う名誉職化はこの点にこそ見出せるといえよう。

しかしながらここでなによりも注意しなければならないのは、行幸自体は縮小しながらも持続され続けた、という事実である。行幸は、「天皇の他行」が儀礼の中核に位置する。移動という基本的な行為だからこそ、規模の差はあれ、通時代的に維持されてきたのであり、その担い手たる駕輿丁も同様に朝廷社会の中で温存されたのである[40]。

第四節　輿舁と力者

(一)　輿舁と力者の勤仕と特権

駕輿丁は行幸における天皇の権威を表象する主体である、という先の指摘を再度確認しておきたい。行幸では、彼らの輿を舁くという行為なしには天皇の権威は表象されない。中世後期以降、駕輿丁は商業者集団としての側面が強化されてきたことは先に述べたが、その源泉である諸役免除特権は、駕輿丁が輿舁として朝廷に勤仕するからこそ発されるものであり、駕輿丁の最も根本的な存在形態は天皇の輿舁であるというべきであろう。

それでは、第二部で述べてきた力者や輿舁は、舁くという行為によってなにがもたらされ、どのような利益を得たのであろうか。冒頭で掲げた駕輿丁以外の力者・輿舁の存在形態とその職能について、ここであらためて捉え直し、前近代社会において輿を舁く職能はいかなる意義をもつのか探っていきたい。

◆八瀬童子（山門輿舁・室町将軍輿舁）

八瀬童子は青蓮院に所属し、上層僧侶が叡山を登山・下山するときこれに勤仕する職能民であった。また一方で彼らは杣人でもあり、山林資源を産出しながら、そこで獲得される山々の知識を生活知として集積し、また山々を生活の場としつつ身体的な技能も向上させたと考えられる。

室町時代に至り、足利義満の比叡山御幸の際に将軍の輿舁として勤仕し、以後同様の儀式が行われた際は八瀬童子の勤仕が慣習化した。前代までで蓄積された生活知と技能が、比叡山御幸という政治儀礼の中で引き上げられ、厳儀の中に編成されたということができる。八瀬童子はこれをきっかけとして諸役免除特権を拡大し、自らの生産活動や商業活動を大きく展開させた。室町幕府が御幸儀礼に際し、八瀬童子の違乱を恐れて彼らの特権を追認していく史料も残されている。

◆大雲寺力者（天皇葬送の輿舁）

大雲寺力者は、天皇、上皇、女院など極めて高位の人物の葬送儀礼において宝龕勤仕を行う職能集団であった。とくに彼らは、龕前堂において天皇の棺が入れられた宝龕を舁き、移動させる段階で職能を果たした。宝龕とは、被葬者である天皇に仏性が付与され、聖別された存在となったことを意味し、宝龕の移動は葬送儀礼全体の中でもとりわけ中核的な儀礼として位置付けられた。葬送儀礼における彼らの職能の中核はここにこそ存在した。また、近世を通じて大雲寺力者は大徳寺、妙心寺、知恩院など京中の名刹に勅使がたてられた場合、その力者として活動する側面もあった。御所を離れて遠行するような行幸が停止しており、既に大規模な行列儀礼が行われなくなった段階で、未だ実態的な職能を有していた一つの集団が大雲寺力者なのである。そして、この点に着眼した公武が、新体制として刷新する後光明院の葬送儀礼に際し、彼らの動員をはかったものと思われる。

しかし特権面を見れば、他の輿舁や力者と比べ特権を得ている様子は、史料からは判然としない。もちろん、勤仕に付帯する給与として幾許かの下行を得ていたことは確認できるが、それが自らの集団を維持するほどのものであった所見は見出せない。むしろ大雲寺力者の場合は、神聖な職能を帯びる、という名誉職の性質が強く、これを他の社会集団と自らを区別する論理として活用していたものと考えられる。

◆祇園会神輿駕輿丁

祇園会神輿には、主祭神である牛頭天王を乗せる大宮神輿、その妻神・婆利采女を乗せる少将井神輿、さらに八柱の子神を乗せる八王子神輿の三基がある。このうち、大宮神輿は、摂津国今宮村の漁民が上洛し、大宮駕輿丁となって勤仕し(41)、残り二基の神輿は、京都に居住する町人が差定され勤仕し、神輿駕輿丁を出す町々は近世に至ると轅町として把握されていた。このうち、とくに八王子神輿を舁く人々を出す町々は、東西が万里小路―室町間、南北は綾小路―五条間に集中して所在し、これは祇園社・大政所御旅所旧地を囲繞していた。このことは、在地側の祭礼のセンターたる御旅所に駕輿丁差定の根本原理があったことを示しているといえる。

神輿に勤仕した人々の中で特権をもつ存在として明白なのは、大宮駕輿丁である。当該集団は、朝廷の御厨子所にも所属し今宮供御人として諸役免除特権を帯していた。彼らは祇園会に際して上洛し、祭礼の期間限定で魚

反対給付	特権の活用	職能に基づいた特権の有無
・諸役免除 ・関所往来権 ・独占販売	商業活動の維持拡大	○
諸役免除特権	薪炭商業活動 共同体における区別化(名誉)	○
賃金の下行	共同体における区別化(名誉)	
①大宮駕輿丁　諸役免除 ②③八王子・少将井　とくに無し	①魚介商売の独占営業 ②③共同体における区別化(名誉)	
課役(壺銭・郷銭)免除	商業活動の維持拡大	○
・金銭下行 ・保護優遇	共同体における区別化(名誉)	

介商売の独占権をも行使することができた。朝廷と神事を連動させることで大きな勢力を握った者たちである。

一方の八王子駕輿丁と少将井駕輿丁は、上位権力から諸役免除等の特権が付与された形跡はない。とはいえ、神輿の輿舁であることを利用し、自らの町に祇園神輿を引き入れ、桟敷を構えるなどの行為をしていた。ここからは役町として神輿渡御の差配権はあくまでも町側にあるという意識が見て取れ、このような轅町の意識と振る舞いは、なによりの特権行為であったといえよう。そしてこのことが、他の町とは異なる町として轅町が区別される要因にもなったであろう。

◆その他の輿舁・力者

その他の輿舁・力者として本書では大和国大乗院配下の輿舁、公家の西洞院家に差配される輿舁についても言及した。まず大乗院における輿舁には門跡配下の輿舁と南都中の輿舁の二系統が存在した。このうち後者は、大和各地に存在する作手が門跡の要請に応じて輿舁として出仕したものであり、御作手と言われる統率者に率いられていた。彼らは課役賦課を免除される存在であり、奈良町中に住む都市民としての性格を有していた。

次に西洞院家の場合では、輿舁の運用についても洛中諸地

表1　駕輿丁・力者・輿舁の特権とその活用

	集団名	所属	勤仕内容	舁く対象
a	禁裏駕輿丁 （北野祭礼神輿駕輿丁）	左近衛府 右近衛府 左兵衛府 右兵衛府	・行幸 ・北野祭神幸還幸	・天皇 ・北野社の神々
b	八瀬童子	青蓮院門跡 梶井門跡	・山門貴顕の登下山 ・室町将軍の比叡御幸	・山門貴顕 ・室町殿
c	大雲寺力者	大雲寺	天皇葬送時の宝龕渡御	天皇の棺
d	祇園会神輿駕輿丁	祇園社	祇園神輿渡御	①牛頭天王 ②八王子神 ③少将井神
e	大和御作手・作手	大乗院	・寺社内の移動の勤仕 ・日野富子の伊勢参宮勤仕	日野富子他
f	紫竹輿舁	西洞院家	時慶等移動の勤仕	西洞院家の面々

域から雇用する輿舁と膝下荘園（紫竹）から徴発する輿舁の二系統が存在したことが明らかとなった。この二者の間には一定程度の使い分けがあり、政治性を帯びる儀式への参加や厳儀が求められる場合などは、後者が優先される傾向にあった。

また西洞院家に使役される輿舁たちに特権が与えられた形跡は確認されないが、紫竹輿舁の場合で見たように、輿舁たちに人足役が賦課されたとき、西洞院時慶が内々に有力者に働きかけ、彼らの人足役免除を獲得した事例が検出された。これは自らの家政機関の一部として紫竹輿舁を重視し、格別に保護を加える姿勢を示しているといえる。前近代における遠行等の移動は常に危険が伴うものであり、その行程の安全は輿舁により担保された。西洞院家に見える輿舁への優遇は、道行における専門職能集団としての敬意と信頼によって生じたものであると考えられる。

これら各種の輿舁・力者の存在形態とその特権のあり方を一覧すると、**表1**のようになる。一見して明らかなように、同じ輿を舁くという職能であっても、輿に乗せる対象によってその反対給付は様々である。

禁裏駕輿丁（a）のように、極めて大きな特権を獲得する社会集団がある一方、祇園会神輿駕輿丁のうち八王子神輿駕輿丁や少将井神輿駕輿丁（d—②③）、大雲寺力者（c）、紫竹輿舁（f）などは一定程度の下行は行われるものの、諸役免除特権が下された形跡は確認できない。

祇園会神輿駕輿丁の場合は、中世段階には室町幕府が差定を担っていたものの、近世に至ると実際に輿舁を出す轅町の権限が大きくなり幕府や神社の直接的な介入が見られなくなる。紫竹輿舁は、公家・西洞院家の家政機構の一部に位置付けられており、優遇や保護は受けるものの、そもそも西洞院家に特権を付与する広域かつ強力な経済基盤は認められない。大雲寺力者は天皇葬送という極めて政治的な朝廷儀礼の中に勤仕し、担うべき役割も中核的なものであったが、十七世紀の天皇葬送儀礼の刷新の中で新たに動員された輿舁であり、また岩倉、長谷や三井寺という同様の職能を負った他の社会集団も同時に並存していた。

つまり強力な特権が付与されるためには、（A）勤仕の場が朝廷や幕府といった為政者の主催するものであること、（B）勤仕の実態が中世以前に遡ること、（C）他の社会集団には担えない唯一的な専門職能集団であること、という三つの条件を同時に満たすことが必要だったのである。

輿を舁く職能民の中で、禁裏駕輿丁が中世に至り突出して拡大し、かつ商業者集団としての側面を強化していく理由も、禁裏駕輿丁がこれら三つの条件を満たし、かつ彼らを主管する主体が朝廷にあったことに求められよう。

すなわち、駕輿丁を編成・活用する朝廷の権限は、長時代・広域に及ぶ。当然、朝廷によって認定された課役免除特権は、持続的かつ広域に機能するものであり、役負担の免除特権は関所往来自由の特権にも展開する。とくに駕輿丁は行幸と深く結びついた職能集団のため、中世前期においては各地の交通の要衝を拠点として設置された。いうまでもなく当該地域は流通の面で極めて有利なものとなり、ここに着目した商人が外部から参入するようになった。行幸が前近代を通して回数の多少はあっても持続されることで、原則的に禁裏駕輿丁は朝廷に温存され続け、役負担を免除する特権も維持され続ける。諸役免除特権を求める商人たちの理想的な身分がまさしく禁裏駕輿丁なのである。

（二）輿を舁くという職能

本研究で扱った社会集団の中で、諸役免除特権を得る集団は、天皇の行幸に勤仕する禁裏駕輿丁、祇園会神輿駕輿丁のうちの大宮駕輿丁、大乗院に差配される輿舁（御作手）、室町殿御幸に勤仕する八瀬童子であった。しかし、このうち、大宮駕輿丁は神輿の勤仕というよりは、今宮供御人としての活動の反対給付としての特権付与だと考えられ、御作手は、大乗院が領知する地域の富裕都市民として果たしていた様々な勤仕（含、輿舁）への反対給付だと考えられる。

とすると、純粋に輿舁としての勤仕によって特権を得る社会集団は、天皇の輿舁である禁裏駕輿丁と、室町殿の輿舁として展開する八瀬童子であったということになる。この点を再び表1に則してまとめ直すと、おおよそ次のようになろう。

i　輿舁として特権を享受するもの（a、b）

ii　他の身分や職能で特権を享受するもの（dのうち大宮駕輿丁、e）

iii　特権の獲得が見られないもの（dうち少将井神輿駕輿丁・八王子神輿駕輿丁、c、f）

先述した通り、同じ輿舁としての職能をもつ集団でありながら、獲得する利益の幅は極めて大きい。権威の表象主体として極めて大きな特権を獲得するiの集団について前項で述べたが、ではiiiの集団はどうであろうか。一見すると、とりたてて魅力的な反対給付は見られないように思える。しかしながら共通しているのは、輿（神輿・御輿）勤仕そのものが、その共同体にとっての名誉や矜持に直結している、という点である。

祇園会の折、神輿を自らの町に引き込んで桟敷をはり祝宴を開く姿、長谷・三宝院・岩倉という異なる村落の住人が天皇の棺を舁くために相論を行う姿、領主への輿舁奉仕により格別の計らいを受ける姿、これらは全て、輿舁としての役割を果たすことで自らの共同体に利益をもたらそうとする姿であるといってよいだろう。そしてこの点は為政者の輿舁として重きを置かれた禁裏駕輿丁や八瀬童子となんら変わらない姿勢であるといえる。

つまり駕輿丁・力者・輿舁は、自らの身体を用い、乗主の安全（祭礼の場合は安定した渡御の遂行）を確保しつつ進輿する職能を共通して有していた集団と定義することができる。乗主の身分や社会的位相の幅の中で輿舁が獲得する利益は異なるが、乗主の権威を背負い移動させる主体という姿が駕輿丁・力者・輿舁の最も基本的な存在形態なのである。

駕輿丁・力者・輿舁の構成員は、下級官人から町衆、あるいは京郊村落住民までに及び、到底、同一身分として捉えることはできない。しかし江戸時代末期の賀茂・石清水行幸にあたって遠方への行幸を理由に八瀬童子に助力を求めたこと、あるいは祇園会神輿の轅町に駕輿丁人数減少の補塡を図った点を重視したい。これらは輿を舁くという共通の職能を帯びた異なる身分間での移動を意味していよう。つまり職能こそが、前近代における身分制のヒエラルキーを相対化する可能性を秘めた有効な手段だったといえるのである。

おわりに　―今後の課題

以上述べてきたように、本研究では中近世の職能集団のうち、輿を舁く人々に固執して論究してきた。いうまでもなく、本研究をさらに普遍的な社会集団論に高めていくためには、他の職能集団との比較が必要になってくるが、残念ながら本書ではこれら諸研究との対話が不十分であった。最後に今後の研究の展望として、本書を通して捉えられる新たな課題を見通しておきたい。

古代・中世期において、禁裏駕輿丁のように朝廷からの諸役免除特権を獲得して活動した社会集団として供御人があげられる。彼らは内膳司、内蔵寮、主殿寮、蔵人所などに属して活動を行い、燈籠供御人、生魚供御人、菓子供御人、鳥供御人など取扱い品目を冠する集団の他、粟津橋本供御人（生物・塩相物等）、今町供御人（魚鳥）、深草供御人（竹）、嵯峨供御人（猪皮）、小野山供御人（薪炭）など地名を冠する者がいた。この供御人に関する研究は、既に戦前では中村直勝が取り組んでおり、多様な供御人をあげながらその役務の具体像が明らかになっている。(42) しかし、さらに実証的なレベルで当該テーマに取り組み大きな成果をあげたのが、小野晃嗣、(43) 網野善彦だった。(44) とくに網野は、中村が「京都文科大学国史研究室所蔵文書（現、京都大学総合博物館所蔵文書）」、「宮地直一氏所蔵文書」に見える粟津橋本供御人関係文書の全てを偽文書と断じ、一様にその成立を南北朝期に置いたことに異を唱え、極めて広範囲に史料を博捜して中世供御人の個別具体的な姿を析出し、かつ確固たるモデルを構築した。ここにその要旨を列記すると次のようになる。

①種々の供御人の大部分は品部・雑戸の流れを汲み、生魚商人・回船・漁労等に携わった海民的な供御人の系譜は江人・網曳等の雑供戸や諸国の贄人に連なる。また檜物作手・轆轤師・炭作手・薪作手の山林資源に関する手工業者は山部連、さらにいうと大化前代の山部に淵源する可能性がある。

②供御人は自由通行・自由交易の特権をもち、諸国を遍歴しながら生業を営む。

③交通路（関・率分所）自由特権の源泉は、天皇の山野河海の支配権にあり、この支配権のさらなる淵源は全共同体の首長たる天皇の「大地と海原」に対する支配権にある。

網野の供御人論の特徴は、②③に収斂されよう。すなわち、天皇が所持した原初的な支配権の象徴として種々の供御人を捉え、天皇に直属する特殊身分として彼らを位置付けたのである。網野の供御人論は、その後、あまりに天皇との関係を重視し、聖なる身分としての供御人を強調しすぎるとして批判を受けることになるが[45]、現在に至るまで網野の所論を批判的・発展的に継承しつつ様々な研究が提出され続けている[46]。

このような状況のもと、今ここで着目したいのは、やはり供御人が古代贄人の系譜を継ぐという事実であり、一義的には供御人は天皇の食物を貢納する存在であったということである。中世段階に至っても、検出される供御人には食物と関わる集団が多かったことは看過できない。

佐藤全敏が明らかにしたように、大嘗祭など、大規模な儀式ではなくとも、天皇の食事にはある種の儀式性が存在した[47]。つまり供御人は、原理的には、天皇の権威の表象たる食事の材料を天皇の腕となって集めてくる主体なのである。

天皇の腕である供御人と、天皇の足である禁裏駕輿丁が共通して諸役免除特権を有する集団として存在するということは、この種の特権の源泉は天皇の身体（あるいは身体を支える行為）と密接に関わるのではなかろうか。

また、近世朝廷には、駕輿丁だけでなく数々の地下官人が存在し、その役職は十七世紀末期では九十八種（外記方十五種、官方二十二種、蔵人方二十四種、女官五種、その他（三催・女官の管轄外）三十二種）に及んだ[48]。この中には、大仏師、絵所、御大工、御牛飼、御車副、楽人、舞人、経師など、明らかに職能民の系譜に位置付く者たちが存在する。彼らは職能こそ異にしているが、天皇権威の下で編成され、天皇権威を支えるために職能を発揮する集団という点では同一の範疇で捉えることが可能であろう。彼らは果たして駕輿丁のように特権を獲得していたのだろうか。得ていたとしたらどのようなものであり、どのような方法でそれを行使していたのだろうか。また、朝廷に所属しない同一職能の人々との関係はいかなるものであったのだろうか。本書で獲得された分析視点を適用し、これらの課題に取り組んでいくことが、この研究を次の段階へ進めることにつながるものと考える。

さらに昇く、あるいは担ぐという職能から考えた場合、共通する社会集団としては駕籠舁があげられる。竹木を編んで作る運搬具として登場した駕籠は、十七世紀以降に乗物として活用されるようになり、使用に身分の制限がある輿と異なり、江戸時代になると多様な社会層で利用された。上級武家が用いる御留守居駕籠、武家が用いる権門駕籠、庶民に広く利用された四手駕籠、さらには罪人を乗せる唐丸駕籠など種類も多様に及んだ。これに従い、近世社会には駕籠舁も多量に存在しており、十八世紀の江戸の町々には六千人もの人々が駕籠舁として活動していたことが史料に残る[49]。

しかし駕籠が一般に普及するようになるにつれ、それを担う駕籠舁には次第に賤視される人々も生じるようになった。旅人が利用する宿場駕籠を担う駕籠舁は、主に日雇が従事するものであったが、彼らは雲助とも称された。往来の日雇駄賃を取って露命をつなぎ、住所を定めぬ浮雲のような存在だからとか、往来の旅人にむらがり駕籠を勧めるところから蜘蛛と呼び、助は賤称で、蜘蛛助（介）とするとの説があるように、雲助とは賤称であった[50]。ここに駕輿丁・力者・輿舁とは異なる駕籠舁の社会的な位置付けが見えてくる。なぜ同じ乗物を担う社会集団でこのような差が生まれてくるのだろうか。

この問題は、輿と異なり広範に普及した駕籠とそれを利用する社会層の広がり、あるいは都市社会の展開における日雇層の拡大など、都市論的な見地にたって考察する必要があろう。中近世にまたがる、担ぎ（舁き）移動させる労働感への決定的な意識の変化を読みとることは、労働意識そのものの変遷過程を考える上で現代にもつながる重要な研究テーマであると考える。

特権商人という点で近似する社会集団としては、御用商人（用達）があげられる。苗字帯刀を許され、扶持米・屋敷地を給付されるなど、身分上・経済上の特権を与えられて営業した御用商人は数々存在し、その研究も豊かに蓄積されている。中世以来の形態を継承しつつ戦国織豊期において成長し、統一政権の中に編成されていく初期豪商[51]、また駿河、会津若松、米沢など雄藩の大名に抱えられた松木氏、友野氏、梁田氏、今泉氏などが御用商人の代表格として名前があがる[52]。そのような中、京都における御用商人としてとくに著名なのが、徳川家康と密接な関係を結び呉服など上方における物品調進や武器調達を行った茶屋四郎次郎[53]、中世段階に土倉として、また独占的な帯座主催者として蓄積した資本を梃子に豊臣・徳川両政権に密着して朱印船貿易や各種土木事業を展開した角倉了以[54]、足利義政段階において金工家として刀装具調進を行い、その後江戸幕府において金座を主宰し金銭鋳造を行った後藤庄三郎である[55]。とくに後藤家は、刀装具の制作の中で向上させた金属に関する技術と環境を金銭の鋳造に展開させたことが興味深い。これは職能を回路に新たな分野に転身し、飛躍的に家格を上昇させたことを意味しており、先に指摘した、職能を介した社会層の移動と併せて考察する必要があろう。

これらの御用商人は、卓越した資本力や物資調達能力が評価され、大名や幕府などの上位権力に編成されていった者たちであり、禁裏駕輿丁のように有力商人が朝廷官職を獲得していき、その号と特権を行使する姿とは全く異なるものといえる。しかしながら両者を比較し捉えることで、彼らが行う諸活動の実態や特権の質的な相違点を浮き彫りにすることが可能となろう。

近世社会において座に代わる独占商業者集団として成立する株仲間との関わりも欠かすことのできない論点である。元和八年（一六二二）に発された板倉重宗の京都町中触書が示すように[56]、幕府の商業界に対する方針は、旧来の座的結合を一旦解体し、幕府認可の商業者集団として新たに摑み直すものであったといえる。しかしながら第四章で触れたように、禁裏駕輿丁は近世を通じて存続し、旧来特権が否定された商人を猪熊座に糾合していく様子も見て取れた。このような従来型の商業者集団とどのように切り分け、幕府は株仲間のような新たな商業者集団を形成していくのか。近世における朝廷（天皇）権力の問題の一視角としても追究していかなければならない研究テーマである。

以上、本書では多くの課題を積み残しており、到底統一的な社会論を構想できたとは思えず、甚だ不十分な研究であったと強く自覚する。

しかしながら輿を舁くことを職能とする複数の社会集団の研究が、今述べた多様な関心と切り結ばれるべき論点を多く有していることは、本書を通して明らかにし得たと考える。このことを最後に確認し、本書をひとまず閉じることとしたい。

（1）臨時行幸の一つとして遷都行幸があるが、本書の研究対象とする時代においては実施事例が皆無のため、ここでは除外することとする。

（2）竹居明男「北野天神縁起を読む」（同編『北野天神縁起を読む』、吉川弘文館、二〇〇八）。

（3）柳雄太郎執筆「退紅」（鈴木敬三編『有識故実大辞典』、吉川弘文館、一九九五）。

（4）井渓明「聚楽第行幸図について」（『館報』Ⅷ、堺市博物館、一九八八）。

（5）『お湯殿の上の日記』天正十六年四月十四日条。

この点、山口和夫「江戸時代「洛中洛外図屏風」の景観・製作年代についての一考察」（『東京大学史料編纂所附属画像史料解析センター通信』四三号、二〇〇八）は重要な研究である。氏は、洛中洛外図屏風諸本に描かれる行幸行列の駕輿丁に着目し、その装束に白張・退紅の二系統があることを指摘した。その上で、諸史料を博捜し、延享四年（一七四七）五月二日の桜町天皇譲位時における仙洞移徙行幸行列の際に、駕輿丁の装束が白張から退紅へ戻ったことを指摘した。この変化が、洛中洛外図屏風における駕輿丁観を変え、退紅を着した駕輿丁の描写が出現することを指摘した。

（6）たとえば「御所参内・聚楽第行幸図屏風」（個人所蔵）、「洛中洛外図屏風」（尼崎市教育委員会所蔵）。

（7）どのような段階で白張へ転換するのか、その詳細をここで明らかにすることはできないが、『吉部秘訓抄』には着目できる。本史料は、吉田経房の日記『吉記』の中から、年次を逐って有職故実に関する事柄を抄出して一書にまとめたものであるが、その中に次のような記述がある。石清水放生会の際、雨皮持をつとめた仕丁が退紅を着したことが議論になった。「年来用二白装束一仕丁浅位之間、不レ可レ著二退紅一之由依レ有二聞及之旨一也、或説可レ依レ人云々」（第五巻）という一文からは、十二世紀段階で既に両者の着用について混同があったことを思わせる。

(8) 前掲注(5)山口論文。

(9) 『新編日本古典文学全集　第二六巻』(小学館、一九九四)。

(10) 『新編日本古典文学全集　第三〇巻』(小学館、二〇〇一)。

(11) 『新編日本古典文学全集　第五五巻』(小学館、一九九六)。

(12) 『新編日本古典文学全集　第五四巻』(小学館、一九九四)。

(13) 『新編日本古典文学全集　第五七巻』(小学館、一九九八)。

(14) 『新編日本古典文学全集　第四六巻』(小学館、一九九四)。

(15) 『長秋記』天永四年八月十七日条。

(16) 当該部分は、一同で訴訟に及ぶ主体を「左近衛駕輿丁」と表記する。しかしながら当該相論で対立軸を担っているのは、右近衛府に所属する駕輿丁である。所属を超えて左右近衛府・左右兵衛府が一体の集団性を構築する時期は、十五世紀以降のことであり(西山剛「中世後期における四府駕輿丁の展開」、『総研大　文化科学研究』三号、二〇〇七、本書第二章)、本史料が成立した十二世紀前半での現象とすることは考えづらい。よってここでは「左近衛駕輿丁」を「右近衛駕輿丁」の翻刻の誤りと考えた。

(17) 『経光卿記抄』仁治三年八月二十二日条。

(18) 西山剛「中世前期における禁裏駕輿丁の存在形態」(『藝能史研究』二〇九号、二〇一五、本書第一章参照)。

(19) 『晴富宿禰記』文明十一年七月十一日条。

(20) この相論のうち、棟別銭賦課および打破木に関する詳細については『長興宿禰記』同日条に詳しい。

(略)駕輿丁等訴訟、臨レ期及二違乱一、為二土御門殿造営一、近日洛中被レ懸二棟別一、駕輿丁等在所可レ有二勘落一之由、武家奉行申レ之、今日訴二申之一、自二伝奏一被レ申レ之間、今日任二諸課役免除之儀一、棟別可レ止二催促一之由奉行布施下野守成二奉書一云々、又駕輿丁商買材木、修理職押二取之一、彼材木可二返付一之由、出御臨レ期支二申之一、修理職被二召仰一、可二渡付一之由申レ之、猶不二承引一、渡付之後、可二従役一之旨、各申レ之、雅久宿禰雖レ加二下知一不二承引一、予候二其砌一之間、駕輿丁沙汰人一両輩召、既修理職領掌上者、先可二参役一、刻限遅々狼藉之由加二入魂一、其時各応レ仰昇二出腰

輿」（略）

(21) 寛正五年五月日「左近衛左兵衛両府駕輿丁申状」（『史料纂集　京都御所東山御文庫本所蔵　地下文書』三二号）。

(22) 前掲注(17)西山論文。

(23) 駕輿丁の祭礼への勤仕は、北野祭礼に濃厚に認められる一方、石清水放生会に関しては事例を検出することができない。しかしながら、八幡安居頭役を懸けられた際に、四府駕輿丁が伏見宮貞成のもとに列参し、諸役免除を働きかけてくれるよう依頼した一件が知られる（『看聞日記』永享三年五月十三日条）。同条には「駕輿丁淀住人也、仍神人混合」との記述もあり、淀住人の側面から駕輿丁が石清水に把握されていることが想定される。あるいは、放生会への参加も、駕輿丁の身分に付帯する勤仕というよりも、ここに見られる淀住人としての動員であった可能性も考えられようか。

(24) 北野祭礼に関しては、岡田荘司「平安京中の祭礼・御旅所祭祀」（『平安時代の国家と祭祀』第三編第二章、続群書類従完成会、一九九四）、三枝暁子「北野祭と室町幕府」（『比叡山と室町幕府』、東京大学出版会、二〇一一、初出二〇〇七）、西山剛「室町後期における北野祭礼の実態と意義」（瀬田勝哉編『変貌する北野天満宮』、平凡社、二〇一五、本書第三章）。

(25) 『史籍雑纂　当代記・駿府記』（続群書類従完成会、二〇〇五）。

(26) 『満済准后日記』永享三年六月十四日条。

(27) 祇園会神輿駕輿丁に関しては、河内将芳「祇園会神輿駕輿丁と今宮神人」（『立命館文学』五九六号、二〇〇六）、西山剛「中近世における祇園会神輿をめぐる人々」（『藝能史研究』二一八号、二〇一七、本書第七章）。これら論文により、祇園社の三基の神輿のうち、大政所神輿は大宮駕輿丁（今宮神人・摂津今宮浜漁民）、少将井・八王子の二基の神輿は、特定の洛中の町（轅町）の住民が差定されて勤仕する形態が明らかになった。

(28) 前掲注(5)山口論文。氏の論考では、寛永十二年（一六三五）九月十六日の明正天皇による後水尾上皇の仙洞御所への行幸、承応二年（一六五三）の内裏炎上による後光明天皇行幸、万治四年（一六六一）の内裏炎上による後西天皇行幸、延享四年（一七四七）の桜町天皇譲位儀礼などを列挙し、近世社会においても持続的に行幸が行われていることを指摘している。

(29) 東京大学史料編纂所近世編年データベースにて、慶長八年（一六〇三）から慶応三年（一八六七）を範囲としてキーワード「行幸」で検索を行うと、一七〇件の事例が検出される（二〇二四年八月現在）。これら全てが行幸の実施を伝える記述とはいえないが、朝廷内部においてなお頻繁に行幸に関する諸事が必要とされていたことを物語る。

(30) 寛永二十年（一六四三）の明正天皇の譲位、後光明天皇の即位に際する行幸が早い例（「忠利宿禰記」他、『天皇皇族実録　明正天皇実録』二）。

(31) 「忠利宿禰記」（『天皇皇族実録　後西天皇実録』一）。また本史料中、焼け跡の処理に駕輿丁猪熊座の面々が動員されていることも確認できる。官務小槻家との関わりも室町期からの継続として捉えることができよう。

(32) 「重房宿禰記」（『天皇皇族実録　霊元天皇実録』一）。

(33) 「戌十月　申達」（『木島家文書（御倉町文書）』九六―一八二、個人所蔵）。

申達

駕輿丁近年人数及二減少一、町人之内望之者有レ之候而も、於二其町一之差支申立候族も有レ之、加入不二相調一改ニ今度遷幸幷其外御用之節人数不足差支候旨駕輿丁組頭之者共申出候、右駕輿丁相兼候者ハ諸役御免除札幷御用之節者帯刀もいたし候故、不レ有二来御免除札幷御用帯刀人一（候脱カ）新ニ町内ニ出来いたし不レ好事ゟ一□之了簡ニ相惑町役之者差障申立候義と相聞候、今度遷幸者就レ中御大礼其外御用向も不レ軽之儀、於二町々一も其弁可レ有者勿論事候、尤町役勤等之儀者其本人へ申談、是又差支等不二相成一様候得と相弁、兎角ニ御用向相調町々差支にも不二相成一様勘考之上加入為レ致候様可二取斗一候、右申達シ致候上者実々無二余儀一差支ニ而加入不二相成一義ハ格別私之差障等を以加入不二相調一趣相聞へ候得共越度ニ可二申付一条、於レ町之心得違無レ之様可レ致事、

但駕輿丁加入いたし候者ハ仕来り之通、別以町役付添御役所へ可二伺出一事、

右之趣早々可レ申達置事、

戌十月

奥田佐兵衛

右之通被レ仰渡候　以上、

(34) 第七章注(38)『駕輿丁御用控』（国文学研究資料館所蔵）引用参照。

(35) 西村慎太郎「近世地下官人組織の成立」（『近世朝廷社会と地下官人』、吉川弘文館、二〇〇八）。

(36) 西山剛「千切屋をめぐる創業伝承と史実に関するノート」(『千總四六〇年の歴史　―京都老舗の文化史』、京都文化博物館、二〇一五、本書第四章補論)。
(37) 『清水六兵衛家所蔵資料集「清水六兵衛家　―京の華やぎ」展事前調査関連資料』(愛知県陶磁資料館、二〇一三)。
(38) 『古文書が語る髙島屋の歴史』(髙島屋史料館、二〇一二)。
(39) 村和明「豪商三井の内紛と朝廷」(杉森哲也編『シリーズ三都　京都巻』、東京大学出版会、二〇一九)。
(40) この点に関し、下橋敬長『東洋文庫三五三　幕末の宮廷』(平凡社、一九七九)では江戸末期における具体的な駕輿丁勤仕の言説を載せる。すなわち「天子様の行幸遊ばします際は、自分(禁裏駕輿丁：筆者注)は舁きませぬで下役に舁かせます。唯御側についております。こんなものは、舁けといっても、直にへたばってしまいます。何でというと、これらは今日男爵華族になって、貴族院議員になるぐらいの身の上(家柄)の人です。舁かぬならぬのですが、舁いたら直にへたばってしまいます。それで自分は側へついておって、人足を雇って舁かせます」という部分がそれにあたる。幕末における禁裏駕輿丁の舁く職能がいかに退化しているかを端的に物語っているといえる。しかしながら本部分では駕輿丁たちが儀礼の場に出仕している事実もまた同時に示しており、擬製的ながらも禁裏駕輿丁の行幸勤仕の伝統は途絶えていなかったことがわかる。
(41) 前掲注(26)河内論文。
(42) 中村直勝「禁裏供御人に就いて」上中下(『社会史研究』九巻四号・五号・六号、一九二三)。
(43) 小野晃嗣「内蔵寮経済と供御人」(『日本中世商業史の研究』、法政大学出版局、一九八九、初出一九三八)。
(44) 網野善彦の供御人論の中で最も早く体系性をもった研究として「天皇の支配権と供御人・作手」(『日本中世の非農業民と天皇』、岩波書店、一九八四、初出一九七二)。
(45) たとえば大山喬平「供御人・神人・寄人」(『日本の社会史六　社会的諸集団』、岩波書店、一九八八)。本研究で大山は、供御人が諸方兼属であるということは、限定された領域でしか供御人としての意味をもちえないからであると断じ、天皇権限の限界を指摘した。
(46) 近年のものをあげると、以下の通りである。小原嘉記「「伊勢供御人」をめぐって」(『年報中世史研究』四二号、二〇一七)、尾上勇人「室町・戦国期における供御人・神人の動向」(『奈良史学』三一号、二〇一三)、遠藤ゆり子「「山科家礼記」の商人札」（藤木久志編『京郊圏の中世社会』、高志書院、二〇一一）、武知正晃「供御人をめぐる歴史記述―近江国蒲生郡奥嶋庄郁子供御人をめぐって」（『立命館文学』五六〇号、一九九九）など。種々の供御人の実態に関する具体像を深めていくもの、あるいは中世以降の戦国・織豊期、および近世社会においてどのように供御人が復古・再発見されるのか、というものなど多様な研究が提出されている。

(47) 佐藤全敏「古代天皇の食事と贄」（『日本史研究』五〇一号、二〇〇四）。

(48) 西山剛「京都府蔵『当時勤仕諸役人職掌』の翻刻と紹介」（一）（『朱雀』二九集、京都文化博物館、二〇一七）、「同」（二）（『同書』三〇集、京都文化博物館、二〇一八）。

(49) 『三朝逸事』第一、国立国会図書館所蔵。

(50) 丸山雍成執筆「雲助」（『国史大辞典』第四巻、吉川弘文館、一九八四）。

(51) 山口徹「小浜・敦賀における近世初期豪商の存在形態」（『歴史学研究』二四八号、一九六〇）・「初期豪商の性格」（『日本経済史大系三　近世上』、東京大学出版会、一九六五）。

(52) 桜井英治「中世商人の近世化と都市」（『日本中世の経済構造』、岩波書店、一九九六、初出一九九〇）・「中世・近世の商人」（『新体系日本史一二　流通経済史』、山川出版社、二〇〇二）。

(53) 足立政男「近世における京都室町商人の系譜」（一）（『立命館経済学』一五巻二号、一九六六）。

(54) 林屋辰三郎『角倉素庵』（朝日新聞社、一九七八）、五島邦治「若狭武田氏被官としての吉田一族の活動」（『藝能史研究』二二一号、二〇一八）。

(55) 島田貞良・福士繁雄編『刀装金工後藤家十七代』（雄山閣出版、一九七三）、馬場章研究代表『後藤家計量関係資料の構造分析と文物相関の研究　科学研究費補助金特定領域研究A　研究成果報告書』（東京大学大学院情報学環、二〇〇六）、『展示リーフレット　京・後藤家の軌跡』（京都文化博物館、二〇一八）。

(56) 元和八年八月二十日付「京都町中可令触知条々」（『京都町触集成　別巻二』三一〇号文書）。

初出一覧

Ⅰ　禁裏駕輿丁――天皇の輿を舁く人びと――

第一章　中世前期における禁裏駕輿丁の存在形態

（『藝能史研究』第二〇九号、二〇一五年）

第二章　中世後期における禁裏駕輿丁の展開　―左近衛府駕輿丁「猪熊座」の出現をめぐって

（原題「中世後期における四府駕輿丁の展開」、『総研大　文化科学研究』第三号、二〇〇七年）

第二章補論　今町供御人の特質と図像

（高橋一樹編『歴史研究の最前線　史料の新しい可能性をさぐる』、総研大日本歴史研究専攻・国立歴史民俗博物館、二〇〇七年）

第三章　中世後期における北野祭礼の実態と意義

（原題「室町期における北野祭礼の実態と意義」、瀬田勝哉編『変貌する北野天満宮　―中世後期の神仏の世界』、平凡社、二〇一五年）

第三章補論　北野祭礼神輿と禁裏駕輿丁

（『世界人権問題研究センター研究紀要』第二六号、二〇二一年）

第四章　禁裏駕輿丁の近世的展開　　　　　　　（『京都文化博物館研究紀要　朱雀』第二三集、二〇一一年）

第四章補論　千切屋をめぐる創業伝承と史実

（原題「千切屋をめぐる創業伝承と史実に関するノート」、『千總四六〇年の歴史　―京都老舗の文化史』、京都文化博物館、二〇一五年）

Ⅱ　力者と輿舁――御輿・棺・神輿を舁く人びと――

第五章　職能民としての八瀬童子

（原題「中世における八瀬童子の職能と存在形態」、『世界人権問題研究センター研究紀要』第二四号、二〇一九年）

第六章　朝廷葬送儀礼における力者の活動　―大雲寺力者と天皇葬送

（原題「大雲寺力者と天皇葬送」、宇野日出生編『京都　実相院門跡』、思文閣出版、二〇一六年）

第七章　中近世における祇園会神輿をめぐる人々　―祇園会神輿駕輿丁をめぐって

（『藝能史研究』第二一八号、二〇一七年）

第八章　中近世における輿舁の存在形態と職能

（『職能民へのまなざし』、世界人権問題研究センター編・刊、二〇一五年）

結　章　前近代社会における駕輿丁・力者・輿舁の存在形態

（原題「中世の駕輿丁と行幸」を改稿、『民衆史研究』第九九号、二〇二〇年）

あとがき

本書は、総合研究大学院大学に二〇二〇年に提出した博士論文「中近世における職能集団と権威――駕輿丁・力者・輿舁の存在形態を通して」を中核とし、ここに第二章補論「今町供御人の特質と図像」、第三章「中世後期における北野祭礼の実態と意義」、第三章補論「北野祭礼神輿と禁裏駕輿丁」を入れ再構成したものである。外部審査委員を引き受けてくださった河内将芳先生、三枝暁子先生、内部審査委員を担っていただいた主査の田中大喜先生、指導教授の小島道裕先生、副査の仁藤敦史先生には心より謝意を表したい。

極めて遅々とした歩みであったが、本書を刊行することが叶い安堵している。輿を舁く人々に関する専門書など誰が読んでくれるのだろう、という不安は今もなお強く抱いているが、それでも共通の職能を持つ複数の社会集団を長いスパンで相互に比較し、その実態を追究するという方法論は、今後も自分の研究の基本的な手法として活かしていけるという実感を得ることができた。

思えば、初めて日本史に関する文章を書いたのは、武蔵大学で瀬田勝哉先生が開講していた日本史演習Ⅲ（通称、看聞日記ゼミ）の学期末レポートであった。私は室町時代の風呂をテーマにして小論を書いた。記主である伏見宮貞成が「風呂」と「湯」を明確に区別して記述していたこと、体調不良が軽減された際の入浴を「御湯始」と称し儀式化していたこと、伏見においては複数の寺社が風呂を炊き、招きあい饗応を重ねながら連帯を育んでいたこと、など今考えると取り立てて言う程でもないことをいくつか指摘したように記憶している。しかし、寒い二月に実家に籠り、慣れないパソコンに向かって夢中で書き上げようとしていたとき、書くという行為そのものに、それまで感じたことのない面白さと充実感を感じたことを今でもはっきり覚えている。史料を集め、比較し、史実を浮かび上がらせていくことの醍醐味を知った。またこの頃に野地秀俊氏、佐々木創氏という二人の先輩、研究会を通して、菅野扶美先生に出会えたことも僥倖であった。現在に至るまで研究、仕事の両面をご一緒できていることを光栄に思っている。

修士課程は神奈川大学に進んだ。三鬼清一郎先生と二人きりで加藤清正文書を読んだ授業では、毎回重圧ぎりぎりの緊張を感じていたが、今思えばなんと贅沢な時間であったかと痛感している。前田禎彦先生の『中右記』のゼミは、異なる時代の記録を厳密に読み込むことの重要性に気づかせてくれた。禁裏駕輿丁をテーマにしたのもこの修士論文からである。民俗学、文化人類学、考古学といった異なる分野の先生や院生が周囲にいたことで、祭礼や葬送といった行幸ではない場にある輿と輿舁の存在を、早い段階から意識できたのは幸甚であった。

博物館での仕事に惹かれ進んだ博士課程は、国立歴史民俗博物館の中にあった。指導教授である小島先生や高橋一樹先生、久留島浩先生、岩淵令治先生、佐藤優香先生の授業では、ときに原物の史料や実際の展示を用いてゼミやワークショップが行われ、極めて贅沢な学びを得ることができた。また、展覧会や共同研究に真剣に向き合う先生がたの後ろ姿は、博物館学芸員への憧れと覚悟を強く育ててくれたように思う。

念願叶って、二〇一〇年に京都府京都文化博物館に職を得ることができた。しかし当初は、次々とまわってくる展覧会業務に忙殺され、論文を書くことの意義を見出せないでいた。そんな中、大きな導きをいただいたのが江戸東京博物館の齋藤慎一氏であった。複数の特別展をご一緒する中で知り合い、学芸員がなぜ論文を書き続けなければならないのか、実際にどのようにすれば研究時間を確保できるのか。渋谷のＮＨＫ近くの喫茶店でパソコンをひらきながら、ご自身の実践を開示していただいた。「史料はすべてパソコンに入れておくこと」、「新幹線の移動時間や作品輸送の道中こそ集中して作業すること」、「展覧会と研究論文の両方をつくれるのが学芸員」。この日いただいたこれらの言葉は金言として今も鮮明に記憶に残っている。そして同時に、目指すべき学芸員像の輪郭がおぼろげながら見えた気がした。

ここまで曲がりなりにも論文を書き続けられたのは、京都文化博物館学芸課の同僚諸氏の存在も大きい。バイタリティーに溢れ、熱心に仕事や研究に打ち込んでいる彼らの姿は、常に私の刺激であり目標でもある。真面目な話やそうでない話（だいたいは後者が多い）にも耳を傾け、時に議論に付き合ってくれることが何より嬉しい。彼らとの議論の中で研究面での大きな気づきを得ることも多い。

世界人権問題研究センターの登録研究員として、藝能史研究会の委員として、北野天満宮北野文化研究所の特別研究員として、それぞれ伝統ある学術機関で受け入れていただけたのも幸福であった。京都で歴史を研究する、という大きな課題に挑む中でいかに大切な拠り所になっているか。あたたかく迎え入れていただいた諸機関にあらためて謝意を表したい。

東京大学史料編纂所画像史料解析センターの共同研究「近世都市図解析プロジェクト」でご一緒させていただいている山口和夫氏、藤原重雄氏、及川亘氏、杉森哲也氏にも御礼を申し上げたい。洛中洛外図屏風をはじめとした都市図をもとめて各地を訪問する、というわくわくするしかないプロジェクトに数年にわたって参加させていただくことで、絵画史料に正面から向き合うモチベーションを与えていただいている。

と、ここまで述べてきてあらためて自分の恵まれた環境を実感する。この環境に慢心せず、本当に少しずつにはなるが、研究を続けていきたい。そのことがこれまでいただいた学恩に報いていくことなのではないかと考えている。

本書刊行にあたっては独立行政法人日本学術振興会二〇二四年度科学研究費助成事業「研究成果公開促進費」の助成を受けた（課題番号 JP24HP5062）。また本書編集にあたっては思文閣出版の田中峰人氏、大地亜希子氏のお世話になった。図録編集などを共にすることもある両氏に自身の著作刊行を担当していただいたことが大変嬉しかった。いつものように的確な助言と適切な校正に御礼申し上げる。

最後に私事を述べることをおゆるしいただきたい。本年二月、本書の刊行を見る前に父・文夫が逝った。決して裕福ではない経済状況の中、母・幸子とともに勉強を続けることを許し、励ましてくれた父母の言葉がここまでの私を支えてくれたと思う。亡き父に本書を捧げたい。また遠く郷里から離れた京都に連れてこられ、未だに生活を共にしてくれている妻・直子と、それから楽しく元気に毎日を過ごしてくれている二人の息子たちにもあらためて感謝したい。

二〇二四年十月

西山　剛

◎著者略歴◎

西山　剛（にしやま・つよし）

1980年　大阪府柏原市生
2013年　総合研究大学院大学　文化科学研究科　日本歴史研究専攻
　　　　博士課程　単位取得満期退学
博士（文学）
現在、京都府京都文化博物館 主任学芸員
専攻は、都市社会史
〔主要著書等〕
「近世における洛中洛外図屛風の受容」（杉森哲也編『シリーズ三都 京都巻』、東京大学出版会、2019）
「特別展「戦国時代展」の思考」（大石学・時代考証学会編『戦国時代劇メディアの見方・つくり方』、勉誠出版、2021）
「町共同体と祇園会」（塚田孝研究代表『都市・周縁〈史料と社会〉科研報告書　近世巨大都市・三都の複合構造とその世界史的位置』、2024）

輿《こし》をかつぐ人《ひと》びと
——駕輿丁《かよちょう》・力者《りきしゃ》・輿舁《こしかき》の社会史《しゃかいし》——

2024（令和６）年12月16日発行

著　者　西山　剛
発行者　田中　大
発行所　株式会社　思文閣出版
〒605-0089 京都市東山区元町355
電話 075-533-6860（代表）

装　幀　上野かおる装幀室
印　刷
製　本　株式会社 思文閣出版 印刷事業部

ISBN978-4-7842-2108-0　C3021

索　引

※本索引は本文のみを対象としており、注は含まない

【人　名】

あ行

か行

さ行

た行

な行

は行

ま行

や行

ら行

【事　項】

あ行

か行

さ行

た行

【研究者名】

あ行

か行

さ行

た行

な行

は行

ま行

や・わ行